千年贸易战争史
A MILLENNIUM OF TRADE WAR
贸易冲突 与 大国兴衰

彭波 施诚 著

中国人民大学出版社
·北京·

前　言

历史发展到今天，人们发现：对外贸易不但比过去人们认为的要复杂得多，而且也要重要得多。是到了重新认识对外贸易的时候了！

自古以来贸易关系到大国兴衰

贸易与冲突是构成世界历史的主要内容之一，而且两者之间的关系非常紧密，经济（包括贸易）利益是世界历史上很多重大战争的动机之一。上古时期的古埃及、两河流域各古国，都非常重视对外贸易的发展，并为了争夺贸易利益而频频爆发战争。有人认为古印度河流域是两河流域的商业殖民据点，古印度河流域文明最终因雅利安人的入侵而断裂。当然，雅利安人还摧毁了发动特洛伊战争的希腊迈锡尼诸邦。西方历史上赫赫有名的特洛伊战争，过去传说是为了抢夺美女，但是现在的历史考证表明，更重要的动机可能是当时希腊各国与特洛伊争夺锡矿贸易的控制权；迈锡尼诸邦作为"海上民族"的一部分，战争掠夺与商业贸易都是其重要的利源。西方历史学鼻祖希罗多德的《历史》一书，开篇就记录了当时希腊与腓尼基两个商业民族之间有贸易往来，同时趁人不备就相互掠夺的故事；决定古希腊文明兴衰的雅典与斯巴达之间的伯罗奔尼撒战争（公元前431—前404年），在相当程度上也是两大集团争夺商业利益;第一次布匿战争(公元前264—前241年)就是罗马和迦太基争夺西西里岛的控制权;英法"百年战争"的动机之一,也是英国与法国争夺西欧毛纺织业和贸易中心——佛兰德斯的控制权。当然更不用说数次"十字军东征"围绕东方贸易线路的百年血战了。

在中国历史上,贸易的作用也比很多人想象的要重要得多。一般认为,中华民族从根源上是一个农业民族,历来以自给自足的小农经济为主。但是实际上,贸易与商业对中华文明的起源、发展与壮大,从来都发挥着非常重要的作用。早在史前时期,草原丝绸之路和西北沙漠丝绸之路对中国的政治经济生活就发挥了重要的作用,中原及东南沿海地区的玉器,就大量来自新疆。而内地用作交易媒介的贝壳,又大量来自东南沿海,甚至是东南亚地区,如缅甸、泰国一带。除非是通过市场,否则我们无法想象中国是如何获得这些物品的。传说中的黄帝,在统一了众多游牧部族与农耕部族之后,就推动了草原牧区与中原农区的经济交换关系发展,"北用禺氏之玉,南贵江汉之珠"。这个"禺氏",可能就是后代所说的"月氏",包括小月氏和大月氏。舜在承继尧的帝位之前,也曾在部落之间从事贸易,《尚书大传》有"舜贩于顿丘"之说。三代(夏商周)时期的商人,其商业精神和对利润的追求就明标史册。商人的先祖王亥因为从事贸易,结果亡牛于易,并且丢了性命,此事记载在《周易》之中,又通过甲骨文得到证实。不仅如此,当代考古学还认为,当时东方与西方之间存在一条稳固的贸易线路,发生着密切的贸易联系。商朝灭亡后,周公旦写下对商人的训词,要求他们肇牵牛羊,通过贸易获利以供养父母家庭。春秋时,郑国王室与商人相约:我无尔诈,尔无我虞。王室与商人共同承担保卫国家的责任。《管子》76篇,对工商业及经济规律的深刻分析,揭示了春秋战国时期商业的重要贡献和社会各界对此的深刻认识,与西方传统商业思想相比有过之而无不及。齐桓公与列国之间"关市几而不征"的国际公约，反映了当时社会迫切想要扩大市场的需求。

总而言之，自古及今，中国的对外贸易线路都是中国的生命线、补给线，甚至可以说是"血脉线"。因此，虽然中华文明向来以农业发达著称，没有农业也当然不会有中国，但是如果没有商业和外贸，同样不会有中华文明和中国。

贸易可能带来和平也可能触发战争

1492 年哥伦布"发现"美洲后，世界进入了全球化的新阶段，贸易变得空前重要，贸易与战争之间的关系也变得空前紧密。

欧洲列强与殖民地之间的经济贸易联系、战争与贸易之间的关系都空前紧密。一方面，正如 17 世纪初荷兰东印度公司的总督简·皮特斯祖恩·科恩（Jan Pieterszoon Coen）所言，"我们既不会没有贸易而发动战争，也不会进行没有战争的贸易"[1]。战争与贸易之间的关系不可谓不密切。但是，另一方面，启蒙运动政治哲学家孟德斯鸠1748 年写道，"和平是贸易的必然结果"；1776 年，亚当·斯密的《国富论》出版，其中的观点同孟德斯鸠的观点一致。从此，"贸易促进和平"的观念流行起来。

关于贸易与冲突之间的关系，当今学术界主要有三种观点。第一种观点认为，贸易与冲突之间呈现负相关关系，即贸易有利于或促进和平；第二种观点是"依附理论"学者提出的，他们认为经济关系对国家之间关系的影响取决于依赖是否对等；第三种观点认为，不断被

---

[1]　COPPOLARO L，MCKENZIE F. A global history of trade and conflict since 1500. Palgrave Macmillan Publisher，2013：1.

扩大的贸易关系增加了冲突的可能性。[①] 应该说，在真实的历史当中，这三种观点都有其正确性，也都有现实的案例可以佐证。

外贸本身是一种交易方式，可以给交易的双方都带来利益。在某些特定的时代，对于某些特定的国家而言，贸易更是显得异常重要，关系到国家的生死存亡，不得不高度重视。有时候，不同国家之间的贸易的确可能会促进和平。但是，就世界历史总体考证而言，可以认为贸易利益保障和平的事例是少数，更多的情况是与战争及冲突交织在一起，互相影响。

美国著名经济学家尼可拉斯·格里高利·曼昆曾说：贸易对双方都是有利的——我们姑且承认这一点，但是，贸易活动中不同交易主体获得的利益是不均等的，而且发展的前景也是不一样的。例如，就工业国与农业国之间发生的贸易而言，除非在战争状态下，或者其他导致农产品供应紧张的特定时期，否则工业国获利更大。而且长远来看，工业的发展快，规模效益强；农业的发展慢，规模效益弱。所以，随着时间的推移，工业国获得的利益会越来越大，最终相比农业国会遥遥领先。因此，在历史上，如美国、德国，甚至英国和法国，在与制造业更加先进的国家进行贸易的时候，都需要在一定时期内采取有效措施保护本国的国内市场，否则，可能会损害本国的经济发展。而且，为了更好地保护国内市场，改善外贸条件，德国与美国都爆发过内战。近代史上的中国，在相当程度上就是因为无法保护国内市场，所以工业被紧紧压制，难以发展。

有时候，一种贸易对一国的利益越大，反而越能激发战争（冲突）的动机。自大航海时代以来，对东西印度的贸易就成为欧洲各国

---

① BARBIERI K. The liberal illusion，does trade promote peace?. The University of Michigan Press，2002：14.

的生命线，利益巨大，一国兴亡多系于此。为了争夺对东西印度的贸易的控制权，欧洲各国之间频繁爆发战争。一开始只是劫夺商旅，控制贸易线路；后来就发展到武装殖民，直接占领。两次世界大战，最核心的矛盾就是英德经济竞争。二战以后，美国与日本之间 60 年的贸易战，及美欧之间长达 60 年的贸易战，也无非是因为贸易的利益太过重要，使得各方不得不尽一切可能去争取对自己有利的条件。

　　对外贸易的确可能给一个国家带来巨大的利益，但是所得到的利益在一国内部的分配未必是公正合理的，这同样可能引起内部及对外的冲突。在美国的南北战争之前，关税的高低就可能在美国国内带来不同的利益分配，从而引发内外多种冲突。20 世纪 90 年代以来，美国大力推进经济全球化和资本全球化，就只是富裕了国内的一小部分人，大多数中下层民众则未得其利，反受其害。"让一部分人先富起来"、"先富带动后富"及"涓滴效应"，并非完全不存在，但也并非一定会发生。如果一国内部的利益分配不平衡达到一定程度，内外必定会出现冲突。这是因为，绝大多数人无法长期忍受别人越来越富裕，而自己却越来越贫穷。万一分配不均的局势持续恶化，一国就必须设法解决。一般来说，很少有人会心甘情愿地放弃自己的利益。所以，改变这种不公平的状况，伴随着的往往不是内部冲突，就是外部冲突。

　　交易的条件也常常可能是不公平的，所以必须要努力改变。近代以来，中国历届政权都在这方面投入了巨大的资源，试图改善自己在贸易中的地位。但也有如国民政府，为了获得外部政治军事支持，而草率签订《中美友好通商航海条约》，任意损害本国的贸易地位的。也有很多国家未必愿意接受正常的、公平的交易结果，而更愿意通过政治甚至是军事手段强行改变贸易的条件，让自身在贸易当中获得更大的利益。鸦片战争的爆发，就是因为英国在对中国的贸易中无法通过正常的经济手段获得自认为有利的地位。在当时的中英贸易中，大英帝国是获益的，但是它认为利益还不够大，不能够满足其越来越大的胃口。大英帝国在占领印度之后，为了保障本国的利益，摧毁印度具有传统优势的棉纺织业，而将印度改造成为原料的生产及供应地。为了达到这一目的，大英帝国不惜通过武力手段在印度的平原上留下累累白骨。当今美国对中国乃至世界各国发动贸易战，原因同样如此。

还有一些国家，试图通过削弱对方在贸易中的地位，而实现自己的政治及军事目标，如拿破仑的"大陆封锁"政策就是如此。2018年以来爆发的中美贸易战，就不仅仅是为了实现经济上的目标，也具有政治上的目的：就是通过贸易战打垮中国，遏制或者阻断中国产业升级的道路，从而确保美国在全球独一的大国地位，消除中国的竞争威胁。

因此，贸易与战争（冲突）之间的关系，是微妙而且复杂的，也是不可不高度重视的。"贸易战者，国之大事也！死生之地，存亡之道，不可以不察"。

中国应加强对西方社会的认识及应对

早在鸦片战争之前，贸易对中国的发展就非常重要，直接关系到中华民族的成长。但是在鸦片战争之后，中国及世界都进入了一个新的时代，可称之为"大贸易时代"。在这个时代，一个大国的对外贸易不但关系自身的兴亡，也关系到他国的命运，甚至是全球的发展。就如第二次鸦片战争所带来的全球外贸体系的变局，就把中国、美国、印度、埃及等国家的命运紧密联系在一起一样。中国加入世贸组织（WTO）之后，在不到 20 年的时间之内，就在相当程度上动摇了美国"一国独大"的全球地位，令全球产业链格局大变。因此，在"大贸易时代"，贸易的重要性大大提升了。

应该说，东西方文明之间的确在文化心理上存在重大的差异。中国作为一个大国，有着自己特殊的历史传统，对贸易战及利益争夺的理解远没有西方文明中的各国那么深刻，也没有那么重视，甚至可能有一些错误的理解。但是，一旦中国认识到这个问题的重要性，中国将会应对得更加有效。

传统上，中国人哪怕重视贸易，也是以一种经营农业的心态去发展贸易。事有不成，反求诸己。中国在贸易当中受到损失或者损害时，首先是反思自己有哪些地方做得不够好，同时尽可能通过自身的努力加以改善，而不是指责他国。

西方文明之下成长起来的国家则不然。它们普遍的心态是：如果自身在贸易当中遭遇不顺，或者有所损失，首先是认为对方做得不够好——不是自我反省并且改进，而是更多地要求对方改变，或者要求改变贸易条件；实在不行，就发动战争强行改变对方；有时候还在舆论上毁谤对方，在发动贸易战的同时叠加心理战、舆论战，以求尽可能全面地扩大自己的利益，让自己的利益最大化。对于西方国家来说，贸易与战争都是获利的手段，两者之间只有利益大小、成本收益高低的比较，在性质上并无本质的区别。

在对"契约"的理解上，中国与西方也存在很大的不同。贸易条件是可以通过契约加以约定的。过去，中国人一直相信西方人具有"契约精神"，现在看来则不然。中国人的契约精神的确不是很好，但是西方人的契约观念则具有明显的不公平性。在西方人看来，所谓的契约，就是用于约束对方行为的工具，自身则可以不受约束。这一点，美国贸易代表莱特希泽就公开说过：凡是对美国不利的条约是没有必要遵守的。一向被用于证明"西方文明"和"契约精神"的《大宪章》，恰恰可以证明西方人是不会遵守契约的。《大宪章》的历史证明：在西方文明的语境内，所谓的契约，在根本上是双方力量的反映。如果我的力量比你强，我就可以强迫你按照我的要求来签订契约并且遵守。如果契约签订双方的力量对比发生变化，契约也会发生改变。

近年来，美国多次指责中国违背了入世的承诺，是小偷。但是，从数据上看，是美国违背入世承诺。美国指责中国不守承诺，更类似于一种贼喊捉贼的行为。根据世贸组织的数据，从 2001 年 12 月 11 日中国正式加入世贸组织到 2018 年 12 月 11 日中国加入世贸组织的 17 年间，中国一共在世贸组织中被诉 43 次；与此同时，美国被诉 95 次，欧盟被诉 52 次。中国被诉次数在前三大贸易体中是最少的，美国被诉次数是中国的两倍以上。而且，中国在败诉之后的表现更好。中国在败诉之后，不管是否理解，都坚决执行；而美国在败诉之后，经常不执行。美国不仅不执行，还打算把世贸组织本身给瓦解掉。显然，真正的小偷恰恰是美国自己。

随着中国与西方国家在全方位交往的程度不断加深，中国对西方社会的认识也将日益深刻。

如前所述，自古以来，贸易关系就关系到大国的兴衰。贸易关系可能带来和平，但也可能触发战争。中国在"大贸易时代"，必须更加清醒地认识到贸易的作用及影响。本书挑选了世界历史上一些重大的贸易冲突事件，叙述其来龙去脉，厘清贸易、冲突与大国成长兴衰之间的密切关系。读者可以发现：在世界历史上，贸易与（战争）冲突之间的关系是微妙玄通而且复杂多元的。一个国家的确应该尽可能发展对外贸易，以促进本国的发展，保障人民的利益；但是同时也要尽可能地维护本国在贸易中的地位及条件，同时拒绝他国不合理的贸易条件，必要时不惜一战。非如此，不足以捍卫国家的主权完整、独立自主、健康发展及人民的安乐富裕生活。

彭波　施诚

目　录

第一部分

17 世纪前主要的贸易战争

汉萨同盟的贸易和战争

汉萨同盟是13世纪主要由德意志北部城市组成的一个商业、政治联盟。14世纪，汉萨同盟的势力达到鼎盛，国内外加盟城市达160多个，控制了北欧的贸易。15世纪，它的势力日趋衰落。1669年，汉萨同盟召开最后一次代表大会，虽然从未宣布解散，但一般认为这是它解体的标志。

自古以来，弗里斯兰人、弗拉芒人、斯堪的纳维亚人、斯拉夫人就控制了波罗的海和北海沿岸各地的长途贸易，并建立了比尔卡（瑞典）、图拉索（波兰）、什切青（波兰）等贸易中心。12世纪，哥得兰岛上的维斯比不仅变成了波罗的海的主要商业中心，而且在俄罗斯的诺夫哥罗德设立了商站。这些商贸中心为后来的汉萨同盟商业网络奠定了基础。1143年，神圣罗马帝国的荷尔施泰因伯爵阿道夫在波罗的海与北海之间最狭窄的地方建立了一座城市，取名"吕贝克"。1157年，帝国皇帝罗退尔二世之孙、萨克森公爵"狮子"亨利迫使阿道夫把吕贝克转让给他，亨利赋予吕贝克许多商业特权，鼓励外国商人到此进行贸易。1180年，帝国皇帝"红胡子"腓特烈一世掠夺了亨利的所有领地（包括吕贝克），但确立了吕贝克已经取得的特权。1226年，帝国皇帝腓特烈二世授予吕贝克"帝国城市"地位，让它不受当地领主管辖。有利的地理位置、易北河以东唯一的帝国城市的地位，为吕贝克成为后来"汉萨同盟"的中心奠定了坚实基础。

从 11 世纪起，随着神圣罗马帝国皇帝权威不断下降、无法保护城市的安全，许多城市互相结盟，以抵御贪婪的地方领主、海盗和其他威胁。但是，很多城市的同盟关系是短暂的，外部威胁一旦解除，同盟就解散。但 1241 年吕贝克与汉堡缔结的商业同盟则不同。吕贝克的主要产业是捕捞附近海域的鲱鱼，销售到中欧等地。当时，天主教会规定基督教徒每天只能食用一顿肉，所以鲱鱼成为他们的重要饮食来源。但是，吕贝克的鲱鱼必须腌制方能保鲜。1241 年，吕贝克与能够提供食盐的汉堡缔结商业同盟，互相降低乃至免征关税，而且开凿了一条连接它们的运河，这是汉萨同盟的雏形。同盟的名称来自德语"Hansa"，意思是擅长与外国城市或国家进行贸易的商人社团或协会，类似于商人公会或行会，如"汉堡汉萨""科隆汉萨"。

1282 年，伦敦、布鲁日的"汉萨"加入由吕贝克、汉堡等城市组成的"汉萨"，标志着"商人汉萨"走向"城市汉萨"。1293 年，吕贝克邀请一些同盟城市代表召开大会，会议决定今后凡是与各城市有关的案件，都依照吕贝克的法律予以解决。会后，有 26 个城市投票通过这一决议。从此，吕贝克成为汉萨同盟总部所在地。到 1300 年，波罗的海沿岸的神圣罗马帝国的所有城市，如不来梅、格但斯克等，都加入了汉萨同盟。同盟成员不断增加的主要原因如下：

第一，通过同盟获得商业利益。同盟鼎盛时期，控制了波罗的海和北海的航运和贸易网络。14 世纪，同盟的贸易范围进一步扩大：陆路有与德意志南部、意大利的贸易；海上有与法国、西班牙和葡萄牙的大西洋沿岸港口的贸易。同盟的航运和贸易加强了东欧原材料产地与西欧手工业制品之间的经济联系，它的商船运输的主要贸易货物为盐、青鱼、咸肉、粮食、酒类、呢绒、羊毛、毛皮、牲畜、草木灰、鲸油、木材、大麻、树脂、蜂蜡、弓料、桶板、铁、铜、锡和金属制品。同盟还在俄罗斯的诺夫哥罗德、佛兰德斯的布鲁日、英国的伦敦、挪威的卑尔根建立了商站，加盟城市都可以在这些地区获得贸易关税优惠，因为这些国家和地区的统治者都需要同盟提供的商品和关税收入。

第二，加盟城市可以获得更多的航行安全。汉萨同盟不但为加盟城市的商船提供护航，而且凡是汉萨同盟商人的货物，都可以装在多艘船上运输，这样就降低了沉船或海盗劫掠所带来的损失。在没有商业保险的时代，这种降低风险的做法对商人是至关重要的保护。

第三，汉萨同盟建造的"柯克"商船促进了同盟的商业运输发展。"柯克"是一种平底商船，只有一根桅杆、一幅横帆，虽然速度慢，远不如古代维京人的"海盗船"，但是它的装载量大（可达 200 吨），适合运输东欧出口到西欧的粮食、木材等笨重货物，而且特别适合在北欧海岸的浅水里航行。

1356 年，汉萨同盟第一次全体成员大会在吕贝克召开。最初，同盟只是为了促进共同的商业活动和利益，而不是出于政治或宗教目的，但是随着同盟与周边国家、地区产生的利益冲突越来越大，从 13 世纪后期起，同盟就不断与周边国家和地区发生战争：1284—1285 年，汉萨同盟与挪威的战争；1361—1362 年，汉萨同盟与丹麦的战争；1367—1370 年，汉萨同盟与丹麦的第二次战争；1426—1435 年，汉萨同盟与丹麦的第三次战争；1438—1441 年，汉萨同盟与荷兰的战争；1469—1474 年，汉萨同盟与英国的战争。

其中，汉萨同盟与丹麦的战争影响最大。1356 年汉萨同盟第一次全体成员大会后，丹麦国王瓦尔德玛四世（Valdemar IV）攻占了波罗的海沿岸的一些汉萨同盟城市，威胁了同盟海上航线的安全。1362 年，同盟资助一支舰队，攻打丹麦，结果战败，汉萨同盟的首

汉萨同盟的法官裁决违反同盟规则的商人

NORTHRUP C C. Encyclopedia of world trade，from ancient times to the present.

M. E. Sharpe Publisher，2005：444.

领被处死在吕贝克的广场上。1367 年，汉萨同盟联合荷兰和瑞典海军，攻占了哥本哈根；1370 年，迫使丹麦国王签订《斯特拉尔松和约》，盟军分别占领丹麦的所有军事要塞，控制波罗的海与北海之间的航道 15 年，并有权选举下一任丹麦国王。汉萨同盟成员从丹麦取得大量贸易特权，包括在丹麦自由贸易（免除关税）。《斯特拉尔松和约》是汉萨同盟势力达到鼎盛的标志。

汉萨同盟从 15 世纪开始走向衰落。

首先，同盟内部各城市的利益不一致，甚至互相起冲突，削弱了同盟的实力。如以科隆为首的莱茵河流域城市和以格但斯克为首的普鲁士城市，与同盟的实际领导者吕贝克的利益不一致。1438—1441 年对荷兰的战争、1469—1474 年对英国的战争，都见证了这种利益冲突。

其次，14 世纪末开始，北欧和东欧开始形成强大的统一国家，如：1386 年，立陶宛和波兰统一；1397 年，挪威、瑞典和丹麦也形成了强大的统一国家。这些新兴民族国家拒绝授予汉萨同盟贸易特权，而且首次向同盟进口的商品征收关税。1494 年，莫斯科大公伊凡三世取消汉萨同盟在诺夫哥罗德的贸易权利。英国亨利七世（1485—1509 年在位）时期，禁止直接出口贵金属，并要求汉萨同盟商人用所得利润在英国购买本地产品。英国女王伊丽莎白一世（1558—1603 年在位）认为，汉萨同盟的海运力量阻碍了英国海运业的发展。1598 年，她下令捕获了 60 艘与英国的敌人——西班牙进行贸易的汉萨商船。当汉萨同盟表示抗议并准备一致打击英国贸易时，女王干脆直接没收同盟的所有船只和货物，并关闭了同盟在伦敦的商站，结束了汉萨同盟与英国三百多年的商业关系。

最后，其他的不利因素也有很多。如 15 世纪，鲱鱼产卵从波罗的海的瑞典南部突然转移到被丹麦控制的北海地区，也削弱了汉萨同盟的商业力量；西班牙发现美洲、葡萄牙开辟到达印度的航路，使欧洲乃至世界的贸易中心不仅从地中海转移到大西洋，也从波罗的海转移到大西洋，阿姆斯特丹取代吕贝克成为最繁忙的港口；当同盟成员发现加入同盟不再有利可图时，它们纷纷退出同盟，进一步削弱了同盟的实力。1517 年德国宗教改革后的农民战争导致诸侯们收回了商人享有的许多特权；17 世纪上半期，欧洲"三十年战争"（1618—1648 年）给社会经济带来了自黑死病以来最大的破坏，进一步加剧了汉萨同盟的衰落。

虽然同盟与大西洋沿岸西欧各国的贸易持续到 17 世纪 60 年代，但是它的辉煌时代显然一去不复还了。

威尼斯与热那亚的贸易战

热那亚与威尼斯的地理位置

热那亚位于意大利西北部，是哥伦布出生之地，热那亚港是世界上最古老的灯塔的故乡。它坐落在亚平宁半岛的利古里亚海岸，是一个历史悠久的古城。这座城市位于大海和亚平宁山脉之间的狭长地带，几乎没有扩张的空间。它与外部世界的唯一陆地联系是古老的罗马海岸公路和一些高山通道。它土壤贫瘠，附近几乎没有自然资源。独特的地理位置决定了热那亚去君士坦丁堡或黎凡特的行程很短，热那亚人更有直接的路线通往法国、西班牙或西西里王国。地理位置决定了热那亚要么发展海上贸易成为海上强国，要么籍籍无名。竭力发展海上贸易为热那亚带来了繁荣，使它建立了一个个自治的商业殖民地，控制了利古里亚、科西嘉和北撒丁岛。

威尼斯是意大利东北部的一个城市，以纵横交错的水道闻名于世。威尼斯的历史可以追溯到 6 世纪，它曾经不仅仅是一个城市，更是欧洲历史上最伟大的贸易城市之一。威尼斯是丝绸之路贸易路线的欧洲终点，通过这条路线可以从中国一路运送货物至欧洲各地。因此，威尼斯是一个国际大都市、一个真正的大熔炉。作为一个商业中心，只有威尼斯能与热那亚港相媲美。地理上，威尼斯完美地位于地中海与阿尔卑斯山口通往欧洲北部的要道上。政治上，威尼斯处于拜占庭帝国与加洛林帝国的中间地带，并同时作为两个世界的一部分获得充分的发展。

热那亚与威尼斯呈西南向直接分布于意大利半岛两端。因此，它们能够建立一个贸易网络，从西班牙一直延伸到圣地，横跨地中海。舶来品通过港口输送至已知世界的各地，银行业和造船业蓬勃发展，加上得天独厚的海上运输条件，为两座城市开创了一个商业贸易的黄金时代。

热那亚的历史

现存最早记录的热那亚居民是公元前 6 世纪的利古里亚人。考古证明当时希腊人占据了此地。在此期间，热那亚港仍然只是一个小小的避风港而已。真正的船运要到公元 1000 年后。热那亚的早期历史不太为人们所知。罗马时代，它是一个小渔村。作为罗马时代的一个城市，热那亚是一个军港和利古里亚人的市场。罗马时代，马赛等港口都比热那亚重要得多。公元前 209 年，迦太基人摧毁了热那亚。战后，热那亚重建，从罗马获得了市政权，军事设施扩大。西罗马帝国灭亡后，热那亚仍然是农业和渔业中心，并有少量的贸易。西哥特人占领过热那亚港。7、8 世纪，热那亚港分别落入拜占庭和法兰克帝国之手。935 年，热那亚被摩尔人所攻占。958 年，热那亚从伦巴第王国的国王那里取得城市特许状，不久它就开始发展成一个重要的海军和商业城市。

中世纪的热那亚

CROWLEY R. City of fortune，how Venice ruled the sea. Random House Publishing Group，2011：155.

公元 1000 年航运贸易开始之后，商人家族建造了木质码头，进口香料、丝绸和来自中东的其他奢侈商品。10 世纪，热那亚港的变化反映了欧洲的发展和变化。到千年之交，热那亚商人与地中海和巴勒斯坦各个港口进行贸易，航海贸易是它最重要的经济活动。

11 世纪，比萨的编年史家多次提及比萨人联合热那亚人进行远征，包括抢劫摩尔人占领的撒丁岛和突尼斯。当时，基督教国家正在再次征服西地中海诸岛屿，这些岛屿一直依靠与穆斯林西班牙、埃及和北非的贸易得以维持。这些远征反映了热那亚利用军事潮流的机会，第一次企图宣示自己的商业实力。虽然热那亚最终在西地中海建立起一个广泛的贸易网络，但是在东方，它第一次成功是及时为第一次十字军东征提供了帮助。1097 年秋天，十字军围攻安条克，这是阻碍他们进入叙利亚的最大的设防城市。不久，一支热那亚小型舰队来到附近港口，装载了关键的军备，增加了军队和工匠，帮助十字军搭建攻城云梯和器械。这次行动的优点非常明显，直接促进了第一次十字军东征的成功，并为热那亚赢得了安条克的大部分领土和安全的贸易港口。

热那亚是 12、13 世纪欧洲"商业革命"的"领头羊"之一，居民超过 10 万，与欧洲强大君主国的实力相当。只有威尼斯可以与热那亚的商业中心地位相抗衡。外来商品通过热那亚港口流入，金融和造船业随之繁荣起来。经济繁荣为热那亚带来了对利古里亚、科西嘉和撒丁岛北部的自治商业殖民地的控制权。它在圣地赢得了贸易殖民地，与埃及的贸易往来持续了一个多世纪。依靠这些来自东方的利润，城市国家开始在西地中海占领穆斯林的土地。它首先占领了巴利阿里群岛。热那亚的船只有助于基督徒领主征服西班牙大陆沿岸的几座城市，同时赢得战利品和贸易殖民地。

13 世纪，热那亚与拜占庭帝国结盟，从而使它的商业扩张到黑海地区。君士坦丁堡郊外的热那亚人居住点佩拉（Pera）的经济实力甚至超过了君士坦丁堡本身。热那亚人还统治了克里米亚沿岸的大部分地区，爱琴海诸多岛屿变成了独立的领地。虽然经济繁荣，但是热那亚港被内部政治分裂所折磨，但这并未妨碍它的经济发展，因为它的统治家族把国家当作商业来管理。热那亚的政治高峰于 1284 年到来，当它的海军打败比萨时，它的海上贸易也随之达到顶峰。

14—15 世纪，欧洲陷入危机中，热那亚港也不例外。它的政府破产而且政局动荡不安。在此期间，热那亚港连续地被法国和米兰公国统治，它的领地纷纷发生叛乱或者被其他列强所夺取。

一幅公元 15 世纪的热那亚地图显示了热那亚人对世界的认知是多么复杂

16 世纪的热那亚呈现出一幅奇特的景象。在此之前的两个世纪，热那亚明显遭受了一系列灾难：1453 年奥斯曼帝国对君士坦丁堡的征服，以及随后一个世纪地中海东部的大部分地区被其控制，切断了热那亚与它在黑海和黎凡特的殖民地与港口的联系。葡萄牙人对印度洋的入侵打破了地中海商人对东方贸易的垄断。然而，热那亚共和国却兴旺发达。1528 年，贵族安德烈亚·多里亚（Andrea Doria）恢复了城市政府，实行新的宪法，把权力赋予一部分商人寡头集团。为了利用西班牙与新世界的联系，多里亚使热那亚成为西班牙的附属国，带来了温和的经济复苏。热那亚不仅比以往任何时候都富裕，而且贸易额达到了历史最高水平。欧洲的经济扩张创造了对国外产品的新需求，来自新大陆的大量黄金使得历史上现金匮乏的欧洲人能够购买来自东方的产品。尽管热那亚人的贸易份额减少了，但贸易总额的增长足以弥补他们的损失。热那亚幸免于经济衰败的另一个重要原因是其拥有良好的金融机制。这一时期，这座城市出现了第一批现代金融机构之一：圣乔治银行。这是热那亚式的创举，正是此举使热那亚进入了金融界。

圣乔治宫，圣乔治银行总部所在地

　　热那亚港口的好运气再一次与西班牙和意大利一起减退。到了18世纪中期，它失去了最后一块海外领土。在拿破仑战争期间，热那亚港于1797年成为法国的附属地。1805年，它被并入法兰西帝国。在19世纪，海洋贸易复苏并扩展到远东和美洲。1861年意大利统一时，热那亚港重新回归意大利，并成为其最繁忙的商港，与马赛争夺地中海贸易。20世纪初，尽管意大利在国际贸易中所占的份额有所下降，但进出热那亚的贸易却增加了。

　　回顾热那亚的历史，可以发现，到了16世纪中叶，热那亚这个海上共和国已经被赶出了东地中海。然而，热那亚依然蓬勃发展。圣乔治银行的建立使这个共和国在其领土达到顶峰之后还能在欧洲事务中发挥重要作用。事实上，它真正的光辉岁月在于后来。"热那亚时代"并不是发生在它作为一个崛起的海上强国的英雄时代，甚至也不是发生在它商业帝国的鼎盛时期，而是发生在它被限制在意大利的一小块领土上的很长一段时间之后。它作为金融帝国几乎影响了每一个欧洲国家，并在很大程度上影响了历史事件的进程。

威尼斯的历史

威尼斯人创造了一个建国神话。有人说威尼斯是由逃离特洛伊的人建立的，但实际上它可能形成于公元 6 世纪。568 年，伦巴第人入侵意大利时，他们在路上遇到的第一座城市就是阿奎莱业（Aquileia）：一个具有悠久历史的重要基督教城镇，传统上被认为是由圣马可建立的。它的许多居民都害怕生活在日耳曼部落的统治之下，选择了逃亡。他们在向南逃亡的过程中，在低洼的海边发现了一个岛屿——当时可能只有一些渔村在那里。这个岛屿被称为"托切罗"（Torcello）。这些逃亡者就是威尼斯的创建者。

大约 584 年，意大利东部沿海仍然处于拜占庭统治下的地区被组成"拉韦纳总督区"，以抵抗伦巴第人。托切罗岛上的居民被归入拉韦纳总督区。但是，随着北方陆地落入伦巴第人之手，加上与拜占庭帝国遥远的地理距离，所以他们的生存只能依靠自己，因此他们变得越来越独立。726 年，威尼斯人首次选举自己的总督。威尼斯第一任总督奥尔索（Orso）是作为反对拜占庭统治的一派而特别掌权的。但威尼斯人第一次追求独立的活动失败了。直到 751 年，拜占庭官吏继续统治拉韦纳总督区。威尼斯人扮演了中间人的角色，最终这种角色使威尼斯变成富强大国。

在接下来的几个世纪里，威尼斯发展成为一个贸易中心。它在与拜占庭帝国保持着密切联系的同时，还乐于与伊斯兰世界做生意。992 年，威尼斯获得了拜占庭帝国的特殊贸易权。作为回报，它再次接受了拜占庭帝国的主权。精于贸易使这座城市变得更加富裕，并于

1082 年获得独立。然而，威尼斯通过提供相当数量的海军来维持与拜占庭帝国的贸易优势。809 年，查理曼在意大利东北部进行战争时，威尼斯总督与他结盟并签订和约。威尼斯继续独立于加洛林帝国，但是也没特别强调它对君士坦丁堡的义务。作为两个世界的一部分，并且完美地位于地中海与阿尔卑斯山口通往欧洲北部的要道上，这些都极其有利于威尼斯以贸易发财。

11 世纪的两项发展对当时已经是亚得里亚海的一流航海势力的威尼斯产生了持久的影响。一项发展是意大利海域产生了航海竞争对手。1071 年，诺曼人从意大利南部最后一个港口驱逐了拜占庭的势力，不久，他们开始抢掠亚得里亚海沿岸。1082 年，诺曼人攻占了阿尔巴尼亚的重要港口都拉斯（Durazzo）。为了获得威尼斯的帮助以反对这些抢掠者，拜占庭皇帝给予威尼斯惊人的让步。威尼斯可以在拜占庭帝国境内自由贸易，无须缴纳任何关税。另一项发展是 11 世纪后期沿着拜占庭帝国及其之外的海岸开通了新的贸易路线。1096 年，十字军第一次向东方进发。1098 年，十字军已经取得对叙利亚的控制权；1099 年底，又建立了耶路撒冷拉丁王国。到东地中海的贸易活动、旅行和朝圣不可避免地大量增加。能够提供运输服务、已经取得贸易特权的威尼斯再次被完美地置于适当之地。贸易迅速获得发展的同时，威尼斯也遇到来自其他航海城市国家热那亚和比萨的激烈竞争。

12—13 世纪是威尼斯的贸易帝国形成时期。12 世纪，威尼斯政府也得到了发展，曾经的独裁总督得到官员和议会的支持。13 世纪早期的事件给了威尼斯建立一个贸易帝国的机会：西欧诸国决定再次发动十字军东征。威尼斯人随即与教皇进行了谈判，达成了支援十字军并获得丰厚回报的协议。受到教皇宣传的鼓舞，一支新的十字军在威尼斯安排行程。他们的目标是埃及——十字军认为它是当时东地中海防御最薄弱之地。十字军随后围攻、占领并洗劫了君士坦丁堡。威尼斯人不仅夺取了许多珍宝，更是占据了有利于航海贸易的领土——科孚岛和克里特岛。10 年后，他们把科孚岛交给希腊统治者伊庇鲁斯（Epirus）。但是，克里特岛从此被威尼斯统治了近 4 个世纪，这是威尼斯通往东地中海的第一个有价值的战略据点。1350 年，威尼斯控制了凯法利尼亚岛（Cephalonia）。1380 年，威尼斯最终打败热那亚，变成东地中海毋庸置疑的海上霸主。

15 世纪是威尼斯共和国的全盛时期。15 世纪初，威尼斯人的扩张以意大利大陆为目标，他们赢得的第一块领土是邻近他们自己的潟湖的威尼托①。维琴察于 1404 年归入威尼斯的统治之下，随后维罗纳和帕多瓦于 1405 年归属威尼斯。1420 年，威尼斯征服了弗留利地区②；1426 年占领了布雷西亚；1428 年占据了贝加莫；从米兰获得的利益在 1454 年颁布的《洛迪和约》（Peace of Lodi）中得到承认。从此，威尼斯拥有富饶的腹地，还有一长串的地中海岛屿，一直延伸到塞浦路斯。这一时期，可以说是威尼斯财富和权力的鼎盛时期。

1453 年之后，威尼斯共和国开始衰落。随着美洲的发现和通往印度的新海路带来新的海洋贸易，远洋船只的经济意义超过统治了三千年的地中海大帆船，盛年的威尼斯即将靠边站。在君士坦丁堡落入奥斯曼土耳其人的手中后，土耳其人实施的扩张威胁到了威尼斯，他们甚至成功占领了威尼斯东部的许多土地。此外，葡萄牙水手绕过非洲，开辟了另一条通往东方的贸易路线。整个 17 世纪和 18 世纪，威尼斯衰落了，因为其他国家——如海上强国英国和荷

---

① 与威尼斯一样，得名于公元前 1000 年左右迁移到这里的印欧部落 Veneti。

② 这是古代阿奎利亚主教的领地。9 个世纪前，第一批威尼斯人就是从这座大教堂城市里逃出来的。

兰——获得了大西洋和非洲的贸易路线。威尼斯的海上帝国灭亡了。

威尼斯共和国在 1797 年灭亡，拿破仑的法国军队迫使威尼斯同意建立一个新的、亲法的"民主"政府，威尼斯在与拿破仑签订和平条约后曾短暂地成为奥地利的一部分，但在 1805 年奥斯特利茨战役后又重新成为法国的一部分，并成为短暂存在的意大利王国的一部分。拿破仑的倒台使威尼斯重新回到了奥地利的统治之下。在 1848 年的欧洲革命浪潮推动下，威尼斯获得短暂独立。19 世纪 60 年代，威尼斯成为意大利王国的一部分，至今仍是意大利的一部分。

双方在东地中海的贸易与海战

意大利城市国家威尼斯、热那亚和比萨依靠航海贸易和为十字军提供运输服务以及海军支持而致富。虽然这 3 个航海共和国的陆地领土不多，但是它们通过与东方的贸易，特别是香料和丝绸贸易，而变得特别富有。为了控制到达黎凡特和黑海的航线，它们之间的竞争不可避免地会导致冲突。1284 年，热那亚打败比萨，比萨从此被踢出局。但是，威尼斯和热那亚从 1253 年到 1381 年进行了 4 次海战。双方的大帆船舰队之间的战斗常常导致双方均有损失，但这种损失对双方的长期发展来讲影响甚微，因为新的大帆船可以再建造、新的水手可以再招募。而商船队的损失对商业掠夺者来说往往具有更大的战略意义。

威尼斯与热那亚的海战

CROWLEY R. City of fortune，how Venice ruled the sea. Random House Publishing Group，2011：200.

热那亚和威尼斯之间的第一次海战是特拉帕尼战役（the battle of Trapani）。1266 年 6 月，威尼斯舰队在绕西西里岛航行时，遇到了从科西嘉岛向南航行的热那亚舰队。热那亚舰队指挥官意识到他的船员大多是伦巴第人，没有航海技能，也没有战斗经验，于是他采取一种静态的防御队形：船首与船尾相接。威尼斯舰队的水手富有海战经验和航行技巧，所以采取灵活机动的战术，还故意大声呐喊。伦巴第人惊恐万分，成群弃船向附近海岸逃散。热那亚 27 艘战舰中有 3 艘被烧毁，其余的被威尼斯捕获。此战使热那亚损失了整支舰队，而威尼斯的 24 艘战舰没有任何损失。

热那亚与威尼斯打响的第二次海战是科索拉战役（the battle of Curzola），战争从 1294—1299 年持续了 6 年。1298 年，热那亚对威尼斯本土进行了一次大胆的突袭。一支由热那亚人的船只组成的船队从意大利西海岸的拉斯佩齐亚出发，经过突尼斯和西西里岛到达亚得里亚海。进入亚得里亚海的时候，舰队的船只被风暴吹散了，但随后大多数船只又重新组织起来，沿着达尔马提亚海岸继续航行，沿路烧毁和掠夺威尼斯统治下的大陆和近海岛屿的城镇。9月6日下午，他们正忙着洗劫科索拉岛时，一支庞大的威尼斯舰队突然出现了。原来，威尼斯的达尔马提亚属地遭到袭击，这使得威尼斯措手不及，随即从爱奥尼亚群岛调遣了一支舰队，并与来自威尼斯和达尔马提亚的装备精良的船员们一起组成了威尼斯人有史以来最庞大的舰队。然而，这支舰队的质量并不高，仓促征召的士兵和水手并不具备威尼斯船员通常海战所具备的技能。9月6日晚些时候，威尼斯人在靠近岛屿东端的一个隐蔽的海湾里发现了热那亚人的船只。这是一场残酷的战斗，从第二天清晨开始，一直持续到晚上。热那亚人遭受了惨重的伤亡。然而，威尼斯人的情况更糟。在一个关键的时刻，16艘在早期的风暴中脱离了主体的热那亚战舰及时出现并从侧面对威尼斯人展开进攻。威尼斯舰队中只有少数经验丰富的船员通过技巧摆脱临近崩溃的困境，再次回到激战中，试图拯救其他战舰，但不久他们也被击败了。只有少数几艘船返回威尼斯报告这场灾难。威尼斯指挥官也被俘虏而自杀。虽然这场战役过程惨烈，但几乎没有什么重要的政治影响。第二年，战争结束，热那亚人仍未取得明显优势。

热那亚与威尼斯打响的第三次海战是阿尔盖罗战役（the battle of Alghero）。1353年夏天，阿拉贡人在威尼斯和加泰罗尼亚战舰的支援下，为控制撒丁岛向热那亚发起战争。热那亚人由于缺乏英明的指挥，在这场激烈的战斗中被击败了。4 500名热那亚人成为威尼斯的俘虏，其中大部分被处决。阿尔盖罗战役失败后，热那亚为了给新舰队融资被迫接受米兰的统治，并用米兰的钱重建了舰队。1354年，热那亚舰队航行到威尼斯人驻扎过冬的朗戈港发动战争。由于缺乏人数上的优势，威尼斯舰队战败，热那亚人攻入港口，俘虏了很多人。虽然经历了挫折，但威尼斯很快就实现了和平。

热那亚与威尼斯之间的最后一次长期海战是基奥贾战役（the battle of Chioggia）。1379 年夏，威尼斯的一支主要舰队正在遥远的地中海东部进行商业掠夺。而此时威尼斯本土却遭到了威胁，虽然威尼斯总督匆忙地加强了威尼斯的防御，但却无法阻止一支由 47 艘战船组成的热那亚舰队在 8 月初进入威尼斯潟湖并占领了潟湖南端的基奥贾港。热那亚人并没有试图直接进攻威尼斯，而是依靠陆地和海上的封锁使这座城市投降。双方寻求过和平的谈判，但最终失败。12 月 21 日，威尼斯人发起一次进攻，扭转了对热那亚人的局势。在黑暗的掩护下，威尼斯指挥官派人击沉了从基奥贾通往大海的水道中装满石头的船只，原来的围城者现在被包围了。但此时，饥肠辘辘、士气低落的威尼斯人似乎仍有可能被迫放弃战斗。直到 1380 年 1 月 1 日，当人们在地平线上看到从遥远的地中海东部赶回支援的主力舰队时，力量的天平才决定性地向有利于威尼斯的方向倾斜。一支热那亚救援舰队于 5 月 12 日前往支援，但却找不到通往基奥贾的路。6 月 24 日，热那亚人投降了。当第二年签署和平条约时，条件是平等的。但是经此一败，热那亚试图赢得地中海东部的贸易航线控制权的努力失败了。夺取了战略要地基奥贾之后，威尼斯得以方便地将商业扩展至东方和中欧。

随着拜占庭时代的结束和奥斯曼帝国的崛起，热那亚和威尼斯这两个海上共和国都变为守势。由于它们曾经竞争过的东方贸易同样被剥夺了，它们从此经常并肩作战。与奥斯曼帝国的长期战争以及被卷入欧洲内部冲突，使这两个国家都被纳入欧洲国家体系，成为更强大的邻国的附属国。当更强大的力量开始主宰地中海时，两国富有进取心的公民将他们的精力投入金融领域，帮助建立了现代世界。

第乌海战

1497—1498 年，葡萄牙的达·伽马开辟到达印度的新航路的主要动机是为了直接获得亚洲的香料，打破威尼斯的香料转手贸易垄断，并牟取高额利润。达·伽马不仅在非洲沿岸烧杀抢掠，而且为了在印度洋取得第一个落脚点，不惜挑拨离间，与卡利卡特的反叛臣属科钦签订盟约，在那里建立贸易据点。

自古以来，印度洋就是亚非欧三大洲之间的商业通衢。从 8 世纪起，来自东南亚的香料经过印度和阿拉伯商人之手，从印度转运到阿拉伯半岛，经过红海到达埃及，特别是亚历山大里亚港，再由威尼斯商人转运并销往欧洲各地。

但是，葡萄牙人闯入印度洋、利用武力开拓和保护其香料贸易的企图打破了这种格局。首先，它严重威胁了印度南部地区的安全。如 1502 年，达·伽马第二次赴印度，在阿拉伯海袭击了一艘装载着丝绸和香料的阿拉伯船，还杀死、烧死或淹死了船上 300 多名前往麦加朝圣的穆斯林，然后把丝绸和香料运回葡萄牙。其次，它还损害了印度洋地区穆斯林的商业贸易利益。如 1504 年 12 月，葡萄牙舰队摧毁了卡利卡特运输香料到埃及的船队。1502—1505 年，阿拉伯商船在印度洋的香料运载量从平均每年的 350 万磅骤减为不足 100 万磅。再次，它还损害了埃及马穆鲁克苏丹国的利益。埃及是以农业为主的国家，与海洋的联系很少，但它是亚洲香料产地与威尼斯买家之间的主要中间人，过境香料的减少意味着它的关税等收入随之减少。最后，它也严重损害了威尼斯的利益。一方面，葡萄牙人运回的亚洲香料直接在欧洲以低于市场价的价格销售；另一方面，威尼斯从埃及采购的香料越来越少。如1504年，威尼斯商人前往贝鲁特和亚历山大采购香料时，发现市场上竟然没有香料出售。

双方处于剑拔弩张的备战状态。为了保护葡萄牙的贸易据点，遏制穆斯林的敌视行为，1505年，葡萄牙国王曼努埃尔一世任命唐·弗兰西斯科·德·阿尔梅达为第一任葡萄牙驻印度总督。阿尔梅达率领一支由20艘战舰组成的舰队前往印度，他的儿子唐·洛伦佐是该舰队的舰长之一。进入印度洋后，葡萄牙舰队控制港口贸易，积极打击穆斯林的商船。1506年，葡萄牙人攻占了亚丁湾的出入口索科特拉，接着又攻占波斯湾的出海口霍尔木兹城和印度的第乌城。

第乌要塞遗址

第乌的城墙

BOXER C R. The Portuguese Seaborne Empire 1415—1825. Hutchinson & Co（Publishers）Ltd. ，1969：198.

印度的穆斯林商人组织和卡利卡特的统治者扎莫林（Zamorin）派遣使节到马穆鲁克苏丹国请求支援，以共同反对葡萄牙人在印度洋的商业和武力活动。

与此同时，作为天主教国家的威尼斯共和国也派遣大使到马穆鲁克苏丹国，建议采取"迅速而秘密的修复方法"反对葡萄牙。马穆鲁克苏丹国以降低关税、促进威尼斯与葡萄牙竞争作为条件，要求威尼斯提供军事援助。威尼斯不仅为马穆鲁克苏丹国提供地中海式帆船和战舰，而且提供全副武装的希腊水手。威尼斯造船工人在亚历山大里亚拆散船只，运到苏伊士重新组装。这种帆船能够在舰首和舰尾安装大炮，但不能安装舷炮，因为这会影响划桨。而马穆鲁克苏丹国之前的单桅帆船只能安装轻型火炮。1505 年 11 月，马穆鲁克苏丹国的舰队从苏伊士起锚，于 1507 年 9 月到达印度西海岸的港口第乌。该舰队的主力是威尼斯提供的 12 艘地中海式战舰，1 100 多名士兵和水手包括来自土耳其、努比亚和埃塞俄比亚的雇佣兵，以及威尼斯的火炮手。

除了葡萄牙的宿敌卡利卡特外，印度次大陆反对葡萄牙的力量就是古吉拉特。一则因为古吉拉特人是印度洋的重要中间商，主要从事香料和棉布贸易；二则因为古吉拉特苏丹。一方面，古吉拉特苏丹认识到，葡萄牙海军十分强大可怕，他不想与其公开敌对；另一方面，他也不能公开拒绝第乌总督的要求。处于两难境地的古吉拉特苏丹只能谨慎地支持第乌总督，1507 年，他与埃及苏丹结盟。这样一来，反对葡萄牙的埃及一古吉拉特联合舰队就组成了。

1508 年 3 月，埃及一古吉拉特联合舰队在达布尔（Dabul），与阿尔梅达的儿子洛伦佐率领的一支葡萄牙小型船队相遇。经过 3 天战斗，两艘葡萄牙商船逃脱，另有一艘被捕获，数百人受伤被俘，洛伦佐因伤势过重而亡。听到儿子阵亡消息后，阿尔梅达茶饭不思，咬牙切齿地说："吃了雏鸡的人，要么接着吃公鸡，要么就付款。"

第乌海战中的葡萄牙战舰

1508 年 12 月 6 日，阿方索·德·阿尔布魁克带着葡萄牙国王的命令，接替阿尔梅达为印度总督。但是为了报仇，阿尔梅达竟然违抗君令，拒绝交权。12 月 9 日，葡萄牙舰队从科钦出发，航向第乌。在途中，阿尔梅达不仅摧毁了一支卡利卡特小型船队，而且攻陷了达布尔城，屠杀全城居民，摧毁了所有防御设施。然后，他在孟买港暂停。古吉拉特苏丹派人送来一封信，安抚阿尔梅达丧子之痛。但阿尔梅达不为所动，用威胁的语气回复说："我，印度总督，向第乌海军长官致敬！我告诉你们，我以上帝的名义，带着我的骑士，前往你们的城市，向那些抓走我的部下、杀死我的儿子的人复仇！如果我找不到他们，我就夺取你的城市，抓住你！这就是我要告诉你的，以便你知道我会来！"1509 年 2 月 2 日，阿尔梅达率领的葡萄牙舰队航行到位于印度西部的埃及—印度联合舰队的基地第乌。

至此，敌对双方的力量对比见表 1-1。

表 1-1　敌对双方的力量对比

埃及-古吉拉特-卡利卡特联合舰队	葡萄牙舰队
6 艘地中海式大帆船（埃及）	5 艘大型战舰
6 艘单层甲板大帆船（埃及）	4 艘小型战舰
4 艘大帆船（古吉拉特）	4 艘横帆轻快帆船
30 艘轻快帆船（古吉拉特）	2 艘轻快帆船
70～150 艘小型战船（卡利卡特）	2 艘大帆船
	1 艘双桅帆船
2 万多名士兵	1 000 多名水手、由一群骑士指挥的 1 500 多名身披盔甲的士兵。此外，还有 400～500 名来自科钦的辅助军人

1509 年 2 月 2 日，葡萄牙舰队靠近第乌。一见到葡萄牙舰队，古吉拉特苏丹就逃走了，把联合舰队的指挥权全部交给了埃及舰队指挥

官侯赛因。侯赛因决定以逸待劳，立刻下令出击葡萄牙舰队，但是他的船只不能超过岸边的要塞炮火射程。随着夜晚降临，穆斯林舰队撤回第乌海峡。2月3日黎明，葡萄牙舰队发现穆斯林舰队决定利用第乌港口优势，把轻快帆船和大帆船聚集到岸边，等待其舰队的进攻，于是葡萄牙舰队放弃了先发制人的战争主动权。葡萄牙舰队采取相应策略，将舰队一分为四：一部分战舰炮击之后，士兵登上敌舰肉搏；另一部分战舰则从侧翼轰击埃及舰队的大帆船，舰炮最多的旗舰指挥作战，并以火力支持其他战舰。1艘双桅帆船则负责联络，传达阿尔梅达鼓舞士气的命令：所有将士可以任意抢掠敌人财产；所有士兵将获得骑士身份，所有骑士将获得贵族身份，所有参加作战的罪犯将被赦免，所有奴隶如果在一年内获得自由民身份则将被授予后补骑士身份。上午11点左右，随着风向变化，葡萄牙舰队发起总攻，穿过海峡，向敌舰猛烈开炮。葡萄牙人使用了一种新的射击战术：炮弹直接对着水面射击，在水面反弹后犹如腾空而起的石块，砸向敌人的船只。当葡萄牙水手登上敌舰时，许多穆斯林雇佣兵"一见到葡萄牙人就立即弃舰逃跑"。

葡萄牙第一任驻印度总督、第乌海战中葡萄牙海军指挥官唐·弗兰西斯科·德·阿尔梅达

葡萄牙以伤亡300多人的微小代价获得第乌海战的胜利。埃及—印度联合舰队的大部分战舰被毁，大部分士兵被杀或被俘。阿尔梅达下令绞死、烧死了许多俘虏，以报私仇。此外，阿尔梅达还向第乌总督勒

索了大量钱财。

从舰只和士兵数量看，第乌海战是世界海军史上（葡萄牙舰队）以少胜多（埃及—印度联合舰队）的著名战例。但是，葡萄牙的军事优势十分明显：舰载大炮的口径比联合舰队大得多，炮手的作战素质更好（整个战斗过程中，仅旗舰就发射了 600 发炮弹!）；葡萄牙士兵的装备更精良，他们不仅穿着盔甲，携带火枪和手榴弹，而且是职业的全天候水兵，大多数葡萄牙士兵的体力和作战技术也比埃及和印度士兵强。此外，古吉拉特舰队指挥官临阵脱逃也是葡萄牙舰队取胜的重要原因之一。

正如第乌海战的真实原因是参战双方对经济利益的争夺而不是宗教冲突一样，第乌海战的后果之一也不是基督徒与穆斯林的宗教冲突从地中海向印度洋的简单延伸，而仍然是经济利益的争夺。葡萄牙于 1510 年占领印度果阿，1511 年占领马六甲，接着不断蚕食盛产香料的马鲁古群岛。从 16 世纪末开始，同样是为了控制香料贸易，同样是基督教国家的荷兰在亚洲与葡萄牙进行了反复争斗。

英荷海战

17—18 世纪，英国与荷兰为了争夺殖民地和海上贸易主导权，双方发生四次战争，历史上称作"英荷海战"（或"英荷战争"）。

16、17 世纪之交，摆脱了西班牙统治获得独立地位的荷兰共和国，对外贸易发展迅速。荷兰尤其重视发展海洋贸易，笃信"走向海洋而繁荣，依靠海洋而强盛"。西欧各国此时海上贸易竞争激烈，但荷兰商船总吨位超过英、法、葡、西四国的总和，荷兰资本积累超越了欧洲各国的总和，荷兰在西欧各国海上贸易中处于绝对优势地位。17 世纪中期，荷兰海上势力扩展至全球，被称为"海上马车夫"。

英国与荷兰隔海相望，作为岛屿国家，海上交通线对其非常重要。17 世纪，英国发生资产阶级革命。护国公克伦威尔上台后，英国海军扩大了三倍多，拥有当时世界上最好的舰船与船员。克伦威尔是资产阶级出身，是典型的重商主义者，而此时荷兰到处排挤英国的海上势力，这让他不能容忍。1651 年，为了发展英国的航海事业和海外贸易，增强英国霸权实力，克伦威尔领导的英国议会通过新的《航海条例》，规定一切输入英国及其殖民地的货物，必须由英国船只载运，或由实际产地的船只运到英国，世界各地货物非经由英国本土不可直接运销至英国殖民地。这实际上禁止了其他有航运能力的国家参与一切与英国及其殖民地有关的海上贸易。荷兰是此时世界上最大的海上贸易中介国家，其商船多、吨位大、效率高、组织好，英国的新《航海条例》显然剑指荷兰，直接打击荷兰在英国与其他国家贸易中的中介作用。荷兰反对《航海条例》，英国拒绝废除《航海条例》。荷兰对海上贸易的垄断和英国逐步增大的对外扩张要求使英荷海上矛盾加剧和激化，两国彼此成为各自对外扩张的最大阻碍。《航海条例》的颁布成为英荷海上大战的导火索，两国最终只能通过海战实现海权分割。

第一次英荷海战

第一次英荷海战爆发于《航海条例》颁布次年，即 1652 年，至 1654 年结束。英荷双方都是海上大国，因此战场也就遍布全球，地中海、印度洋以及波罗的海到北海之间的各海峡都是两国的战场。但是，第一次英荷海战中的战斗主要集中在多佛尔海峡和地中海两处战区，尤其是多佛尔海峡，这也是第一次英荷海战爆发的地方。

多佛尔海峡是英吉利海峡最窄处，联通北海和大西洋。荷兰位于北海东岸，南下船只均须通过多佛尔海峡。1652 年 5 月，多佛尔海峡的一次小冲突成为两国接下来一系列海战的导火索。当时，英国海军将领罗伯特·布莱克率领 20 多艘舰船在多佛尔海峡巡逻，与荷兰海军上将马顿·特罗普率领的 42 艘为商船护航的军舰不期而遇。布莱克要求荷兰海军下降军旗向英国国旗致敬（这是自 13 世纪以来英国对经过多佛尔海峡的各国船只的一贯要求，各国船只以此表示对英国的敬意，承认英国对这片海域的主权）。但在两国敌对气氛日渐浓厚的情况下，这一次，这一传统遭到荷兰方面的拒绝。英国首先开炮轰击，之后双方互射，第一次英荷海战的序幕就此拉开。同年 7 月，双方正式宣战。

英荷战争中英国皇家海军"刚毅号"战舰，舰载大炮 70 门

KONSTAM A. Warships of the Anglo-Dutch Wars 1652—1674. Osprey Publishing，2011：4.

英国希望控制多佛尔海峡和北海，让荷兰窒息而亡。英国海军封锁了多佛尔海峡和北海，拦截荷兰商船。荷兰则组织舰队护航，力图强行通过海峡，确保与外界的联系。双方海战逐渐由封锁与反封锁的贸易战发展为主力舰队间争夺制海权的决战。在多佛尔海峡战区，其海战规模非常大，几乎每次海战双方都要投入 2 万～3 万名水兵和 6 000～8 000 门大炮；其作战次数非常多，仅在 1652 年 5 月至 1653 年 8 月间，双方大小交战总数已经相当于当时世界各海洋历次战役的总和。1653 年 8 月，荷兰集中海军力量与英国决战，结果，荷兰战败，英国控制了多佛尔海峡的制海权，使依赖海上贸

英荷战争中英国皇家海军杰出的指挥官罗伯特·布莱克

易生存的荷兰经济瘫痪。

英国的胜利得益于海军舰队司令布莱克采取的集中强大舰队、拦截通过海峡的一切荷兰船只的战术，这能确保英国的绝对制海权。布莱克大胆在海军作战中引进陆军作战注意队形和整体效果的战法，发展了海军战术。他还派出舰队到苏格兰北部袭击荷兰东印度公司的运银船，到北海击沉或捕获荷兰的捕鱼船，甚至进入波罗的海，破坏荷兰和北欧、东欧方面的海上贸易。英国对荷兰军舰和商船的全方位袭击令荷兰招架不住。尽管荷兰海军将领特罗普海战经验丰富，统率艺术高超，荷兰水兵的战斗素质也比较好，但此时荷兰海军在人员数量和武器质量上都弱于英国，荷兰军舰又常常缺乏协调能力，加上战略部署的不当——荷兰在次要战场，即地中海，而不是多佛尔海峡——投入了过多的兵力，从而使其在至关重要的海峡争夺方面力量薄弱，劣势尽显。

战争总会互有胜负。荷兰通过厄尔巴岛海战、里窝那之战的胜利使英国的地中海贸易完全瘫痪，荷兰海军在地中海得到了制海权。英国则被战争拖得疲惫不堪。当然，不管战争的胜负如何，英国对荷兰的长期封锁都是致命的，这导致荷兰这个严重依赖海上贸易的国家几乎陷于崩溃的边缘。双方于是开始和平谈判。

英荷战争中英国皇家海军"约克公爵号"

KONSTAM A. Warships of the Anglo-Dutch Wars 1652—1674. Osprey Publishing，2011：12.

1654 年 4 月，两国签订了《威斯敏斯特和约》。根据和约，荷兰承认英国在东印度群岛拥有与自己同等的贸易权，同意支付 27 万英镑的赔款、在英国水域向英国船只敬礼，并割让大西洋上的圣赫勒拿岛。第一次英荷战争以英国的胜利告终。

第二次英荷海战

第二次英荷海战发生于 1665—1667 年。以 1665 年 2 月荷兰向英国宣战为起点，但战争起因主要在英国。此时，斯图亚特王朝已经在英国复辟，英王查理二世重视英国海军，授予英国海军"皇家海军"的称号，并任命其弟詹姆士·约克公爵为最高指挥官。同时，查理二世为继续打压荷兰，颁布更加苛刻的新《航海条例》，英国在海外向荷兰殖民地展开新的攻势；1663 年，英国组建"皇家非洲公司"，开始攻击荷兰在非洲西岸的殖民地，次年将荷兰人从这里驱逐出去，意欲主导西非的象牙、奴隶和黄金贸易；1664 年，英国派遣一支海军远

英荷战争中英国皇家海军"圣安德鲁号"，舰载大炮 96 门

KONSTAM A. Warships of the Anglo-Dutch Wars 1652—1674. Osprey Publishing，2011：17.

征队占领荷兰在北美的殖民地新阿姆斯特丹，易其名为纽约。而第一次英荷海战中失败的荷兰一直怀恨在心，伺机复仇，英国这一系列的挑衅行动刺激了荷兰蓄谋已久的反攻倒算。荷兰先是于1664年 8 月派战舰收复被英国占领的原荷属西非据点，后是在 1665 年

正式宣战，战争爆发。

英荷战争中荷兰旗舰"布雷德罗德号"，舰载大炮 52 门

KONSTAM A. Warships of the Anglo-Dutch Wars 1652—1674. Osprey Publishing, 2011：21.

　　第二次英荷海战的一大特点是，海战的战役数大为减少，但规模更大，双方主要采取海军主力决战的形式。由于武器改进，火炮射程更远、杀伤力更强，双方在海战中的损失大大增加。第二次英荷海战主要经历了六场大战，主战场仍然为多佛尔海峡和北海。

　　海战初期，英国海军占据优势，但是英国海军的总体实力今非昔比：克伦威尔军事独裁时期的内外战争使国家债台高筑，1660 年以后，财政对海军的拨款常年无法满足海军预算，船只失修、军饷拖欠、士气低迷，海军战斗力已经严重削弱。反观荷兰，荷兰已卧薪尝胆多年，海军新统帅德·鲁伊特上将励精图治，改组海军。他重整海军战略思想，认为只有以海军主力与英国舰队决战，夺取制海权，才能取得战争胜利。他推动荷兰加紧建造大型战舰。这一时期，荷兰还与法国、丹麦和葡萄牙结成反英同盟。同盟国一方面援助荷兰，一方面牵制英国：法英两国隔海峡相望，这就牵制了英国 20 艘战舰。海军实力此消彼长，英国面对荷兰不再具有绝对优势，因此，这轮系列海战中的前五场大战激烈程度空前，双方互有胜负，情势处于拉锯状态。

有时，战争的转折点和战争无关。1664—1665 年间，黑死病卷土重来，英国再度遭殃。半年时间，黑死病由伦敦西区扩及东区。1665 年有统计表明，伦敦人口的 1/4、约 10 万人已死于这场灾难。此时的英国祸不单行，1666 年 9 月，一场罕见的火灾降临伦敦，四天四夜的大火将伦敦城烧毁 2/3，经济损失达 800 万至 1 000 万英镑（这已经超过两次与荷兰战争的费用）。英国处于内忧外患之中，无力再战。因此，从 1667 年 1 月开始，英国开始寻求和平谈判。

胜利的天平已开始向荷兰倾斜，所以荷兰的和谈欲求并不强烈。荷兰要继续增加谈判桌上的筹码，一个大胆的计划开始酝酿。德·鲁伊特上将派间谍获取了泰晤士河的水文信息及伦敦地区的军事情报，策划利用涨潮和顺风的机会派军舰秘密驶入泰晤士河口，再沿梅德韦河溯流而上，直达英国海军船坞查塔姆，然后趁其不备，奇袭英国战舰。这一计划极具风险，因为这既对潮位、风向和风力条件要求苛刻，又要使荷兰军舰避开沿途英国的各种防御设施，若非万事俱备，则无成功可能。掷下巨注的德·鲁伊特上将是这场战斗的胜利者。1667 年 6 月 19 日，他率领荷兰舰队航行到泰晤士河口，趁黑夜涨潮，先遣舰队顺潮水溯入泰晤士河，沿途夺取四五吨黄金及大量其他物资，击毁或俘获英国战舰，还炮轰伦敦。22 日，荷兰舰队长驱直入到达查塔姆船坞。英国在此停泊有 18 艘巨舰，荷兰舰队很快摧毁了其中 6 艘，英军旗舰"皇家查理"号被荷兰人掳走。荷兰舰队横行三天，最后全部安全返航。返航后的荷兰海军还继续封锁泰晤士河口长达数月。

这次奇袭使英国皇家海军蒙羞，更给英国造成 20 万英镑的损失。瘟疫、大火和荷兰人的奇袭最终迫使英国人屈服。1667 年 7 月 31 日，两国签订《布雷达和约》，英国放宽《航海条例》，放弃其在荷属东印度群岛的权益，并归还战争期间抢占的荷属南美洲苏里南；荷兰也做出让步，承认英国拥有哈得孙河流域和新阿姆斯特丹，承认西印度群岛为英国势力范围。总体而言，荷兰是第二次英荷海战的胜利方。

第三次英荷海战

第三次英荷海战发生于 1672 年至 1674 年，实际上也是荷法战争的一个组成部分，是早期英荷海上争夺的最后阶段。法国是欧洲大陆的大国，有谋求霸权的欲望，荷兰则是法国建立霸权的障碍之一。法国国王路易十四图谋瓜分荷兰已久，为争取英国助法攻荷，他向英国许诺，打败荷兰后，将荷兰的一岛两城送给英国。尽管不久前曾应荷兰之邀，与荷兰、瑞典结成同盟反对法国扩张，但英国对荷兰早有复仇之心，这一同盟并不牢固。于是，1670 年 6 月，英法两国签订《多佛密约》，条约规定：英国协助法国对荷作战，法国协助英国对内平乱。

1672 年 3 月，法荷战争爆发。同月，英国对荷兰不宣而战，突然袭击了一支荷兰的商船队,第三次英荷海战爆发。4月,英国正式宣布与法国结盟。当时欧洲大陆最强大的法国陆军在对荷作战中势如破竹,突破埃塞尔河防线后,直逼荷兰首都阿姆斯特丹。荷兰国王威廉一筹莫展,只好下令掘开荷兰人引以为荣的穆伊登拦海大坝,海水倒灌淹没荷兰国土,法国陆军进攻才暂时受阻。荷兰的主要威胁转移到海上,海上的主要威胁则来自英军,因为法国海军一向不足为惧。此时执掌荷兰海军帅印的仍然是老将德·鲁伊特,65岁的他在海上与英军周旋一年,互有胜负,转折点是1673年8月的特塞尔海战。英法联军在兵力和舰船上占优,但荷兰老将的指挥高超、水兵的士气高昂是荷兰的优势。8月21日清晨,海上风向利于荷兰舰队,德·鲁伊特展开袭击。他以一支只有10艘战舰的小舰队牵制法军,亲率65艘主力战舰进攻英军。法军不堪一击,很快陷入混乱并逃跑。英军虽苦苦支撑至黄昏,但英军后卫司令战死。一天下来,英法联军有9艘战舰受损,2 000多人阵亡。夜幕降临,英军只好放弃登陆荷兰,仓皇败走。战斗中,荷兰也伤亡1 000多人。荷兰人见好即收,没有乘胜追击。

特塞尔海战之后,英法联盟随之解散。这次海战也结束了英荷之间自1652年以来长达20年的、为控制海洋所进行的一系列旷日持久的战争。1674年2月,英荷再次签订《威斯敏斯特和约》,和约规定1667年两国签订的《布雷达和约》继续有效,荷兰同意给英国80万克仑,承认英国对夺取的荷兰海外领地拥有所有权,英国则保证在以后的荷法战争中坚守中立。条约签署使双方恢复到战前状态。

荷兰毕竟是欧洲小国,国土小、人口少,自然资源贫乏,农业条件不好,工业基础薄弱,国家经济强烈依赖远洋贸易和海外领地。尽管三次英荷海战中的后两次荷兰都取得军事上的胜利,但战争几乎耗尽了荷兰的经济储备,尤其伴随荷法战争的进一步消耗,荷兰再也无

力与英国在海上争雄。荷兰逐渐衰弱，英国则虽败犹胜，尤其是 14
年后英国实现光荣革命，英国国内局势稳定，经济发展，世界海洋霸
权易手英国并被其长期占有的时代随即到来。

英荷海战

KONSTAM A. Warships of the Anglo-Dutch Wars 1652—1674. Osprey Publish-
ing，2011：36.

第四次英荷海战

前三次英荷海战发生在 17 世纪中叶的 20 年间，是英荷双方为争
夺海上霸权而进行的有内在因果联系、前后关联的一组战争。第四次
英荷海战则发生在 100 多年后，虽是英荷之间一次孤立的战争，但是
为以往的英荷争霸画上了句号。

第四次英荷海战发生于 1780 年至 1784 年，是美国独立战争的副
产品。当时，荷兰支援美国独立战争，引起英国不满，后者遂发动对
荷战争。荷兰已经多年经济不振，军备废弛，此时只有 20 多艘海军

舰艇。英军则意气风发，连战连胜，战争期间掠夺荷兰丰厚的商队物资及其殖民地。1784 年，英荷冲突随着英国承认美国独立而结束。荷兰国势已去，被迫请求法国调停。借此一役，英国获得巨大好处：此前 100 年间，英国向荷兰借贷的巨额国债因英国获胜而免付利息，并且英国可以低价向荷兰商人回购国债；英国通过战争扩大了殖民地，获得荷属东印度群岛的一部分；荷兰首都阿姆斯特丹此前是世界金融中心，战后被伦敦取代；英国东印度公司的重要竞争对手荷兰东印度公司因荷兰战败而出现危机，并于 1798 年破产解散。

17 世纪的荷兰是叱咤风云的"海上马车夫"与殖民帝国，但在第四次英荷海战后彻底衰落，为欧洲列强所轻视。此时的英国，工业革命的号角已经吹响，手握海上霸权和殖民霸权，在此后一个多世纪里都扮演着国际事务中的主角。

第二部分

贸易战促进大国的崛起

波士顿倾茶事件

——美国为什么会独立？

波士顿倾茶事件是指在 1773 年，大英帝国北美殖民地的民众为了反对英国政府的相关税收规定，抵制茶叶纳税，在波士顿港湾内倾倒合法销售的茶叶这一重要历史事件。这个事件被近现代美国历史学及相关研究普遍认定为美国独立战争的导火索之一。

波士顿倾茶事件在国内过去的历史教材当中，经常被看作反抗英国暴政的一次正义的行动，但是现在越来越多的研究认为，如果透过"无代表不纳税"等表面的说辞，追究其本质，其实我们会惊讶地发现，"波士顿倾茶"或许不过只是茶叶走私集团为了维护自身的走私利益而采取的对抗国家正常税收体制变革的一次行动，"无代表不纳税"的正义呼声也不过是一个掩饰集团私利的美丽借口而已。在国际上，波士顿倾茶事件爆发的原因至今众说纷纭，并无定论。但可以确认的是，过去单纯视之为正义的反对暴政之说其实是站不住脚的。以下叙述，参考若干研究成果，聊备一说，仅供参考。

英国在北美的统治传统与"七年战争"的经济影响

英国在北美的统治松散且管理不善

自英国势力进入美洲之后，其在北美殖民地的统治向来非常松散，并没有非常统一的意志和管理。自 1607 年第一批移民在普利茅斯登陆以来，直到英属北美殖民地发展为 13 个，英国一直对殖民地采取"令人欢迎的忽视"的政策，也就是"不打扰熟睡的狗"的政策，政治上控制很少，经济上也很少干预，倾向于让殖民地自由自在地发展。英国也不向殖民地征收直接税，它在北美殖民地的收入主要来源于关税，而且大部分关税还是在英国本土征收的。

北美殖民地居民也并非都是完全老老实实地遵守英国法律的人。移民北美的人通常是比较有冒险精神、敢做敢当的，他们采取利益导向的原则，积极地追逐一切可能获利的机会，甚至利用殖民地边境管理松散的有利条件，对外进行大量的走私活动，也不缴纳任何税费。到独立战争前，北美殖民地在政治上已经形成了较为成熟的民主制度。加上资源丰富、空间广大，在经济上也有了长足的进步，发展速度明显快于英国本土。很多研究者认为当时北美殖民地的生活水平已经与英国本土相当，甚至有过之。随着综合实力大大增强，北美殖民地的离心倾向已经相当强烈。

英国对殖民地的管理不但松散，而且效率不高、问题不少，在"七年战争"期间就已经暴露了不少问题，例如：很多殖民地商人为了追逐暴利，交通敌国，走私贸易十分活跃；各地议会和居民为了追逐经济利益，甚至对英军保卫北美殖民地的行动也不予配合；有的地方及个人还在司法、人事、教士薪俸等问题上直接挑战宗主国权威。

"七年战争"激化了英国与北美殖民地之间的矛盾

"七年战争"(1756—1763)是以英法为代表的欧洲两大军事集团为争夺世界霸权而发动的大规模战争。因为对当时及后来较长时期内的世界格局影响很大，英国首相丘吉尔认为这才是"第一次世界大战"。而英国正是这场战争中最大的赢家。战争之后，英国成为海外殖民地霸主，稳定了对北美殖民地的统治，迈向"日不落帝国"的传奇。在世界历史上，西班牙是第一个"日不落帝国"，英国则成为第二个。

但是与此同时，因为打仗是非常费钱的事情，所以虽然战争取得了胜利，但英国也欠了非常大的一笔钱。在"七年战争"当中，英国总共花费了 1.6 亿英镑，其中 37% 是在金融市场募款的国债。到"七年战争"结束时，英国的国债已高达 1.35 亿英镑。当时，英国国债是法国的两倍，平均每个英国人所负担的债务更是超过法国人的 5 倍以上。大英帝国不断壮大的过程，其实也就是一个不断烧钱的过程。

反映"七年战争"的画作

能借到钱当然是本事，但是要还钱也相当不容易。为了偿还"七年战争"中的巨额债务，不得不需要多方补偿。在英国政府看来，既然绝大部分军费是用于北美，保卫了北美殖民地的利益，那么当然要从北美殖民地寻求一些补偿。另外，当时北美殖民地的防务每年还须支出40万英镑，占英国议会预算的12%，而英国国内税收已高达20%，很难再增加了。为了增加税收、缓解财政压力，英国政府决定把其中的三分之一分摊到北美殖民地居民的头上。1765年3月，英国议会通过了加强对北美殖民地经济控制的《糖税法案》、《茶税法案》和《印花税法案》，直接目的就是增加税收收入。

由于英国在殖民北美的过程中长期以来采取"放水养鱼"的政策，北美殖民地居民已经习惯了不纳税的传统。现在英国要在北美殖民地增加税收，当然就会遭到强烈的反对。为了对抗这些税收，所谓的"北美人民"（其实就是从英国移民北美的"新英格兰人"。印第安人和黑人是没有说话的权利的，算不上人民）喊出"无代表不纳税"的口号，并成立一些秘密的反英组织对征税的法案进行抵制。

因为受到了强烈的抵制，英国议会被迫做出一些让步，废除了大多数税收，唯一留下茶税，以表明英国拥有对北美殖民地征税的权力。

当然，英国与北美殖民地产生矛盾的事件也不仅仅是征税权的问题。当时另外一个引起北美殖民地居民不满的事件是英国调整对北美殖民地的政策，目的是避免与印第安人的冲突，并保护英国商人的贸易利益。英国在1763年10月以国王名义发布公告，宣布在北美建立4个新的行政管理区，将大片西部土地留给印第安人，由英国军队执行西部地区的法令和维持秩序。这个公告在两个方面损害了13个北美殖民地居民的利益：一是将他们一直向往的西部土地划归加拿大或留给印第安人，极大地限制了土地投机，而当时北美许多重要人物均热衷于这一发财之道；二是剥夺了殖民地当局对印第安人事务的管理权。掠夺印第安人的土地是北美殖民地民众的大利所在，英国限制他们扩张，当然会引起他们的不满。其实，可以看出，北美殖民地的重要人物们希望英国为了保护他们的利益而烧钱，但是他们自己却不愿意承担相应的负担。

北美殖民者茶叶销售背后的利益链条

英国议会之所以重视茶税，是因为当时的北美人民是非常热爱喝茶的，可谓大利所在。根据历史学家的分析，北美人民极有可能在17世纪上半叶就从荷兰人那里接触到茶叶，喝茶的历史有可能比宗主国英国还要早。新英格兰人饮茶的历史比喝咖啡要早几十年，约在1690年，波士顿就开设了北美大陆的第一家茶叶代销店。据估计，到1760年前后，北美人民已经普遍喝茶，茶叶已经成为生活的一部分。在最初荷兰贵族的示范下，后来又在宗主国英伦三岛喝茶习俗的引导下，上行下效，饮茶成为一种时尚，同时也成为一种有益身心健康的饮食方式，走进了绝大多数北美人民的生活。

18世纪下半叶之前，为了平衡各利益团体之间的关系，英国禁止英国东印度公司直接向北美销售茶叶，而是需要先在伦敦拍卖，然后再由伦敦商人运输到北美销售。由于英国对茶叶征收的高额税收，所以通过公开合法渠道出售的茶叶价格高，这就使得当时北美的茶叶走私盛行。时人估计，当时北美殖民地每年进口的茶叶已达到100万磅，但是大部分都是走私茶，走私茶可能占到了消费量的十分之九。在18世纪70年代，英国人平均每年消费茶叶1 300万磅，其中平均有750万磅从欧洲（主要是从荷兰）走私进口，而由英国东印度公司运进英国得以销售的平均只有550万磅。尽管英国政府严格缉拿走私犯，从欧洲大陆主要是荷兰走私来的茶叶仍大量进入英国市场。英国东印度公司因为不能控制这部分茶叶交易，每年损失利润达 40 万英镑以上。种种原因使得英国东印度公司出现大量的茶叶积压，最多时达到约 2 100 万磅，拖欠政府税款达 100 万英镑，公司财务收支也亮起红灯，快维持不下去了。但是，在这个过程中，北美本地的茶叶走私者却获得了巨大的利益。

1773 年 5 月，英国政府在英国东印度公司请求下通过了《救济东印度公司条例》，也被称为《茶叶法案》，法案允许英国东印度公司直接向北美出口茶叶，从英国向北美出口的茶叶可以获得全额退税，只需向殖民地海关象征性缴纳每磅 3 便士的茶叶税。这一制度变革的结果是：英国东印度公司因此垄断了北美殖民地的茶叶运销，其输入的茶叶价格较私茶便宜百分之五十。北美人民从此可以喝到便宜一半的茶叶，这应该算是一个很大的好消息。

更加不同的是，英国东印度公司销售的是合法的茶叶，是可以摆在"阳光下"大声吆喝叫卖的茶叶，所以，消费起来更加安心，买卖起来也更加放心。

但是，这一优惠政策并没有获得所谓"北美人民"的支持，反而"引起北美殖民地人民的极大愤怒"。——这就不可理解了！对茶叶征税，"北美人民"不接受是可以理解的，因为会增加他们的负担。为什么对茶叶退税，减轻了税收负担，"北美人民"也不接受，甚至要愤怒呢？

答案在于：这里的"北美人民"是要打引号的。所谓的"北美人民"并不是指一般的老百姓，而更多的是代表那些资本家和茶叶走私犯。在当时，这两者是紧密结合在一起的，因为那些在北美政治及社会活动中具有巨大影响力的资本家、富商往往也是走私犯。受重商主义传统的影响，英国的富商们为了逐利可以无所不为。所以，当英国政府对出口北美的茶叶实施退税之后，茶叶的价格大大降低，普通老百姓当然是会高兴的，但是资本家和走私犯却因利益受到损害而极其愤怒了。

尤其让走私犯更加不放心的是，如果今后有一家可以长期供应廉价茶叶的公司与他们竞争，他们控制市场的能力将大大削弱。英国政府的这一让利行为将会改变原来的利益格局，使得中间商和茶叶走私犯在竞争中出局。"断人财路，如杀人父母"，考虑到这样的前景，这些既得利益者对即将推行的法案可以说是恨之入骨。为了保护自己的非法利益，他们通过报纸、小册子等各种工具，宣传"无代表不纳税"的说法，刻意渲染英国将侵犯北美商业利益等危险，煽动北美的各种激进团体对英国通过公开渠道出口北美的茶叶进行抵制。

茶叶直销引起了北美的革命

得知英国调整茶叶税收的规定之后，北美当地很快就有了反应，并且展开了激烈的讨论。8月底，北美殖民地的报纸即开始刊载《茶叶法案》的摘要；9月初又刊载了全文，同时刊登了不少抨击这一法案的文章。这些文章的主要论点可分为两类。一类是：英国政府狡诈地利用较为廉价的课税茶叶诱使殖民地人民接受茶税，从而接受议会有权对殖民地征税和立法的原则。另一类则是：英国东印度公司以直接销售茶叶为开端，将其垄断贸易势力扩展到北美，以后还要对北美其他贸易逐步实行垄断。这一类以高尚动听的口号来煽动公众舆论，实际上是保护个别人及少数集团的利益的做法，现在大家已经非常清楚了，但有时候的确非常奏效，极易蛊惑人心。

1773年11月，有7艘大型商船满载茶叶前往北美殖民地，其中4艘开往波士顿，其他3艘分别开往纽约、查尔斯顿和费城，然而由于当时北美殖民地反对茶叶的情绪已经被调动起来了，纽约和费城两地的茶商出于各方面的考虑拒绝接货，开往这两地的两艘商船不得不开回英国。

11月28日，英国东印度公司的第一艘茶叶商船"达特茅斯号"先停靠在波士顿附近由英军驻守的威廉要塞，后来在格里芬码头卸下除茶叶以外的其他货物。但是由于受到当地团体的抵制，这批茶叶一直没有进入销售渠道。波士顿过去销售过不少课税英茶，而当时茶叶供应已开始减少，市价在上涨。如果这批茶叶上税后投入市场，消费者肯定是会购买的，市场将被打开。这样一来，英国政府的殖民政策将得到贯彻，英国议会有权对殖民地征税的原则将连同廉价的中国武夷茶一起被殖民地人民接受，茶叶走私犯的利益将遭到重大损害。考虑到这种可能性的巨大威胁，当地抵制英茶的团体决定采取进一步的强力行动。

12月16日，波士顿8 000多人集会抗议正规合法路径茶叶的到达。当天晚上，在当地商人塞缪尔·亚当斯和约翰·汉考克的领导下，60名"自由之子"成员化装成印第安人上了茶船，将英国东印度公司三艘船上的342箱茶叶全部倾倒入海，给英国东印度公司造成了巨大的经济损失。这就是著名的"波士顿倾茶事件"。有记录甚至表明：就在波士顿人倾倒茶叶的时候，他们中有一些人试图乘机揩油，带一些"免费茶叶"走。可见利益对人的诱惑实在是太大了。

后来，美国在已经废弃的茶叶码头上专门立了一块碑，用来纪念这个重要的历史事件。

波士顿倾茶事件激化了英国与殖民地的矛盾。波士顿倾茶事件以后，英国政府认为自己的统治权威受到了威胁，先后颁布各种法令，命令在清偿茶叶的价款之前封闭波士顿港，取消马萨诸塞州的自治等。于是，事件开始升级，双方矛盾持续激化，冲突不断加剧。

反映波士顿倾茶事件的画作

1774年9月至10月，"北美人民"在费城召开了殖民地联合会议，史称"第一届大陆会议"（The First Continental Congress）。除佐治亚州代表缺席外，其他12个殖民地的55名代表都参加了会议（多为富商、银行家、种植园奴隶主。佐治亚州代表因总督阻挠未参加）。随着列克星敦的枪声响起，美国独立战争拉开了帷幕。需要说明的是，当时北美13个殖民地的相当一部分民众并不愿意跟英国发生冲突，但是因为当时鼓动起来的风潮已经形成，慑于"暴民"的威势，他们无力抗拒。

再后来，塞缪尔·亚当斯和约翰·汉考克都成为美国《独立宣言》的签署人，塞缪尔·亚当斯与美国第二任总统约翰·亚当斯还是

塞缪尔·亚当斯

堂兄弟的关系。尤其是约翰·汉考克，他是一个大商人，从1765年开始，靠走私以逃避关税，组织民众公然抗税，还曾于1768年因走私茶叶被捕入狱。塞缪尔·亚当斯和约翰·汉考克可以说策划了1770年的"波士顿惨案"，并且还趁机建立民兵，而波士顿倾茶事件从某种程度上可以理解为是其精心设计的政治事件，而未必是广为宣传的所谓民众自发的"爱国"行为。

有些历史研究人员相信，事件中那60名"自由之子"甚至有可能就是塞缪尔·亚当斯和约翰·汉考克雇来的人。某种意义上，说得更通俗一点，其实美国的独立，就是茶叶走私集团（当然也包括其他的地方利益集团，类似于中国古代社会动荡时期的"地方豪强"）为了维护茶叶走私的利益，花钱雇人（或者怂恿一些"愤青"）闹事，破坏正常的茶叶贸易而折腾出来的，目的就是要激怒英国以达到自己的目的。这与民主无关，与自由也无关。当然，其最后还是要被宣传成"民主自由"的伟大事业的。

美国发动独立战争的理由之一是英国的赋税太高。但是具有讽刺意味的是，美国建立之后，其施加的赋税却远远超过了英国殖民统治时期的水平。独立战争之前，英国施加于北美的税收是极为轻微的，几乎相当于没有，即使加上茶税也是如此。但是到1789年，各州州税已占居民总收入的1/3。在马萨诸塞州，一个普通人所要承担的税赋甚至一度超过了其实际收入。

在当前美国史学界，实际上很多人也越来越否定波士顿倾茶事件的正义性。如在美国人自己写的《剑桥美国经济史》这样的鸿篇巨制中，甚至只字未提波士顿倾茶事件——就当它是不存在一样，说明作者也不认为波士顿倾茶事件是一件多么光彩的事情。

当然，历史是多维的，不同的人从不同的角度出发，就会看到不同的真相。这是历史的复杂性所在，也是历史的趣味性所在，当然，还是历史的残酷性所在。

美国从独立到内战期间的贸易
——保护主义与贸易竞争

美国是谁？理想与实利二者兼得

美国著名政治思想家塞缪尔·亨廷顿曾经写过一本书——《我们是谁?》。在亨廷顿看来，美国人本质上就是 WASP，即 White Anglo-Saxon Protestant 的简称，是指白人盎格鲁-撒克逊新教徒，现在也可以泛指信奉新教的欧裔美国人。随着移民人数的不断增长及其在美国人口中的比重不断提升，美国的这一性质有所变化。而在美国建国之初，这一特征是非常明显的。WASP 的最突出特征就是"理想主义＋实际利益"，二者缺一不可。或者说，就是最善于用美好的理论或者理念来装饰自己对利益的追逐。

英国殖民北美的时候，恰恰是英国 16—18 世纪重商主义最为盛行的时期。所谓的"重商主义"，也就是晚清时期中国商人及知识分子常说的"商战"，现在也可以说是"贸易战争"。受此影响，美国在建国之后，其治国理念对这方面也有深刻的认识。虽然当时亚当·斯密的《国富论》已经逐渐流行，但是在美国的影响并不大，没有完全压倒重商主义的传统。美国在贸易及经济政策方面实际上承接了英国的重商主义源流，而非自由贸易的思想。后人总结，美国之所以能够逃脱很多"第三世界"国家的厄运，恰恰是因为美国继承并发扬了英国的重商主义传统，而没有简单地接受自由贸易思想。相比之下，拉丁美洲的那些国家则因为缺乏这方面的传统，而不得不在经济贸易上受制于人。

在美国独立之后，美国建国元勋之一、首任财政部长亚历山大·汉密尔顿在 1787 年就曾写道："欧洲借助于自己的军队和谈判，借助于武力和欺骗，已在不同程度上对其他三部分施展统治。"汉密尔顿

亚历山大·汉密尔顿，美国首任财政部长

认为：欧洲统治世界的秘密就是一手武力、一手欺骗。这话道出了西方文明的本质特征，也可以用于解释近代以来包括英国在内的西方列强对中国发动的一系列侵略行径的本质。当然，美国自己在建国之后的一系列做法，同样突出地体现了这样的特征。哪怕在改革开放之后中美关系的蜜月期，美国也时刻不忘给中国下套、捅刀子，这正是其文明本性的体现。

美国独立后迅速采取行动保护国内市场

独立后的美国受到英国的贸易冲击

美国独立后不久就遭受到来自英国的贸易冲击。在独立战争期间，美国在经济上当然是异常困苦的。但因为战争期间英国对贸易的封锁，使得美国国内制造业发展起来——资料记载，由于出口与进口

的下跌，进口替代兴盛起来，殖民地经济在相当程度上变得更为自给自足。例如，在费城，将近 4 000 名妇女受雇在家里为新建的纺织厂纺纱。在啤酒、威士忌和其他家酿酒类的生产中，类似的刺激也导致工场数量陡然增加。美国资源转向与进口相竞争的产业，在沿海和主要港口城市中表现得尤为强烈。除纺织品和酒类外，当时因为贸易阻滞和战争刺激而得到发展的行业还包括玻璃制造、面粉加工、印刷造纸等。也就是说，英国对北美大陆的经济封锁固然给美国带来了巨大的困难，但是也在客观上刺激了美国制造业的发展。

然而，在英美最终签订协议、美国正式独立之后，英国对美国的外部封锁解除，双方开始进行正常的贸易，美国国内的初生工业就受到英国工业品的极大冲击。资料记载，1783 年《巴黎和约》签署后，英美两国恢复正常贸易，英国的制造业产品便如潮水般运销美国。在波士顿、纽约、费城等港口每天都有装满英国货的商船驶入。据统计，1784—1786 年，美国从英国进口货物总值超过 759 万英镑，而同期美国向英国出口货物总值不足 249 万英镑，贸易逆差十分巨大。

更严重的是，美国独立之前尚可依靠出口和航运所得以及英国殖民当局开支所得支付进口的英国制成品，但独立之后，原先帝国体系内的优惠安排不复存在，相反，各行各业的出口还受到英国的严厉限制，包括向美国输英产品征收高关税、禁止美国的商船和产品进入本为出口主渠道的西印度群岛等地区等。这些问题加剧了贸易逆差下的货币流失及紧随而至的百业萧条，用美国第一任财政部长亚历山大·汉密尔顿的话说就是"商业已衰败到了极点"。

而且当时英国商品的涌入还不是一般意义上的自由买卖，还包含通过倾销摧毁美国弱小工业的图谋，那些与英国厂商联系密切的商人愿意将大量的英国五金、陶瓷、纺织品等以低价在美国市场"倾销"。面对这种情况，美国一位国会议员说："我们曾经按照现代理论家的劝告，向价格最低廉的地方买进我们所需要的东西，结果国外商品泛滥于我们的市场；英国商品在我们口岸城市的售价比在利物浦或伦敦的还要便宜。我们的工业濒于毁灭，我们的商人，即使曾指望靠进口贸易致富的那些人，也陷于破产的境地；所有这些现象对农业又造成了极大损害，因此土地的价格极度低落，使地主也普遍陷于破产。"这种情况，如果按照德国政治经济学家李斯特的说法，是英国对欧洲和世界其他发展中国家普遍采取的手段。因此，这实际上就是贸易战争。

甚至美国的优势主导产业，如造船业，也在英国的围堵下出现了萎缩。独立之前，马萨诸塞年均造船 125 艘，到 1784 年已经降至 45 艘，并进一步发展到 1785—1787 年每年仅造 15～20 艘，还不及鼎盛时的五分之一。史家公认，1781—1789 年的邦联时期是美国在经济、政治、外交上均极度困难的时期，而危机出现的一个直接原因就是战后英国商品的大举涌入与冲击。实际上，1786 年爆发的"谢司起义"等社会骚动都与此有直接的因果关系。

美国积极采取贸易保护政策保护国内市场

为了促进美国制造业的发展和经济的真正自立，亚历山大·汉密尔顿提出了一系列经济政策思想，包括：现有国际体系中并不存在真正互惠的自由贸易；鼓励兴办制造业；工商业强大的国家方可谋得国家的独立和富强；国家通过"积极的贸易政策"和其他限制或鼓励政策可有力地促进制造业发展；使用机器等技术手段是提高总体生产率、增加总产量的重要手段，应当鼓励技术装备的引进；商业和航运业尤可推动制造业和整个国民经济的进步，并让美国成为一个海洋大国。

亚历山大·汉密尔顿确信：打造权力集中的统一联邦是美国发展工商业的基本前提。在 1789 年之前，草创的美国只不过是一个由主权州所组成的松散邦联。这一政治制度的经济后果是，邦联政府缺乏管制内外商业的必要权力。除了各州互设壁垒甚至互打商业战外，更要命的是，在关税保护或自由贸易的问题上，州与州之间立场的不一致为外国列强留下了可乘之机。面对邦联内部无法统一行为的问题，"联邦党人"开始推动建立相对集权的强势联邦政府，并于1789年成立首届联邦政府。

在美国总统的就职仪式上，乔治·华盛顿特意穿了一套国产康涅狄格宽呢服装，有象征性意义地支持美国制造业。只是当时美国实际上并没有什么制造业可以支持，所以这个行为真的只是象征性的。

亚历山大·汉密尔顿在保护主义者坦奇·考克斯的协助下，于1791年主持撰写《关于制造业的报告》。该报告本质上"提出了以政府经济发展政策为基础的动态比较优势理论"，强调为摆脱非互惠的自由贸易应当发展制造业。由于制造业领先国在技术、资金、市场等方面的先期优势，由于农业国居民创业的惰性和困难等，要维持一国新兴产业与另一国成熟产业之间的竞争，在大多数情况下是不切实际的。故此，为发展美国的制造业应采取11种保护和奖励措施，包括：征收保护性关税、禁止竞争性产品输入、禁止制造业原材料的出口、向制造业发放补贴和奖金、免除或返还制造业原料进口税、鼓励发明和引进新技术和机器、加强对制成品的质量检验、提供便利汇兑和信贷、改善国内交通设施等。

在汉密尔顿的推动下，联邦的首届国会通过了有关关税、吨税和消费税的法案。其中有关吨税的立法要求外国建造、外国拥有的船只在入境时支付每吨50美分的税费，而对美国建造、美国拥有的船只仅征收每吨6美分。在某种程度上，由于这一歧视性立法，美国人拥有的商船吨位在1789—1793年间增加了2.5倍以上，美国商船吨位超过英国以外的所有国家。到1800年，美国人拥有的商船吨位已比1789年增长5.4倍，美国外贸航运收入已比1790年增长5.2倍，如果按人口比例计算，美国已成为世界第一航海大国。

与此同时，美国的出口在 1792—1795 年间增加了一倍，到 1801 年再翻一倍。当然，美国的出口主要包括粮食、棉花，以及转口出产。资料记载，随着来自贸易兴盛的收入向整个经济扩散，美国经历了出口导向型增长。当然，这一经济繁荣也得利于当时欧洲大陆的战争，在法国革命之后，美国采取了中立政策，包括通过克制和签约，先后避免了与交战双方严重的战端，从而就如日后两次世界大战时那样抓住了天赐良机。

在回顾初期的商业繁荣时，还不应忘记，美国的商业立法几乎照搬了英国的重商主义做法。19 世纪初，纽约州的首席法官就曾明言，"国会 1792、1793 年管制航运和渔业的法令与'独立革命前'乔治三世时的英国法规一脉相承"。

美国政治圈中的自由贸易主张

在当时的美国政治圈中，并不是所有人都认同汉密尔顿一派人的贸易保护政策，自由贸易论同样大有市场，许多领导人"发现自由贸易论与那些激发美国反抗英国的有关理念正相契合"。

同为"立国之父"的托马斯·杰弗逊在国家发展道路抉择上选择了与汉密尔顿截然相反的立场。杰弗逊憎恶工业和城市生活，他主张美国应当"以农立国"，建立一个以自由小农为主体的民主共和国，避免走西欧发展工商业和建立大城市的道路。他的名言是：让我们的工场仍设在欧洲吧！最好把粮食和材料运送给那里的工人，而不让那些工人来寻找粮食和材料，免得把他们的生活方式和原则也一同带来；城市中的乌合之众对纯洁的政府所做的贡献，与人脸上的痤疮对人的强健身体所起的作用没有两样。

基于这般想法，杰弗逊崇尚小政府，不主张由政府出资鼓励制造业，认为这与自由经济原则相背离。同时，他崇尚自由贸易，认为斯密的《国富论》是经济学中最好的著作，并相信各国都应努力生产大自然赐予其生产的产品，以之互通有无、自由交换。

杰弗逊率领民主共和党人赢得了 1800 年大选，次年开始当政，结束了此前十年实为联邦党人治理的时代。主政的杰弗逊把"鼓励发展农业""商业是农业的婢女""让制造业放任自流"这样的观念带到了政策前台。这就给美国制造业的发展带来了巨大的困难。1801 年初，正当国会讨论关税政策时，几乎每天都有请愿书送达。纽约的制造业主向政府请愿，要求政府帮助兴办本国的制造业，盼望政府设置保护性关税政策，借以抵制外国货特别是英国货的冲击。然而，无论是国会还是杰弗逊本人，对这些请愿都未给予应有的重视。本来，面临外国制造业的激烈竞争和不足以提供有效保护的关税税率，美国的新兴制造业已经举步维艰，较大的制造业工场纷纷倒闭，仅剩下小手工作坊苦苦挣扎。现在，碰上杰弗逊只热心于农业，对制造业袖手旁观、不管不问，其后果必然是雪上加霜。

更主要的还有实际利益方在发挥作用。当时，美国南方的经济基础是黑奴种植园经济，自由贸易有利于出口，更有利于利益方。所以，占国会大多数席位的南方议员认为，政府鼓励发展集中于北方的制造业只会增加南方的负担，故而群起攻击汉密尔顿的主张。

但是，美国人的传统及政治理念是务实的，是不会被某些高大上的理论所限制的。虽然杰弗逊及民主共和党人是主张自由贸易的，但是在政府内部要求加强贸易保护者的坚定支持下，经多次调整，美国的关税水平还是在不断提高。到 1804 年，通常的关税已提高到 17.5%。利害相左的各派势力则力称自由贸易有利和高关税有害，最后只是由于关税收入不足，才不得不实行了这个措施。而且，1806 年国会通过了禁止玻璃、皮革、铁钉进口的法案，以便对这些制造业实行保护。

美国的高关税保护了自己纺织业的发展

美国加紧促进本国纺织业的发展

在第一次工业革命期间，纺织业是各国竞争的焦点，美国当然也不可能放弃。当时，北美本来并没有像样的纺织业，独立前夕从英国输入的纺织品每年高达 1 300 多万英尺，价值约 80 万英镑。鉴于对英国的依赖如此严重，以至独立战争时有人担心，北美人只能赤身过冬了。也正因如此，独立后不久，汉密尔顿亲自推动制造业时选定的主打产业就是纺织业项目。

美国工业革命时期的工厂

　　为了获得纺织技术，美国人曾在英国私下散发告示，承诺重奖赴美制造纺织机械者。吸引到的技术人员包括日后被誉为"美国制造业之父"的塞缪尔·斯莱特。此人自制机器设备，在18世纪90年代初促成美国首家棉纺厂投产，由此"工业革命也在美国拉开了序幕"。著名的投资者、工厂主弗朗西斯·洛维尔在对英国兰开夏的棉纺厂进行刺探后，于1814年在家乡马萨诸塞州建厂，首次将纺纱、织布、印染安排在同一厂房内，实现了纺织加工的一体化。

高关税保护是保障美国纺织业发展的重要手段

　　然而，光靠技术推动还远远不够，为了提升本国的纺织业发展水平，美国的纺织制造商在1816年大张旗鼓地要求关税保护。结果是，美国对纺织品的关税从1816年起大体上步步上升。1816年关税法令修订了从7.5%到30%的计价税，对棉花、羊毛、生铁和其他一些受到最近战争鼓励的制成品给予了特别的保护。具体而言，对所有棉纺织品征收25%的关税，不过同时也规定，凡价格低于每码25美分的纺织品均按25美分的价格征税。这样，实际最低税额达到每码6.25美分。关税税率此后名义上仍保持在25%，但最低起征点在1824年升至30美分，1828年又升至35美分。由于这一阶段棉纺织品价格几乎一直在下降，而起征点不降反升，自然使关税税率实际上变得越来越有限制性。

　　关税的进一步上升是在1828年，当年出台的所谓"可恶关税"使得棉纺织品关税税率"站到内战前的最高点"。再之后，在1830—1832年期间，棉纺织品的实际关税税率为71%。1833年，关税税率达到82%。1842年，每码棉布的关税税率实际上超过了100%！只有在1846年之后，棉纺织品的关税税率才有所下降。特别是随着最低起征点规定的废止，实际的和名义的从价税率拉平在25%。到

1857 年，税率又降至与一般制成品关税相应的 24%。

关税保护对美国纺织业的成长也起到了明显的促进作用。在纺织业集中的东北部，1816—1840 年间，新英格兰规模制造业雇工数从占总体劳动力的 1% 稍多跃升到接近 15%，显示了制造业的迅猛发展，而这种发展是由棉纺织业的扩张主导的，因为同期内，新英格兰纺织业的增加值提高了 20 多倍，至 1840 年，棉纺织业已占新英格兰制造业附加值的三分之二。全美范围内，棉布产量在 1815—1833 年间年均增长 15.4%。在 1834—1860 年间，因为名义关税税率有所下降，所以美国的纺织业年均增长有所放缓，但依然维持在可观的 5.1%。

据统计，全美棉纺厂在 1831 年已有 795 家，到 1859 年再增至 1 091 家，数量仅次于英国。资料记载，不出 19 世纪第一个 25 年，具有创业精神的美国人在关税保护的帮助下，已经建起了世界上规模第二的以工厂为基础的纺织业。美国的生产商顺应当地条件，开发了新的产品和新的技艺。到 19 世纪 20 年代末，部分美国新产品与英国产品竞争起来，在一些第三方市场进行销售。据估计，棉纺织品出口日益主宰美国的对外贸易，1816—1820 年占美国总出口值的 39%，至 1836—1840 年时已增至 63%，其后虽有下降，但到内战前仍保持在出口值的一半以上。

在整个过程中，由于最低起征点的长期存在，实际征收的关税税率大大高于名义税率。而且，越是低价的纺织品越是得到更严格的保护，如此造成来自亚洲的进口特别遭到阻遏。这实际上是当时亚洲各国无力参与国际竞争、国力衰落的一种表现。归根到底，贸易竞争也是国家竞争的一个组成部分。美国的发展，是建立在压制其他国家发展的基础之上的。

反过来，对高档的进口品则未能树起足够高的壁垒。当然，这样的网开一面据说"并非偶失注意，而是有意为之"，因为种棉利益集团担心，过分限制高档棉纺织品会诱发其主要出口者英国的报复，导致美国自己的原棉出口会因此受到影响。其后果是，美国的高档品市场长期为英国占据，连美国国内原有专产高档品的企业都没能获得应有的发展。

根据当时的计算，假如没有保护，哪怕美国货售价低到每码7.05 美分，也没有成本优势，无法阻挡进口。而当时美国棉布实际平均价格达到了每码 10.17 美分。结论十分明确：美国的纺织业"几乎完全依赖保护"，突然和激进的贸易自由化会对发展中经济的工业部门产生巨大冲击，棉纺织品在 19 世纪 30 年代几乎占到新英格兰大型制造业附加值的三分之二，撤销关税至少会减少纺织品附加值的四分之三，这意味着新英格兰大约一半的工业部门将会破产。

如果美国的"幼稚工厂"在 1820 年后没有得到保护，其纺织行业的成长速度不会那么快（也许根本不成长），整个经济将会失去由个体生产者及其供应商所获得的经验。至于当时因高关税保护而在马萨诸塞州形成的纺织企业集聚，以及由这种集聚所推动的美国机械制造业的发展，也得到了经济史家的承认。

高关税伴随着美国纺织工业的成长

根据美国 1860 年的制造业普查，就附加值而论，棉纺织在十大领先行业中占据首位，超过了木材、鞋靴、面粉与食品、男装、机械、毛纺织、皮革、铸铁、印刷与出版。

20 世纪 70 年代有研究明确指出，"早期棉纺织业，作为工厂制度的先导和内战前美国制造业的重大部门"，对早期工业化的拓展具有特殊的作用，故而，发展纺织业"是一个值得抓住的机会"。而要抓住机会，必须通过保护手段来克服不利的后发效应。当时英国的成就一方面使得棉纺厂的建立简直成为一个举世公认的经济进步的象征，另一方面却又阻碍着他国对英国榜样的效仿。英国工业优势十分显著，虽然它需要从遥远地区进口原棉，但仍然有能力在海外市场低价出售工厂生产的棉纱和棉布。在此历史背景下，打算模仿者都能看到，发展自己的棉纺织业会遭遇严重受阻的风险，阻力不是来自"自然的"原因，恰恰来自英国工业领先一步这个既成事实。同期其他研究也确认，美国棉纺织业的低端靠关税获得兴旺发展。20 世纪 90 年代的研究同样证明，历史学家夸大了美国纺织业的成就，棉纺织业在内战前并未取得与英国同等的技术水平。撤除关税将使几乎所有美国棉纺织生产者（包括著名的沃尔森和洛维尔工厂主）处于严峻压力之下，引入自由贸易的话，很少有生产者能够存活下来。

美国 19 世纪的棉纺厂

研究结论是，当时的美国如果撤除关税，将会摧毁国内棉纺织业，产量将会下跌55％，同时，其他制造业也会遭受重大打击，产量会萎缩22％。所以，毫不奇怪，大量集中于东部城市地区的产业工人对维持关税抱有强烈的兴趣和利益。显然，高关税保护成就了纺织业这一美国内战前的首要工业部门，而且作为典型的主导部门，它通过"前向"和"后向"联系，带动了美国总体的工业化。关于主导部门这一事实，史家说得很明白：新英格兰的棉纺织业在经受1815年前某些严重的起伏后，终在19世纪20年代兴起，此后直到1860年，它都是美国首要的工厂化产业，而且位居世界生产率水平最高的行列。

显然，在培育出充分的竞争力之前，美国的纺织业又如何能轻易放弃保护呢？以美国人的民族性格而言，他们断不可能为了某种正确的理论而放弃手边的巨大利益。在这个方面，美国人是很聪明的。

贸易保护主义伴随着美国工业的成长壮大

纺织业不仅自身重要，而且对工业化起到了巨大的拉动作用，纺织业起着主导作用，发挥了前向联系和后向联系的战略性作用。前向联系特指以消费品为主要形式的带动作用，例如男装制作行业被带动，特别是在发明了缝纫机之后更为明显。更有意义的是后向联系，据称，早期的许多棉纺厂自己造机器，但随着市场的扩大，机器工场从厂里分离出来并开始集中为机械制造业。而纺织机械本身又继续产生进一步的联系效应，带动铸铁、机械工具、金属制造等行业。史家的结论是：1813—1853年的大部分时间里，纺织机械制造看上去已成了美国最大的重工业……从纺织厂和纺织机械工场里产生了一批人，他们为美国工业革命提供了大多数的工具。

由关税保护导向棉纺织业的成长，由棉纺织业的成长导向纺织机械制造的发展，乃至带动了机器制造、铁路、钢铁，以及一般的重工业。纺织业发展的过程与结果足以让人看到，美国前期产业优势的积累主要还有赖于对自由贸易的背弃和对保护主义的应用。

美国的第一条铁路

总体而言，美国在内战前长期维持着较高的关税水平，这也是联邦财政收入的需要，关税在内战前的大多数时间里创造了至少80％的联邦收入。当然，这期间的关税走势也难免起伏和反复，大致上1816—1846年为关税水平较高的阶段，1846—1860年则是关税水平较低的阶段。1828年的关税法令更使平均关税税率远远超过50％，代表了美国关税的高潮，故而时人称之为"可恶关税"。

但是，到了1840年，即"妥协关税"启动关税降低之后，制成品的比重下降到28.6％，同时原材料比重则上升至72.4％。在贸易自由化的1850—1858年间，制成品的比重仍只稍微升至32.8％，同时原材料的比重只稍微降至67.3%。这意味着在19世纪50年代的近十年里，美国的出口结构只提升了4个百分点，而且提升后也不过跟实行高关税的1830年大致持平。可资对照的是，在随后开始执行高关税的1859—1868年间，制成品的比重骤然升至44.8%，同时原材料的比重大幅降至55.3%，即发生了12个百分点的变化！另外，美国在趋向自由贸易时期，国际收支逆差不断扩大。

因此，如果我们评价说美国的制造业完全是在高关税等贸易保护主义政策一路的保驾护航下发展起来的，也并不为过。

姑且让我们反思一下：以美国这样先进的制度、丰富的资源条件及良好的国际环境，尚且需要依赖持续百年的40%～50%的高关税的保护才可能发展壮大，而清末民初的中国，资源相对贫乏，外国侵略及内部动乱又那么多，同时在列强不超过5%甚至低于3%的协定关税的控制之下，工业又怎么可能发展呢？传统的制造业又怎么可能不衰败呢？

美国国内的利益冲突对贸易政策的影响

当然，应该明白，美国建国以来的高关税在其国内并不是得到一致支持的。美国北方的制造业利益集团极力主张高关税。但是，南方诸州则以出口农产品为主，出于自身的利益极力反对高关税，"可恶关税"这个名称就出自南方出口利益集团之口，它们一向担心高关税会使自己失去在海外的出口市场，国内制成品价格的上升又会加重自己的经济负担。在早期高涨的民族主义热情消退之后，围绕关税问题的利益之争引发了南北双方的严重对立情绪。

美国内战前关税的起伏主要与美国国内经济和政治力量的对比有密切关系，其中最为核心的事实就是：内战前的美国经济终究以农业为主体，"全国人口的84%在农村"；同时，"全国制造业的90%在北部"。据统计，虽然在 1810—1860 年间，美国制造业总值大致增长了十倍，可农业作为谋生手段依然居于首位。直到 1860 年，美国制造业的增加值还是明显小于美国三大作物玉米、小麦和牧草的总值，工业投资总量还不到农地和建筑总值的六分之一；此外，制造业与农业的雇工数之比尚且在 1∶3.8 的水平上。

所以，尽管美国拥有鼓励发展制造业的政策遗产，现实中的利益格局依然决定着关税保护政策经常在坚持和加强时受到挑战和折中。南部地区的农场主，特别是严重依赖出口市场的棉花和烟草种植者，以及大西洋沿岸的商业、海运和陆运部门，都是支持自由贸易立场的。也应看到，其时欧洲的贸易自由化动向也强化了美国国内有关势力的自由贸易立场。例如，英国随废除《谷物法》而进口美国粮食的可能性一定程度上鼓励了对高度保护主义的美国关税的调整，1846年降低关税税率的《沃克税法》被同时代人认为是美国对英国贸易新开放的一个很早的回应。

但是，从历史上看，19 世纪 40 年代以后的相对贸易自由化时期只是美国发展进程中的一个插曲，其中真正严重自由化的时段并不太长；在美国内战前的大部分时间里，保护主义占据上风。故此，这个插曲总体上并不改变"美国是唯一的长期而系统地实行保护主义的经济强国"这一基本事实。此外，从全国范围看，由于工业力量的积蓄需要相当长的一个过程，它尚且难以在总体经济指标中显示出足够的分量。然而，依靠前期的关税保护等鼓励措施，工业革命的新生产力早已扎根并在扩张，特别是在新英格兰等老工业区。就如美国纺织业所显示的那样，已经发动的工业化具有其内在的扩张和升级动力，只要不遭遇大举倾销之类的灭顶之灾，对美国这样一个大国而言，它便势不可挡。当然，美国真正让制造业保护主义力量彻底压倒初级产品自由贸易力量，尚待内战之后。

美国的南北战争最终以北方的胜利结束。北方的胜利不但使美国走向统一，也使提高关税的政策可以在美国顺利推行。可以说，南北战争不仅是美国政治史上的转折点，也是美国经济史上的转折点。在贸易保护主义的实施下，美国的工业化进一步发展。1860年美国钢铁产量仅为1.3万吨，1870年增至7.7万吨，1880年达到140万吨。到1886年时，美国钢铁产量已跃居世界第一位。煤炭行业的年均增长率超过8%，1885年时产量达到10 212万吨。此外，棉纺织业、交通运输业、石油行业也得到了迅速发展。到1900年时，制造业的产值已是农业产值的两倍还多，足见贸易保护主义在工业化进程中的重要性。美国总统威廉·麦金莱也曾这样表示：我们成了世界第一大农业国；我们成了世界第一大矿产国；我们也成了世界第一大工业生产国。这一切都源于我们坚持了几十年的关税保护制度。

总结

历史学家这样总结美国从独立到内战的这段历史：美国的政治独立，并不意味着经济的独立。贸易的逆差、制造品的输入、原料的输出、对外国投资的严重依赖，所有这一切都表明殖民地经济的继续。然而，由于制造业的成长，逐渐减少了对英国商品的依赖，到了19世纪中期，美国顺利地走向一个现代工业国家。而这一切，则是在贸易保护的条件下取得的。

客观地说，美国如果不实行贸易保护主义，应该也能够发展起来，但是坚定的贸易保护主义能够让美国成长得更快。然而，美国在对自己的市场进行高度保护的同时，对打开他国的国门却是不遗余力的。美国对中国的"门户开放"政策、对拉丁美洲的资本渗透等，都能够充分说明这一点。

美国内战背后的国际形势、贸易冲突及外交关系

1861—1865 年的美国内战是美国历史上第二次资产阶级革命。马克思和恩格斯认为，美国内战是近代史上"第一个伟大的战争"。无论从什么观点来考察，美国内战都提供了无与伦比的场面。也就是说，美国内战对美国自身及世界历史发展的影响都是非常深刻的。

经济体制与贸易政策冲突导致了南北战争

南北战争是美国南北方不同体制之间深刻冲突的产物。过去，研究者把美国内战的主要原因归结为解放黑奴。但是现在，越来越多的研究者认为，美国内战最主要的根源其实是美国南北双方之间在经济利益方面的争夺，而且主要就是国际贸易利益的争夺。概而言之，就是当时美国南方盛行的农业经济要求自由贸易，而美国北方重点发展的制造业要求贸易保护。这两者之间的矛盾日渐不可调和，最终爆发了激烈的内战。结果当然不意外：工业碾压了农业。

美国南方的黑奴经济没有那么落后

在内战之前，美国南方主要实行的还是黑人奴隶制，在此基础上

建立的种植业大庄园是南方的主要经济形式。一直以来的文学作品，通常把黑奴制描写得非常残酷和落后，把黑奴的生活描绘得非常悲惨。但是，近年来的研究认为，其实并非完全如此。例如美国著名经济学家、诺贝尔经济学奖获得者罗伯特·威廉·福格尔通过计量统计，在1974年出版的《苦难时代：美国黑奴制经济学》一书中就认为，在黑奴制条件下，黑奴们整体的生活水平还是相当不错的，比当时美国普通白人们的生活质量要好。黑奴制的经济效益也是相当良好的。黑奴制的确在政治上落后，但是在经济上并没有那么残酷和落后（这都是北方政治上的夸大宣传给世人留下来的印象）。

美国棉田里的黑奴

这样说并不是支持黑奴制。反对一种制度并非仅仅因为经济原因，也可以因为政治原因及社会原因。就福格尔本人而言，在20多年后，他在其集大成之作《第四次大觉醒及平等主义的未来》一书中也说，奴隶制虽然有效率，但还是被废除，这是因为还"有比效率更重要的东西"，即"追求自由与平等的道德"。早在美国内战之前，

1807 年，在废奴主义者的努力下，英国议会就通过了《废除奴隶贸易法案》。奴隶贸易给英国带来了巨大的经济利益，英国废除这一做法，纯粹是出于人道主义的考虑。当然，客观上说，英国当时家大业大，也不需要靠这一贸易收入来过日子。

黑奴制既没有那么残酷，也没有那么落后。但是，黑奴制的存在还是造成了南北双方的内在利益冲突。广泛国际贸易的存在，与南方的黑奴制结合在一起，造成了南北方经济体系之间的割裂。

现有研究认为，南方的黑奴们普遍吃得不错，营养条件基本算好的。这与中国传统社会雇农的情况差不多。在中国传统社会，雇农是最穷困的，是社会最底层的人，因为他们养不起家，娶不起老婆，基本上就是一家的最后一代。但是，他们个人吃得不错，因为吃得差就没有力气为雇主干活了。佃农比雇农的地位高一些，因为拥有更多的资本与权益，其收入可能比雇农要高出一倍，所以是可以成立家庭、养家糊口的，但是他们的生活水平其实比较低，比雇农还要低，生活更苦，因为以两倍的收入养活一家（平均五口），同仅仅养活自己之间是存在差距的。黑奴其实也是同样的性质。黑奴的生命及家庭都是属于奴隶主的，所以不但个人吃得好，也能够在奴隶主的安排下成立自己的家庭，生活水平普遍来看还算不错。但是，他们缺乏剩余资金，也没有自由，所以他们不能为北部工业的发展提供原料和良好的销售市场。

美国南方的种植园经济不利于制造业的发展

美国独立之后，在政治上是独立了，但是在经济上并没有完全独立，尤其是美国南方的经济还是具有强烈的"欧洲的殖民地"性质。南方种植的棉花、烟草、粮食等，多数输往英国、法国以及其他欧洲国家。1850 年，南方生产的棉花超过 10 亿磅，1860 年增至 23 亿磅，其中 75％输向国外，以谋取高额利润。

19 世纪美国南方的种植园

在黑奴制盛行的地区也难以迅速发展资本主义工业，因为奴隶主通常把他们可以积聚起来的资金投放在土地购买方面，以及奴隶购买方面，而不肯投放到工厂和交通事业方面。1861 年，南部诸州的工业，在全国工业中只占 15％，工业投资只占全国的 9.5％，工业生产总量只占全国的 8％。这就拖住了美国工业发展的后腿，使美国落后于其他先进的资本主义国家。总之，南方总体上是倾向于自由贸易的，与北方强调贸易保护以发展工业相反。这一点同样跟中国解放前的地主经济类似：地主们掌握了巨大的财富，通常用于买地，而不是投资于工业生产，从而阻碍了社会发展。

奴隶主们非常有钱。但是他们太有钱了，以至于不愿意消费美国北方相对低劣的工业品，而是宁愿购买欧洲更加高级的消费品。这也跟今天中国的富人们一样，即宁愿追逐欧美、日本的高档商品，而不愿意消费本国的商品，尽管外国的高档商品其实也是在国内生产的。

并且他们也不会考虑，假如国内的产业垮掉了，他们又依靠什么来赚钱呢？这个问题，既是当时美国北方的资本家们会经常问起来的，也是当时美国的政治家们需要解决的。

事实上，在美国独立之后，围绕限制自由贸易的关税问题，南北双方就已经爆发过多次争论。北方为了保护自己的制造业发展，一再试图提高关税。而南方也多次以脱离联邦作为威胁，压迫美国政府降低关税税率。

南北战争背后的国际贸易格局

南北方之间深刻的矛盾决定了南北方之间的最后摊牌，双方展开了一场被美国人称为世界上最为残酷的内战：南北战争。

在战争开始的时候，当时南部同盟握着手中王牌——"棉花"，大搞"棉花外交"，力图依靠英法武装干涉夺取胜利。但是，林肯领导北方政府采取了正确的外交政策，加上国际贸易格局的各种意料之外的变化，南部同盟的"棉花外交"政策最终破产，从而使北方赢得了战争的胜利。

内战前夕，美国南北力量的对比优势明显在北方。北方拥有强大的工业，工业总产值1860年时占全国的92％；而南方由于片面发展种植园奴隶制经济，工业远远落后于北方。北方拥有23个州，占全部领土的3/4，还拥有2 200多万人口；而南方只有11个州，900多万人口（其中还包括400万黑奴）。可以说，北方在人力、物力上占绝对优势。政治上，北方作为中央所在地，处于更有力的地位。

尽管如此，南方奴隶主阶级却仍然坚决地脱离联邦，挑起内战。他们之所以有这样的胆量，是因为存在如下因素：在军事方面，南方军队虽然较少，但是军官们的素质更高；在经济方面，南方也有自己的王牌——"棉花"。

19世纪中期，英法两国已先后完成了工业革命，纺织业得到了迅速发展，对原料棉花的需求量也日益增多。这种需求为南方棉花提供了一个广阔的市场，刺激了美国南方棉花种植规模的扩大。到内战前夕，南方棉花已占英法棉纺织业原料的80%，成为英法棉纺织业原料的主要供应来源。在南方奴隶主看来，一旦美国内战导致棉花供应断绝或者大大减少，那么英法棉纺织业将在顷刻之间陷入停顿，这必然使两国走上武装干涉的道路。他们试图用棉花作为筹码，迫使英法两国采取武装干涉，依靠外国的帮助来取得胜利。这就是内战期间南部同盟制定的"棉花外交"政策。

在1858年3月，奴隶主参议员哈蒙德就夸口说："不需要放出一发炮弹，不需要拔出刀剑，我们就可以把全世界置于膝上。假如他们胆敢和我们打仗……假如在三年期间不供应棉花，将会发生什么样的事情呢？我将不去详细谈你们每一个人都能想象得到的事情，但是有一点是不容怀疑的：英国将尽其全力动员整个文明世界来挽救南方。不，你们不敢与棉花作战，在地球上还没有敢与它作战的政府，棉花统治着世界。"南方另一个奴隶主头子本杰明·希尔在吹嘘南方的实力时说："我们所指的是那根小小的细弱的棉线，一个小孩子可以弄断它，但是它却能够把世界绞死。"

"南部同盟"的国旗

为了争取欧洲列强的干涉和援助，"南部同盟"成立后不久，就派出三位代表：威廉·朗兹·扬西、皮埃尔·罗斯特、达德利·曼恩到欧洲活动，争取欧洲国家对同盟的认可，宣布林肯对南方的海上封

"南部同盟"的国徽

锁非法，商谈商业友好条约。除了派外交代表外，叛乱集团还派出大量人员到欧洲进行外交活动，还允许这些人员在花钱时不必提供付款收据——假如环境不许可算账；为在英国进行宣传活动，还叫他们不放弃任何机会与"舆论的机关报"接近。在法国，他们劝诱商业局向拿破仑三世请愿，要求他出兵干涉美国内战，以便恢复法国对南方的贸易关系。事实上，这些措施也正是当年美国在独立战争时期在欧洲大陆做过的事，现在不过是重新来一遍而已。由于有独立战争成功的经验，"南部同盟"的成员对其成功充满了信心。

列强基于各自的利益决定在美国内战中的立场

英国早有干涉美国内战的打算，首先当然是它关心棉花原料的供应，这事关英国发展的重大经济利益。在南北战争期间，美国棉花出口急剧减少，世界棉价陡增。1859 年棉花价格为每堪塔尔 12.25 美元（1 堪塔尔＝50 千克），1861 年 10 月利物浦棉价接近 1860 年均价的 2 倍，1862 年 10 月棉花价格又翻了一番，1863 年至 1864 年 7 月棉花价格相当于美国内战前棉花价格的 4 倍多。大英帝国以及 1857 年成立于棉纺织工业中心曼彻斯特的"棉花供应协会"开始面临缺棉困境，迫切希望增产棉花。

此外，英国统治阶级念念不忘地想要干涉美国内战，还因为他们愿意看到美国分裂的局面。美国驻伦敦大使亚当斯写道：在英国贵族中有人非常强烈地希望看到"美国分裂成碎块"。因为当时美国的工业发展势头很猛,在世界市场上是英国的劲敌,所以英国统治阶级巴不得一下子消灭掉美国东北部的工业。如果在内战中南方打败北方,美国在经济上可以重新成为英国的殖民地,而且美国的分裂还可以进一步为英国在美洲大陆上扩张领土创造有利条件。所以,当时英国议会两院多数议员公开表示同情南方。

法国也跃跃欲试,想插手美国内战。拿破仑战争之前,法国曾经在美洲拥有广阔的殖民地,但是在拿破仑战争之后,这些殖民地全部丧失。当时法国的皇帝拿破仑三世野心勃勃,对侵略美洲早有野心,希望乘美国内战之机来实现法国在美洲建立殖民帝国的梦想。同时,他在国内的统治也不是很稳固,他指望通过对外冒险来巩固自己的统治,但是对外冒险又可能遭遇他国的反击(1859年,为了争夺在意大利的利益,法国与当时的奥匈帝国关系紧张,面临的压力非常大)。而且法国在1859—1860年间从美国南部进口的棉花达59万包,虽然低于英国,但是对法国的工业生产同样至关重要。美国内战爆发后,棉花出口锐减,就造成了法国棉花原料的恐慌,所以许多法国棉纺织工业家、波尔多及勒阿弗尔的商人,为打破这个局面,都支持拿破仑三世打算干涉美国内战的企图。

1861年5月3日,英国帕麦斯顿内阁外交大臣约翰·罗素公然接见南部同盟的外交使团。5月6日,罗素又向英国驻美大使理查德·莱昂斯发出训令,告诉他英国已决定承认南部同盟为"交战国"一方。5月13日,英国政府又发表所谓的"中立"声明,在声明中提及南方叛乱政府时,使用了自定的名称"交战国"。这些都是英国为正式承认南部同盟为独立国家所采取的重要步骤。在英国之后,法国、西班牙、荷兰等国也于6月先后发表了与英国"中立"声明类似的声明。形势对北方来说是相当严峻的,英法等国已经做好了武装干涉的准备，只等一个借口，战争就会即刻爆发，而这正是南部同盟"棉花外交"政策所要达到的目的。

然而事情并没有如南部奴隶主所预料的那样发展，英法等国最终还是没有向美国宣战，"棉花外交"政策最终还是破产了。

南方"棉花外交"政策的破产

南方"棉花外交"政策破产的原因很多。有主观的原因，也有客观的原因。

林肯政府的外交政策有效

"棉花外交"的破产首先得力于林肯政府的战时外交政策。在英法积极准备武装干涉的危急关头，林肯充分显示了他作为一名政治家的灵活性和远见，采取了正确的外交政策，才使形势转危为安。在整个内战时期，林肯政府的主要外交目标就是阻止英法承认南部同盟；如果做不到这一点，那么至少要阻止英法干涉内战，粉碎南部同盟的"棉花外交"。为实现这些目标，林肯采取了一系列正确的外交政策。

采取灵活的封锁措施

美国政府凭借强大的海军力量封锁海口，打击南方的贸易利益，但是只禁止反叛的南方船只进入，却不禁止外国船只进出海港。实际上，在内战第一年，联邦对棉花运输的封锁产生的效果很小，内战期间仍有不少棉花输往欧洲，英国每年还可得到南方输出棉花的 3/4。

这种措施虽然一开始显得力度较小，但是其引发的反对声也比较小，减少了打击面。"宁愿等绞索慢慢发挥作用"，这是一种非常理性、冷静的策略。

放开对英国粮食的出口

这时候，美国鸿运当头。在美国内战期间，英国也碰到了一个很大的麻烦，迫切需要应对，而且有求于美国。那就是从 1861 年到 1862 年期间，英国的农业生产出现了严重的歉收，对粮食的需求已逐渐超过对棉花的需求。而美国北部的小麦生产则出现了大丰收，较内战前全国年产量约增长 35.2％，不仅能满足战时需要，还能出口。

这时候，林肯政府不计前嫌，抓住机会大量向英国出口小麦。这样做，一方面能够赚取外汇，缓解财政压力；另一方面也能够满足国内农民的需要，提升农民的收入；重要的是还能够稳住英国。

据统计，英国从美国进口的小麦和面粉 1859 年为 79.2 万蒲式耳，1860 年超过 1 600 万蒲式耳，1861 年增加到 2 800 万蒲式耳，1862 年达到 4 000 万蒲式耳。为了度过粮荒，英国不愿轻易同美国作战，担心会因此失去美国对它的粮食供应。

严守中立，使英法没有借口

美国建国后不久，就提出了"门罗主义"原则，认为"美洲是美洲人的美洲"，实际上就是"美洲是美国人的美洲"的一种隐晦说法。这表明，美国对欧洲列强向美洲伸手是极为反对的。

但是这一次因为内战，美国自顾不暇。拿破仑三世乘机干预墨西哥内部事务，令法军开进墨西哥城，并于 1864 年 4 月扶植奥地利皇帝弗兰茨·约瑟夫一世的弟弟马克西米伦大公为墨西哥皇帝。

当时，法国政府通知美国驻巴黎公使说，只要美国政府愿意承认法军在墨西哥扶持起来的马克西米伦大公政府，法军就立即撤出墨西哥。法国在墨西哥的扩张严重损害了美国的利益，威胁到美国的南方边境，引起了美国国内舆论的强烈反对。但是，在法国的挑衅和扩张面前，林肯再次保持了冷静的态度，没有被法国的侵略行动激怒得失去理智，而是决定采取中立策略，即使最终证明是错误的也宁愿如此。

由于林肯灵活机动的外交手腕，美国在内战期间采取了正确的外交政策，从而使英法失去了对美国宣战的借口，至少不愿意轻易对美国动武，而是宁愿继续观战，以等待更好的时机。这也是南部同盟拉拢欧洲强国干预美国内战计划破产的一个重要因素。

美国的国运非常好

除了林肯政府的外交手段灵活之外，我们还要承认：这一时期美国的国运非常好，国际形势的变化不经意间帮助美国解决了很多大的问题。除了前面提到的英国刚好粮食歉收而美国粮食丰收之外，当时国际上至少还有两个重要的变化非常有利于北方的胜利。

埃及与印度的棉花生产急剧增长

对南部同盟来说，非常不幸的是，这一时期前后，埃及与印度的棉花生产急剧增长，英国在埃及和印度获得了可取代南部同盟的棉花供应源，对美国南方棉花的需求也就不如从前迫切了。

当时，奥斯曼帝国的埃及总督穆罕默德·阿里帕夏（帕夏相当于总督，但是比一般的总督权力要大，类似于半独立的君王）实际上是一支独立的势力，基本上不理睬奥斯曼帝国中央的命令。为了提升自己的力量，穆罕默德·阿里大力鼓励埃及的棉花种植和出口，以换取货币加强军备。

穆罕默德·阿里（1769—1849）出生
于奥斯曼帝国统治下的爱琴海沿岸海
港卡瓦拉，阿尔巴尼亚族人。成年后，
他做过生意，交游广泛，结识了很多
西方人，逐渐认识到奥斯曼帝国的衰
败和西方的先进。1801年，穆罕默德·
阿里应征入伍，随军开赴埃及，同法
军作战。他能征善战，迅速成为高级
将领，掌握了奥斯曼帝国驻埃及军队
的大部分军权。1805年，穆罕默德·
阿里迫使土耳其苏丹任命他为埃及总
督（帕夏），建立起穆罕默德·阿里
王朝，成为埃及实际上的国王。

穆罕默德·阿里简介及肖像

　　为了推进埃及棉花的生产与出口，穆罕默德·阿里采取了很多有
力的措施。他将海岛棉引入埃及作为经济作物，并将埃及农业经济的
重点农作物定为棉花。由于当时英国纺织业愿意出钱来买这样的棉
花，阿里下令埃及农民必须种植棉花，不许种其他作物。在收获时
期，阿里本人将所有的收成全都买下，卖给纺织厂。这样，他将整个
埃及的棉花收入变成他自己的垄断财源。而且埃及是棉花的重要原产
地之一，棉花天生就适合在当地的自然条件下生长，所以埃及生产的
长绒棉质量上乘，更优于美国棉花。

　　在美国内战爆发前的1857年，曼彻斯特的棉纺织业从业者推动成
立了英国棉花供应协会。1860年，曼彻斯特商会组建了曼彻斯特棉花
公司，其目标都是寻求更多的棉花供给来源，以避免对美棉的过度依
赖。美国内战爆发后，在英国资本家的利诱下，埃及统治者进一步命
令大地主将1/4的地产用于种植棉花；要求在棉花去籽、净化和打包过
程中注意提高棉花品质，另外，还将棉花出口税从10％降至1％，以便
鼓励出口。埃及棉花的出口量从1861年的59.6万堪塔尔增至1863年

的 128.7 万堪塔尔，棉花出口产值占全部出口产值的比重从 1861 年的不足 40％增至 1863 年的约 78％。

与此同时，印度的棉花生产同样在增长。印度是世界上植棉历史最悠久的国家，早期曾是世界最主要的棉纺织品出口国。18 世纪末英国机器纺织工业兴起，精美的机器棉纺织品将印度的手工棉纺织品排挤出市场，印度转而成为原棉供应国。美国南北战争的爆发使美国的棉花出口变得极不稳定，英国纺织业断了口粮，不得不转向印度。作为距离印度产棉区最近的港口，孟买成了印度棉花的交易中心，孟买商人纷纷到乡下鼓动农民改种棉花，印度就这样从一个棉布出口大国转变成了棉花种植大国和出口大国。

埃及和印度棉花的出口扩大，较好地弥补了美国内战导致的棉花供应不足。这恐怕是南方奴隶主在发动内战之前始料未及的事情。

太平天国吸引了欧洲列强的注意力

更为巧合的是，当时中国正在迅速扩展的太平天国运动也救了美国一把。在当时的世界经济贸易版图上，中国和美国都是重要的组成部分。对于欧洲列强而言，中国与美国同样牵涉到它们的重大经济利益，而且中国可能更加重要。除了棉花之外，美国并没有其他重要的东西可以引起欧洲列强的高度关注。而当时的中国，则拥有茶叶和生丝这样的重要产品，同时还是鸦片的重要市场。英国极为重视茶叶和鸦片，而法国的纺织业发展则非常重视中国的生丝。

美国内战爆发前后，在欧洲列强尤其是英法两国蠢蠢欲动的时候，太平天国运动在中国的猛烈发展同样吸引了英法的注意力。那么，要优先干预哪一个地方呢？最后，由于太平天国运动带来的冲击及清政府的外交政策的吸引力，英法权衡比较了中美两国带来的经济利益，最后决定优先干涉太平天国运动，而放过了对美国内战的干预。当时英国评估，无论美国内战南北任何一方获胜，都不影响其对英国销售棉花。毕竟，英国需要美国的粮食，而欧洲所需的棉花则可以从埃及及印度获得新的替代品。中国则能够为英法提供更大的经济利益。当时，从中国进口茶叶的关税（税率为100％）足够武装英国海军。而支付从中国进口茶叶和从美国进口棉花的款项，则来自向中国销售的鸦片。也就是说，对于欧洲列强而言，美国只涉及棉花这一项利益，中国则涉及茶叶、生丝和鸦片三项利益，理所当然要把中国放在首位。结果，在太平天国运动平定前后，美国内战差不多也结束了。这样一来，英法就没有非常合适的时间窗口可以积极干涉美国的内战。

太平天国运动浮雕

总体上，内战之前，美国北方的综合实力远远强于南方，但是南方的兵虽少却精，因此军事力量在短期内反而要强于北方，而且当时南方的棉花对世界经济至关重要。所以，在南方分离主义者们看来，如果速战速决，南方就会胜利；如果旷日持久，则欧洲会干预，南方也会胜利。但是没有想到，刚好那几年国际棉花生产格局发生了变化，而英国又刚好遭遇自然灾害，并且中国的太平天国运动又吸引了英法的注意力。除此之外，法国对墨西哥的干预也很不顺利，最后被当地的游击队击溃。这同样帮了美国北方很大的忙。所以，天时、地利、人和各方面的因素加在一起，导致了南方的失败。南方的政治领袖们看到这一切，也只能大喊一声："天亡我也！"

其实美国内战原来是可以不用打的

历史不能假设，但可以复盘。结合一些比较新的历史研究成果，从今天回顾当时，其实我们可以拥有一些不一样的认识。

我们可能不得不承认，假如林肯及北方制造业集团不是那么着急，美国内战原本是可以不用打的，战争所导致的生灵涂炭和巨大损失原本也是可以避免的。这是因为，美国内战从根本上看是由南北经济体制及国际贸易关系所带来的立场差异及利益斗争导致的。在这当中，国际贸易关系是外因，决定了当时美国南北经济体制的差异。

但是，国际贸易关系不会不变，而是很快就会发生变化。埃及、印度及世界上其他地区的棉花生产当时正在迅速扩张，美国南方在世界棉花生产体系中的地位很快就会下降。美国南方的奴隶制度并非内生的制度，而是缘于对外部市场存在极大的依赖：正是因为世界棉花贸易及对美国南方棉花的巨大需求所带来的高额利润，才能使黑奴在并没有很高的劳动积极性时也能够保证足够的供给，并且使种植园主获得高额的利润。一旦欧洲可以在其他地方找到美国棉花的替代品，美国南方种植园的高额利润就会下降乃至消失，那么黑奴制就可能变得无利可图，或许这种制度就会慢慢消亡。而这时，南方诸州也不会有那么大的胆量和积极性脱离美国联邦。

因此，现在大家都认为林肯是美国的国家英雄。但是，如果不是因为林肯的一些并不稳妥的过激政策激起了南方的脱离之心，假以不长的时间，美国南方的棉花将在国际市场上失宠，至少没有那么高的经济地位，南方就将不再有力量独立，而黑奴制也将自己慢慢消亡。从这个意义上说，林肯是英雄，还是罪人呢？

讲到这里，就想到了康熙的"平三藩"。康熙的确平定了"三藩之乱"（1673—1681 年），建立了很大的功勋。但是，假如不是康熙急于削藩的过激政策，三藩是不可能会起兵的。当时的三藩当中，实力最强大的是吴三桂（1612—1678 年），他拥有强大的兵力，并且在当时的西南地区拥有极大的影响力。而当时吴三桂已老，"三藩之乱"爆发那年他已经 62 岁了。古人寿命比较短，他一个 60 多岁的人有什么必要去起兵反抗呢？而且在康熙削藩的时候，吴三桂的独子是驸马，正在北京城中居住，孙子也住在北京城中，相当于是清政府的人质。如果吴三桂不反抗，另外两藩是绝对不敢反抗的。但是，因为康熙急于求成，逼反了吴三桂。否则，假以数年，吴三桂老死，三藩废与不废，都对清政府没有威胁了。另外，吴三桂叛乱之后，康熙立刻杀掉吴应熊也是错误的。留着吴应熊，大局还有转圜的空间。更何况，1678 年吴三桂病死，吴军顿时失去重心。这时候如果吴应熊还活着，应该可以迅速平定叛乱，不至于再打三年。

说回到美国，事实上，美国内战的确解放了黑奴，给予了他们自由与资产，但是并没有给他们带来更好的生活，因为当时的黑人奴隶普遍缺乏必要的知识、社会关系网络和经营能力，获得自由独立后，生活水平其实还比不上他们是黑奴的时候。而美国内战又加剧了南方白人与黑人之间的仇恨与对立，恶化了黑人解放后的社会环境。这或许是解放和自由的代价吧！

促进德意志统一的贸易战措施

——关税同盟

在德意志的统一及现代化的进程当中，关税同盟的建立具有重要的意义，为德意志的经济起飞及国家统一奠定了坚实的基础。

关税同盟可以被称为德意志的贸易战措施，但是与拿破仑的"大陆封锁"相比，差别非常大。"大陆封锁"是进攻性的，意欲压垮英国；关税同盟则是防御性的，力图自保。"大陆封锁"是政治性的，力图以经济手段实现政治目标；关税同盟是经济性的，但是经济上成功之后在政治上也会带来成功。"大陆封锁"手段过于强硬，伤人害己，所以遭到强烈的反对；关税同盟则手段灵活，有利于自己的发展，但对别国造成的损害比较温和，他国反应也比较小。"大陆封锁"是国际性的，强迫整个欧洲大陆联合起来封锁英国；关税同盟则限于联邦之内，间接影响他国。两者的结果也是迥异的："大陆封锁"失败了，不但失败，而且间接导致了拿破仑及法兰西第一帝国的失败；关税同盟却成功了，而且促进了德意志的统一与发展，大大提升了德意志的综合国力。

德国人既辉煌又不堪回首的历史

某种意义上，德国这个地方可以被认为是现代西方文明的故乡。当代欧洲西部的大部分人是日耳曼人的后裔，现代西方文明主要也是由日耳曼人建立的。一般认为，日耳曼人最早居住在现今北欧地区的瑞典南部境内、挪威西部境内的斯堪的纳维亚半岛等地方。后来因为人口压力等原因，一部分日耳曼人向南方迁徙，于罗马时期南迁至德国北部并分裂为多个部落，赶走了居住在阿尔卑斯山北部广大平原上的凯尔特人。凯尔特人也常被称为高卢人，曾经是欧洲最为强大的民族之一。在罗马帝国最终崩溃后，日耳曼人从中欧的黑森林深处杀出，冲进了罗马帝国，占据了从北非到西欧原来属于罗马帝国的广大领土。日耳曼人中一支强大的部落法兰克人向欧洲西南方向入侵，占领了罗马帝国的高卢省，建立了法兰克王国，即法国。因为法国建在高卢，所以法国人也常常称自己为"高卢人"。另一支日耳曼人"盎格鲁-撒克逊人"则跨海占领了英国。

法兰克王国建立后，东征西讨，建立了雄霸一方的查理曼帝国。后来，查理曼的三个孙子自相残杀、互不相让，分裂成三个国家，后来逐渐形成今天欧洲的法国、意大利和德国。所以，法国与德国虽然是世仇，经历了千年的恶斗，但究其本源，它们的关系是非常密切的。

东面的德意志自认为继承了罗马帝国，所以给自己取了个名字叫作"神圣罗马帝国"。后来的希特勒认为，罗马帝国是"第一罗马"，神圣罗马帝国是"第二罗马"，而自己的纳粹德国是"第三罗马"，所以也称为"第三帝国"。希特勒认为自己的"第三帝国"将是"千年帝国"，但是实际上维持不到 20 年就完蛋了。

其实，被称为"第二罗马"的神圣罗马帝国本身就不怎么样。法国的思想家伏尔泰就曾经讽刺它说：既不神圣，也非罗马，更无帝国。可见它徒然有一个空架子而已。在中世纪的上千年内，这个帝国其实是由上千个大小诸侯及一两百个帝国城市拼凑出来的一个大拼盘，经常被别人揍，也经常拉别人来揍自己。著名的"三十年战争"（1618—1648 年），就是一场内战招来外敌入侵的典型例子，当时整个欧洲几乎全部卷入，而以德意志为主战场。战争的结果是，德意志的人口减少了三分之二。曾经中国人经常批评自己"内战内行"，但在这个方面，如果德意志人不说第一，没有人敢说第二。

拿破仑兴起后，德意志各诸侯又被拿破仑打得一败涂地，大片领土被割让。

德意志关税同盟的历史背景

1815 年，拿破仑在滑铁卢最后战败，德意志取得了反法民族解放战争的胜利，并在名义上实现了民族独立。但是，它既没有实现政治上的统一，在经济上也不能自主，仍然受到周边大国的强烈影响。

拿破仑战争大大促进了德意志统一的进程，上千年割据小国不见了。但是到 1815 年的时候，在德意志这片领土上依然存在 34 个封建君主国和 4 个自由市。每个政权都拥有自己独立的军队、法律、货币、商业、关税、交通体系，每个邦国对其他所有邦国而言都是外国。

当时的德意志，文化已经比较发达了，尤其是在哲学和文学上独树一帜，但是在经济上还非常落后，几乎什么工业品都不能生产。它还不能编制棉纱和麻纱以满足其自身的需要，还不能从热带地区直接输入它所需要的殖民地产品并用它自己制造的工业品来偿付，还不能用它自己的船只来经营进出口贸易，还没有方法来保护它自己的国旗，还没有完善的内河、运河和铁路运输系统。

这时候，德意志在经济上最大的对手是大英帝国。当时的大英帝国早已发展成一个统一、强大的民族国家，它的工业发展已经远远超过德意志，这就使它成为德意志可怕的劲敌……它的商品售价可以压得非常低，而质量则高出很多，它所提供的赊欠期限远比德意志提供的长……结果是德意志方面发生了工业普遍崩溃的情况……

很明显，德意志如果不能发展自己的工业，就永远是一个落后的国家，但是如果不能保护国内市场，德意志的工业就无法发展起来。即使在这种情况下，德意志大多数贵族、政要、学者和商人却还相信，用德意志农牧产品换取大英帝国物美价廉的工业品是符合德意志的利益的，是增加德意志财富的捷径。就如中华民国时期的宋子文和宋美龄，以及今天世界上很多市场原教旨主义者，相信完全地、甚至是单边地开放本国市场可以发展本国的工业一样。这其实还能够说明一个道理：在历史的转折点前，大多数人是不能认清形势的。

李斯特提议建立德意志关税同盟

弗里德里希·李斯特

这个时候，德国历史上一位伟大的思想家、经济学家弗里德里希·李斯特横空出世，其著述《政治经济学的国民体系》指出当时英德之间经济交换体系对德意志的损害，认为当时英国已经取代法国成为德意志民族的主要威胁。他认为，英国已经破坏了德国大部分的工业，以大量的棉毛织物向德国运销，可是它不允许德国的谷物、木材等产品进入英国市场，德国人低首下膝，使自己成了替英国人劈柴挑水的苦工，但是没有用，英国人对待他们比受统治的人民还要糟。所以他担心，用不了多久，德意志民族就要沦为只会做儿童玩具的、不重要的、没有收益的民族，到那个时候，英国人想到或谈到德国人，就像德国人想到或谈到亚洲各国人的那副神气一样……面临着沦为替英国人劈柴挑水的苦工的民族危机。

各小邦讨价还价加入关税同盟

李斯特建议在德意志地区成立一个关税同盟，把从西起莱茵河口、东到波兰边界的德意志民族居住的地区全部纳入关税同盟的范围，到那时才能算是大功告成……德意志国家就立即可以享有它那时所缺乏的渔业、海军、海外贸易和殖民地。1819年，他以德意志所有地区五千多名商人和工厂主的名义起草了《致德意志联邦议会请愿书》，在请愿书中要求"在联邦内部废除各种关税"，并"对邻近国家实行建立在报复原则基础上的全德关税制度"。

在李斯特的倡议和多年的努力下，1834年，在普鲁士领导下的德意志关税同盟宣告成立。同盟的宗旨是在德意志联邦内部实行完全自由的贸易，对外国进口品实行单一关税。到1867年，除汉堡与不来梅外，德意志各邦都加入了关税同盟。关税同盟的建立成为促进德意志统一的重要铺垫。

德意志关税同盟促进了德意志内部市场的统一

德意志关税同盟所产生的最直接、最突出的效应就是内部市场的统一。关税同盟盟约规定，废除同盟境内所有的关税和过境税，在各成员邦国之间将实行贸易和交通自由。这实际上是自由贸易原则在德意志联邦内部的应用。按照这一原则，同盟国家之间建立了统一市场，并逐步实现了经济生活其他方面的统一（如货币、票据法、度量衡制度等），从而在很大程度上解除了德意志工商业发展最严重的桎梏，为德意志的工业化发展提供了最起码的条件。

在关税同盟联结起来的广大区域内，市场扩大、交易成本下降所创造的商机极大地促进了德意志工业生产的恢复和发展。在这个较之前广阔得多的自由市场中，大小各邦可以较之前方便得多地进行谷物、木材、煤炭、铁矿等工业原料的买卖活动，从而弥补了一些小邦和地区自然资源的不足，为关税同盟地区普遍彻底的工业化提供了基本的物质保证。更为重要的是，原料和工业制成品的自由流动，降低了生产成本和商品价格，刺激了国内消费和工业生产的扩张。以毛纺织业为例，生产羊毛成衣的多道工序常常在相隔很远的地方进行，重重关税抬高了制作成本。在 19 世纪 20 年代，由于内部关税壁垒的阻碍和英法的竞争，德意志的毛纺织业日渐失去市场，趋于凋敝。但关税同盟建立后的不长时间内，在 1834—1838 年间，该产业就迅速出现了决定性的发展。

关税同盟的盟约很多都充满了智慧，例如其中有一条颇具特色的规定：统一征收的关税收入在各成员国之间按人口比例分配。这种财政安排对加入关税同盟的所有中小邦国都非常有利，因为它们的国土狭小，市场受限，人均消费比普鲁士低得多，平时的财政税收也很少，并且很不稳定。关税同盟成立之后，它们获得的关税也就比以前大大增加。例如，巴伐利亚在 1831—1832 年的关税收入仅为 210 万弗洛林，但是关税同盟成立之后，它仅在 1834 年就获得了 386 万弗洛林的关税收入。关税同盟的这种财政安排照顾到中小邦国的利益，令它们感到非常满意，也促进了德意志的统一。

关税同盟改善了德意志的国际贸易地位

除了统一内部市场、促进国内贸易畅通外，关税同盟还改善了德意志的国际贸易地位，为其工业制品开辟了宝贵的海外市场。

关税同盟成立后，德意志的国际谈判地位大大加强，得到各个国家的认可。关税同盟积极谋求同其他大国及周边国家的经贸谈判，1839 年与荷兰、希腊，1840 年与土耳其，1841 年与英国，1844 年与比利时，1853 年与奥地利，1862 年与法国等签订了一系列商务条约。在这些谈判中，关税同盟显示出所有成员邦国都不曾拥有过的优势地位，因为现在普鲁士不是为自己一个人说话，而是代表关税同盟内所有的伙伴。结果，几乎在所有条约中，德意志关税同盟都赢得了前所未有的减税、免税和其他优惠条件。

在这些条约中，当时最重要的要属 1841 年的对英协约。在该条约中，英国同意变更航海法令，允许关税同盟在其边界以外也可拥有对外贸易的"自然口岸"（natural outlets），并许诺关税同盟国家从易北河和默兹河（Mosa）之间的北海港口开往英国的船只将与从关税同盟港口开出的船只受到同等对待。这是因为，当时汉堡和不来梅等几个北部港口城市都没有加入关税同盟，甚至连汉诺威也直到 1851 年才入盟，缺少直接的出海口和低税的贸易伙伴一度限制了关税同盟对外贸易的发展。其次，在 1844 年同比利时的条约中，后者同意对关税同盟通过安特卫普—科隆的铁路运送的货物免收过境税。这两个条约对当时德意志对外贸易的扩展有着非常重要的意义。

1862 年与法国签订的条约则标志着德意志关税同盟从保护主义向"谨慎"的自由贸易政策的转变。这是顺应当时国内工业发展的新形势和国际自由主义潮流做出的重要而且英明的决定。这是因为，到了 19 世纪中叶以后，德意志工业革命已经取得了很大的成效，工业已经成长起来了，基本上具备了在国际市场上同其他发达国家在同等条件下竞争的实力。

与此同时，工业生产的扩大提出了扩大市场的要求。1860 年英法条约掀起的国际贸易自由化浪潮也对德意志构成了压力，特别是"最惠国待遇"条款使得与英、法订约的国家享受到许多额外的优惠条件，导致德意志在国际贸易竞争中处于不利地位。例如，当时德意志出口到法国的刀具每 100 千克要支付 160 法郎。而根据自由贸易协定，英国和比利时只需纳税 18 法郎。德意志的制造业者迫切希望通过条约扩张海外市场。这时，签订自由贸易协定对德是有利的。在国内和国际因素的共同作用下，德意志关税同盟改变了最初的保护政策，降低关税，加入了自由贸易的行列。从 1862 年起，德意志先后与法国、奥地利、比利时、英国及意大利签订了一系列自由贸易协定，为德意志的制造业者赢得了对外贸易的广阔市场。

关税同盟有效保护了德意志的民族工业

为了协调同盟内部各个阶层之间的利益冲突，关税同盟在成立之初，基本上沿用了 1818 年普鲁士税法的有关内容，较多地照顾了容克地主阶级的利益，属于工业保护性质的关税只占关税收入的 28%。

但是，19 世纪 40 年代以后，情况发生了变化。经历了 1837 年的经济危机以后，英国工业的各个部门普遍呈现出生产过剩。英国向欧洲大陆的商品倾销甚至比维也纳会议期间更为严重（维也纳会议是 1814 年 9 月 18 日到 1815 年 6 月 9 日在奥地利维也纳召开的一次欧洲列强的外交会议），英国产品对德意志的制造业，特别是棉纺业和冶铁业的威胁已经到了不可容忍的地步。以棉纱为例，1842 年，英国出口到德意志的棉纱超过了德意志国内产量的一半以上，且价格远远低于德意志国内的棉纱。

于是，在制造业者的强烈要求下，关税同盟对税率进行了调整，实行了高额保护关税。1843 年棉纱的进口税增长 50%，1844 年毛纺织品的进口税也增长 33%，金属和皮革制品的税率翻了一番，条形铁和铁轨的税率也有所提高，甚至以前一直免税进口的黑铁也开始征收少量关税。同时，由于 19 世纪 30 年代以来商品价格的持续下降，关税税率实际上呈自动上升之势。德意志制造品的进口税，按价值计算以前不到 10%，当时高达 60% 至 100%。德意志关税同盟的贸易保护政策有效地抵制了具有压倒性优势的英国工业的竞争，为德意志新兴工业的发展提供了良好的环境。在关税保护政策下，德意志把更多的市场留给了同盟内部，从而大大刺激了自身幼稚或弱势产业的发展。数据表明：在 19 世纪 40 年代中叶以后，棉纱和生铁的进口虽然仍在上涨，但进口所占的比例却呈持续下降趋势。1836—1861年间，外国棉纱在德意志全部棉纱中所占的比重从3/4降到了1/4。就关税保护的效果而言，这是一种非常理想的结果：进口增加了，保证了他国的出口利益。但是，本国的工业发展得更快，占据国内市场的更高比重，既没有在根本上破坏国际贸易关系，外国进口品带来的压力也逐渐变得不是那么突出了。

1844年关税同盟推行了有关钢铁产业的具有一定保护性的关税政策，有效地启动了进口替代的成功过程。英国进口商品的竞争受到了相当大的限制。德意志冶铁业得以迅速发展，建立了许多运用现代英国技术的加工厂。19世纪50年代初，汉诺威、奥尔登堡相继加入关税同盟，原来主要购买英国和比利时产品的德意志邦国大多转向国内货源。德意志的冶铁业日益摆脱了对进口黑铁的依赖，国内黑铁的产量在1850—1870年间从21.16万吨增至139.11万吨，基本满足了本国生产者的需要。同一时期，铁轨和其他铁制品也顺利实现国产化。

在德意志铁路建设初期，其铁加工厂还几乎不能生产滚轧铁轨，但在关税保护政策下经历了巨大的发展。1857—1858年德意志的条形铁、铁轨和其他钢铁制品的进口量占国内产量的50%，19世纪60年代初下降到25%～35%。此后，德意志的铁加工厂不但成功地给极大扩张的国内市场提供了铁路用铁，而且出口了比进口更多的铁制品，包括铁轨。

冶铁业翻天覆地的变化足以说明，1844年关税所提供的保护环境有效地鼓励了进口替代，使德意志生产者能够成功地与英国工业部门竞争。这样，在1870年前的几十年里，德意志已逐渐由英国制造品最好的市场之一转变成一个自给自足的工业国家。当然，与此同时，英、德之间的贸易也在不断增长，在一定程度上缓和了英德矛盾。不过,两个工业大国迟早是要正面竞争的。

德意志关税同盟加速了资本积累

19世纪上半期,在德意志的商业资产阶级和容克地主阶级手中已经积聚了相当多的资本。这是非常正常的。就如在中国解放前,其地主及商人也积聚了相当多的剩余资本一样。与中国解放前的资本市场类似的是,在1834年关税同盟建立前,德意志社会沉淀下来的这些资本没有得到很好的组织和利用,在一个仍然充满许多封建残余的社会环境里,缺少以更有效的方式进行投资的机会和动力。而在关税林立的情况下,由于缺乏统一的国内市场,贸易不发达,消费对生产的刺激非常有限,资本积累的数量相对来说比较小,速度比较缓慢,资本的周转和流动也比较困难,整个市场环境缺少强有力的投资诱因。

德意志关税同盟的建立产生的一个突出的动态效应就是对融资、投资的刺激。在实行内部自由、一致对外的关税政策以后,关税同盟内部、对外贸易空前繁荣。内部贸易额在19世纪上半期增长了1倍,下半期又增长了3倍。对外贸易在19世纪下半期甚至出现连年出超。贸易的增长使政府和私人资本家手里的资金成倍增加,投资回报上升且稳定,投资工业的积极性大大提高。

关税同盟建立后,还存在着刺激投资的另一个方面,即投资环境的优化。内部关税废除后,同盟内的自由竞争气氛对具有创新和冒险精神的工商业企业家来说颇具吸引力,扩大了的市场和消费使他们愿意投入更多的资金,以扩大生产规模。关税同盟的保护政策和对原材料的优惠政策也增强了投资者的信心,提升了投资的实际效果。此外,关税同盟内货币的逐步简化和统一促成了以工业投资为目的的大型信贷银行和联合股份公司的出现，提供了一种前所未有的调动国民储备和财富的途径。

资本聚集的另一个重要渠道是关税同盟带来的巨额财政收入盈余。关税同盟使德意志的广大地区形成一个统一的关税区，增加了财政收入，同时减少了大量管理费用，关税同盟的税收从1834年的1 450万塔勒增至1835年的1 650万塔勒，前10年税收的整体增长率达到82％。财政收入的增长不仅消除了德意志各邦对关税政策的诸多抱怨，而且增强了各邦的经济实力，促进了各邦政府的投资。在各邦政府对工业的投资中，关税收入占据相当大的比重。

统一的国内市场还非常有利于吸引国际资本流入。关税同盟建立之后，扩大统一市场的生产和销售潜力大大提升。越来越多的国外资本，如英、法、比、荷诸国投资者对德意志的采矿和冶金业表现出浓厚的兴趣。南德三邦以及黑森林的现代棉纺厂大多是在瑞士资本的积极参与下建立的。科隆的奥彭海姆银行则从巴黎和布鲁塞尔的大财阀手中吸收了大量资本，转而投入德意志的工业生产。到1857年，外国资本在整个德意志积聚了将近1亿马克的股份。这些资本在德意志工业化建设中发挥了重要作用，弥补了国内建设资金的不足，有利于引进先进的技术设备和管理经验，发展新兴工业，扩大生产能力，加快经济发展的步伐。

德意志关税同盟鼓励工业扩张

德意志关税同盟成立之后，并不是一味提高关税，而是呈现出与时俱进的特点，即根据实际情况的变化和自身发展的需要灵活调整，最后的效果也非常好。德意志在19世纪30年代至40年代初工业革命起步时给予温和保护，40年代中期至50年代工业发展的上升和高涨时期给予加强保护，60年代工业极大扩张之后向自由贸易变通。但不管它的指导思想是倾向于自由，还是倾向于保护，总之坚持一条原则：何种政策对本国工业发展有利，就采取何种政策。这样的政策不但有利于保护德意志的幼稚工业，还有助于德意志工业的扩张，同时，也不至于因为执行过于强烈的保护政策而与他国发生不必要的冲突。

19世纪30—40年代，德意志开始了由手工业生产向机器大生产的过渡，各个工业部门逐渐开始使用蒸汽机，明显提升了工作效率。但是在这一时期，德意志国内机器制造业尚处于低级阶段，还无法满足对蒸汽机的需求。关税同盟为了鼓励机器的进口，免征机器进口税，直接推动了机器在德意志工业生产中的增长和普及，提高了各工业部门的机械化程度，加速了工厂工业的确立。到1846年，关税同盟内用于采矿业和冶金业部门的蒸汽机马力分别占到了总数的40.4％和5.8％。

纺织业是德意志最早开始工业革命的部门。为了鼓励纺织业的发展，关税同盟不但免税鼓励机器进口，也鼓励棉花、生丝、亚麻和羊毛原料的免税进口。19世纪30年代，棉纺织业最发达的萨克森地区出现了第一批机械纺纱厂，1834—1838年间共建立了45家这样的大工厂。此后，在整个关税同盟地区，机械纺纱得到普遍推广。到1845年，棉纺织业中大工厂生产的纱锭数占到了总数的13/15。棉纺织业所用的原料主要来自英国。仅在1834—1835年间，关税同盟地区内输入的棉花就从15.5万公担增加到34万多公担，后来在1836—1861年间又增加了10倍。到了1861年，德意志棉纺织业已经拥有310家棉纺厂和940家棉织厂。

19世纪中叶之后，由于关税同盟地区内毛织品生产的迅速扩张，国产羊毛已供不应求，德意志开始从澳大利亚、俄国、奥地利等地进口相当数量的羊毛。德意志羊毛的进口量由 1840 年的 8 300 吨增至 1860 年的 18 800 吨。毛纺织加工业因此得到强有力的刺激。地位相对次要的丝织业和亚麻业也从原料的免税进口中得到了好处,特别是亚麻业,原料的自由贸易不但延缓了它的衰落,而且使它在 19 世纪 40 年代再次经历了一个相对繁荣的时期。

伴随着德意志关税同盟成长起来的德意志,不再是欧洲的落后国家,其经济不断壮大,支撑了三次内外战争的胜利,促成了德意志的统一。到 1871 年,关税同盟完成了它的历史使命,最终融合在德意志帝国之内。作为一种经济融合的历史模式,德意志关税同盟为当代的国际经济合作留下了宝贵的经验。

德意志虽然是利用战争手段实现政治统一的,但在其取得权威和优势的过程中,主要依靠的却是经济武器,即数十年来建立起的一个大经济区的关税同盟,而非单纯运用武力。可以说,如果没有德意志关税同盟,就不会有德意志经济的发展,也不会有德意志的统一与强大。与拿破仑的"大陆封锁"相比,德意志的"关税同盟"作为一种贸易战争的手段,更加巧妙,效果更好,可谓"不战而屈人之兵,善之善者也"的典范。

20 世纪 20—30 年代的大危机与苏联的工业化

20 世纪 20—30 年代，世界爆发了严重的大危机。资本主义经济体系崛起以来，爆发过无数次经济危机，但是这一次危机是最严重的，所以通常被冠名为"大危机"或者"大萧条"。

大危机带来的打击极其严重，很多国家都无法在既定的道路上发展下去，最后终于导致了第二次世界大战的爆发，以至于完全改变了世界格局。

但这些冲击带来的也并非全是损害，也可能给一些国家带来难得的发展与突破的机遇。例如，苏联就利用大萧条的机会，突破了资本主义阵营的封锁，虽然也付出了巨大的代价，但是通过与西方列强的贸易与交换，实现了工业化的升级，为即将到来的第二次世界大战做好了工业方面的准备。假如没有苏联的工业化，这个世界能否阻止纳粹德国的扩张，尚难预料。某种意义上，苏联的工业化，不但改变了自身的命运，也改变了世界的命运。

苏联的发展形势、目标与道路

苏联的发展形势

到 1921 年，俄国终于结束了长达 7 年的、悲惨而且血腥的一战和内战。1921年，布尔什维克第十次代表大会通过了由战时共产主义过渡到新经济政策的决议。新经济政策允许农民自由出卖余粮，允许私商自由贸易，将一部分小工厂还给私人，把一些企业租给外国资本家。到1926年，在新经济政策推行5年之后，工农业产值已经达到一战以前的水平。

新经济政策

　　我们计划……用无产阶级国家直接下命令的办法在一个小农国家里按共产主义原则来调整国家的产品生产和分配。现实生活说明我们错了。

——列宁

反映苏联"新经济政策"的图片

　　1928年，苏联开始执行第一个五年计划。在1929年开始的世界经济危机席卷西方各国的时候，苏联正处在社会主义建设的新高潮前期。世界经济大危机通过特定的作用机制，推动了苏联在困难中的崛起。

苏联的目标

1925 年 12 月，在联共（布）第十四次代表大会上通过了苏联社会主义工业化的方针，提出了"为苏联社会主义建设胜利而奋斗是我们党的基本任务"的社会主义工业化发展战略，战略核心是要优先发展重工业。斯大林指出：国家工业化的基本任务，就是加快苏联工业的发展速度，利用现有的资源来全力推进工业发展，从而加速整个经济的发展，工业化不能只理解为发展任何一种工业，比如说发展轻工业，虽然轻工业

斯大林

及其发展是国家所绝对必需的。工业化首先应该是发展重工业，特别是发展自己的机器制造业这一整个工业的神经中枢，否则就谈不上保证苏联在经济上的独立。在实现工业化的过程中，高速度又是苏联工业化的灵魂。斯大林指出：苏联比先进国家落后了五十年至一百年，应当在十年内跑完这一段距离。苏联要么做到这一点，要么被人打倒。延缓速度就是落后，而落后者是要挨打的。这就是著名的、为中国人所熟知的"落后就要挨打"这句话的来历。

在斯大林时代，落后就要挨打，其背景是千百万条生命的丧失，代价极其沉重。发展速度的快慢与国家的命运如此密切相关，迅速工业化是当时严峻的国际环境迫使苏联人民不得不做出的唯一的选择。

苏联国家工业化发展战略的重点是优先发展重工业，这不同于资

本主义国家工业化进程中的先从轻工业开始的老路子。斯大林认为：战争日益逼近，没有重工业就无法保卫国家，所以必须赶快着手发展重工业，如果这件事做迟了，那就要失败。他提出，必须大力推动技术进步，建立重工业基础，建立独立完整的工业体系，建立能满足农业机械化要求的现代农机制造业，建立能抵御侵略的国防工业。

苏联的道路

为了加快发展速度、保障国家的基本安全，苏联政府深刻认识到发展对外贸易的重要性。

斯大林在第十四次党代表大会的报告中指出：把苏联由农业国变成能够自己生产必需的机器设备的工业国，这就是苏联总路线的实质和基础。为了加速社会主义工业化的进程，必须发展对外贸易，吸收和利用外国的先进技术和设备。

斯大林在 1921 年就曾说：俄国是一个经济落后的国家，如果它不用自己的原料换取西方国家的机器和装备，那就很难靠本身的力量组织运输业，发展工业并使城乡工业电气化。他在 20 年代后期批判托洛茨基说的利用西方的资金和技术会造成经济上对资本主义国家的依赖和被控制时说：以为社会主义经济是一种绝对闭关自守、绝对不依赖周围各国国民经济的东西，这就是愚蠢之至。他肯定了资本主义国际分工是一个"进步过程"，认为它"反映了生产力的蓬勃发展""促进了民族隔阂和不同民族利益对立性的消灭"，并说，"应该把各国彼此间的依赖性和各国的经济独立性区别开"。引进技术和设备是为了增强自身的生产力，保证苏联的经济独立，而不是使苏联变成依赖于国际资本主义的小螺丝钉。正是由于苏联领导人这种适时的理论认识，并把其变成具体可行的政策，才使西方大量的先进技术、设备、人才和资金得以引进苏联，也才有了苏联工业化的加速发展。

托洛茨基其实也认同发展对外贸易是必要的。1926 年 12 月，托洛茨基在共产国际执委会第七次扩大全会上表示：第一次世界大战前，沙俄是资本主义世界经济的一部分，60%以上的工业设备需依赖进口；十月革命也不能像关电灯一样，使俄国完全脱离资本主义世界经济体系。他认为：通过对外贸易，我们正在脱离孤立的战时共产主义，而与资本主义世界经济结成一体。

1926 年 4 月 6—9 日，联共（布）中央全会的决议中指出：固定资本的扩大和改造工业的速度，以及提高农业技术和振兴农业，在很大程度上取决于顺利发展我们的出口以及从国外输入工业所需的设备、原料、半制成品和发展农业所需的农业机械。因此，发展出口同样是国家工业化、加速工业发展的必要条件。

大危机与苏联的发展契机

20 世纪 30 年代的大危机，给资本主义世界带来了巨大的灾难。但是，它却给苏联工业化的发展提供了有利时机。苏联利用西方迫切需要向外国输出资本、技术和寻找摆脱危机出路的有利时机，大量引进西方先进技术、技术人员和资金，在各主要工业部门建立了一大批骨干企业，使苏联的社会主义工业化发展到了一个新阶段。

大危机导致西方国家需要苏联市场

伴随着 20 世纪 20—30 年代大危机的出现，西方国家面临严重的商品和资本市场短缺的问题。当时的德国有 800 多万人失业，美国在最高峰时有 1 600 多万人失业。1929—1932 年间，美国出现了严重的经济不景气现象，工程师们去苏联是因为他们在美国找不到工作。苏联在此时大量引进西方技术、设备、资金和人才，极大地缓解了西方国家的商品和资本市场的短缺问题，以及技术人员的就业问题。

1931 年苏联购买的机器设备约占世界机器设备出口总额的 1/3，1932 年上升 50% 左右。同年，苏联向美国购买的机器设备占美国机器设备出口总量的 50%，占英国同类产品出口总量的 90%。正因为对苏联出口技术、设备在经济危机时期特殊的重要性，所以西方大国开始实行对苏出口的信用保证制度，并以此作为争取苏联市场的重要措施。同时，为了能争得苏联这个出口大市场，不同国家需要竞争。1933 年，美国罗斯福政府承认苏联，也是基于这样的经济背景。美国人自己也认为，事情的真相是，承认苏联是得到了渴求苏联市场的企业界人士的广泛赞颂的，罗斯福的决策仅仅是使美国的行动与世界上的大多数其他国家一致而已。

苏联大量引进西方先进技术和设备

工业化一开始，苏联就把发展机器制造业放在了首位，机器制造业在整个工业中发展速度最快。1926—1928 年，全部工业年均增长速度为 21.7%，机器制造业则为 25% 以上。在 1928—1932 年第一个五年计划期间，整个工业增长了 102%，重工业增长了 173%，机器制造业则几乎增长了 3 倍。

1926—1931 年，苏联的进口额增长了 5 倍，其中重工业设备增长了 11 倍。在进口额中，90% 左右是机器设备的进口。1931 年，苏联购买的机器设备占世界机器设备出口总额的 1/3 左右。通过利用外国设备和技术建立起的第一批大工业企业成为工业化的骨干，它们对苏联技术力量的成长与工业的发展起到了重要作用。1929 年 10 月，苏联政府批准 70 多个有关外国技术援助和技术咨询的协议，其中美国占 55 个，占苏联接受援助项目的 78%。1930 年执行的 104 个技术援助协议中，约有 84 个是和美国、德国公司签订的。1929—1945 年间，苏联和外国公司之间约有 200 个技术援助协议在执行中。可以说，20 世纪 30 年代苏联所有的骨干大型企业都是利用外国的先进技术武装起来的。1944 年 6 月，斯大林就曾经告诉美国人，在苏联约有 2/3 的大型企业是在美国的帮助或技术援助下建成的，其余 1/3 是在德国、法国、英国、瑞典、意大利、捷克、丹麦、芬兰和日本的"帮助或技术援助下"建成的。

苏联的三大钢铁厂——马格尼托哥尔斯克钢铁厂、库兹涅茨克钢铁厂和札波罗热钢铁厂——都是通过引进美国技术和资金建设的。其中，马格尼托哥尔斯克钢铁厂是以当时世界上最大的钢铁联合企业——美国钢铁公司的格里工厂为模型设计的，而其余 20 家原有的钢铁厂也在外国的帮助下进行了技术改造。苏联最大的第聂伯河水电站是引进美国技术设备，雇用美国技术专家，于 1933 年建成的。著名的高尔基汽车厂是 20 世纪 30 年代初由美国福特汽车公司援建的新厂；而莫斯科和雅罗斯拉夫尔这两个老厂则得到了扩充，用新的外国工作母机全部重新装备。这三个厂加上 1940 年开工的一个较小的莫斯科装配厂，构成了二战之前苏联的汽车产业格局。斯大林格勒拖拉机厂是整套建于美国，再拆运至苏联的，约有 80 家美国厂商为该厂制造了所有设备，并由美国人及德国人在苏联加以组装。哈尔科夫拖拉机厂也是由外国援建的，设备是德国和美国制造的，并由美国人担任建设总工程师。哈尔科夫拖拉机厂在二战期间转而生产坦克，为反法西斯战争的胜利做出了卓越的贡献。苏联第一个大型的卡车制造厂——高尔基卡车制造厂是于 1932 年在美国福特汽车公司的帮助下建立的，该厂的卡斯型货车是福特汽车公司 A 型卡车的仿造品。在飞机和发动机的生产方面，美国也供应苏联飞机或飞机附件，并给予技术援助。1928 年，苏联机械产品的进口量为本国生产的 43％。农业中，进口拖拉机占苏联当时使用拖拉机总数的 75%。

马格尼托哥尔斯克钢铁厂

除了重工业外，苏联在轻工业、农业和交通运输业方面同样大量引进西方先进的技术和设备。例如，苏联棉织品的生产是在德国的援助下重整旗鼓的，并由美国大通银行提供资金输入美国原棉。

随着本国工业特别是机器制造业的发展与成长，外国机器设备的进口量不断缩小。到了第二个五年计划末，除了一些起样品作用的设备外，几乎不再进口一般的机器设备。这样，引进技术不仅没有加重对外国经济和技术的依赖性，相反提高了国家经济和技术的独立性。

引进资金，解决资金困难

在经济大危机发生以前，苏联在国际上被排斥、孤立，很难得到西方国家支持的贷款。在 1926 年以前，苏联只能从西方得到数量不多的短期公司贷款，而且利率高达 15%～20%。危机发生以后，1929 年英国开始实行对苏出口的信用保证制度。1930 年，意大利向苏联提供由国家担保的 2 亿里拉的贷款，1937 年这一贷款额增加至 3.5 亿里拉。德国、瑞典、丹麦、挪威等国也提供了这类信贷。1935 年，苏联从德国获得它在历史上得到的第一笔财政贷款，期限 5 年，利率仅 6％。1936 年，英国给予苏联的一笔贷款利率又下调为 5.5％。1939 年 8 月，纳粹德国与苏联又签订了一项贸易协定，贷款给苏联以进口德国的设备。莫洛托夫说："这种协议对我们有利，因为它的信贷条件（7 年期限）使我们能够订购到我们迫切需要的、额外的大量设备。"这些信贷的获得解决了苏联进口设备的资金问题，为苏联社会主义工业化的发展提供了资金保障。

引进西方的技术人员和专家

苏联在大量引进西方先进技术的同时，亦大量引进西方技术人员和专家。1936 年苏联的一个文件显示，1932 年在重工业部门工作的各种外国专家约有 6 800 人，另一个苏联文件显示，约有 1 700 名美国工程师在重工业部门工作。第一个五年计划期间，有 400～500 名美籍芬兰人在苏联工作。在 1932 年，有 200 名德国人在马格尼托哥尔斯克，有 730 名美国工程师和专家于不同时期在斯大林格勒拖拉机厂工作过。1933 年前，英国大都会维克斯电气公司有 350 名建设人员在苏联工作。1928 年，美国底特律市的卡恩公司接受苏联一价值 4 000 万美元的拖拉机厂的合同和另一价值 20 亿美元的工厂规划设计任务。1930 年，"卡恩三兄弟"之一的莫里茨·卡恩带领 25 名专家组成参谋班子，帮助苏联组织设计局。

苏联产棉集中地区图尔克斯坦和外高加索的土地灌溉工程，曾得到担任过巴拿马运河建设顾问和美国农垦局局长的著名灌溉工程师戴维斯的帮助。戴维斯早在 1913 年就已经勘测过灌溉中亚细亚的"饥饿草原"卡拉甘荒地的可能性，并建议俄国当局进行更深入的勘测和设计工作。1929 年 6 月，他被邀请到莫斯科并被告知，他的计划已在进行。他留下来担任苏联棉花总管理局的总顾问，负责中亚细亚灌溉计划的整个工程。

苏联的对外贸易

列宁、斯大林时期，苏联的对外贸易主要是输入加速工业化尤其是建立重工业所需的机器和设备，出口则是获取外汇支付进口的手段。

列宁主张，为了加快发展速度，要不惜用高昂的代价，换取西方技术，壮大和发展苏联的经济力量。他说："我们想同外国进行商品交换，我们想这样做，我们懂得进行商品交换的必要性，那么我们主要应该关心的是尽快地从资本主义国家获得机车、机器、电气器材等生产资料，没有这些生产资料，我们便不能稍许像样地恢复甚至根本不可能恢复我们的工业，因为，我们的工厂就得不到所需要的机器，要用加倍的利润收买资本主义。资本主义将得到额外的利润——这种额外的利润由它去吧——我们所得到的将是能使我们巩固起来，最终站立起来，并在经济上战胜资本主义的主要的东西。"[1] 斯大林也指出："俄国是一个经济落后的国家，如果它不用自己的原料换取西方国家的机器和设备，那就很难靠本身的力量组织运输业，发展工业并使城乡电气化。"[2]

战前，苏联的外汇收入主要依靠出口谷物、木材、皮张。尽管经济危机期间世界市场粮价比工业制成品价格下降的幅度大得多，贸易

①　列宁 . 列宁全集：第 31 卷 . 北京：人民出版社，1958：435.

②　列宁 . 列宁全集：第 40 卷 . 2 版 . 北京：人民出版社，1986：112.

条件对苏极为不利，但是为了获得宝贵的外汇，苏联还是不得不大量出口谷物。1929 年，苏联出口谷物 26 万吨，收汇 2 250 万卢布；1931 年出口 520 万吨，由于粮价惨跌，仅收汇 1.56 亿卢布。1930 年，苏联出口谷物 463 万吨，1932 年出口 180 万吨。苏联当时进口的大宗商品还有棉花、钢材等。

注重进出口平衡，这是由苏联的经济状况决定的，当时它在国际上难以获得数量较大的贷款，而国内的黄金开采量又不能大量增加，因此，苏联的进口只能取决于它的出口。从 1923 年起至 1933 年止的十年间，在苏联整个对外贸易中，进出口接近平衡。十年中，苏联进口额累计仅比出口额多了 15.6 亿卢布。

苏联与美国的贸易关系

在苏维埃政府的对外经济政策中，美国一直占有特殊的重要地位。1919 年 10 月 5 日，列宁在答美国《芝加哥每日新闻报》记者问时表示："我们完全同意同美国（同一切国家，但特别是同美国）达成经济协议。"[①] 不久，列宁在回答美国世界新闻社驻柏林记者卡尔·维干德的问题时又指出："请美国资本家不要触犯我们。我们是不会触犯他们的。我们甚至准备用黄金向他们购买运输和生产用的机器、工具及其他东西。而且不仅用黄金买，还要用原料买。"[②]

十月革命后苏美贸易关系低落

十月革命后，美国立即决定不承认苏维埃政府。1917 年 11 月 14

---

① 列宁. 列宁全集：第 30 卷. 北京：人民出版社，1957：31.
② 列宁. 列宁全集：第 30 卷. 北京：人民出版社，1957：333.

日，美国国务卿兰辛通知临时政府驻美大使巴赫麦杰耶夫，美国不会理睬苏维埃政府，只承认他是俄国大使。不久，美国国务院又通电美国所有驻外代表，坚决禁止他们"同那些承认布尔什维克政府或者是布尔什维克政府所委派的俄国外交人员"有正式关系。

11月24日，美国政府决定，"在尚未查明这个国家的局势之前，在布尔什维克仍然掌握政权和将要提出自己的和平计划的情况下"，美国禁止将粮食和其他商品运往俄国。这个决定是美国开始对苏俄实行事实上的经济封锁的标志。在长达三年的时间里，两国的贸易基本断绝。1918年两国间的贸易总额仅为0.118亿卢布；1919年两国贸易完全停止；1920年的贸易则微乎其微，仅为0.008亿卢布。

1920年7月8日，即协约国最高会议决定取消对苏俄经济封锁五个多月后，美国也终于宣布取消对苏俄的经济封锁。在解除封锁的头两年，即1921—1922年间，两国仍无真正意义上的贸易往来。此时，苏俄对美出口几乎等于零，按1950年卢布市价计算，1921—1922年两年苏俄对美出口总共才1.1万卢布。至于美国对苏俄的出口，数额较大，两年总计29 422.6万卢布，但这主要是美国救济署提供的商品，属人道主义性质，并非常规的经济联系形式。就是到了1922—1923年，两国间的贸易额仍然很小。

苏美贸易关系迅速增长

1923—1924年成了苏美贸易的转折点。这段时间苏美间进出口总额达到2.03亿卢布。从此以后，直到1931年，苏美贸易一直保持在较高的水平；即使是最低的1925—1926年，两国的贸易总额也达5.33亿卢布；至于最高的1930年，贸易总额则高达10.6亿卢布。从1923年起到1931年止的8年，是苏美贸易史上双方贸易最发达的时期之一。

此时，苏联整个对外贸易的总体水平还远未达到战前水平，1926—1927 年只相当于 1913 年的 47.9％，到 1929—1930 年也只相当于 1913 年的 80％。但是，此时苏美贸易的规模却远远超过第一次世界大战前沙俄与美国的贸易规模。

从横向看，在苏联的输入中，美国从 1926—1927 年起即占到了第二位，仅次于德国；到 1930 年，美国超过了德国，居第一位。

在苏美贸易中，苏联始终有巨大逆差。在同一时期，苏联出口美国的商品总值只有 9.2 亿卢布，而从美国进口的商品总值则达 51 亿卢布，进口总值为出口总值的约 5.5 倍，苏联的逆差累计达 41.8 亿卢布。之所以如此，主要是苏联缺少在美国市场上适销对路的商品。苏联当时的出口大宗是粮食和石油类产品，但这并非美国所需。苏联能出口美国的商品本已有限，而美国方面对苏联的某些产品有时又加以人为限制。可是，美国的许多商品却又是苏联急需的。这样，苏联在双边贸易中也就始终处于不利地位。

在进出口结构上，苏联出口美国的商品主要是初级产品，其中最重要的是毛皮、锰矿石和肠衣。以 1929 年为例，这三种产品在苏联输美商品总值中分别占到了 27.9％、21.8％和 11.6％，仅这三者即占到了苏联对美出口总值的 61.3％，其余为木材、无烟煤、鱼子、破布和布头、甘草根之类。

至于苏联从美国的进口，则表现出明显的阶段性。在国民经济恢复时期，苏联主要从美国进口棉花，该项进口占到了美国输入商品总值的 80％，其他制成品仅占 20％。但进入工业化年代后，机器和设备成了苏联从美国进口的主要商品。进口商品结构的此种变化是与苏联所选择的工业化道路——优先发展重工业，特别是机器制造业相吻合的。

苏美贸易的意义

在苏联第一个五年计划中，新建和改建的许多大型骨干企业都使用了美国的先进技术和设备。而美国从对苏贸易中也获得了它需要的多种原材料和大量的贸易顺差。特别是1929年爆发经济大危机以后，各资本主义国家与美国的贸易都急剧缩减，在与美国贸易的38个主要国家中，唯有苏美贸易仍在继续发展。经济危机期间，苏联的大批订货帮助很多美国公司渡过了难关，也为美国几十万失业工人提供了就业机会。

苏联对美国的拖拉机、机床、矿山设备、石油设备、电力设备、汽车等产品最感兴趣。1927年，85%的苏联拖拉机是福特产品。一个美国人从俄国农村旅行回来后报道：福特可能是仅次于列宁、托洛茨基和加里宁在俄国最出名的人物。1931年，苏联购买的拖拉机占美国拖拉机出口总额的77.3%，购买的钣金工机床、磨床、车床、刨床、铣床、钻床等占美国该类机床出口的53.9%～78.05%，购买的翻砂设备占美国出口翻砂设备的74%。在美国机器设备输出量中，苏联在该年占首位。一般来说，美国机器设备的价格往往比欧洲高，但因它在技术和效率上具有明显优势，所以苏联仍愿购买。另外，苏美贸易在苏联对外贸易总额中所占比重很大，但在美国对外贸易总额中所占比重甚小。在美国进口总额中，苏联1929—1933年间所占份额只有0.5%～0.8%。在美国的出口总额中，1929年苏联占1.6%，1931年最高，但也只占4.3%，1932年则下降为0.8%，1933年再降为0.5%。这主要是因为苏联的经济实力远不如美国，苏联的贸易总额也比美国小得多。

苏联工业化的成就与代价

苏联工业化的成就

苏联人民的艰苦努力和苏联领导人基本正确的对外经济政策，使苏联成为大萧条时期的赢家。到 1932 年底第一个五年计划结束时，苏联的工业产量已从世界的第五位上升到第二位。这一惊人的激增不仅是因为苏联生产率的提高，也是因为大萧条造成的西方各国生产率的下降。1933 年与 1928 年相比，美国工业生产下降 44％，德国下降 45％，法国下降 25％，英国下降 20％。从当时标志国家工业实力的重要指标——钢铁产量来看，苏联的生铁产量从 1928 年的 330 万吨增加到 1932 年的 620 万吨，钢产量从 430 万吨增加到 590 万吨，轧钢生产从 340 万吨增加到 440 万吨，机器制造业的水平也达到世界第二位。从第一个五年计划开始到 1940 年，短短的 12 年内，苏联整个工业增长了 5.5 倍，年均增长率高达 16.9％，其中重工业增长了 9 倍，年均增长率为 21.2％。这是世界工业发展史上所没有的。

苏联工业化战略在较短的时间内，促使工业在国民经济中的比重迅速提高。1929 年，工业产值在工农业总产值中已占据优势地位，达 54.5％，1932 年增加到 70％。苏联由农业国转变为工业国，用十几年时间，走过了资本主义国家 50～100 年的路程。苏联工业产值占世界工业产值的比重由 1917 年的不到 3％上升为 1937 年的 10％，居欧洲第一位、世界第二位。这给全世界无产阶级极大的鼓舞，也为二战打败德国侵略者打下了坚实基础。苏联工业化道路创造的许多成功经验至今仍有重要的借鉴意义。

库兹涅茨克钢铁联合企业一期工程（1932 年）

更为突出的表现是：在较短的时间内，苏联建立起了一个部门相当齐全的大工业体系，从而大大增强了国家的经济实力和经济自立的能力。到 1937 年第二个五年计划结束时，苏联工业产值已从世界第五位跃升到第二位，从欧洲的第四位跃升到第一位，苏联由此从一个落后的农业国一跃成为强大的社会主义工业国，为二战期间有效地抵御德国等法西斯的进攻、取得反法西斯战争的胜利，以及战后的美苏争霸奠定了经济基础。

在第一次世界大战时期，沙皇俄国的步兵连中，连一人一杆步枪也摊不上，在战场上有时竟三人合用一杆步枪，更不用说造汽车了。而到了二战时期，这一局面已经发生了翻天覆地的变化。与很多人的想象相反，在整个苏德战争的大部分时间内，尤其是在初期，苏联军队在人数上是处于劣势地位的，但是哪怕就在局势不利的初期，苏军的大炮、坦克及飞机与德国相比，都拥有明显的数量上的优势。以坦克和自行（强击）火炮的生产为例，战时苏德两国产量之比如下：1941 年，6 000：6 075 辆（门）；1942 年，24 700：5 500 辆（门）；1943 年，24 000：11 500 辆（门）；1944 年，29 000：29 050 辆（门）。在整个第二次世界大战的四年多时间里，苏联竟生产了 10 万辆坦克、近 14 万架作战飞机和 48 万门大炮。很明显，苏联拥有巨大的军火储备和强大的军火生产能力。

攻克柏林

1945 年 4 月 16 日拂晓，苏联红军向柏林发起总攻，数万门苏联大炮一齐开火，奥得河以西德军阵地顿时成为一片火海。这一天，苏军发射了 120 万发炮弹，24 小时内，2 450 车皮的炮弹，即近十万吨的钢铁落到了德军头上。天空中，总数达 6 550 架次的苏军轰炸机，把成千上万颗重磅炸弹倾泻到柏林城郊和城内。战线后方，苏联为这次战役运送军火物资的列车如果排成一条直线，总长度会超过1 200公里。在一战中，苏联集中如此强大的人力、物力，短时间内发射如此强大且集中的火力，这在人类战争史上是罕见的。

因此，在柏林战役当中，虽然德国方面集中了约100万兵力，仍然无法有效阻挡苏军的推进，被苏军隆隆的炮火迅速击败。在3个多月后的对日战场上，苏联在武器方面也占据明显的优势。

第一次世界大战时尚被人看不起的落后的沙俄，第二次世界大战后竟成了与美国并驾齐驱的超级大国苏联。如此天翻地覆的变化，是与苏联的工业化分不开的。

苏联工业化的代价

不可否认，苏联工业化发展战略也存在着一些值得总结的历史教训，这主要表现在：

第一，过分突出高速度，呈粗放型发展。苏联工业化过分强调高速度，片面追求在数量和速度方面赶超先进资本主义国家，一方面以较快的速度加快了工业发展进程，实现了国家工业化，增强了国家经济实力，提高了人民生活水平。这是应该充分肯定的。但另一方面，由于过分强调速度问题，片面实行赶超战略，也影响到苏联工业化的发展质量。

第二，片面强调发展重工业，忽视轻工业的发展，特别是忽视农业的发展，导致国民经济长期比例失调，造成市场商品供应长期严重短缺，从而影响人民群众基本生活需要的满足和生活水平的提高。

第三，农民做出了巨大牺牲。大规模工业化主要是依靠农业和农民，从人力、物力和财力诸方面给予工业大力支援。为了顺利地积累到实现工业化的资金，对农产品实行高征购、低价格，造成了农民生活困难。

但是，假如没有苏联的工业化，在二战时期，苏军是很难阻挡德军入侵的。二战时期，纳粹德国屠杀了 600 万波兰人和 600 万犹太人。按照当时纳粹德国对斯拉夫民族的鄙视及仇恨，如果苏联被德国占领，苏联遭受的人口损失只会更加巨大，而且，二战持续的时间也会更加漫长，全世界的损失也将更加巨大。历史没有如果，历史的发展也不存在帕累托改进，发展从来都是要付出巨大代价的。我们只能期望未来不要再出现这么多的悲剧！

纳粹德国经济贸易政策的得与失

关于希特勒统治时期纳粹德国的经济发展，历来讨论很多，西方有学者称之为"经济奇迹"。这种说法，既有夸大的成分，当然也有其正确性。这一切不是轻松取得的，而是经过了艰苦努力的结果，也犯过很多错误，走过很多弯路。虽然如此，这其中的经验仍然非常值得后人总结并学习。其中有些经验，中国可能需要好好研究。

纳粹德国上台时面临的经济困境及其成就

纳粹党在 1933 年上台的时候，德国正面临严重的经济危机，整个国家快撑不下去了。

一战的失败将德国置于窘境

德国在一战的失败，将其置于窘境。当时，德国面临的最大问题是外贸问题，而在外贸活动中最大的问题则是外汇短缺。因为德国是一个国土较为狭小，又缺乏海外殖民地，原材料比较短缺，农产品也不能实现自给自足的工业化国家，所以需要依赖大量进口以维持国内的生产和生活，同时也需要大量出口以换取外汇。另外，德国还是一个中欧国家，对外贸易通道相当不畅通，四面受制于人。因此，德国对外部的商品市场及金融市场的依赖性都是很强的，经济循环的稳健性则是比较差的。在19世纪末20世纪初的欧洲列强中，与英、法、俄、奥相比，德国的军事实力最强，但是经济最脆弱，对外部的依赖性极强，而且一旦经济失衡，就极难恢复。

一战结束后的《凡尔赛和约》规定了德国的巨额对外赔款：1 320亿金马克。根据协约国赔偿委员会最初的决定，德国共需赔偿2 260亿马克（约合113亿英镑），且以黄金支付，后减至1 320亿帝国马克（49.9亿英镑）。这么巨大的数额，德国根本就赔不起。其中要求1919—1921年先付一笔50亿美元的金马克，如无现款，可以用某些实物支付——煤、船只、木材、牛羊等。但是考虑到德国经济的脆弱性，如果赔款太多，德国将因为缺乏外汇而无力进口，这样就不但无法维持生活，也无法维持生产。而不生产就无法出口，更加没有办法取得外汇，也就没有办法对外支付战争赔款了。这一困境对于当时的德国来说，是一个死循环，几乎是不可能走出来的。而走不出来的话，德国当然也不可能坐以待毙。

所以，当时英国的政治家丘吉尔就认为向德国索要巨额赔款是个愚蠢的主意，因为德国根本交不出来，反而会得罪德国人。丘吉尔在其回忆录第一卷中写道：二战是"不必要的战争"（the unnecessary war），一战结束后战胜国所做的最蠢的事就是向德国索要巨额赔款。著名英国经济学家凯恩斯同样也认为《凡尔赛和约》其实只是一个"20年停战协议"而已，不但解决不了问题，反而必将激化欧洲的矛盾，带来新的冲突。凯恩斯在《和约的经济后果》一书中就指出：在德国的工业基础陷于混乱的这样一个时刻，依靠出口收入，德国怎么也不可能还上所欠的赔款。由此导致的贸易和金融混乱将不仅惩罚正想方设法重建其经济的战败国，而且将同样殃及整个欧洲。他还警告

《凡尔赛和约》签订

说：在最恶劣的情况下，它乃意味着，某些人将面临真正的饥饿。人们是不会永远沉默地忍受饥饿的，因为饥饿会带来某种冷漠而无助的绝望，而这种无助的绝望会把其他方面的情绪逼成一种歇斯底里的狂乱，进而转变成一种疯狂的绝望。

魏玛共和国的垮台与纳粹的上台

正是在这样的死循环之下，当时德国的魏玛共和国不得不依靠大量发行货币来渡过当下的难关，结果是在 1920 年出现了奔腾式的通货膨胀，美元与马克的比率从 1921 年 1 月的 1∶64，到 1923 年 11 月已经崩溃为 1∶4 200 000 000 000。魏玛共和国维持的时间很短，唯一著名的可以载入史册的事迹是这次特别出格的通货膨胀。

魏玛共和国通货膨胀极其严重，父母把纸币给孩子当作玩具

在 1929 年世界经济大萧条爆发后，全世界的危机都很严重，而德国尤其突出。大萧条期间，美国的失业率最高时期达到 38％，1 600 多万人失业或者半失业。全欧洲的失业率平均达到 30％，德国因为经济基础薄弱，所以危机尤其严重，失业率最高达到 43％，800多万人失业。另一可供对照的国家是日本，当时日本的失业率也很严重，日本的人口多于德国，失业率最高的时候有 300 多万人失业，"米暴动"不断发生。德国的魏玛政党因为无力维持社会经济的稳定，最后只能崩盘，被纳粹党所取代。

纳粹党于1933年通过选举上台后，采取了一系列措施。仅仅用了 4 年，到 1936 年，德国的工业产出就超过了 1929 年的水平，从世界资本主义经济危机对德国经济造成的大破坏中迅速恢复了过来，同时失业率也大大下降，1933年9月的失业率为20%，到1936年9月时仅为5.7%，虽然没有像很多人吹嘘的那样降低到0，但也是极大地改善了。尤其是1936年9月实施扩军备战的"四年计划"之后，德国的工业产出有了更大幅度的上升。到1937年，德国工业产值在整个资本主义世界的工业总产值中已占13.4%，居资本主义世界的第二位，仅次于美国而居于英、法之上。到1939年入侵波兰前夕，德国许多主要化工产品的生产，如氮、燃料、橡胶、人造纤维等，都已经达到了世界第一位。

纳粹德国是如何取得这一成就的呢？原因很多，但其贸易政策的成功是非常重要的基础性原因。当然，这一成就也极为勉强，需要有清醒的认识。

纳粹德国在经济外贸中走过的弯路

纳粹党错误的经贸理念

纳粹党不可能通过魔法把德国带出困境，只能积极想办法。纳粹党的领导者也是人，在上台后的几年中也走了很多弯路，犯了很多错误。但相当幸运的是，他们最后还是找到了一些有效的办法，最起码在短期内取得了比较好的效果。尤其是在外贸金融方面，他们在夹缝中为德国找到了突破口。

纳粹党本身在政治理念上是相当反感自由经济和对外贸易的。作为中欧国家，德国的地缘政治相当不利，再加上堪忧的资源禀赋，一战由于受到封锁而导致其失败的经验总结，就使自给自足成了纳粹党最重要的经济理念之一。如果一定要进行对外贸易，那么就要尽可能地跟一些比较友好的国家进行，而且要尽可能地避免风险，减少受制于人的可能性。

早在 1932 年 2 月，当时的纳粹党还是在野党的时候，就在《纳粹党经济紧急纲领》中提出了其关于对外贸易的理念。该纲领指出："民族社会主义的贸易政策是通过自己的生产，最大可能地满足德国人民的需求，但在购买所必需的原材料时，优先考虑欧洲友好国家，特别是优先考虑那些为了德国能够购买原材料而准备购进德国工业制成品的国家。"这就是说，纳粹党在对外贸易中遵循三项原则：其一，尽量降低对世界经济的依赖性；其二，对外贸易的主要对象是那些同德国保持紧密联系的欧洲"友好"国家；其三，对外贸易的重点是进口德国工业所必需的原材料，出口德国的工业制成品，而且进口与出口是紧密联系的，以出口引导进口，以进口鼓励出口。

纳粹党错误的经贸实践

纳粹党掌握国家政权之后，这一理念受到了严峻的挑战，政府内部争论激烈，大致可以分为两派。以当时的帝国银行行长兼经济部长沙赫特为代表的一些人是自由经济派。他们受过正规的经济学训练，与资本家集团关系密切，也富于经济实践的经验，不相信自给自足理念，认为德国需要加强对外经贸联系。而以纳粹党首及德国元首兼政府总理的希特勒和空军司令戈林为代表的一批人则是自给自足派。作为资源小国和出口大国，德国十分担忧经济危机与原料匮乏。在希特勒看来，自由的贸易政策就是把本国的生命线交到敌国手里，同时德国会被"犹太金融家"掌控。希特勒有这样一段表述："对于那些把生存建立在对外贸易上的国家来说，这是十足的军事弱点。由于我们的对外贸易要通过英国控制的海域，因此，运输安全比外汇更成问题……如果把保证我们粮食供应的问题放到优先地位，为此所需要的空间只能在欧洲寻找，而不是按照自由资本主义的观点，去剥夺殖民地。"

希特勒

纳粹党上台后，严格按照《纳粹党经济紧急纲领》制定并执行外贸政策。"新政府控制下的帝国银行强硬地控制和监督外汇，并在稍后不久颁布的《向外国外汇付款禁令》中，具体地禁止所有服务性行业以外汇形式进行经营；此外，纳粹政府还进一步通过延期向国外债权人付款，拒绝马克贬值，提高农产品进口税等，紧缩外汇开支。"这一系列违背经济规律的外贸政策直接造成纳粹政权初期德国外贸的持续萎缩。

1932—1935 年，德国外贸总值从 104.06 亿马克下降到 84.29 亿马克。其中，进口下降了 5.08 亿马克，出口下降了 14.69 亿马克。尤其是出口的锐减，不仅减少了外汇收入，而且反过来又严重影响了进口。到 1934 年 7 月，德国的外汇储备仅为 7 800 万马克。外汇储备日益空虚，不但影响到经济的恢复，更要命的是已经严重影响到纳粹党的扩军备战。

直到 1934 年夏季，纳粹党开始明确意识到，德国经济不能完全脱离世界市场，必须与国际贸易接轨，加强出口，才能使德国的经济稳定发展。

沙赫特的外贸金融政策引领德国突围

沙赫特被任命

这时候，希特勒任命的一个经济天才——沙赫特，对纳粹德国摆脱经济困境，实现外贸与金融的政策创新与突围起到了关键作用。

亚尔马·霍雷斯·格里雷·沙赫特
1877 年 1 月生于特因利夫（原属德国，
现属丹麦），父亲是德裔美国公民，母
亲是丹麦裔。他的父亲在纽约公平信托
公司工作了将近 30 年。沙赫特之所以
在德国而不是美国出生，只是因为他母
亲当时患病必须回德国治疗。

帝国银行行长兼经济部长沙赫特

沙赫特聪明勤奋，早在 1916 年，
他就成为德国国家银行的董事会成员之一。1923 年，沙赫特临危受
命，从奔腾式的通货膨胀中拯救德国货币流通体系。他上任之后，立
刻从两个方面齐头并进：一边寻求外国金融资本的支持，一边改革货
币，用新的地产抵押马克（Rentenmark）取代极度滥发的旧马克。
因为获得了美国华尔街财团的支持，德国暂时渡过了金融困境。但
是，大危机又一次把德国推入了深渊。纳粹政权上台后，再次重用
他。1934 年 8 月，沙赫特成为德国的中央银行——帝国银行的行长
兼内阁经济部长兼战争经济全权总代表，可谓位高权重。

沙赫特主持调整外贸政策

1934 年 9 月，为扭转外汇严重不足的不利局面，在纳粹经济部
长兼战争经济全权总代表沙赫特的主导下，德国宣布调整对外贸易政
策，实行外贸"新计划"。其主要内容有：（1）实行外汇管制。禁止
私人从事外汇交易，帝国银行集中管理外汇并确定外汇比价。分配使
用外汇时，优先考虑出口产品和军备生产所需要的原料进口项目。
（2）按经济部门的划分设立 25 个进口管理机构，严格控制进口。
（3）加强与他国签订双边贸易协定。（4）资助出口，建立"补贴银
行"，政府通过该银行将"补贴"发放给出口商。这些做法，大致都

是一些危机时期的紧急措施。

沙赫特还大力推行被英语国家指责为"沙赫特主义"的双边结算协议，绕过外汇市场同别国开展贸易活动，以节省德国有限的外汇，扩大贸易额。为了避免外汇流失，他同几十个国家进行了（对德国）"惊人有利"的物物交易条件的谈判。到1936年中，德国已经建立了28个清算协定。在与这些国家的贸易中，德国用马克支付进口款项，并使款项与这些国家购入德国制成品的款项保持齐平。这些依赖德国市场的国家（大多是东南欧和美洲的原料输出国）别无他法，为了清算马克欠款，只好允许德国继续购货。

在沙赫特的主持下，德国经济体系的优先安排次序为：首先，战争工业；其次，替代品工业；再次，食品工业；最后，其他的民用工业。对外贸易也按照这个次序为各级别的经济行业服务。沙赫特把此前只用于控制主要原料进口的进口监督委员会这一体制扩大到对德国全部进口物资的监督。不论是原料还是半成品或制成品，都不例外。进口必须持有许可证，这就使纳粹分子有可能把进口限于为其战争目的服务的那些物资。随后，德国在1935年2月通过了外汇法。根据这项法律，兑换外币须经外汇管理处批准。纳粹分子通过对外币流通的控制得以根据其需要和愿望操纵对外贸易。此外，沙赫特还善于利用经济大危机造成的价格剪刀差为纳粹赚取外汇。

沙赫特制定了严格的法律，私藏外汇者会被处以死刑。德国工业原料非常缺乏，必须依赖进口，为了减少使用外汇甚至不用外汇，沙赫特在跟很多国家进行贸易时，选择了用德国的工业品直接换取对方的原材料。为了防止外汇流出，沙赫特甚至不惜在进口商品之后阻挠付款，他因此被华尔街指责为"金融强盗"。

沙赫特的"新计划"收效明显

在"新计划"的框架内，德国进出口商品结构发生了显著变化。在出口商品中，工业制成品的比例不断上升。在进口商品中，工业制成品和农产品的份额不断下降，战略物资的比重上升。

沙赫特操纵货币的手段也是出神入化。为了维持经济的平衡，他也开动印钞机，但却故意印刷了大量的不同面额的钞票。据统计，在他主持德国经济时期，德国竟然有237种不同面额的钞票，这就使钞票的流通变得困难，减慢了货币的流通速度，以扩大政府利用货币进行透支的能力。当时德国的财政极其紧张，在他天才的操作下，德国居然没有发生严重的通货膨胀，这真是个奇迹。

德国实行新经济政策以来，同时也启动了"铁公基"建设（高速公路网和铁路网，还有一些汽车生产线），经济转而繁荣，国力大大增强。相对应的却是1937年西方英美等国发生的新一轮经济危机。尤其是美国，1937年10月19日，证券市场崩溃；到11月，全国失业人口已达1 100万人。而同期德国的经济却欣欣向荣，科学技术蓬勃发展。高速公路这个改变了战后人类社会的发明，就出现在那个时期。

"新计划"实施后，德国外贸形势好转，外贸总额持续增长。1935年的进出口总额为94.66亿帝国马克，1936年为98.45亿帝国马克，1937年则达到119.57亿帝国马克。1934年德国的外贸顺差仅为0.99亿帝国马克，1937年则达到惊人的22.71亿帝国马克。

值得注意的是，纳粹政府的外贸"新计划"扩大了德国贸易对象的范围。在限制进口、鼓励出口的前提下，除了欧洲那些所谓"友好"的国家以外，其他的国家和地区逐渐成为德国重要的贸易伙伴。尤其是为节省外汇而采取的"以货易货"的贸易形式，以及"新计划"本身所带有的"亏损性",更是将德国的对外贸易引向了欧洲以外的与欧洲工业国家发展结构不同的国家和地区。

简言之,就是因为当时德国极其缺乏外汇,德国又急需外部资源的输入以促进发展,扩军备战,因而不得不在对外贸易中做一些亏本生意。但是这些亏本生意一是可以满足内部的急需,二是可以把贸易对象稳定在德国身边,扩大了外贸对象。其中,中国就是德国在亚洲地区对外贸易的重要对象之一。因此,可以说德国是用局部的损失换来了整体的收益。

到1936年,德国工业生产恢复到了1929年的水平,1937—1938年仍持续上升。德国工业的发展速度令美、英、法等国望尘莫及。德国在1938年占世界制造业产量的14.3%,已经超过法国和英国生产的总和。

此时德国的内部政局已经稳定,纳粹党人稳固了自己的政权后,开始将重心放到外交方面,并采取了多项冒险行动。

纳粹德国与沙赫特的新政策的局限

纳粹德国的对外贸易"新计划"其实是一种亏损性的贸易政策。德国为了尽快地获得生产中必要的工业原料和战争物资,一方面以国家资助的形式推动工业制成品出口,逐步降低工业品价格以增强在国际市场上的竞争力,另一方面又不得不按越来越高昂的价格支付原料进口货款。据统计,在1933—1938年间,德国在进口中多支出了4.44亿马克,在出口中少赚了55.44亿马克,6年间亏损了近60亿马克。

这种亏损性的贸易是靠缩小国内市场来维持的,因而必然会影响到德国在国际市场上的地位。事实也是如此。虽然与1933年相比,

1938 年对外贸易总额增长了 18.3％，但是在世界贸易总额中，德国的进口和出口则分别由 1929 年的 9.1％和 9.9％均下降到 1937 年的 7.2％。当然，导致进出口下降的原因也不排除纳粹党上台前几年违反经济规律所造成的负面影响。但纳粹德国的首要目标是军备，其次是人民的生活等，至于在世界贸易中的份额，对于纳粹党而言并没有那么重要。

德国的另一大问题是收支不平衡，这由两大原因造成。第一，重整军备和创造工作机会需要大量的原材料，而其中大多数需要进口，这势必需要大量外汇。第二，面对国际金融危机，从 1931 年起，不少资本主义国家都使货币贬值了，而德国却保证币值不变。德国之所以不令马克贬值，有以下原因。一是从政治上看，1923 年鲁尔危机期间出现过的恶性通货膨胀起了较大的警示作用，德国民众吃尽通货膨胀的苦头，视其为洪水猛兽；如今保持马克的坚挺，能承担起为极端民族主义情绪升温的附加责任。二是从经济上看，德国不令货币贬值，可以不增加外债的价值。由此，德国的确减少了一战的赔款，但客观的经济规律不可违背，英镑、美元等货币的贬值及马克的坚挺，对德国的进出口贸易造成了很大的压力，最终加大了贸易逆差，外汇压力不断提高。1935 年 12 月，沙赫特告知国防部长勃洛姆堡，对于军方翻倍进口铜等物资的要求，经济部门无法保证提供足够的外汇。

在希特勒统治年代，纳粹德国的经济发展并不是国民经济各部门的同步协调发展。在工业生产方面，军事工业的增长和扩大较快，而构成国民经济重要部分的农业、轻工业以及人民群众所需的食品工业却停滞不前，或者畸形缩减。1938 年，纺织原料大约还有 80％必须仰赖进口，饲料、水果和脂油仍然不足，其中脂油严重不足，有 40％的消费量必须从国外进口；与农业相关的养畜业也没有明显变化，猪、羊头数有所增加，但牛的存栏数没有增加。由于不断扩军备战，占用大量耕地，1931—1939 年，德国的人口增长接近 19%，而农用地面积反而减少，其中耕种面积减少近 13%。所以直到 1939 年，德国食品自给率仅为 83%，希特勒提出的"最大限度实现自给"的"目标"并没有达到。这是希特勒建立的以军事工业为重心及其恶性膨胀的战争经济体制所导致的必然结果。

　　沙赫特为德国经济军事化做出了突出的贡献，他的经济才能帮助德国在外汇匮乏的窘境下，通过正常的对外贸易渠道获取了扩充军备的关键原料。他的经济构想虽然有点冒险和无赖，但最终还是以严格遵循国际市场的游戏规则为前提的，这与一心想使德国经济自给自足并早日实现战争化，不愿受市场规律束缚的纳粹目标不可避免地会产生尖锐的矛盾。1936 年 9 月，纳粹党纽伦堡大会宣称"在四年之内，德国必须摆脱对所有外国原料的依赖，这些能由德国的才能、我们的化学和机器工业以及我们的矿山来提供"，即宣布实施"四年计划"，

瓦尔特·冯克，第三帝国经济部长和战争经济全权总代表、德意志国家银行总裁

戈林受命担任"四年计划全权总办"。戈林与坚持正常贸易的沙赫特经常为争夺对经济事务的控制权而发生争执。1937 年，沙赫特的辞呈被接受，这标志着德国外贸的沙赫特时代正式结束。沙赫特辞职后，瓦尔特·冯克接替他成为经济部长，1939 年又成为国家银行总裁。戈林则成为整个德国经济政策实际上的最高决策者。在戈林和冯克的主导下，德国外贸始终恪守两项基本

原则：首先，严格控制资本外流；其次，由出口来决定进口。

纳粹德国与苏联在经济贸易上的合作

为了摆脱对英、美、法等大国的经济依赖，扩大急需资源的供给，1936年4月，沙赫特开始尝试同苏联建立新的经济合作关系。沙赫特认为，随着德国对原料需求的急剧上升，现有的外汇储备已捉襟见肘。苏联不仅能够提供德国急需的各种物资，而且可以接受易货贸易的结算方式，并不一定要求支付硬通货。戈林等纳粹高官也多次强调从苏联获取原料的重要性和可能性。

1939年二战爆发，英国正式对德国实行经济封锁，德国更是加紧了同苏联的贸易谈判。这一时期，对苏贸易几乎成为纳粹德国对外贸易的全部内容。由于具有共同的经济利益，两个在意识形态上严重对立的国家甚至进入了一段蜜月期。1939年8月19日，德国代表施努雷和苏联代表巴巴林在柏林签订了新的信贷协定。根据该协定，德国黄金贴现银行代表德国政府向苏联提供两亿马克的贷款，用于苏联在两年内向德国公司订货，这些订货主要包括工厂设备、机械和车床、器械制造设备、石油工业设备等，年利率为4.5%，贷款期限为7年。另外，根据苏联出口银行的收入情况，德国将另向苏联提供价值1.2亿马克的工业设备。苏联则要在两年内向德国提供价值1.8亿马克的粮食和原料。

1940年2月11日，苏德两国在莫斯科正式签订了经济协定。该协定规定，苏联在一年内向德国提供总额为4.2亿～4.3亿马克的原料，德国则将在从1940年2月11日至1941年5月11日的15个月中向苏联提供同等价值的军用物资、工业设备和相关产品。1941年1月10日，苏德签订了进一步扩大双边贸易的经济协定。

1939 年 8 月 19 日、1940 年 2 月 11 日、1941 年 1 月 10 日的这三个经济协定奠定了苏德经贸合作的基础。据统计，从 1940 年 1 月到 1941 年 6 月 22 日，德国共获得价值达 5.97 亿马克的苏联商品。苏联总共向德国提供 934.5 万吨粮食、饲料、豆类和油料作物，6.4 万吨棉花，4.3 万吨亚麻；石油产品 721.8 万吨，其中汽油 195.6 万吨，天然汽油 197.8 万吨，润滑油 74.7 万吨；还有铬矿石 22.7 万吨，锰矿石 58.7 万吨，石棉 0.9 万吨，白银 1 513 公斤，银 313 公斤。这些商品大大缓解了纳粹德国物资供应紧张的困难。

纳粹德国的对苏贸易具有鲜明的机会主义特点，即在尽可能地从苏联获取扩军备战急需的战略物资的同时，尽量减少对苏联经济的依赖，同时拖延向苏联交付工业设备和技术。纳粹德国在 1940—1941 农业年度已不再进口小麦、黑麦和棉花，另外还减少了对苏联供应的黑色金属、铁矿石和废金属的需求。1941 年 6 月 22 日，已不再急切需要苏联物资的纳粹德国立刻撕下友好合作的假面具，向苏联发动了全面进攻。

二战后德国通过聪明的贸易政策崛起

二战之后，飞速崛起的大国并不是只有日本，同时还有二战的另一个重要战败国——德国。

二战之后的德国在废墟中迅速崛起

二战之前，德国的经济基础非常好。论科技水平，几乎可以算是当时的世界第一。但是两次大战给德国带来了非常大的损失。城市基本上被摧为废墟，欧洲原来最大的工业中心鲁尔区变得死气沉沉。战后初期的调查显示，美占区 12 000 家工厂中只有 10％还在从事有限的生产。加上人口大量损耗，数百万人伤亡，虽然没有遭受到原子弹的轰炸，但是大片国土丧失，而且被四大国分别占领，后来剩余的国土又一分为二。德国的损失比日本可能更大，日本起码没有被多国占领，这保证了其在恢复过程中的内部一致性。

战后初期，60％的德国居民处于严重的饥饿状态，柏林的儿童死亡率高达 16％。在物资奇缺的同时，德国还爆发了严重的通货膨胀，帝国马克如同废纸。美国香烟则成为货币的替代品，各种商品和服务的价格常以几支、几包、几条香烟计算。美国占领军用香烟和食品罐头大肆换取德国人的金银、古董、皮毛、相机等重要商品，甚至是女人。

然而，在此不利条件下，德国却用了不长的时间再次实现复兴。极度混乱的德国在"冷战"爆发后，因为靠近北约与华约对抗的前线，又有了新的利用价值。当美苏关系全面恶化之后，德国就成为西方的一个最重要的争取对象。这个时间比在朝鲜战争之后日本被美国重新扶持更早。为了能够使德国成为美国对苏抗衡中的桥头堡和安全屏障，美国很快开始对德国采取扶持政策。1947 年下半年，美国制定了"马歇尔计划"，在 4 年时间里，德国从"马歇尔计划"中获得 36.5 亿美元的援助，这也给德国的崛起注入了资金。因此，二战之后德国的复兴处境比一战之后德国的处境要好得多。

时任美国总统的杜鲁门批准了"马歇尔计划"（即"欧洲复兴计划"）

据统计，1950—1960 年，德国国民经济劳动生产率年均增长5.3％，工业生产年均增长率高达 11.4％，工业总产值从 487 亿马克增加到 1 647 亿马克，增长 2.4 倍，国民生产总值从 233 亿美元增加到 726 亿美元，增长 2.1 倍，并先后于 1959 年和 1960 年超过法国和英国，成为世界第二经济大国。这是德国历史上经济建设的"黄金10 年"。在 20 世纪 70—80 年代，德国的机床、汽车、照相机等机械产品已大批出口。在 20 世纪 80 年代以后，"德国制造"的机械设备、化学制品、电气和电子工程设备等大量出口到美国、中国、印度、巴西等，所生产的汽车占世界汽车市场的份额达到 17％。"德国制造"在世界市场上成为"质量和信誉"的代名词，广受欢迎。

技术引进和外贸发展推动了德国的崛起

德国非常重视引进国外先进技术

为了迅速恢复生产，德国非常重视引进国外先进技术。德国引进技术的策略是，只要对消灭技术差即保持产品技术优势有好处，就引进国外先进技术。

德国在贯彻执行科研和引进技术的政策时，主要采取了两种战略，即所谓的"机会战略"和"补缺战略"。前者的目的在于充分发挥自己的长处，如德国的固体物理学、光学和电子、电气、化学、冶金、机械制造、汽车、精密仪器等部门本来就已经具有世界先进水平，政府对这些部门就多给予资助，这是为了集中优势力量把某些关键性的工业部门尽快地搞上去，以保证其继续处于领先地位。后者的目的是弥补短处，重点资助落后的部门，例如数据处理、集成电路等。总而言之就是扬长补短，长板要加强，短板同样要加强。

战后初期，德国的技术引进是同固定资产的更新和现代化、增强竞争力、重返国际市场紧密相关的。而在实现现代化后，引进技术是为了综合地、最大限度地利用这些引进的先进技术，加强薄弱的工业部门或环节，赶超世界先进水平，以加强自己在国际市场的竞争地位和力量。德国经济学家 K. 奥木林德认为，德国经济增长率的 60％是直接或间接地依靠广泛采用新技术这一因素。

德国还是资本主义世界中最大的专利与技术许可证进口国之一。从 1950 年到 1954 年，德国用于引进专利与技术许可证的支出共429.87 亿马克，同时也鼓励出口，这一时期的专利与技术许可证的收入达到 176.67 亿马克。专利与技术许可证的大量进口，是同德国固定资产的更新和现代化相联系的。在德国实现现代化之后，这种进口则有助于它综合地、最大限度地利用外国新技术和加强其在资本主义世界经济中的地位。美国是德国最大的专利与技术许可证供应国，其次是瑞士、荷兰和法国。德国进口的专利与技术许可证集中于电气、电子、化学和石油加工工业部门，在 1983 年进口的专利、发明权和工艺流程技术中，这三个部门共占 52.8％。

技术能力的提升促进了外贸发展

德国工业建设的恢复与发展及科技水平的不断提升，是与对外贸易的大发展紧密联系的。德国在战后有最新的机器，可以生产出最好的产品。所以，德国制造的产品在战后非常有竞争力。它当时可以输出到美国和其他欧洲国家。

就在德国苦练内功的同时，美国则帮助法国和德国达成和解，吸引德国加入关贸总协定、北大西洋公约组织、欧洲经济共同体等国际组织，一个没有贸易壁垒的巨大国际市场向德国敞开了大门。从1950 年到 1970 年，德国的进出口贸易总额从 46 亿美元猛增到 646 亿美元，增长了 13 倍。从全球来看，德国外贸总额在 1953 年超过法国，1954 年超过加拿大，1962 年赶上英国，成为仅次于美国的资本主义世界第二贸易大国。而到 20 世纪 80 年代，德国甚至超过美国，成为当时世界上最大的出口国。

德国在崛起当中的策略

外贸分散策略

令人奇怪的是，德国的外贸发展较少引起他国的反感，虽然德国从 1952 年就出现对外贸易年年顺差。20 世纪 50 年代年均顺差是 22 亿马克，20 世纪 60 年代为 87 亿马克，20 世纪 70 年代更是增加到 309 亿马克。在贸易顺差逐步加大的情况下，德国竟然没有和任何一个国家发生大规模的贸易摩擦，这一点与日本和中国形成了鲜明的对比。

那么，德国又是怎样做到这一点的呢？首先，德国尽量分散出口商品的种类。以 1987 年为例，德国没有任何一种出口商品能占到 25％以上的份额，而同年日本机电产品的出口份额竟然占到 74％，这样的出口结构对进口国相关产业造成的压力过大，极易引起进口国的反对。在这一点上，德国的出口贸易和日本侵入式的出口贸易有着天壤之别。它没有出现这种故意去损害对方的行为，没有出现贸易障碍，没有出现这种战争式的行为。所以相比之下，德国的做法更不容易引发贸易摩擦。

另外，为了避免贸易摩擦，德国向尽可能多的国家出口产品，例如大多数公司只把不超过 10％的商品销售到美国市场，而日本企业则往往在多年内把 50％以上的商品出口到美国。此外，为了不引起进口国的反感，德国在向一个国家出口大批商品之后，还会向这个国家进口大批商品；日本则不同，它把商品大量出口到美国，然后在发展中国家大量采购，这样的做法很容易招致美国的不满。德国采取这些聪明的外贸策略后，最大限度地避免了出口国的贸易制裁。

从这个意义上说，与德国相比，日本战后的贸易政策显得有些鼠目寸光、急功近利，不像德国那样从长计议。

谨慎的外汇政策

与日本相比，德国在货币政策及外汇政策方面更加谨慎，较少采取过于激进的措施。例如，《广场协议》对日本经济造成了巨大的打击，所以被看作美国的阴谋。《广场协议》是否为阴谋姑且不论，但是如果我们拿日本的境况与德国对比就会发现，《广场协议》之后日本经济停滞，日本方面也是要承担很大的责任的。

《广场协议》之后，德国马克的大幅升值同样让德国的出口承受了冲击，出口的下降又减缓了德国的经济增长。1987年马克升值前，德国的增长率还保持在3％以上；《广场协议》签订两年后，德国经济的增长率降到1.4％。然而，此后德国在汇率和货币上的不同做法引导德国在《广场协议》之后走上了与日本迥异的两条道路。

在货币政策方面，日本在1989年的贷款利率不到2％，而德国却始终维持在《广场协议》签订之前的5％左右。德国的决策集团认为，日本所奉行的是经济学家凯恩斯所倡导的扩张政策，放宽贷款、增加货币。然而，降低贷款利率和门槛的方式只能一次性减少企业的投资成本，企业的经营状况归根到底还是取决于企业的盈利能力。贸易在这时候已经是金融、汇率、宏观政策的综合体现。因此，日本的政策解决不了根本问题。面对困难，政府最应该做好的工作是提供更好的综合发展环境、职业教育条件，改善就业服务，促进经济增长，而不是一味地对经济直接进行需求刺激，积聚资产泡沫。

事后看起来，德国人的判断似乎更加正确。不过几年之后，日本经济就一头栽入"失去的 20 年",甚至是"失去的 30 年"里了;而德国经济却稳步反弹,1988 年经济增长率已经攀升至 3.71%,到 1990 年更是超过了 5%。在经历了短暂的衰退之后,德国经济回到了平稳增长的路径上。

在二战之前,可以说德国无论在哪个方面,都要比日本领先很多,在技术水平、工业生产及对外贸易方面,更是全世界数一数二。但是在二战之后,德国的发展势头不像日本那么猛烈,没有日本那么不顾一切,而是显得更加内敛,也更加沉着,所以发展也更加平稳。

当然,我们也看到日本以远远落后于德国的基础,迅速赶超德国,这样的成就同样非常了不起。

藏在国家联合体背后的发展

由于独特的地理位置,在德国统一及统一后的发展过程中,德国特别重视建立国家及类国家联合组织,以实现协作与利益最大化。某种意义上,这是藏在国家联合体背后的发展。如果能够获得利益,那么利益可以共享。如果遭遇风险,那么风险可以共担。这是德国基于自己的地缘政治条件及历史成败经验总结出的适合自己的发展之路。二战之后,德国之所以较少介入激烈的贸易摩擦,至少很少直接介入,很大一部分原因是德国在大多数时间里都藏在欧盟的后面。例如,德国与美国的贸易冲突,就隐藏在整个欧洲与美国的贸易冲突中。

二战之前德国组织的国家联合体

在拿破仑战争之后,德国 1871 年实现统一之前,德国这个地方还并存着 34 个封建君主国和 4 个自由市。德国当时还只是一个地理名词，而非一个现实存在的国家。为了在发展的过程中减少阻碍，1834 年，德意志诸邦以普鲁士为核心建立了关税同盟。这个关税同盟不但在经济上收效显著，迅速推动了德意志经济的发展，使德意志从一个欧洲的落后地区成长为欧洲第一经济强国和世界第二经济强国；而且，通过这个关税同盟，德意志加强了在国际经贸谈判中的有利地位，保障了其外贸利益。更重要的是，这个关税同盟在设计上非常有利于实现德意志在政治上的统一。

普奥战争之后，在普鲁士的推动下，1867 年成立了北德意志邦联，由北方 24 个德意志邦和 3 个自由市组成。它其实只是一个过渡组织，在 1871 年德意志帝国成立后便被废除。但是，它帮助普鲁士控制了德国北部，加强了普鲁士对南德邦国的影响力，促进了德意志内部的统一、市场的整合及经济的增长。

二战之后德国参与的国家联合体

历史上，德国与法国同出一源，但是经历了上千年的争霸，在不同时期里各有胜负。但是无论胜负，都带来了深重的灾难。在二战结束后，由于深刻地反省了历史上与邻国的冲突及两次大战给自身造成的巨大损失，德国不愿意重蹈覆辙。为了避免新的世界大战，德国与法国一道，先后推动建立欧洲煤钢共同体、欧共体、欧盟、欧元区等，建立国家联合体，在稳定德国与周边国家关系的同时，扩大本国的市场，促进本国产业体系的成长与完善。

欧洲煤钢共同体是根据 1951 年 4 月通过的《巴黎条约》成立的，1952 年 7 月生效。根据条约规定，成员国无须缴纳关税而直接获得煤和钢的生产资料。欧洲煤钢共同体的缔约国有法国、联邦德国、意大利、比利时、荷兰及卢森堡。欧洲煤钢共同体标志着 18 世纪以来法国对德政策的根本转变，揭开了法德和解的序幕，为法德和解的实现奠定了基础；而法德和解与合作又是整个西欧联合的基石与核心。欧洲煤钢共同体的建立使西欧联合从 1950 年前政府间的合作进入一个超国家机构的合作阶段，因此改变了西欧联合的性质，使西欧联合进入一个更高级的阶段——一体化阶段。

欧洲煤钢共同体作为局部一体化的尝试，它的成功促使各国考虑把共同市场扩大到其他部门乃至整个经济部门的必要性。因此，它的经验为以后的欧洲经济共同体和欧洲原子能共同体的建立铺平了道路。

1955 年 6 月，参加欧洲煤钢共同体的六国外长在意大利墨西拿举行会议，建议将欧洲煤钢共同体的原则推广到其他经济领域，并建立共同市场。1957 年 3 月，六国外长在罗马签订了建立欧洲经济共同体与欧洲原子能共同体的两个条约，合称《罗马条约》。该条约于 1958 年 1 月 1 日生效。1965 年 4 月，六国签订了《布鲁塞尔条约》，决定将欧洲煤钢共同体、欧洲原子能共同体和欧洲经济共同体统一起来，统称欧洲共同体，简称欧共体。该条约于 1967 年 7 月生效。欧共体总部设在比利时布鲁塞尔。1973 年，丹麦、英国、爱尔兰正式加入欧共体。

1991 年 12 月，欧共体马斯特里赫特首脑会议通过了建立欧洲经济货币联盟和欧洲政治联盟的《欧洲联盟条约》（通称《马斯特里赫特条约》，简称《马约》）。1992 年 2 月，各国外长正式签署《马约》。经欧共体各成员国批准，《马约》于 1993 年 11 月 1 日正式生效，欧洲联盟正式成立，欧共体开始向欧洲联盟过渡。欧洲三大共同体被纳入欧洲联盟，这标志着欧共体从经济实体向经济政治实体的转变——同时发展共同外交及安全政策，并加强司法及内政事务上的合作。

二战之后德国贸易的发展及迅速复兴，与其积极地参与国家联合体的组建，以及躲在联合体背后的发展有着非常密切的关系。

积极构建有利的货币体系

贸易与货币体系是一体两面、互相支撑的。国际贸易在某种程度上也是一种货币现象。没有良好的货币体系，就难以长期支持一国外贸的长期、正常、健康发展。德国在经济发展中极其注重货币体系的改善，如维持德国马克的币值稳定、均衡的国际化及支持欧元与欧元区的建立等。欧元区的建立，至少到目前为止，非常有利于德国在欧洲的产业中心地位及贸易地位的强化。政治经济学强调货币国际化进程是对国家间财富分配格局的重建，本质上是各个国家特别是大国之间对"国际货币权力"竞争、限制和占有的过程。

应该说，与英国、日本和法国相比，德国的政治经济环境更加恶劣，德国货币崛起也更加不容易。但是，德国马克却实现了这一点，并且比另外几个国家更加成功。究其原因，既有外部的因缘际会，也有内在逻辑的自然发展。

20世纪60—70年代一次次的美元危机和由此带来的国际货币体系的剧烈动荡则为德国货币的国际化带来了机会，尤其是美国在20世纪70年代过于自信的对外货币政策所引发的"大通胀"导致欧美严重对立，德国则抓住这一时机联合其他欧洲国家在美元体系之外建立了马克主导下的欧洲货币体系，这一政策选择为德国马克的国际化推进提供了制度保障和政治合法性，正是这一制度性安排让马克国际化的步伐远远超出了正常的"市场速度"，能够迅速取代美元，成为欧洲的主导货币。这一时期马克的成功，在很大程度上是因为其藏身于法国与美国的冲突之后，得以"以无厚入有间，恢恢乎其于游刃必有余地矣"。当然，客观上，德国因为当时的国力弱于法国和英国，又是二战的战败国，加之处于美苏两大阵营对抗的前沿，也不便于直接与美国形成激烈冲突。反过来说，也因为这样独特的战略地位，美国也不想过分刺激和压制德国。客观原因加上主观努力，决定了马克在这一时期会"站在风口上"迅速起飞，并取得了很大的成功。

1999 年 1 月 1 日，欧盟国家开始实行欧元这一单一货币并在实行欧元的国家实施统一的货币政策。2002 年 7 月 1 日起，欧元成为欧元区唯一的合法货币。欧元区共有 19 个成员国，包括德国、法国、意大利、荷兰、比利时、卢森堡、爱尔兰、西班牙、葡萄牙、奥地利、芬兰、立陶宛、拉脱维亚、爱沙尼亚、斯洛伐克、斯洛文尼亚、希腊、马耳他、塞浦路斯，人口超过 3.3 亿。

在欧元这一共同货币替代欧洲民族国家各自主权货币的政治进程中，最大的赢家就是德国。虽然它放弃已然是世界第二大储备货币的马克似乎损失很大，但是它却获取了欧盟内部实质上最具含金量的权力——国际货币权力，一种对其他成员国行为的影响力和支配权。德国马克并没有消失，而是披上了"欧元"这层外衣，欧元实质上是马克国际化的"升级版"。所以，欧元对于德国而言不再是一种外部力量强加的货币，而是其利益成长与扩展的象征。

在应对欧债危机期间，德国为维护自己的核心国家利益发起了一场"欧元保卫战"。德国的"欧元保卫战"是欧元区最终免于解体的关键所在。德国在这场"欧元保卫战"的不同阶段的政策调整，最终决定了欧债危机的走势和欧元区未来的发展方向。

但是，也正是在这场保卫战中，德国忽视了把自身的利益建立于整个欧元区和欧洲利益之上的战略智慧，过分在意维护自身的短期利益，对周边其他国家的利益照顾不够，在客观上损害了整个欧盟及欧元区的利益，而这也就使德国暴露了，从长远来看并不利于德国的韬光养晦和长期稳定发展。一个暴露的德国能否扛住外部的政治冲击？这还是一个未知数。

总结与展望

当前，德国之所以能在欧洲处于核心地位，在整个世界格局中也起着举足轻重的作用，除了其自身经济强大、对外贸易具有较强的国际竞争力这一内在的、根本的原因之外，其所处地理位置的地缘政治影响力也值得重视。

德国刚好处于欧洲中部，这在军事上是不利的，因为其处于四战之地，四面受攻，但这对于德国的经济发展是有利的，为其发挥贸易辐射效应奠定了地缘基础，使其成为环形结构的核心。而德国近年来也顺应自身所处地理位置的优势，发展自己的外贸关系。从欧盟各成员国的地理分布来看，欧盟内部贸易形成了一个以德国为核心，包括内环、中环和外环 3 个层次的环形结构。通过建设上述国家联合体及超国家组织，德国有效消除了与周边国家的矛盾与历史恩怨，更重要的是，打开了国际市场，促进了德国外贸的发展。

另外，德国与美国当前的外贸发展存在显著的不同。美国的外贸发展是借助美元开路，这是因为美元是全球最重要的国际储备货币，加之美国强大的军事力量可以保证美元的通用，与美元输出相伴随的是美国向全球大规模倾销的金融产品。为保障美元及美元衍生金融产品的出口，美国在商品贸易上从来都是巨大的逆差。与美国不同，德国通过以"德国制造"为核心的全球产业链来保证其他国家对德国马克的需求。"工业竞争力＋政治性货币合作制度安排"是德国马克国际化路径成功的核心因素。在马克国际化的过程中，德国极具竞争力的现代工业体系为马克国际化提供了坚实的支撑，让马克在众多欧洲货币中脱颖而出，成为欧洲货币体系中唯一具备"领导资格"的币种。

也就是说，美国的对外贸易发展是以美元输出带动商品的输入，德国则是以商品的输出带动本国货币的输出。美国的利益可能更大，但是德国的利益可能会更加均衡。在这方面，德国的发展逻辑与中国的发展逻辑更加接近，也更加值得中国学习。

利用国际局势的变化，德国在20世纪90年代实现了国家的统一，成为世界第三经济大国和第二大贸易强国。在中国实现赶超之后，现在德国是世界第四经济大国和第三大贸易强国。近年来，德国的经济贸易保持较平稳的增长态势，即便是面对世界经济危机和金融危机，也表现出很强的竞争力。

不过，特朗普上台之后，对全球各国发动了无差别的贸易战，德国的主导产业——汽车产业受到美国高关税的威胁。德国寻求外部能源供给破局的计划，也受到了美国的阻击。在种种困难面前，德国的经济也出现了很大的下滑。在新的挑战面前，德国能否实现新的历史突破，就让我们拭目以待吧！

第三部分

贸易战推动国际体系的建立及破坏

拿破仑的贸易战争
——"大陆封锁"及其失败

　　拿破仑·波拿巴是法兰西第一帝国的皇帝，也是法国历史上最伟大的君王之一，深受法国人的崇拜，在世界历史上也拥有重要的地位。据说有人统计过，在西方影片中出现最多的真实历史人物就是拿破仑。除了法国人拍影片要拍拿破仑之外，在其他欧美国家的影片中，拿破仑同样露面颇多。这个人统治欧洲的时间虽短，但是影响力很大。了解欧洲的各方面历史，往往都绕不开这个人。

　　拿破仑在位时期，法国与当时的海洋霸主英国展开了长期的争霸战。为了打击英国的经济，实现最终打垮英国的目的，拿破仑也对英国发动了贸易战——"大陆封锁"。可惜实践的效果并不理想，虽然给英国经济造成了一

拿破仑·波拿巴

定的损害，但是给自己带来的损害却更大。而且，很大程度上正是因为当时的沙俄在执行"大陆封锁"政策的过程中不到位、不得力，拿破仑才对其发动侵略，结果遭到惨败，大大消耗了国力，进而导致了法兰西第一帝国的覆灭，拿破仑本人也囚死孤岛。这一段历史的经验教训，值得后人总结并铭记。

法兰西第一帝国的历史及处境

法兰西第一帝国又称拿破仑帝国（1804—1815 年），是拿破仑建立的一个君主制度国家，在 19 世纪的欧洲影响甚大。帝国领土包括今天的法国、比利时、卢森堡、德国莱茵河左岸、意大利部分领土，鼎盛时期影响范围占据大半个欧洲。

1799 年，拿破仑从埃及突破英国海军的封锁逃回法国，并担任法兰西第一共和国第一执政（1799—1804 年）。在打败了第二次"反法同盟"，解除了法国的危机之后，拿破仑于 1804 年 12 月加冕称帝，把共和国变成帝国。拿破仑在位期间被称为"法国人的皇帝"，也是历史上自查理三世后第二位享有此名号的法国皇帝。

因为法国大革命让欧洲各王室感受到了威胁，法国与英国则是争夺世界霸权，故欧洲诸国多次组建反法同盟，试图扑灭法国政权。拿破仑称帝期间，对外多次打败反法同盟军队，把法国的影响力扩大至整个西欧及中欧，巩固了新兴的资产阶级的利益，传播了民族独立和自由民主的思想。

在 1812 年的侵俄战役惨败后，第六次反法同盟军队于 1814 年 3 月底攻入巴黎，4 月 6 日拿破仑被迫退位，被流放到厄尔巴岛，波旁王朝复辟。

1815 年 3 月，拿破仑从厄尔巴岛逃回巴黎复位，建立了"百日王朝"。1815年6月18日,拿破仑在滑铁卢战役中战败,被迫于6月22日再次退位,被流放到圣赫勒拿岛,法兰西第一帝国正式告终。

可以发现,在整个拿破仑帝国存在期间,其在战略上均处于内线被包围的状态。也就是在战略上被动,在战术上有时候被动、有时候主动。这是由当时法国独特的地理位置决定的。

"大陆封锁"命令的颁布及推行

拿破仑及法国当时最大的敌人是英国。英国的陆军虽然不是太强,但海军却是世界第一,没有对手。拿破仑的陆军虽然强大,但是缺乏强大的海军,无法跨海攻击英国本土。1805年,法国和西班牙舰队在特拉法加海角与英国舰队的激战中惨败。在这次战役中,英国失去了伟大的海军上将纳尔逊,法国却失去了几乎所有的海军,拿破仑不得不放弃渡海进攻英国的计划。但是与此同时,法国却在这一时期欧陆的战争中取得了一系列辉煌的胜利,实现了对欧陆比较有力的控制。

为了扭转在战略上的被动局面,打击最大的敌人——英国,1806年11月,拿破仑在德国的柏林颁布了"大陆封锁"命令,规定法国人及受他控制的欧洲大陆国家都不得同英国进行贸易,试图通过贸易战来达到打败英国的目的,取得在军事上无法取得的成果。

在《柏林敕令》当中,拿破仑首先指责"英国不承认全体文明国家所普遍遵守的国际法规则",因而"兹宣布不列颠诸岛处于封锁状态","凡与不列颠岛的一切通商以及一切通讯均禁止之","凡直接来自英国港口或英国殖民地的船舶,或曾经过英国及其殖民地的船舶,一概不准进入欧洲大陆的任何口岸"。违犯者的船舶和货物都将作为合法的战利品予以收缴。这个敕令对法国及当时处于法国统治下的意大利、瑞士、荷兰、莱茵同盟等国家及地区均具有约束力，构成了拿破仑"大陆封锁"政策的基本内容。

可以看出，法国对英国发动"大陆封锁"，与美国试图在全世界封锁中国发展的策略如出一辙，都是先要制造一个借口，将自己置于道义的制高点，然后再切断对手与全世界的经济联系，从而削弱对手。美国对中国发动贸易战，频频指责中国不遵守国际规则。但是我国对外经贸大学的崔凡教授经过统计却发现：自中国加入 WTO 到 2017 年，美国在 WTO 被起诉的数量刚好是中国的两倍。而且美国在 WTO 打输了官司从来不执行，要赖。可见美国不遵守 WTO 规则的情况比中国其实要严重得多。美国指责中国的华为设备不安全，可能会泄露信息，但是真正在监控全世界的正是美国自己。美国甚至还公开表示，要利用世贸组织的规则来限制对手，但是自己可以不遵守世贸组织的规则，可谓无耻之极。

为进一步增强"大陆封锁"的效果，一年之后，拿破仑又分别在 1807 年 11 月和 12 月先后签署了两个《米兰敕令》，宣布凡是服从英国枢密院令的中立国船舶，都要被开除国籍并成为合法的战利品；凡是来自或驶往英国及其殖民地的任何港口的船舶，也要做同样的处理。

到 1810 年 10 月，拿破仑又在巴黎的枫丹白露颁布敕令，命令凡是输入欧洲大陆的英国工业品都要被没收，并当众烧毁，违犯者要受特别法庭的审判和处罚。这时候，拿破仑的"大陆封锁"政策基本上到达了最高点。

英国对"大陆封锁"的反击与突破

面对拿破仑的"大陆封锁"，英国当然不可能坐以待毙，而是必然要想办法加以突破并予以反击。当时，英国在海上力量方面具有明显优势，所以采取了从海洋包围大陆，截击法国和中立国商船，并封锁法国及其盟国港口的做法，充分运用自己的海权力量。

"大陆封锁"命令颁布后不久，1807 年 1 月，英国就颁布了枢密院令进行报复。该项法令称：鉴于法国政府违反战争惯例，企图禁止所有中立国同英国的贸易，英国国王陛下认为同样禁止同法国及其盟国之间的贸易是有道理的。在整个 1807 年，英国枢密院先后发布了 24 道谕令：禁止中立国家与敌对英国的国家进行海上贸易，规定中立国家的船只必须驶进指定的英国港口接受检查，缴纳关税，领取特许证。

与此同时，英国还通过向欧洲大陆走私打破"大陆封锁"。英国在靠近欧陆海岸的一些岛屿上建立了仓库，便于对欧洲大陆走私。例如，北海中的赫尔果兰岛因为靠近北欧和中欧各地，便于跟德国各邦进行贸易，就被人们称为"小伦敦"。仅从 1808 年 8 月至 11 月，就有 120 艘英国商船在此靠岸，每年进港的商品价值达到 800 万英镑，然后再转运到法兰克福、莱比锡，甚至是波兰、俄国等地。此外，波罗的海的哥德堡及地中海的直布罗陀、撒丁岛、西西里岛、马耳他岛等也都成了英国精心打造的走私基地。

为了逃避海关管理人员的检查，那些走私商人采取很多非常巧妙的偷运手法。例如，有些人假借办理丧事，利用棺材偷运货物，在一段时间内效果相当不错。后来因为办理的丧事过多，便引起当局的怀疑，他们经过检查，才发现棺材里原来满载英国走私商品。又如，一些走私商人还采用运入海沙，借以混进湿砂糖的做法。再如，一些走私商人把货物装入网袋沉入预先商量好的地方，让渔民在夜晚打捞起来。总之，走私方法千奇百怪、种类繁多。

为了进一步更有效地破坏拿破仑的"大陆封锁"政策，英国还在伦敦开设了大批办事处,帮助那些走私商人伪造各种特许证。例如,货品来源证书、保证书、海关证据、身份证、船舶证明文件等,以达到鱼目混珠的目的,妨碍"大陆封锁"政策的执行,增加"大陆封锁"政策的执行成本。

客观地说,"大陆封锁"对打击英国商业是有一点作用的,但是并没有收到重大效果。尽管英国受到"大陆封锁"的严厉管制,但由于其拥有强大的制海权,牢牢控制着海上主动权,有条件不断加紧对海外殖民地的掠夺,夺取了诸多法属殖民地,以弥补英国在大陆贸易上的损失;法国则因为缺乏海军力量,对此鞭长莫及、无能为力。在这种状况下,英国的对外贸易竟然一度逆势增长。1805 年,输入英国的商品价值为 53 582 146 英镑,1810 年增至 74 538 061 英镑。1805 年,英国输出的商品价值为 51 109 131 英镑,1810 年增至 62 702 409 英镑。1811 年,尽管英国商品输出减少了并且下降得比较明显,但还是达到了 41 716 775 英镑。封锁期间,英国的总收入仍不断增加,1805 年为 10 300 万英镑,1811 年增加到 13 100 万英镑,1814 年达到 16 300 万英镑。英国并没有伤筋动骨,更没有丧失战斗的潜力。这在另一方面反映了拿破仑"大陆封锁"的局限性:只封锁了贸易,没有同时限制英国与大陆的金融往来。当然,这也是因为拿破仑担心限制金融交易会影响到法国自身的利益,"麻秆打狼——两头害怕"。美国制裁中国的华为,同样是一方面试图置华为于死地,另一方面又尽量避免损害本国企业的利益。

可见,拿破仑实行"大陆封锁"政策,远远没有达到预期的目的。在"大陆封锁"期间,英国虽然受到一定的打击,但是远远没有达到屈膝投降的程度,而且保持了相当的实力,依然能够跟法国长期抗衡。

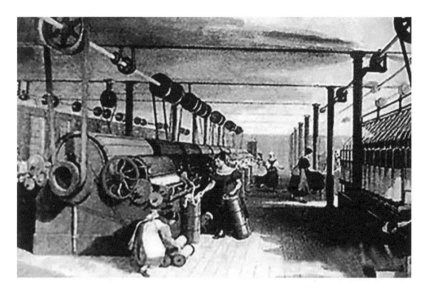

英国工业革命后的棉纺厂

"大陆封锁"政策给法国经济带来沉重的打击

拿破仑的"大陆封锁"政策，不但没能实现封锁英国、削弱英国战斗力的目的，相反给法国自身的经济造成了沉重的打击。客观地说，"大陆封锁"政策对法国工业的成长是有一定帮助的，否认这一点是不客观的，但是同时带来的损失则要大于收益。

英国的反制措施割断了法国与中立国、殖民地的联系，"法国和欧洲的大海港，如南特、马赛、阿姆斯特丹、那不勒斯等一片死寂"，"法国几乎无法进行任何对外贸易"。从1806至1809年，法国对外贸易额从46 500万法郎下降到33 300万法郎。比较英国的损失，法国贸易额的下降基本上是相当的，而且下降来得更早。

法国是欧洲的农业大国，农产品的出口向来是其大利所在，很多人以此为生。"大陆封锁"压制了法国农产品的出口。从 1802 年至 1809 年，每公担小麦的平均价格从 24 法郎下跌到 15 法郎，甚至跌到 10 法郎。

而需要进口以用于纺织业的棉花价格则大大上涨。法国虽然是农业大国，但是地理位置偏北，气候较为寒冷，并不大量生产棉花，而棉花在当时纺织工业的发展中非常重要。法国在"大陆封锁"期间，原料（尤其是棉花）日益缺乏，严重影响生产。在 1804—1805 年，一磅棉花只卖 4.5 法郎，到 1810 年竟涨到 11 法郎。棉花涨价大大提高了生产成本，以致法国的棉织品售价高昂，在国际市场上很难同英国的廉价棉织品竞争。

"大陆封锁"不仅切断了正常的跨国经济联系，影响了经济的发展，还造成了许多工厂破产和大量工人失业。在 1810—1811 年间，法兰西第一帝国终于爆发了空前的工商业危机。根据法国工商部在 1813 年颁布的关于棉纺织工业的公报，1810 年，法国就业工人数尚有 264 755 人，棉纱产量也有 14 651 567 公斤；到 1812 年，工人数和棉纱产量分别减少到 198 633 人和 7 032 420 公斤。法国丝织工业中心里昂，在 1810 年上半年从业工人尚有 93 000 人，下半年就减少到 59 000 人，到 1811 年上半年进一步减少到 37 000 人。

粮食价格猛跌引起种植者的不满，原料的短缺导致工厂关门、失业者增多。没有殖民地运来的消费品，法国人不得不用菊苣苣代替咖啡，用葡萄汁代替食糖来满足生活的需要。

在"大陆封锁"政策的影响下，法国及欧陆各阶层人士怨声载道。为了摆脱经济困境，缓解不满情绪，拿破仑被迫允许出口一部分重要的商品。1811 年，拿破仑颁发殖民地货物许可证，允许木材、大麻、铁等货物纳税 40% 即可进口。也就是说，从禁止进口改为缴纳高额关税之后再允许进口。这种做法对法国工业的发展是有保护作用的。当时的美国、后来的德国和日本，在工业发展的早期，都在相当大的程度上依赖高关税来保护国内的产业，实现了工业的崛起。但是，这样一来，"大陆封锁"政策的力度就明显减弱了。也就是说，高关税是一个长期作用的因素，在短期国际竞争中的作用并不明显，至少见效不会那么快。

欧陆国家普遍不愿意遵守"大陆封锁"政策

"大陆封锁"严重损害了其他欧洲国家的利益，所以其他欧洲国家普遍不愿意遵守法国的"大陆封锁"政策。虽然它们迫于法国的军事压力不得不遵从，但是它们在明里暗里采取各种措施违背"大陆封锁"的命令。

伊比利亚半岛上的葡萄牙和西班牙，表面上接受《柏林敕令》，暗中却与英国进行走私贸易。这又引起了拿破仑对西班牙的入侵和西班牙人民的反抗。西班牙人民的反法战争打开了"大陆封锁"的缺口，拖住了法国 30 万军队，又引发了奥地利、意大利、萨克森等国的反法战争。

此外，荷兰也是一个重要的缺口。荷兰国土狭小，资源有限，以商业立国，而且在传统上与英国的关系非常密切，"大陆封锁"对荷兰的经济发展极为不利，荷兰需要从英国获取殖民地的货物，同时也需要向英国出卖酒类、干酪和薄麻布。所以，荷兰仍旧同英国有贸易往来。当时的荷兰国王是拿破仑的亲弟弟路易·波拿巴，迫于国内资产阶级的压力，甚至连他也对"大陆封锁"政策的执行阳奉阴违。

沙俄加入"大陆封锁"体系也是心不甘情不愿的。沙俄当时的经济发展很落后，缺乏充足的工业生产能力，工业品主要依靠进口。而当时法国的经济实力有限，供给及需求能力都比较有限，不能充分代替英国供应沙俄必需品，并收购沙俄的木材、大麻、粮食、油脂等物资。"大陆封锁"政策禁止沙俄和英国的贸易关系，使沙俄的经济陷于困境，不仅严重影响了沙俄商人的利益，也使沙俄贵族濒于破产，所以沙俄的商人和贵族竭力反对沙俄加入"大陆封锁"体系。沙皇亚历山大一世同样对拿破仑阳奉阴违。结果，英国货物从广阔的沙俄西部边界经过波兰、普鲁士、奥地利涌入欧洲大陆各国，这就严重破坏了"大陆封锁"政策。因此，拿破仑认为，要顺利地实行"大陆封锁"，就必须征服沙俄。拿破仑自己评价说："没有沙俄参加，'大陆封锁'政策简直荒谬可笑。"

为了加强"大陆封锁"，并惩罚沙俄对"大陆封锁"政策的背叛，1812年，拿破仑亲率大军远征沙俄，但等待他的却是一场毁灭性的大败。法国在欧洲的霸权主要建立在军事实力的巨大优势之上，拿破仑大军在莫斯科撤退时几乎全军覆没，60万大军入侵沙俄，最后成建制撤出的只有两万多人。法军的惨败成了当时欧陆国家普遍起义反对法国统治的信号，在导致拿破仑王朝覆灭的同时，也宣告了"大陆封锁"政策的彻底失败。

拿破仑大军最后的失败跟"大陆封锁"之间也存在着必然联系："大陆封锁"影响到法国的工业生产，削弱了法国的军事力量。奥地利作家斯蒂芬·茨威格就记录了拿破仑远征沙俄的过程，其中特意提到了拿破仑军队缺少御寒的冬衣以及其他物资。这是因为，法国的工业已经没有办法生产出足够的质量好的冬衣了，因为大量的原材料来自海外，而"大陆封锁"与英国的反封锁损害了原材料的供应。在沙俄的严寒下，法军冬衣的纽扣容易掉落，也严重影响了御寒的效果。

法国军队从沙俄的严寒中撤退

结局本不应当如此

拿破仑帝国的失败并不是必然的。也就是说，假如拿破仑采取一些更加正确的措施，而不是贸然出台"大陆封锁"这样的政策，拿破仑帝国本来可以维持得更久，甚至可以在对英国的终极竞争中取得最后的胜利。

《孙子兵法》说："昔之善战者，先为不可胜，以待敌之可胜。"拿破仑帝国当时的优势在于陆军，已经实现了对欧陆大多数主要国家的控制，而其海军则相当弱小，不是当时大英帝国皇家海军的对手。贸易战从来都是两败俱伤，而且双方的损失往往是相当的。在军事冲突中，一方的损失可能会远远小于对手，但是在贸易战中，双方的损失很难存在很大的差距。所以，贸易战必然是实力的对抗。而在当时，英国占据了广大的殖民地，并且已经开始了工业革命，在经济实

161

力上也优于法国。所以，在这样的力量对比之下，法国其实并没有足够的能力对英国发动贸易封锁。

此外，法国对英国发动贸易战，其实还是引火烧身，因为贸易战必定是两败俱伤的。所以，如果法国不对英国发动"大陆封锁"，英国在一般情况下，考虑到贸易战的后果及代价，也不会轻易对法国进行贸易封锁。

那么，拿破仑真的没有办法通过经济博弈取得对英国的胜利吗？对此，事后诸葛亮的分析是这样的：决定财富多少、经济增长及综合实力的最关键、最根本的因素还是人。虽然当时英国占据了广大的殖民地，但当时法国所掌握的人力资源毕竟是要远远多过英国的。法国可以利用欧洲大陆更加充足的人力、物力加快经济发展，建立更加牢固的政治军事联盟关系，实现在经济科技上的超越，在发展中打败对手，这是有可能的。经济制裁与贸易摩擦不是不可行，但是没有必要那样急躁，不一定需要打成"贸易战"，而是可以逐渐提高关税，保护法国及欧洲大陆的工业发展，并随着工业发展逐渐提高关税。因为欧洲大陆的市场远大于英国，在规模经济的优势上法国也远远强于英国，所以在长期的发展中，法国是占据明显优势的。这一招的厉害之处在于，随着欧洲大陆逐渐对英国商品提高关税，英国却无法同样提高关税来进行反击，因为欧洲大陆的资源及农产品是英国所需要的，而欧洲大陆的工业水平本来就落后于英国，英国提升关税无济于事。实际上，随着"大陆封锁"的持续及欧洲大陆工业的发展，英国当时的确也出现了明显的困难。

但是，既然法国急于求成，对英国发动了贸易战，禁止一切贸易，那么英国也必然进行反击。这样一方面削弱了法国的国力，另一方面也造成了欧陆其他国家的不满，削弱了拿破仑在欧陆的威信，导致了拿破仑"大陆封锁"体系的瓦解，最终带来了帝国的覆灭。

总之，拿破仑企图通过贸易战来扩大自己的霸权、打倒英国，虽然在一定时期内和一定程度上有损对手的经济发展，但在整体上是弊多利少，不但对自己造成的损害远大于对方，而且还加剧了己方阵营内部的矛盾与冲突，最终导致了彻底的失败，可谓得不偿失。

英法商约与贸易冲突及经济发展

1860 年，也就是英法联军火烧圆明园的那一年，英法两国之间签订了一个重要的商业条约。这个商业条约在世界历史上很重要，当时的争议也很大。这个商业条约反映了英法之间在商业利益上的斗智斗勇，当然最后的结果总体上是比较好的，甚至可能比商约签订之前绝大多数人预料的都要好。

1860 年前后的国际形势与英法的国际地位

1860 年左右的英法算得上是世界并列的双雄。

拿破仑战争之后，胜出的英国正式取代法国成为世界霸主。法国虽经拿破仑战争失败，不再是欧洲老大了，但瘦死的骆驼比马大，它依然是欧洲大陆的强国。

1860 年，在世界范围内，英国经济第一，法国紧随其后，中国已经衰落，而且正处于太平天国运动带来的长期内战中，美国则陷于内部冲突，将要爆发被美国人称为世界上最残酷的内战——南北战争（1861—1865 年），而且当时美国的实力也比不上欧洲各大国。1860年，美国工业生产在世界上的比重为 14%，落后于英国（占 21%）、法国（占 16%）和德国（占 15%）。德国和意大利还没有实现统一，内部斗争非常激烈。至于沙俄，刚刚在 1853—1856 年的克里米亚战争（又名克里木战争、东方战争、第九次俄土战争等）中被英法联军揍了一顿，把家底全都打空了，战后国内债台高筑、民不聊生，为了套现，把阿拉斯加都廉价卖给了美国。沙俄内外危机如此深重，以至于连沙皇都因为压力太大而自杀了。其他欧洲国家当时大多数也只能称为非小即弱。只有英法两国日子比较好过。按《西欧金融史》的说法，当时英国是世界金融中心，法国则是欧洲金融中心。

克里米亚战争

当时，英国的宪政体制已经走上了正轨，国势蒸蒸日上；法国则处于拿破仑三世的统治下，内外局势也比较稳定。

在政治和军事上，英法当时都四处扩张。当然，扩张的力度不是太大，而是比较小心翼翼，因为英法都打了上千年仗，虽然便宜占了不少，但亏也吃了不少，它们都知道战争不是好玩的。

英法两国当时的关系

英法当时的关系一般般，有好有坏。

两国刚刚联手在克里米亚把俄罗斯帝国揍了一顿。1858—1860

年，英法两国又联手对中国发动第二次鸦片战争，1858 年在天津打了个胜仗，1859 年在天津大沽口被清军打败。当时，观战的美国舰队见势不妙，冲进战场对清军开炮，解救英军，并且喊出后来一个非常有名的口号——"血浓于水"，意为美国发源于英国，美国人与英国人血脉相连。然后就是 1860 年，英法联军再次攻陷大沽口，并且兵入北京城，火烧圆明园，逼中国签订了《北京条约》。法国大作家维克多·雨果曾对"火烧圆明园事件"给予强烈谴责，称之为"两个强盗的胜利"。

两国一方面貌似友好，另一方面矛盾也比较深。当时的法国是拿破仑三世在位，雄心勃勃，一心想要恢复其叔叔拿破仑一世的功业，向欧洲大陆、亚洲、非洲和美洲到处伸手，英国并不是很乐意。克里米亚战争以后，法国夺取了欧洲大陆的霸权，部分取代了沙俄的"欧洲宪兵"角色。拿破仑三世还以"援助"意大利统一为名，参加了撒丁王国反对奥地利的战争，并乘机在 1860 年吞并了尼斯和萨伏依。19 世纪 60 年代，法国还频频发动掠夺殖民地的战争，成为英国海外殖民地的主要竞争对手。因此，英国不得不花更多的精力去应对拿破仑三世的霸权野心。

拿破仑三世

在经济上，英法两国关系密切，但是同时也存在较为激烈的竞争关系。尤其是当时英国已经完成了第一次工业革命，商品在国际市场有很强的竞争力，环顾世界，没有一个国家在贸易上是英国的对手。而法国的工业革命才刚刚开始不久，跟英国的工业实力相比还有相当大的差距，法国的工业资产阶级对英国的商品具有比较高的警惕性，因为当时欧洲大陆的很多经济学家普遍反对自由贸易，认为自由贸易会导致本国的经济依附于英国。例如，当时德国的弗里德里希·李斯特，就非常积极地推动德国建立了一个关税同盟，目标主要就是针对英国商品在德国的倾销。美国独立后的首任财政部长亚历山大·汉密尔顿同样坚决地反对自由贸易，认为这会妨碍美国制造业的发展及经济独立，主要也是防范英国工业品对本国制造业的冲击。事实上，美国在其独立后的 100 多年里，基本上都坚定地实践着高关税的贸易保护政策。

法国历史上的贸易保护主义和自由贸易传统

法国历史上是存在强烈的贸易保护主义传统的，例如科尔伯特的重商主义；当然也存在自由贸易的传统，例如重农主义。

让-巴蒂斯特·科尔伯特（1619—1683）是法国路易十四时代卓越的财政大臣，伏尔泰曾经称赞他是"治国良相"。科尔伯特长期掌控财政大权，并主导了司法、贸易、工业、建筑、海军、殖民等诸多部门。他不仅再造了法国财税金融体系、统一司法体制、强化中央集权统治，而且借助国家干预、贸易保护等重商主义手段，大力扶持工商业发展和外贸竞争，打造海军力量与航运事业，兴建港口等水陆交通设施，支持海外殖民及探险活动，等等。虽然重商主义在主流政治经济学的话语体系中一向名声不佳，但是实际上开辟了一条强力推进工业化和现代化的赶超发展道路，近代以来的英、美、德、日等国无一不是在特定的历史时期借助重商主义实现了经济及工业的起飞。特别重要的是，科尔伯特将重商主义付诸持久的实践，极富创造性地扶植了法国的制造业，可谓法国的"工业之父"。在经济学领域，重商主义往往也被称为"科尔伯特主义"，由此可见科尔伯特的历史地位。但"科尔伯特主义"下的工业发展不是没有代价的，代价就是在短期内会对相当一部分人造成损害，但在长期看则是非常有利的。

与法国重商主义相比，法国的重农学派在经济史上则更加有名，影响力也更大。重农学派是18世纪50—70年代产生的一个重要的法国资产阶级古典经济学派。弗朗斯瓦·魁奈（1694—1774）是重农学派的创始人。安·罗伯特·雅克·杜尔阁（1727—1781）进一步发展了重农学派的理论，并把重农学派的经济纲领付诸实施，是重农学派后期的主要代表。1765—1772年，杜邦·德·奈穆尔（1739—1817）主编重农学派的杂志。他编辑出版魁奈的著作，就以"重农主义"作为书名。后来，这一经济学派就称为"重农学派"。重农学说的理论基础是"自然秩序"论，认为自然界和人类社会存在的客观规律是上帝制定的"自然秩序"，即合乎理性的秩序，政策、法令等是"人为秩序"，只有适应自然秩序，社会才能健康地发展。重农学派主张经济自由和重视农

法国经济学家、重农学派创始人
弗朗斯瓦·魁奈

业。著名经济学家亚当·斯密在出游欧陆期间，与法国重农学派交往甚密，深受重农学派的影响。另外需要说明的是，重农学派受中国传统经济理念的影响很大，尤其推崇黄老学说的"无为而治"。学界很多人认为"自由放任"的思想其实就来源于"无为而治"，著名经济

学家张维迎就专门强调过这一点。

关于《伊甸条约》的签订，法国吃亏了吗？

在科布顿到法国谈判商约之前的 70 多年里，英法之间其实也签订过一个商约，名字非常美好，叫作《伊甸条约》，类似于"美好条约""天堂之约"一类。这个条约在历史上争论很大，例如，著名的德国经济学家李斯特就认为法国在签订这个条约的过程中吃了很大的亏，上了英国人的当。

在美国独立战争结束后不久，英法双方开始了新的贸易谈判，最后达成了 1786 年的商业协定，即《伊甸条约》。它包含 40 余项条款，主要是赋予英法两国在欧洲商业和贸易权利上的完全自由。英国进口法国葡萄酒以不高于其优惠国葡萄牙的进口税为准，双方就下列商品的税收达成一致：金属制品等 10%；棉花、羊毛、细布、麻纱、瓷器、玻璃等不高于 12%。但是，法国丝绸被英国禁止进口等。

在这场贸易谈判中，左右法国政策导向的两个关键人物是外交大臣韦尔热纳和财政大臣卡隆，前者是这次谈判的发起人和实际掌控者。韦尔热纳在立场上偏向当时流行的经济学家主张的"自由体系"。卡隆则相对务实，不赞同韦尔热纳的观点，认为应征收更高的关税，采用低关税（对多数商品征收 5% 的从价关税）将不利于法国工业发展。卡隆还特别强调英国应取缔《航海法案》，并结束对法国的所有航海限制。但韦尔热纳倾向于对英国做出更多让步。

总体上看，法国在这次贸易谈判中，自由贸易主义思想占据了主导地位，这表明法国在经济政策的制定上发生了从重商主义到自由贸易主义的转变，而这一转变事实上受到当时正在兴起的重农学派的影响，主张贸易自由，而来自法国制造业者的请求和建议却未被重视。

　　《伊甸条约》的签订立刻引起法国工业界的反对。法国制造业和商业工会抱怨事先没有通气，在这一条约签署后才被告知。为此，诺曼底商会委派两位代表对英格兰和法国诺曼底制造业状况开展全面调查，包括毛织品、丝绸、棉织品、尼龙、冶金、陶瓷等诸多领域。调查发现，法国除在丝绸相关行业有一定的优势外，其他行业都落后于英国。由于棉纺织业是诺曼底的支柱产业，因而商会代表对其在英格兰的状况做了更详细的考察。法国本该在该行业的原材料供应方面有一定的优势，但英国人的走私行为使之消失了。除不断推广的机械化生产外，英国在工业原料、矿产资源、金融等很多方面都有明显优势。按照《伊甸条约》规定的 $10\% \sim 12\%$ 的关税税率，远不能抵消英国在效率和成本上的优势，因而这一关税税率对法国制造业并不具有保护作用，其意义仅在于政府的财政收入，对法国制造业的影响则无异于自由贸易。总之，调查的最终结论非常明确：英国在工业方面具有明显优势，自由贸易将对法国工业造成严重伤害。

　　相反，英国在签订《伊甸条约》的过程中则抛弃了理想主义，而坚持了实用主义。从表面上看，英国似乎与法国保持一致，在贸易谈判过程中也遵循了自由贸易主义。但实质上，英国的政策导向依然是重商主义。或者说，英国此时支持和宣传自由贸易主义思想，主要是基于贯彻和落实其重商主义政策的考虑。例如，当时英国制造业并非在每个行业都优于法国，法国在丝绸业有相对优势。法国从双赢角度考虑，要求英国向法国开放丝绸市场，但英国坚决拒绝这一要求。法国财政大臣卡隆为此与英国展开了激烈谈判，但无果而终，英国依然维持对法国丝绸进口的禁令。可见，英国对制造业的自由贸易是有选择的，凡是英国有优势的产业就强调自由贸易，凡是英国没有优势的产业就实行贸易保护。也就是说，英国当时提倡的自由贸易只不过是忽悠其他国家的宣传手段，但自己则坚定地保护本国的产业。

《伊甸条约》在经济理论和思想上迎合了重农主义的美好理想，但条约执行的最终结果是法国工业遭受了致命打击。以棉纺织业为例，法国本已进入工业化初期，但英国的廉价商品将其摧毁在摇篮中。因此，虽然《伊甸条约》的名称听起来很美，但结果却是灾难性的，法国大批底层劳动者破产，流亡到城市成为"无套裤汉"，进而诱发了法国大革命。

直到法国大革命期间，法国经济政策制定者才吸取这一教训，走向贸易保护主义，保护法国工业的发展。

《伊甸条约》在很大程度上反映了英法知识分子及官员心性方面的差异：法国人容易理想化，而且是真的理想化，比较冲动，好走极端，理想高于现实；英国人则不然，既讲理想，又讲现实，现实高于理想，理想为现实服务。法国人是冲动的，而英国人则是理性的。

1859 年，英国向法国提议签订更加自由的商约

《伊甸条约》签订 70 多年后，1859 年，英国财政大臣科布顿前往巴黎，游说英法两国签署互减关税条约，推进自由贸易。这一次所面临的形势，与 70 多年前相比已经发生了巨大的变化。科布顿能够如愿吗？

19 世纪上半叶结束的第一次工业革命使英国成为地球上最早的工业化国家，蒸汽机的广泛应用大大提高了生产效率，英国成为世界发展的"领头羊"。在巨大的产业优势面前，英国的世界贸易政策逐渐由保护主义转变为自由主义，指导保护主义的重商主义思想逐渐被放弃。1846 年，在英国内部的强烈反对之下，执行了 30 多年的英国《谷物法》终于被废除，为英国进一步推进自由贸易扫清了巨大的障碍。《谷物法》废除之后，在英国执行了将近两百年、被亚当·斯密称赞为

"良法"却限制自由贸易的《航海法案》在1854年也被完全废除了。

科布顿前往法国的时候，正是英法两国的关系日益紧张的时候。虽然两国联手在克里米亚打败了沙俄，但是两国的关系反而日益紧张。许多英国人都认为拿破仑三世正准备入侵他们的岛国，英国的许多志愿者都组织起来保卫国家。这也是英法最终签订商约的重要历史背景。

1859年10月，科布顿与拿破仑三世在巴黎开始了具有决定性意义的非正式会谈。在会谈当中，科布顿告诉皇帝，只有一个办法可以消除英国与大陆国家对皇帝的不信任，即采纳一项自由贸易政策，只有这样，皇帝才能使英国以及一直处于自卫状态的其他国家信服，即他已经放弃了战争征服的打算。这个说法打动了野心勃勃而又紧张不安的拿破仑三世。

对于英国签订自由贸易协议的意图，法国工业领袖及其政治盟友由于前车之鉴，予以强烈警惕和抵制。法国财政部长蒙格警告拿破仑三世说，一旦他将制度从禁止转为允许大量外国货物进口的温和关税，那么，每进口一件这样的产品并允许在法国消费都势必会取代一件相应的国内制造的产品。

对此，科布顿予以反驳：反对温和关税是假定每一位法国人都有足够的衣服穿，相关的需求不可能再增加了。但举个例子，法国有数百万人从来没有穿长裤，并非他们对长裤没有需求，而是因为长裤是被禁止进口的。上千万法国人几乎从来不吃面包，而只能依靠土豆和栗子等食物生存。

当时法国政界及商界的主流是反对签订更加自由的贸易条约。但是问题在于，具有决定权的拿破仑三世本人是比较倾向于自由贸易的。他上台执政后不久，就表现出热衷于在法国关税上去掉绝对保护主义，把法国工业暴露在严酷的外国竞争下的倾向。登上皇帝宝座之后不久，拿破仑三世就于 1852 年下令降低了煤、铁、钢 20% 的税率，同时还在为更大幅度的降税做准备。后来，他还指出，因为没有竞争，工业将停滞，价格继续居高不下。为了同阐明的原则相符，他指示要在羊毛和棉花两种工业必不可少的原料进口中废除全部关税，逐渐减少蔗糖和咖啡的关税。他的商业大臣、财政大臣和外交大臣于 1852 年在他的指示下起草了一份报告，报告里他们建议取消进口的 16 项禁令及几乎全部的出口禁令，降低了 19 项关税，准许 241 种物品免税进入。

可能是因为克里米亚战争的影响，这份意义深远的报告直到 1856 年的 6 月才被递交给立法议会，引起了组织完善的保守主义者的强烈反对，以至于帝国政府不仅撤回了报告，而且直到 1861 年 7 月都几乎没有改变关税。

对科布顿代表英国政府提出的自由贸易以缓和英法间紧张局势的建议，拿破仑三世表示出较高的热情。但是一开始，拿破仑三世对科布顿的建议并不是非常积极，因为当时他希望通过其他外交途径来与英国达成谅解，并缓和法国与周边国家，主要是与奥地利及意大利各小邦之间的紧张关系。问题是，这些努力到 1859 年底均显示出难以成功。英国方面不断暗示或者直接向拿破仑三世表示，英国反感他的情绪已经到了非常危险的地步，因此他第一次相信除非法国方面采取一些措施来消除英国对其企图的不信任，否则发生战争是很有可能的。英国方面还告诉拿破仑三世，他的安全依赖于英国同盟的现实存在；他不需要关心沙俄、奥地利、普鲁士是怎么考虑的，只要英法存在坚实的和平和友谊即可。大陆上其他国家一直以来均在试图利用阴谋离间英法，一直装作亲法反英，但如果英法之间发生战争，它们会起来反对法国，因为它们担忧一旦法国胜利了，它们会是法国的下一个扩张对象。随着英法关系的日益紧张，拿破仑三世不得不暂时放弃他向意大利尼斯和萨伏依地区扩张领土的企图，把注意力转向科布顿提出的有关签订条约的建议上来。因此，拿破仑三世在英法商约签订的时候，考虑最多的是政治因素，即如何加强法国在国际社会中的地位，而不是经济因素。

1859年12月，英法之间正式开始了关于商约的官方谈判。但是由于各方面因素的影响，正式谈判开始仅仅五天之后，拿破仑三世就几乎下达取消谈判的命令。拿破仑三世通知英国方面，在欧洲局势已经如此不安定，同时他需要安抚在战争爆发时所依靠的臣民的时候，他认为不适合签订这样一个条约。但是，他已经表现出需要在意大利问题上与英国达成谅解的愿望。面对拿破仑三世的疑虑及要价，19世纪的英国首相罗素明确表示："……如果英法在意大利问题上一致，什么战争也不用怕，商业条约将继续。"罗素暗示：这个商业条约可能成为英法在意大利问题上协约的基础。

科布顿在给国内的信件中判断：拿破仑三世本人欣赏法国可能从自由贸易政策中得到好处，但是，考虑到强有力的压力集团的扰乱和大量反对及这个变化引起的不受欢迎，没有必要立即行动。但是从政治方面考虑，其作用远超过经济因素，这诱使拿破仑三世最终决定缔结条约。

英法两国虽然开始了官方谈判，但是并没有大张旗鼓地宣传，这主要是源于法国国内保护主义者的压力。与英国的历史传统不同，法国历史上的自由贸易运动总体上比较失败，自由贸易的萌芽也很脆弱，在社会上受到的支持较少。因为法国当时的工业发展水平远远落后于英国，对自由贸易协议的效果，很多法国人也非常不放心。所以，英法之间的商业谈判做得比较隐蔽，以避免太早刺激反对派，招致不应有的反对。但是，正式的对外贸易条约毕竟是国家政治经济生活中的大事，也必然会选择一个合适的时机告知民众。

后来，在谈判已经有了比较明显的进展之后，拿破仑三世给当时的法国总理写了一封信，说明了对英法商约的考虑及进展情况。这封信写于 1860 年 1 月 5 日，于 1 月 15 日刊登在《箴言报》上，描述了一项自由主义改革的宏伟计划，公开了以帝国名义签订一些商业条约的意向。这封信将一些秘密谈判公之于众。这个消息的分布果然引起了比较强烈的反对。在此期间，法国议会当中还是保守主义的支持者占议员的大多数，他们对英法商约高度不满。因为拿破仑三世是通过政变登上皇帝宝座的，所以他们将这个商约称为"新政变"。

商约的达成、条款及其作用

因为拿破仑三世的支持，以及当时所面临的国际形势压力，英法商约的谈判很快结束，最终在 1860 年 1 月签署。英法经贸关系史上又一份具有里程碑意义的条约诞生了。

英法商约的主要内容有三点：互减关税、"最惠国待遇"条款、自由贸易原则。后两点主要是按原则说明的，所以约定的主要内容就是两国互减关税。就其精神实质来说，自由贸易原则造成的影响非常大。在后来的研究者当中，有人把英国废除《谷物法》看成 19 世纪自由贸易发展的第一个里程碑，把 1860 年英法商约的签订看成自由贸易发展的第二个里程碑。

根据条约，英国允许大量法国产品自由进入，并取消了煤的出口税。英国同意废除所有制成品的关税，把对法国出口英国的白兰地征收的关税降低到殖民地产品的水平，并降低葡萄酒的进口税，这使法国获利最大。据记载，法国方面虽然不是给予自由贸易，但是一切进口禁令都废除了，对关税也进行限制，法国降低了英国煤炭、焦炭、条铁、生铁、钢、机器、工具、纱线、大麻及亚麻制品的关税。英法商约还包含了最惠国待遇条款,该条款成为以后大多数贸易协定的内容。

为了安抚国内的反对力量,拿破仑三世还向商业和工业利益集团保证变化不会带来严峻的财政困难,而且在减税的初期通过给予他们低息贷款来协助他们。他还给英国的上议院和下议院写信,请求给予这个计划"爱国支持",并加入他开创的"和平新时代",确保商约对法国的好处。

1860 年英法商约是两国关系发展的产物,也是自由贸易事业扩大的重要途径。追根溯源,其有着深厚的历史渊源,也有着偶然事件的因素,二者的结合促成了英法商约的产生。英法商约将互不信任的两国从战争的边缘拉了回来。主谈判人理查德·科布顿在英吉利海峡两岸一片强烈的反对声中拟定了商约,为此,英国自由党领袖格莱斯顿甚至专门向科布顿表达了自己的敬意。

需要强调的是:尽管 1860 年的英法商约从表面上看,英法两国用的语言和手段都是商业性的,但其目的主要是政治性的,而且正是因为当时意大利冲突所带来的紧张局势及进一步失控的风险,才使英法商约的缔结成为可能。对两国政府来说,它们需要防止两国关系从 1859 年夏天所达到的危险时刻进一步恶化。这个商约缔结之后,其影响是如此重大,以至于后来法国兼并尼斯和萨伏依时,英国在反波拿巴主义者情绪的爆发下也没有与法国关系破裂。这一点充分证明了科布顿主义的正确性,并为未来行动提供了更大的动力。科布顿认为,只要取消各国间的商业关税,开放世界性的自由贸易,战争就会随之消失,因为世界性的自由贸易必然引起更加深入的国际分工,这使各国间的协作变得更为重要。

这个逻辑也是中美贸易战爆发前后中国方面很多人所坚持的观点,认为中美经济关系能够消除两国之间在贸易摩擦方面的紧张局势。但是实践证明，中美矛盾比当年的英法关系要复杂得多。历史经验可以借鉴，但是不能照搬。

1860 年英法商约的长远影响

在 1860 年以前，欧洲大陆只有一些小国采用了自由贸易政策，包括荷兰、丹麦、葡萄牙和瑞士，还可以勉强加上瑞典和比利时。尽管荷兰、丹麦、葡萄牙和瑞士的自由贸易取得了成功，但影响并不大，因为这四个国家的人口只占整个欧洲的 4%～5%。而小国模式与大国模式是截然不同的，小国能够做的事，大国不一定能做。小国不需要追求经济的独立自主，也做不到。小国的供求也不会明显影响国际市场供求关系，所以也无须担心。但是，大国则不然。英法商约的签订证明大国也是可以实行自由贸易的。

英法商约没有如保护主义所担心的那样冲击法国的工业，反而给法国的工业带来了新生。在 19 世纪上半期，法国虽然是与英国并列成为两个资本主义工业的先进国，但当时法国与英国的差距是比较大的。法国小农经济发达，农业所占的比重特别大，农业资本主义化的程度很低，多数小农缺乏购买力，所以工业品的内销不旺；在工业结构中，轻工业远比重工业发达。

在 1860 年英法签约时，法国纺织业、服装业、化妆品工业等的总产值约为 15 亿法郎，而采矿冶金业的总产值仅为 5.5 亿法郎。机械化、动力化的程度不深，蒸汽机的数目不够多，每台的功率也不够大。本国产煤不足，须靠国外运入补充。从各方面看，法国工业化的程度远不如英国。

自由贸易主义者所制定的条约是法国工业革命发展道路上的关键一步。商约缔结的结果实质上是法国领导欧洲大陆各国实行自由贸易。法国原先一直被高额关税和禁令保护的低效率企业不得不进行现代化改革，改进技术，否则就被淘汰出局。可以说，英法商约促进了法国企业的技术革新，提高了其劳动生产率。商约缔结后，为了支持民族产业的发展，法国展开了一项规模重大的贷款计划，钢铁业、棉纺业、亚麻布业、丝织业、酒业等实现了现代化转型。

历史记载，拿破仑三世领导下的法兰西第二帝国的 19 年（1852—1870 年）是法国资本主义迅速上升的时期，社会经济欣欣向荣，产业革命得到长足发展，到这个时期结束时可以说已经基本完成。企业活动迅速活跃起来，仿佛各有无限广阔的前景。随着资本主义工业的发达，雇用工人人数增加，而且集中在大城市、大企业中。在法兰西第二帝国时期，法国机械化、动力化的发展非常迅速，在此基础上工业产量大幅增长。在这期间，法国蒸汽机增加近 5 倍，马力增加 4 倍多；同时，工业的总产值增加了将近 2 倍，煤的产值增加近 2 倍，铁增加 2 倍多，钢增产了 7 倍，机车的数目增加 4 倍，轮船的总吨位数增加了 9 倍多。这些都同 1860 年缔结英法商约的关系非常重大。

1860 年英法商约对两国的进口关税都做了削减之后，国际影响力很大。在随后的几年里，意大利、瑞士、挪威、西班牙、奥地利和汉萨同盟城市都加入了自由贸易的潮流。法国与比利时在 1861 年 5 月签订了一个条约。1862 年 8 月，普鲁士与法国签订了条约，从而降低了进口关税。1863—1866 年，通过与法国签订条约，大多数欧洲国家及城市加入了自由贸易网络，即所谓的科布顿条约网络，包括意大利、瑞士、瑞典、挪威、汉萨同盟城市、西班牙、荷兰及奥地利。葡萄牙与丹麦通过与英国签订的商约也并入了自由贸易网络。

所以，全球自由贸易的确是英国所倡议的，但真正的自由贸易时期始于 1860 年英法商约的签订。这也是 1860 年英法商约的重要历史贡献。

结论

总体上，1860 年英法商约对世界经济史意义重大。虽然这个商约的签订当时是充满争议甚至是非议的，但结果无疑是良好的。这个商约的签订，最大的推动力是政治因素，但是在经济上发挥了重要的作用。

英国当时已经完成了工业革命，非常渴望推进自由贸易以扩张自己的市场，促进工业进一步发展。但是，当时世界上的其他国家普遍对此充满疑虑。以德国的李斯特为代表的一大批经济学家，都相信在自由贸易的冲击下，英国的工业品会摧毁其他国家的工业潜力。当时法国的经济及工业资本主义集团大多也持这个意见，加上在历史上英国已经多次给法国挖坑，法国明亏暗亏吃过不少，所以法国人普遍对英国的建议采取怀疑态度。只是因为当时法国皇帝拿破仑三世本人倾向于自由贸易，加上他强烈地感受到政治压力，所以才促使英法最终达成商约。

但是，结果证明这个商约的实际效果不错，不但促进了英法之间的自由贸易，也引领了整个欧洲大陆的自由贸易潮流。更重要的是，这一系列自由贸易协定的签订，总体上促进了各国工业的发展。而实现这一切，与当时国际形势的压力及英国方面的谈判技巧有关，与拿破仑三世的作用同样关系重大。

为什么《伊甸条约》给法国带来的结果是灾难性的，而 1860 年的英法商约却对英法两国都有益呢？

第一，1860 年时法国的工业已经有了一定的发展，不再像当年那样薄弱了，在国际上的竞争力已经比较强了。

第二，1860 年的英法商约在条款上比较公平。《伊甸条约》则不然，由于当时法国方面主导谈判的官员过分理想化，《伊甸条约》的条款本身是不公正的。对英国有优势的产业实行自由贸易，但是对英国没有优势的产业则同时实行贸易保护，这对法国而言当然不会带来好的结果。而 1860 年的英法商约则不存在这样的问题，甚至可以说对法国相对更加有利。

第三，1860 年英法商约的签订符合当时的时代形势。当时，一国经济发展与国际市场的关系越来越密切，在这种情况下，英法签订商约，鼓励自由贸易，有利于带动产业的整体发展。

第四，英国方面真诚希望推进自由贸易。《伊甸条约》签订之时，英国方面虽然表面上提倡自由贸易，但在实际上还是坚持实用主义原则。而在 1860 年前后，英国在工业发展方面相较于其他国家已经处于遥遥领先的水平，当时从首相到谈判代表科布顿，都是真诚地相信自由贸易并且真诚地推进自由贸易，而非像 18 世纪末那样故意挖坑让法国跳，这样就让两国能够真正实现互利合作。

从德意志的统一到第一次世界大战

第一次世界大战的爆发原因当然很多，但是从事后来看，最核心的矛盾就是德国在第一次统一之后发展太快，让另外三个欧洲传统强国——英、法、俄日趋严重地感到不安。尤其是英国，处心积虑防备德国，并且不断给德国下套。而德国自身在政治外交方面又不够成熟老练，以致于举措失当、过分冒失，最终引发了第一次世界大战，给世界带来了深重的灾难。

一战前的国际主要形势

德国统一之后国力迅速增长

德国统一之后，国家基本实力增长很快。一是德国的人口数量和质量明显高于欧洲其他国家。到 1913 年人口猛增至 6 600 万，超过当时法国的 3 600 万和英国的 3 300 万；同时德国国民的受教育程度、社会供应和人均收入都名列前茅。二是经济实力迅速赶超。1860—1870 年，德国工业年均增长 2.7%；1870—1880 年即达到 4.1%；1880—1890 年为 6.4%；1890—1900 年为 6.1%。其增长速度远远超过英、法、俄等国。另外，在德国，衡量工业化水平高低的最重要的

两项指标——煤炭业、钢铁业也得到高速发展，煤产量从 1890 年的
8 900 万吨上升到 1914 年的 2.77 亿吨，钢产量到 1914 年达 1 760 万
吨，甚至高于英、法、俄三国的产量总和。三是经济增长的质量高。
德国资源缺乏，在发展中注重新技术与新设备的研发和利用，在电气
工业、电气产品、化学工业等新兴产业、新领域，形成了比较完整和
发达的产业体系，无论是技术水平，还是产品数量和质量，均居各国
之首。同时，德国垄断资本的发展刺激了对外贸易的迅速增长。
1870—1913 年，德国的世界贸易从世界第三位跃居第二位，成为仅
次于美国的国家，而远远超越当时欧洲的其他各国。

英德矛盾是欧洲的主要国际矛盾

第一次世界大战的诱因之一是德国对英国霸权的挑战。如果说普
法战争之前，英法之争是欧洲最大的矛盾，那么在德意志统一之后，
一直到第一次世界大战，甚至到第二次世界大战，英德之争都是当时
的国际矛盾中最大的矛盾。英德之间既有政治矛盾，也有经济矛盾。
两者当中，经济矛盾又是主要矛盾。1871 年统一之后，德国就进入
了经济发展的快车道，迅速超越了英国并把它抛在了后面。而英国的
传统国际战略就是"大陆平衡"，不允许欧洲大陆出现强大的、可能
挑战英国的力量。国家实力的转换必然带来矛盾。处理不当，矛盾就
会激化，演变为战争。

美国政治学者格雷厄姆·艾利森从修昔底德《伯罗奔尼撒战争
史》提炼出所谓的"修昔底德陷阱"概念，在分析中渲染最多的崛起
强权挑战守成霸权极有可能导致战争的 20 世纪案例，就是德国对英
国的挑战。而中国崛起对美国的冲击，也被类比为德国对英国的
挑战。

德法矛盾与德俄矛盾同时存在

除英德矛盾外，在欧洲大陆同时存在的重要矛盾还包括德国与法国的矛盾，以及德国与俄国的矛盾。

拿破仑战争之前，法国是当时欧洲大陆的第一强国，与英国展开了长达几百年的争霸。拿破仑战争期间，英国一方面对法国进行海上封锁，另一方面又拉拢欧洲大陆上的各大强国，联合遏制了法国的发展。

拿破仑帝国崩溃瓦解之后，俄国成为欧陆第一陆军强国。这又引起了他国的反对。英国趁机联合法国，在克里米亚战争中打败了俄国，法国又重新崛起成为欧陆第一强国。而这同样是英国所不愿意看到的。

拿破仑三世的扩张政策引起了欧洲其他国家的疑惧。在俾斯麦的巧妙手腕和英国的纵容之下，法兰西第二帝国失败，普鲁士借机统一了大半个德意志地区，一跃成为欧陆第一强国。这同样引起了他国的恐惧和反对。当时，俄国与德国同时在东南欧进行扩张，出于对利益的争夺，双方的矛盾也渐渐变得不可调和。

因此，在一战之前，德国同时面临三个方向的压力：英国、法国和俄国。

可以说，一战期间，德国的军事实力及工业实力虽然非常强大，但是它同时得罪了当时世界上的另外三大强国——英、法、俄，加上内线作战、四面受敌的地缘状态，焉能不败？

英德矛盾

普法战争及普鲁士统一德国之后，英国当时就做出了反应。英

英国保守党领袖本杰明·迪斯雷利
（比肯斯菲尔德伯爵）

国保守党领袖迪斯雷利当时就说："此一战事乃一场德意志革命，其政治意义远大于上一世纪之法国大革命。往昔之外交传统一一被其打破，新天下产生于焉，均势已遭全毁。"套用当时的一句妙语来说：欧洲失去了一个主妇，却得到了一个男主人。

此后，随着德国实力的不断增长，英德矛盾在摇摆当中渐趋激烈，终至不可调和。英国与德国之间的矛盾很多，略微展开以下几点。

英德经济竞争

19 世纪 70 年代以前，英国是当时最发达的资本主义强国，工业产量居世界第一，号称"世界工厂"。1870 年，英国占世界工业产值的三分之一，占世界工业出口值的五分之二。

普鲁士在 1870—1871 年的战争中战胜法国，统一了德国。按照双方签订的和约，法国被迫将重要的工业区阿尔萨斯和洛林割让给德国，并付给德国 50 亿法郎的巨额赔款。德国统一后，形成了广大的国内市场，并广泛利用鲁尔地区和洛林的资源，这为发展重工业奠定了坚实的基础。同时，作为后起资本主义国家，德国较英国更容易且更快地采用先进生产设备和管理方式，使其资本主义生产得到快速发展。而且，德国企业家设法在很大程度上占领了大陆市场。在关税壁垒的保护下，1879 年前后德国采矿业的出口在法国、比利时、荷兰、瑞士、意大利和奥地利都站住了脚。

这一时期，英国向其为数众多的殖民地大量输出资本。资本的输出给英国资产阶级带来了巨额利润，却将资金从工业中抽走，致使工业的技术装备逐渐削弱，并且越来越陈旧。因此，资本的加紧输出，是英国走向工业衰落的原因之一。

1887—1912 年，德国的采煤业增长了 218.1%，英国仅仅增长了72.6%。同时，德国采煤业的发展与钢铁业生产有密切的联系：生铁产量从 1887 年的 400 万吨增加到 1912 年的 1 500 万吨，增长了275%。而被德国视为举足轻重的英国，生铁产量只从 760 万吨增加到 1 000 万吨，仅增长了 31.6%。到 20 世纪初，在工业产品生产方面，英国已落在美、德之后。德国在世界工业生产中的比重为 16%，跃居第二位，英国则居第三位，为 12%。英国原先在世界市场上占第一把交椅和独霸一切的时代已经成为过去。

20 世纪头十年，德国的许多部门在世界贸易中占主导地位。德国在海外的投资也逐渐上升，到 1914 年，其海外投资已达英国海外投资的一半。德国经济实力的不断增强和扩张，使英国感到不安，英国认为德国是其最危险的敌人。

英德殖民地争夺日趋激烈

由于欧洲列强竭力寻求新的殖民地，以确保剩余资本和剩余产品有海外市场，经济上的竞争还激起了对殖民地的争夺。

德国参与殖民地事务较晚，但是在统一之后也开始了对殖民地的争夺，要求建立一个与其日益增长的经济实力相称的帝国，认为德国必须拥有"显要的地位"。但是，德国人发现，他们在世界上几乎所有的地区都受到了英国辽阔的殖民地的阻挡。英、德两国的利益在世界上的许多地区都发生了冲突，两国在非洲、东亚和近东一带的矛盾尤其尖锐。

德皇威廉二世

19 世纪末，英、德在盛产黄金和钻石的南非布尔共和国开始产生冲突。德国统治阶层企图利用英国在布尔战争期间所陷入的困境，来捞取一些比较可观的殖民地利益。1896 年，德皇威廉二世在英军部队袭击德兰士瓦失败后，致电德兰士瓦总统说，布尔人战胜外国侵略者"并未求助于友邦"，"捍卫了国家的独立"。这份电报引起了英国的狂怒，英国统治集团把它看作对英国的挑衅。

1898 年 8 月，德国政府向英国提出了瓜分萨摩亚群岛的问题。英国不愿意把萨摩亚交给德国，但是为了换取德国在南非保持中立，英国还是满足了德国的这一要求。

与此同时或者在此前后，德国帝国主义也开始在东亚大肆活跃起来。1897 年，德国以"租借"为名吞并了中国的胶州湾，随后将整个山东半岛置于它的保护之下。这使早已盘踞在中国的英国感到不安。

更为严重的是，德国自 19 世纪末开始大力向近东渗透。巴格达铁路便是其加紧向近东和中东扩张的实际表现。德国于 1910 年冲破了包括英国势力在内的重重障碍，修筑了著名的巴格达铁路，巴格达铁路为德国开辟了一条经过奥匈、巴尔干半岛和小亚细亚直达波斯湾的通道。随着这条铁路的建成，德国帝国主义者便在近东、中东和苏伊士运河附近获得了重要阵地，对英国同印度这个不列颠殖民帝国支柱之间的海陆交通构成了威胁。而印度被英国看作自己最重要的核心利益之一，绝对不允许受到他国的威胁。

英德经济模式不同

西方文明自古以来存在一种在中国人看来不可理解的、在东方文明当中根本不存在的冲突：制度冲突。公元前希腊文明内部，雅典和斯巴达之间就因为制度不同而存在长期的冲突。当前中国与西方文明之间的矛盾是多方面的，中国不肯采纳西方制度，也成为西方国家反对中国的重要原因。德国统一之后，英德两国的经济逐渐呈现出不同的模式，这也是英德矛盾的重要侧面。

英国在历史上长期实行重商主义政策，例如，通过法案打击竞争对手并垄断航运利润，支持英国东印度公司，实行关税保护，等等。但经过第一次工业革命，英国工业的竞争力在世界上已经遥遥领先，其农业也已经强大到能与国外农业相抗衡。因此，英国可以通过降低农业关税，换取向其他国家倾销工业品，以赚取剪刀差。1846 年，英国废除《谷物法》，关税也大幅降低。19 世纪后半期的英国大讲自由贸易，相较于重商主义时期，政府对经济的干预貌似大大减少，进入自由资本主义的黄金时期。而亚当·斯密在前一个世纪提出的理论，到了这个时期，才与英国实践之间产生了显著的呼应关系，并被英国人看作最终的准则。

经过第一次工业革命，英国已经以自己的殖民体系为基础，形成了一个宏大而且完整的经济体系。英国本土的经济运作发展出与整个大英帝国体系相适应的模式——殖民地为英国工业提供原材料，大量产品又返销殖民地。许多企业只要把原材料从殖民地运到伦敦，转手一卖，就可以大发其财。这就跟我们现在所处的时代房地产利润过高抑制制造业相似，与帝国体系相配套的本土企业，也就没有动力在工业和经济发展之间建立更为紧密的联系。英国的金融体系亦服务于整个帝国体系，英国银行可以放眼英国的全球殖民体系，寻找赢利机会，其带来的必然结果也是缺乏在英伦三岛上深耕工业的动力。

而德国由于发展水平较低，在统一后不久即推行贸易保护政策，政府为加速工业化，深深介入产业的组织过程，从而发展出复杂的垄断资本主义的模式。德国经济学家弗里德里希·李斯特受到美国贸易保护实践的启发，于1841年著《政治经济学的国民体系》，主张以国家为单位来思考经济竞争，认为在本国工业发展壮大之前应该建立关税壁垒，实行贸易保护。

1873—1879年，欧洲爆发经济危机，当时法国与奥匈帝国都提高了关税，德国作为农业国，其农产品面临美国与俄国产品的竞争，而金本位也使德国政府很难运用货币政策与财政政策作为反周期手段。在此背景下，俾斯麦推动实施了关税保护政策。俾斯麦此举当然具有明确的政治意图，即拉拢德国的容克地主与工业家，削弱工人的政治反抗。

所以，不管是在贸易自由还是贸易保护的问题上，德国在19世纪下半叶一度体现出与英国的差异。德国的工业化是后发国家的工业化，面临着来自发达国家的压力，但同时也没有发达国家已经形成的既得利益结构的障碍。但是，英国认为德国的贸易保护主义政策在一定程度上妨碍了本国利益的伸展。

在经济组织及政商关系方面，英德同样存在较大的差异。1871年统一的德国并没有一个海外殖民体系来支持本国的工业。它抓住了第二次工业革命的机会，深耕其国土。在英国，政府、银行与企业的关系是比较松散的。在赶超英国的过程中，德国发展出了不同于英国的政商关系。简而言之，在德国，政府、银行与企业的关系更加紧密。德国政府鼓励德国的银行发展为兼具商业银行与投资银行特征的金融机构。而事实上，德国银行作为工业投资者的角色更加突出，银行家主要依靠自有资金而不是储户的存款来进行中长期的工业投资，甚至直接委派银行职员担任工业企业董事，影响企业的重大决策。而工业企业也通过银行来获取商业客户。如此，德国的工业与金融系统实现了紧密的结合。1878年，德国颁布《德意志公司法》，承认卡特尔组织的法律效力。德国政府与银行都大力推动工业的卡特尔化。到了20世纪初，德国的经济命脉已经掌握在一系列卡特尔组织的手中。

德国统一之后，德国科技与工业突飞猛进，开始对英国产生一定的冲击。英国人曾经诋毁德国的商品都是粗制滥造，甚至要求从德国进口的商品贴上"Made in Germany"的标签，以示区分。许多英国人强调，德国如同一个由工业与技术武装起来的现代野蛮人，它的政治制度和心智还是前现代的，会对世界和平构成威胁。有评论甚至将德皇威廉二世与被英国于1688年推翻的国王詹姆士二世相类比。而这些批评的基础是一种"文明"（civilization）傲慢——英国以"文明"自居，指责德国的种种"野蛮"之处。

英德两国一开始也不希望打仗，而是希望通过谈判来解决利益冲突。从1898年至1901年，两国为协调彼此的分歧曾经进行了一系列的接洽和谈判，1890年签订了解决两国殖民地纠纷的英德协定，1898年签订了英德有关葡萄牙殖民地的条约，1900年签订了关于中国问题的《英德扬子协定》，但最终因为两国间的利益分歧过大而没有取得实质意义的成果。

为了建构一个大国间相互制约的均势体系，约束德国的扩张行为，英国决定与其他一些同自己存在利益争端的国家妥协，专心对付德国。1898年，英国与美国达成西半球妥协，1902年与日本缔结了同盟条约。最具实质意义的是，英国分别于1904年和1907年与法、俄达成了"英法协约"和"英俄协约"，随即构建含有军事合作内容的反德战略伙伴体系，对德国形成战略包围之势。当一战爆发时，德国一位官员绝望地评价道："这一切都来自这种该死的联盟体系，它们是现代的祸根。"至此，整个欧洲已经陷入一种缺乏外交灵活性的两极对抗体制，成为第一次世界大战爆发的重要原因。

德法矛盾

普法战争中拿破仑三世和 10 万法军成为普军的阶下之囚，威廉一世在凡尔赛宫加冕为德意志帝国皇帝；战后，法国向德国赔偿战争款 50 亿法郎，将阿尔萨斯和洛林两省割让给德国。犹如法兰西第一帝国激起了德意志民族主义进而促进了德国的统一一样，德意志帝国的羞辱和掠夺同样激起了法国人无比强烈的民族主义复仇情绪。法国著名作家雨果的话就充分表达了法国人的这种强烈的情感："法国将重新站起来，不可战胜。它不仅将收回阿尔萨斯-洛林，还将收回莱茵兰，包括美因兹和科隆。它还将回敬德国一个共和国，使德国摆脱皇帝，就像德国人把拿破仑赶下帝位一样。"

面对法国强烈的民族主义复仇心理，提防法国复仇一直是俾斯麦的最大梦魇。俾斯麦说："谁也不应抱有任何幻想。法国再次强大之日，就是和平结束之时。"他从未认为"法国人和德国人之间几百年来的世仇有可能通过一种新的睦邻精神而消除"，因而采取孤立和打击法国的政策就是德国自然而然的选择。俾斯麦最担心的是法国可能同其他国家结成同盟来共同对付德国，因为一个孤立的法国不会单独对德国构成致命的威胁。基辛格就指出："如今法国凭一己之力已难以对付德国；因此永远都需要与他国结盟以自保。同样地，法国也随时准备与任何与德国敌对的国家结盟。"

为此，俾斯麦终生力图在欧陆编织一张由彼此矛盾、相互掣肘的同盟组成的大网。这套体系包括 1879 年的德奥同盟、1881 年续订的三皇（德奥俄）同盟、1882 年的三国（德奥意）同盟。他设计出了一整套联奥、拉俄、亲英、反法的战略构想。然而，法国也一直利用一切可能的机会来摆脱被孤立的局面，这在 1875 年发生的"战争在望"危机中充分显现出来。这场危机表明，当时欧洲的几个大国均不愿看到德国势力的继续膨胀并过分削弱法国。

德国政治家奥托·爱德华·利奥波德·冯·俾斯麦

1890 年俾斯麦卸职后，法国新领导人把消除普法战争所带来的耻辱视为至高无上和坚定不移的目标，积极发展壮大法国的军事力量作为对德战争的准备，同时伺机与过去几年已经建立良好经济关系的俄国联合。同样面对安全形势不断恶化的俄国也感到与法结盟的迫切性。

德俄矛盾

德国统一后骤然成为欧洲大陆的新霸主，俄国的对德政策开始发生微妙的变化，越来越多地表现出对德国的防范和限制，德俄关系由此呈现出由亲善到敌对的转变。

两国关系逆转的导火索依然是俄奥在巴尔干的矛盾。在此期间，巴尔干爆发了三次危机，即 1875 年的"战争在望"危机、1875—1878 年的近东危机、1885—1887 年的保加利亚危机。在"战争在望"危机中，俄国以法国的保护人自居，让俾斯麦感到俄国"在他背后狠狠踢了一脚"，德俄建立的友谊开始出现嫌隙。在近东危机中，由于俄国击败土耳其并在巴尔干攫取了巨大的利益，导致俄奥矛盾激化，以至于濒临战争边缘。对此，德国既不愿意看到俄奥关系过于亲密，也不允许俄国击溃奥匈帝国。俄国则觉得保持一个相对强大的法国对德国形成牵制更符合其自身的战略利益。德俄两国之间的芥蒂越来越深。在 1878 年召开的柏林会议上，英奥两国共同联手，迫使俄国让出了部分在俄土战争中到手的利益，俄国认为正是会议主席俾斯麦没有站在自己这一边而使自己遭受此等侮辱，这使得德俄关系急剧恶化。

受到德国冷落的俄国便倒向备受打击的法国，并最终于 1893 年与法国结为同盟，欧洲国际关系演变成德奥意三国同盟与法俄同盟相互对峙的新格局。至此，大陆上的主要军事同盟分为相互威胁的两大军事阵营：一方是俄国和法国，另一方是德国、意大利和奥匈帝国。较小的国家不得不集结在这一阵营或那一阵营周围。俾斯麦最为担心的"他国结盟的噩梦"得以成真。

英、法、德、俄之间的经贸关系

在英、法、德、俄四国之间，存在错综复杂的经贸关系。

英国当然是首先开始并完成工业革命的，曾经在欧洲的工业发展中占据遥遥领先的位置。但是，随着德国的统一，德国工业迅速发展并逐渐赶超英国，与英国在工业及贸易方面展开了较为激烈的竞争。

法国的工业发展晚于英国，但是早于德国。在后来的发展中，法国逐渐变为一个高利贷性质的资本主义国家，工业不但落后于英国，而且逐渐被德国赶超。但是，法国的农业非常发达。农产品的输出对法国经济非常重要。在这方面，周边国家，如英国、德国等，都对法国的农产品依赖程度较高。

俄国的经济更为落后，在对外贸易中有大量输出农产品和自然资源的需要，为本国的农产品及自然资源寻找市场是俄国政府的重要发展任务，其在经济发展上与德国具有相当大的契合性。俄国需要德国的工业品和机器设备，德国则需要俄国的农产品和自然资源。因此，俄国与德国原本是存在合作甚至结盟的空间的，在俾斯麦时代，德国其实也已经在相当程度上实现了这一点。

但是，俄国同时还需要大量的资本来促进经济发展。俄国这样一个资本主义相较于当时的英、美、德、法要远远滞后，而且资本十分匮乏的国家，对国外资本的依赖非常严重。这些问题决定了整个国家的商业和金融政策。哪个国家能够提供俄国发展所急需的资本，就能够对俄国的政治经济产生重要的影响。而法国作为"高利贷性质"的国家，恰好能够提供俄国所需的资本，并愿意在这个方面持续付出努力，最终实现将俄国绑在自己的战车之上的目标。

总结

德国的统一从根本上改变了欧洲大陆的国际实力对比和地缘政治格局，一个横踞欧陆中央并且异常强大的德意志帝国迟早会成为众矢之的。欧洲的每个国家，甚至秉持孤立主义的英国人，在某种程度上都感受到了这个新的巨人的影响。德国统一后，欧洲大国都在调整政策，以适应这个崛起的大国所带来的欧洲格局的变化。俾斯麦曾做过一个比喻：欧洲大国像挤乘在同一驾马车里的陌生乘客，面面相觑又满怀狐疑地互相戒备着，如有人将手摸向自己口袋里的手枪，其邻座则已做好了先扣扳机的准备。但是，这并不意味着德国就必然陷于四面围攻当中。如果德国在外交关系中更加谨慎一点，并不一定会陷于重围当中。德国在1871年实现统一，到1914年才卷入第一次世界大战，这个事实本身就说明了这一点。

在当时德国所面临的大国矛盾当中，英德矛盾主要是源于英国一贯的"大陆均衡"的传统战略，这是英国的核心利益。而德法矛盾和德俄矛盾则是基于"远交近攻"的地缘政治的必然。法国不允许有一个强大的德国存在于自己的身旁。对于俄国而言，情况稍微有点复杂。当法国强大的时候，德国是俄国面对法国的缓冲力量。但是，德国强大的时候，法国就成了自己远方的朋友。尤其是俄德在东南欧出现利益竞争的时候，两国之间的矛盾当然就更加激化了。

在德国统一后面临的上述三个矛盾中，德法矛盾是核心，而且也是最不可调和的。另外两个矛盾其实可以想办法避免激化。英德矛盾固然是当时最重要的国际关系矛盾，但英国一贯的国策是"大陆均衡"，假如德国只是有限扩张，英国并不会冒着自己承受巨大损失的风险，出手与德国对抗。至于俄国，当时力量更加弱小，只能成为德国的扩张对象。假如德国更多地对其采取友善的态度，予以一些有限的支持，则德国与俄国之间矛盾激化的可能性就很小。

德国统一后国力剧增，的确改变了当时欧洲国际力量对比的原有结构，是两次世界大战爆发的核心动因，但是俾斯麦之后的德国政治家们过分急切地追求霸权，谋求超出国力的扩张，则是主要诱因。英、法、俄均因担心或恐惧德国的迅速崛起，并因德国的过快扩张行为结成了同盟体系，而集体抱团的结盟行为又使德意志帝国感受到了四面楚歌的危险，进一步加强了自己行动的极端性。以上种种原因，最终致使英德、德法、德俄等国之间本有的结构性矛盾愈发难以调和。最终，各种复杂因素相互激化，共同诱发了战争。

贸易战如何引爆 20 世纪的经济大萧条

20 世纪 30 年代的大萧条是世界历史上非常重要的一件事，对国际社会的人心及信念的冲击非常大，影响复杂而且深远，其引发的股市动荡与金融恐慌、企业与银行破产倒闭风潮、底层民众失业潮、财富缩水与生产力破坏效应、对全球政治经济格局的冲击等，不仅对当时的国际社会产生了直接影响，而且成为后大萧条时代国际社会反复提起的群体性痛苦记忆，是人类社会研究与思考社会危机，特别是经济危机的重要历史参考。

美国的贸易保护主义扣动了全球贸易战的扳机

早在第一次世界大战爆发前的 1894 年，美国的国内生产总值就超过英国成为世界第一。到 1910 年，美国的人均国内生产总值超过英国，美国成为全球经济实力最强的国家。美国的一举一动、起起落落，直接关系到世界经济的走向和兴衰成败。

一战及随后的重建促进了美国经济的繁荣

第一次世界大战让欧洲各国遭到重创，战后急需重建。而美国由于有利的地理位置，远离欧亚大陆，在一战中隔岸观火，未受损失，反而获得巨大的利益，在世界经济中的地位更加重要。一战之后，欧陆在重建的过程中需要大量进口各种原材料和生活必需品，于是美国很自然就成了最大的贸易顺差国，获得了又一个高速发展的机遇。到20世纪20年代，美国经济相较于英国、法国等老牌资本主义国家来说，进步神速。美国作家菲茨杰拉德在《了不起的盖茨比》中生动地描绘了这个时期的美国：经济繁荣、声色犬马、纸醉金迷、信心高涨。到1929年，美国的经济力量甚至占全部工业国的半数以上，美国在当时的世界经济中具有空前的重要性。美国打个喷嚏，世界就要感冒。

但是，这时候的美国虽然强大，而且极大地受益于世界经济全球化和贸易自由化，却并不愿意为世界经济的稳定承担应有的责任。19世纪英国推动的贸易自由化，大大降低了全世界的关税水平，是美国经济发展壮大的重要外部条件。但是，当时美国社会的眼光短浅和以邻为壑的做法依然非常严重，而且美国人根本意识不到这一点。相反，美国不断出台各种反对贸易自由化的政策，通过关税保护国内市场与产业的行为不仅没有减少，还存在着进一步强化之势。在一定程度上，美国的高速增长，是建立在不公平的贸易条件之上的。在其他国家都在不断降低关税的时候，美国的关税却越来越高。

新的经济危机加强了美国的保护主义倾向

随着战后欧洲生产的逐渐恢复，国际市场的供给开始过剩。为了应对1921年出现的经济危机，美国国会于1922年通过了《福德尼-麦坎伯关税法》，推动1923年到1929年间美国的平均关税税率上升到38.2%。这已经是对国际贸易发展的极大破坏了。

到了1929年，美国进一步提高关税，这就在相当大的程度上触发了世界经济大萧条，但是也给处处想占他国便宜的美国带来沉重的打击。这个困境当然有其必要性，但也有国家政策方面的主观原因，一定要追究责任的话，美国的责任是最大的。

美国的胡佛总统于 1929 年 3 月上任。为了兑现竞选时的承诺——提高农产品的进口关税以帮助受困农民，众议院于 1929 年 5 月 28 日便通过了《斯姆特-霍利关税法案》，将平均关税提高至 47%。尽管当时便有 1 028 名经济学家对此强烈抗议——跟今天美国经济学家集体抗议特朗普的性质一模一样——但胡佛总统最终还是于 1930 年 6 月 17 日签署了这一道法令，有 20 000 多种进口商品的关税被提升到历史最高水平。这一法令的签署，对经济的冲击非常大。

威尔斯·C. 霍利和里德·斯姆特

《斯姆特-霍利关税法案》通过之后，资本市场当时就受到影响，股票下跌至低点 283 点。1929 年 6 月 19 日，参议院共和党人重新修改法案，市场受到提振，加之当时工业生产数据尚处于高点，支撑股票涨至 1929 年 9 月 3 日的高点 380 点。

1929年10月21日，参议院投票以64：10通过了限制农产品提高关税的决议。以缓和跟其他国家在贸易方面的紧张态势。但是到了10月23日，有16名反关税议员倒戈，立场变得更加强硬，转而支持把从加拿大进口的电石的关税提高一倍。受国际贸易局势恶化的影响，股市受到打击，在当日最后1小时交易大跌，而第二天便是著名的"黑色星期四"。

1929年10月31日，胡佛同意推动该法案，外资撤离。股市持续大跌至11月13日的最低点199点，较最高点近乎腰斩。

1930年3月24日，参议院最后通过法案。4—6月，股市再度转为下跌。随着《斯姆特-霍利关税法案》的通过，美国股市于1930年4月再度调头下跌。美国当时的有识之士就评价说："……保护主义由美国发起，但最终不会止于美国。因此，我们必须寻求别的方法来解决问题。"

人们经常把20世纪30年代的大萧条和美国股市在1929年10月29日的暴跌联系在一起，但股市在那之后的6个月内是逐步回升的。1930年6月17日，胡佛最后签署这一法案，法案生效。该法案提高了890种商品的进口税率，平均将进口税提高到占征税商品值的60%。美国的平均关税税率从40%提高到47%，农产品关税税率提高到48.92%。经计算，1931年美国纳税进口商品的平均税率，比1914年高出41.5%。

法案签署后，股市短暂回升，然后再度迅速下跌。两个交易日内，道琼斯工业股票平均价格指数就从250点下跌到230点，跌幅约8%。在美国政府其他政策性失误的推波助澜下，《斯姆特-霍利关税法案》引发的国际贸易战将股市不断推向深渊。当道琼斯指数到1932年7月8日跌至41点的历史最低水平时，美国股市的市值相较于1929年9月的高点已缩水了89%。之后，美国股市足足花了25年时间，至 1954 年才恢复到 1929 年的水平。

美国率先发动的贸易战引发了全球的报复

《斯姆特-霍利关税法案》破坏了国际贸易体系，极大地损害了主要贸易伙伴的利益。世界上的其他国家忍无可忍，被迫纷纷提高关税予以回应，在全世界引发了多米诺骨牌效应，大规模的贸易混战由此爆发。

早在该法案被众议院通过开始，各国的报复行动就已经展开。法案通过后，35 个国家提出强烈的抗议，7 个国家采取报复措施。首先发难的是美国的好邻居加拿大。加拿大报复性地出台了紧急关税法案，将关税提高到 50%。

随后反应的是意大利和西班牙。由于农产品遭到美国关税的打击，意大利和西班牙报复性地对美国进口汽车征收 150% 的关税，对半导体产品征收 100% 的关税。

钟表是瑞士的重要出口商品。根据《斯姆特-霍利关税法案》，美国对瑞士钟表征收的关税提高到了 260%。瑞士全国展开了抵制美货运动。到 1931 年底，参加抵制的国家达到 25 个。

法国和意大利提高汽车的关税，印度提高布匹的关税，古巴、墨西哥、澳大利亚和新西兰的立法机构相应通过新的关税方案。到 1931 年底，欧洲各国进口关税较 1929 年提高 60%～100%。

在世界范围的贸易大战中，最有代表性的是英国。英国作为亚当·斯密的故乡、自由贸易主义的捍卫者，出于各方面的考虑，最初没有提高关税。但是很快，英国的经常账户就撑不住了，黄金从英国大量流出。而如果双方都加关税，则会造成整体贸易萎缩。两者都面临死路，只是自己死还是一起死、早死和晚死的区别。不过，这里面结果最好的也是英国，因为英国作为"日不落国家"，还有广大的殖民地可以缓解压力、消化问题。

1931年，英国实施了《非常进口税法》，对进口商品实行了阶梯形征税，对某些进口商品进行歧视性贸易限制，根据不同的商品，关税从20％到100％不等。1932年，英国通过了《进口关税法》，规定对进口商品征收10％的从价进口关税；与此同时召开渥太华会议，对自治领地和原殖民地国家采取关税特惠。英国还通过帝国特惠制对非领地、非自治殖民地国家和地区的商品实行进口限制贸易政策。英国作为当时的经济次强大国和第一世界帝国，其发起的贸易报复与贸易保护主义措施，不仅进一步激化了大国贸易战，而且进一步损害了当时的世界贸易体系。英国对自由贸易主义原则的抛弃，等于抽掉了最后一根维系国际自由贸易秩序的纽带，标志着世界经济全面混乱的局面已经到来，国际市场恶战无限制升级而不可遏止的时期全面开启。

法国则直接对美国商品采取了进口配额制，就是对每年从美国进口的商品定好一个数量，不准增加。这也是特朗普上任以来美国对韩国向美国出口商品采取的做法。法国的做法促进整个欧洲对美国的对抗，有十个国家紧随其后对美国商品采取进口配额限制。

面对世界各国的关税报复，美国却不退反进，丝毫不肯退让。从1931年底到1932年初，美国又先后颁布法令，对一些工业品和农产品征收10％～100％的进口税，致使关税抵制运动演变为关税混战，彻底动摇了全球自由贸易体制。罗斯福在1932年的竞选中，对美国的做法进行了反思，认为关税是造成大危机的一个原因。

以征收关税为特征的贸易战蔓延到大多数国家，全球性贸易战的最终结果是全球关税税率的普遍上升，损害了世界贸易秩序的稳定性。

欧洲的关税壁垒逐年增高：1937—1938 年，农业国对工业国的关税，匈牙利由 31.8％增至 42.6％，保加利亚由 75％增至 90％，西班牙由 62.7％增至 75.5％，罗马尼亚由 48.5％增至 55％；工业国对农业国的关税，德国由 27％增至 82.5％，法国由 19.1％增至 53％，意大利由 24％增至 66％，捷克斯洛伐克从 36.3％增至 84％。欧洲国家的关税税率见表 3-1。

表 3-1　欧洲国家的关税税率（1913 年＝100）

	食品		半成品		制成品	
	1927 年	1931 年	1927 年	1931 年	1927 年	1931 年
德国	125	380	95	153	190	183
法国	65.5	180	96	125	153	178
意大利	75	188	114	198	193	286
比利时	46	93	138		122	137
瑞士	146	288	157		189	236
瑞典	117	208	107	106	475	605

资料来源：宋则行，樊亢．世界经济史：中卷．北京：经济科学出版社，2000：217.

除关税以外，进口配额制和其他贸易数量控制形式也作为防御性手段被广泛应用。法国是第一个大规模使用进口配额作为反危机手段的国家，其他国家很快群起效仿。到 1939 年，有 28 个国家（其中 19 个是欧洲国家）对大多数商品进口实行配额或许可证制度。

倾销是国际商战中重要的进攻性武器。日本在第一次世界大战前夕才恢复关税自主权。到全世界大规模贸易混战的时候，日本主要利用关税保护自己新建立起来的重工业，而利用倾销向世界推销纺织品。截至日本发动侵华战争，随着经济大危机加上侵略战争带来的财政压力，日本经济吃紧。为了摆脱当时的困境，日本轻纺工业依靠工人工资低、劳动时间长等条件造成的低成本优势，加上政府补贴、汇兑贬值、货运费用不合理降低等办法，大力向外倾销。这种"蛮干的国家推销政策"使英国及其他国家蒙受重大损失。1927 年日本棉纺制品出口只有英国的 33%，而到 1935 年竟然达到英国的 140%。几年的光景，英国在其主要的棉纺制品海外市场上迅速溃败。除棉纺制品之外，日本向世界倾销的产品还有生丝、人造丝、纤维制品、食品、玩具、陶瓷器、鞋类、帽子等，可谓四面开花。

面对日本的疯狂倾销，各国同样是群起而攻之。印度从 1930 年起不断增加专门对日本的差额关税，三年时间，对英、日税率的差额从 5% 扩大到 50%。许多国家都实施了以日本为目标的贸易抵制措施。英国在自己的殖民地范围内实施棉布和人造丝限额进口制。面对来自日本倾销的压力，很多国家不得不宣布废除与日本的通商航海条约或通商暂行协定，1933 年有葡萄牙、哥伦比亚、秘鲁，1935 年有古巴、厄瓜多尔、埃及，1936 年有土耳其等。1941 年 1 月，英国《曼彻斯特卫报》发表了对日货实行限制或提高关税的 27 个国家的名单，到同年年底，这个数字居然上升到 40。当然，这个时候第二次世界大战已经全面爆发了。

贸易战带来了世界大萧条

贸易战重创了全球经济

美国首先发动的贸易战最终重创了美国自身及全球的贸易，自 1929 年至 1932 年，美国的进、出口额分别下降了近 7 成，全球的出口额也下跌了 6 成多。1933 年，资本主义世界的贸易额缩小到 1919 年之前的水平。1929—1932 年美国及全球贸易额见表 3-2。

表 3－2　1929—1932 年美国及全球贸易额

	美国出口额（亿美元）	美国进口额（亿美元）	全球出口额（亿美元）
1929 年	52.20	44.63	330
1932 年	15.86	13.42	127
变化	−69.6％	−69.9％	−61.5％

　　贸易战带来的全球贸易额的萎缩及随之而来的世界经济大萧条严重损害了各国的经济基础及资本市场。到 1931 年，经济和股市的崩溃拖垮了欧洲银行业。1931 年 5 月与 7 月，奥地利与德国最大的商业银行破产倒闭，英国在欧洲的大量债权遭遇冻结，黄金大量外流，英镑面临巨大的贬值压力。

　　据估计，20 世纪 30 年代的大危机使整个资本主义世界损失 2 500 亿美元，比第一次世界大战期间遭受的物质损失之和还要多出 800 亿美元。

大萧条给美国带来了深重的灾难

　　美国所遭受的损害尤其突出，最终是搬起石头砸了自己的脚。1932 年，美国钢铁公司和通用汽车股价跌至 1929 年前的 8％，整个纽约证券交易所的股票价格只有 1929 年前的 11％，投资者损失达到 740 亿美元。全国 5 000 多家银行倒闭，8.6 万商号停业，国民生产总值从 1 040 亿美元下降到 410 亿美元。到 1932 年，有 27.3 万租户被房东撵走。1932 年，美国的失业率达到 25％。1932 年 9 月《财富》杂志估计全美有 3 400 万成年男女和儿童无任何收入，占人口的 28％，这个数字还不包括 1 100 万户美国农村人口。

　　单纯的数字并不能充分表现当时的悲惨情形。25％的失业率表示几乎每一个家庭都有失业者，而且是长期失业。领取救济品的人排着长队，许多人因无法偿付贷款而被迫流离失所，悲观、绝望的气氛压得人透不过气来。1929—1933 年的危机不仅造成物质上的损失，还在人们心中投下了梦魇般的阴影。

大萧条时期领取救济品的人

由于购买力下降，农产品价格暴跌。卖一英亩的小麦，要赔 1.5 美元，一只羊的售价还不够将其运到市场的运费。大量农民的负债无法偿还，101.93 万户农民破产，导致农民的抵押品被查封、拍卖。报纸编辑威廉·艾伦·怀特在给胡佛总统的信中说："农民们，不管他们的土地是否抵押出去，谁都知道农产品价格既然已经这样，自己完蛋只是迟早的事。"

大萧条在美国引起了严重的社会危机。大饥荒和普遍营养不良遍及全美，大量人口非正常死亡，仅纽约一地 1931 年一年中记录在案的饿毙街头的案件就有 20 000 余起。保守估计，至少有 700 万人死亡，约占当时美国人口的 7％。这一时期出生的儿童身材矮小，后来被称作"萧条的一代"。全美有 330 万儿童失学，许多人忍受不了生理和心理上的痛苦而自杀。记录美国历史的《光荣与梦想》一书中这样写道："千百万人只因像畜生那样生活，才免于死亡。"这一情景描述的正是美国大萧条时期的民生状况。由于长期营养不良，当美国参加二战需要补充大量兵员时，因体质不合格遭淘汰的达 40％！

大萧条时期陷于饥寒的家庭

大危机宣告了自由放任体制的末日。大危机中罢工运动、示威游行、农民斗争不断高涨，致使资本主义世界处于风雨飘摇之中。危机期间，法国更换了 14 届内阁，德国则是政府更迭 4 次，日本刺杀事件迭起，政变一再发生。对此，一些资产阶级的悲观论者惊呼，资本主义的末日已经来临。实际上，只是自由放任的市场经济走到了尽头。美、英、法等国为挽救危机加强了国家对经济的干预和调节，为第二次世界大战后从自由放任体制转变为混合经济体制打下了基础。19世纪末期到20世纪中期，是一个矛盾不断加剧的全球经济大战的时代，世界主要资本主义国家为了经济稳定、充分就业和"民族生存"，不惜一切手段争夺世界市场。尤其是20世纪30年代，国际商战达到高潮，争夺市场的活动已越过商品对商品、资本对资本、技术对技术的自由竞争范围，各国竞相动用了关税壁垒、商品倾销、货币贬值等攻击性商战武器。

美国作为一个自私自利的国家，相信自己的国土广大，可以祸害他国而自己不受牵连，所以它一系列以邻为壑的政策给自己带来深重的灾难是罪有应得，但是却连累了全世界的无辜人民。

金本位崩溃，各国货币争相贬值

19世纪末期，世界进入金本位时代。黄金作为世界货币，支撑起全球支付及贸易体系，有力地维持了世界经济的稳定发展及繁荣。一战时期，迫于战时经济的压力，各国暂时放弃了金本位制。但是在战争结束后，世界各大国又迅速恢复了金本位制。然而，贸易战与大萧条从根本上破坏了这一货币体制。

随着贸易战的不断深入与恶化，国家之间的争斗开始向货币领域渗透。西方各主要资本主义国家为了应对大萧条所带来的经济危机，除了提高关税保护本国产品与产业外，还采取货币竞争性贬值的方法促进本国产品出口，并抑制外国产品进口，使贸易战从商品领域向货币领域蔓延。

在大危机之前，英国是世界金融中心，英镑也是世界上最重要的货币，各国都盯着英镑。

1929 年经济危机爆发后，英国国际收支状况迅速恶化。在 1929 年，英国的结算差额（黄金移动除外）为顺差，还超过 1 亿英镑；不过一年时间，到 1930 年就降为 2 800 万英镑；1931 年更出现了 1.04 亿英镑的结算差额逆差。

到 1931 年 8 月，德国、奥地利和其他负债国的债款延期偿付，使 7 000 万英镑左右的英国银行海外债权变得无法流动。英镑受到的压力还来自比利时、荷兰、瑞典、瑞士等小国的商业银行，这些银行由于德国封存信贷而丧失了流动性，不得不出售英镑以增加它们的黄金储备。

英镑所面临的压力使英国国内的意见发生分歧。在经过长期的争论之后，希望外汇贬值，主张从面向世界经济转而面向大英帝国的意见占了上风，英国加快撤出维持外汇市场的资金。1931 年 9 月，英国放弃了金本位制。英镑从 1 英镑兑换 4.86 美元，几天之内跌落 20% 多，达 3.75 美元。政府出于不干预的原则，任其滑落。1931 年 12 月，英镑对美元的汇率跌到 3.25 美元的最低点。

英镑大幅贬值对其他国家迅速产生了影响，多国央行遭受严重的资产损失。大部分大英帝国的国家，以及大英帝国的贸易伙伴——斯堪的纳维亚、东欧、阿根廷、埃及、葡萄牙等 25 个国家和地区继英国之后也放弃了金本位制，任它们货币的汇率自由浮动。日元在英镑贬值后受到冲击，日本银行在两三个月内流失的黄金达 6.75 亿日元。1931 年 12 月 14 日，日本政府命令禁止黄金出口，12 月 17 日正式放弃金本位制。到 1932 年末，三分之二的国家暂停黄金支付，在大国中只有法国和美国，在小国中只有比利时、荷兰和瑞士依然坚持金本位制。

到了 1933 年，罗斯福总统上台，美国也很快放弃金本位制。由于在英镑贬值后英国经济有所复苏，示范效应之下，注重国内经济的罗斯福也推动了美元贬值，试图提高国内的价格。罗斯福认为，对于一个国家来说，健康的国内经济形势是比其货币价格更为重要的一个因素。1933年4月，1英镑兑换3.75美元。1933年5月，1英镑兑换3.85美元。1933年8月，英镑同美元的比价已经为1英镑兑换4.5美元。

但是，罗斯福还不满意，为此，美国采取了不负责任地高价买进黄金和白银、提高商品价格的办法。美国宣布，只要物价水平没恢复，美元的价值就不会固定下来。这一措施起初收到了令人满意的效果。英镑同美元的比价提高到1英镑兑换5美元，股票和商品的价格也随着美元贬值而上升。后来，为了控制美元的黄金价格，美国继续在公开市场购买新开采出来的黄金。美元的贬值措施加剧了国际金融市场的动荡，黄金集团国家的黄金储备受到威胁。

日元在英镑跌价后，立即贬值。在军费开支大规模增加的支持下，日本银行发行的纸币从1.2亿日元增加到10亿日元。随着外汇贬值，日本的对外倾销取得了新的进展。例如，日本在荷属东印度的进口额中所占的比例，由1930年的12%提高到1933年的31%，迫使该地区采取贸易保护措施。

各国高树贸易壁垒，以邻为壑

大萧条时期，关税战与货币战是贸易战的主要表现形式，各国之间因贸易利益分化而形成不同的贸易与货币利益集团，主要有以英国为中心的"英镑集团"、以美国为中心的"美元集团"、以法国为中心的"黄金集团"、以德国为中心的"德国集团"和以日本为中心的"日元集团"。区域性贸易与货币利益集团为了维护本集团的贸易与货币利益，在贸易领域相互排斥，使贸易冲突扩大化与复杂化。更多的国家卷入贸易冲突之中，形成集团性贸易保护主义，阻碍了全球性贸易体系的形成。

1932 年，根据《渥太华协定》，英联邦国家一致同意扩大相互间的进口优惠。英联邦内部削减关税，提高对英帝国以外国家的关税。这就是帝国特惠制。一方面，它增加了帝国内部贸易。1938 年，英国出口货物的 62％都卖给英联邦和英镑集团国家，而 1929 年则为 42％。另一方面，它扩大了英国在英帝国国家贸易中所占的份额。英国放弃金本位制后，与英国有贸易和财政紧密联系的国家，如英帝国的大多数国家、瑞典、丹麦、挪威、葡萄牙和拉丁美洲的几个国家，使自己的货币与英镑保持一定比率的关系，各国以英镑作为主要的外汇储备，在国际结算中也以英镑作为清算手段，从而形成以英国为首的货币集团，即英镑集团。英联邦集团在当时是势力最大的国家集团，事实上树立了英国和英帝国的广大范围的关税壁垒，将其他国家排斥在外。

法国领导下的黄金集团紧随英镑贬值而形成。法国凭借其雄厚的黄金储备、巨大的贸易和预算盈余，成为黄金集团的首领。比利时、瑞士、荷兰、意大利等欧洲国家加入黄金集团。它们企图继续维持金本位制，面对其他集团的货币贬值，希望通过通货紧缩来维持贸易平衡和保存黄金储备。

面对国际市场日益分割的局势，其他大国也不甘落后，纷纷组建对自己有利的经济贸易集团。例如，1934 年，美国联合一些中美洲国家、菲律宾和利比里亚，组成美元集团。

日本组建的日元集团包括其殖民地和它占领的中国地区。这一时期，日本与日元集团其他地区之间的贸易发生了引人注目的变化，日本对集团内其他地区的出口从占日本出口总额的 24％上升到 55％，进口也从 20％上升到 41％。

德国利用抵偿贸易协定和清算贸易协定，在东南欧市场上占据了垄断地位。东南欧国家是欧洲重要的农产品和原料供应国，它们的产品被英国和法国拒之门外，德国趁机利用抵偿贸易协定和清算贸易协定与它们互通有无。20世纪30年代，在东南欧国家的进出口中，德国所占的比例无一例外地成倍或几倍地增长。1932年和1938年东南欧国家与德国的贸易见表3-3。

表3-3　1932年和1938年东南欧国家与德国的贸易

国家	自德国进口（百万马克）		进口中德国所占比重（%）		向德国出口（百万马克）		出口中德国所占比重（%）	
	1932年	1938年	1932年	1938年	1932年	1938年	1932年	1938年
保加利亚	20.8	56.4	26	48	34.5	84.3	26	52
希腊	23.5	111.1	10	29	58.9	93.6	15	39
匈牙利	47.4	110	23	30	36.4	109.7	15	28
罗马尼亚	64.2	148.8	25	35	74.4	140.4	12	21
土耳其	31	151.4	23	47	40.1	116	14	43
南斯拉夫	43.3	118	18	33	29.5	107.9	11	36

资料来源：宋则行，樊亢．世界经济史：中卷．北京：经济科学出版社，2000：216.

国家集团的发展不但影响到贸易的变化，也影响到资本的流动。国际贷款较以前受到了更多的限制，资本运动更集中于某些优惠的地区。例如，只有英联邦成员国和某些英镑区国家才能在伦敦发行债券，美国向加拿大提供贷款，斯堪的纳维亚国家向瑞典提供贷款，以及法国向比利时、荷兰和瑞士提供贷款。区域性货币集团妨碍了资本在国际的流动，这对20世纪30年代迫切需要资本流动来应付危机的世界经济来讲是致命的。

大萧条时期贸易保护主义的经验教训

大萧条时期的贸易保护主义及其极端化表现贸易战，不仅加深了经济危机的程度，严重阻碍了全球自由贸易体系的形成，也对后大萧条时代的国际贸易与全球经济发展产生了深远影响，经验教训极其深刻。

第一，贸易保护主义及贸易战最终损害的是国际社会的整体利益。试图通过贸易保护主义或者贸易战获得贸易优势、贸易利益的国家行动与政策措施，必然招致其他国家的贸易报复与反制，最终损害的将是全球自由贸易与国际贸易秩序。

第二，贸易保护主义会诱发各种危机，并使这种危机传染到整个国际社会。世界经济大国，特别是贸易大国承担着维护国际贸易秩序的重大责任，如果经济大国、贸易大国采取以邻为壑的贸易保护主义政策，或者发起针对特定贸易伙伴的贸易战，必然搬起石头砸自己的脚，本国经济利益与贸易利益未必会得到保护，还可能诱发更严重的贸易冲突、贸易战乃至国家之间的军事战争。第二次世界大战的爆发与大萧条，就是西方主要国家的贸易保护主义和贸易战的直接结果。

第三，贸易保护主义及贸易战必然破坏多边贸易体系以及多边支付体系。试图用双边贸易体系替代多边贸易体系，或者试图用双边支付体系替代多边支付体系，都是开历史倒车，会严重损害全球整体贸易利益，阻碍全球经济增长，对国际社会的贸易发展与经济增长造成长久的损害。

大萧条时期的贸易战不仅严重削弱了全球贸易体系，还成为诱发第二次世界大战的贸易与经济动因，更成为全球性贸易保护主义的早期源头。灾难不可谓不深重，教训不可谓不深刻。客观地说，矛盾是事物发展的根本动力。贸易战不是不可以打，但不能如美国这样无智慧地乱打、大打、混战。

二战之后，美国为什么推进
经济全球化和贸易自由化？

美国曾经大力推进经济全球化和贸易自由化，因为这符合美国的利益。对于美国来说，经济全球化和贸易自由化代表的都是实际利益，而非信仰。只要不符合自己的利益，就可以随时抛弃。但是，美国却希望别国把经济全球化和贸易自由化当成信仰，哪怕明知被美国吸血，也不能放弃。

大危机之后，美国大力推进贸易自由化

大危机之后美国希望推进贸易自由化

从 20 世纪 20 年代末到 20 世纪 30 年代初，美国对全世界发动了贸易战，招来了他国的报复，直接引爆了世界经济大危机。经济大危机及随之而来的二战，给包括美国在内的世界各国造成了深重的灾难。这一切当然也引起了美国人自己的反思。

罗斯福当选美国总统后，在 1933 年发表就职演说的时候，就表示自己将竭尽全力恢复国际贸易的正常发展。

除罗斯福之外，当时还有其他很多美国人也希望尽快纠正错误，恢复国际贸易的正常秩序，他们呼吁各国废除关税壁垒，实行自由贸

美国第 32 任总统富兰克林·
德拉诺·罗斯福

美国前国务卿科德尔·赫尔
（1871—1955）

易。在这些人中，当时的美国国务卿赫尔就是一个重要的代表人物。
他一直主张，通过自由、互惠的自由贸易来增加美国的商品输出；同
时通过减免关税和逐渐消除关税，来消除各国之间战争的根源。

1933 年 5 月初，那时正是大萧条进入高潮阶段，美国的日子也
很不好过，赫尔率领了一支阵容强大的美国代表团出席伦敦经济会
议，希望能在这次会议上与各贸易大国就互惠贸易达成共识。为此，
他做了充分的准备，还随身携带了互惠贸易协定的副本，随时准备
签字。

他当时希望罗斯福能够敦促国会，在一定期限内授权总统与这些
贸易大国进行谈判，相互降低关税。但当时国会内孤立派的实力非常
强大，要推动自由贸易很困难。罗斯福考虑到来自国内的压力，没有
答应，希望等待更好的时机，结果导致赫尔的计划最终泡汤。

但是，罗斯福和赫尔没有放弃继续推进自由贸易的努力。在赫尔
和罗斯福的推动下，也是迫于经济压力，1934 年，美国国会终于通
过了《互惠贸易协定法》，授权总统在三年之内与其他国家进行互惠

贸易谈判。经过谈判，美国与许多国家达成了互惠贸易协定，对美国恢复国际关系和国际贸易起到了很大的作用，也对罗斯福采取的摆脱经济危机的战略起到了促进作用。

1941 年 8 月，第二次世界大战已经爆发，但是美国还没有被卷入，英国承受着来自纳粹德国的巨大压力。这个时候，美国总统罗斯福与英国首相丘吉尔共同签署了《大西洋宪章》，宪章全文共 8 条，其中第 4 条宣布："努力促使所有国家，不分大小，战胜者或战败者，都有机会在同等条件下，为了实现它们经济的繁荣，参加世界贸易和获得世界的原料。"

二战给予了美国推进贸易自由化的机遇

与一战类似，美国再次成为二战的最大受益者。差别在于，在二战中，欧洲损失更加惨重，包括英国、德国、法国和意大利在内的欧洲各国可谓一片狼藉。在战争中，英国的损失相对较小，尽管如此，也死亡了约 40 万人，大约 50% 的商船被摧毁，出售了 45 亿英镑的海外资产，丧失了许多海外市场。到战争结束时，英国的黄金、美元储备和海外资产已经接近于零，并欠下巨额外债，仅欠美国的账款就高达 210 多亿美元。英国多年积攒起来的丰厚家底在第二次世界大战结束时已经消耗殆尽，欧洲也在这场战争中消耗了其几百年来所累积的优势。

二战中，美国由于没有作为主战场，受到的战争破坏微乎其微。在战争中，美国大做军火生意，又狠狠地发了一笔横财。战后初期，美国一度拥有世界工业产量的 53.4%、出口贸易额的 32.4%、黄金储备的 74.5%。1948 年，美国的工业产量为英、法、联邦德国、日本四国之和的 2.7 倍。在资本输出方面，1945—1960 年，世界主要资本主义国家新增对外投资 120 亿美元，其中 70% 左右来自美国。

在国际收支方面，美国也是唯一拥有大量贸易顺差的国家，美元是唯一受欢迎的国际储备货币和结算货币。

这时候，美国也顺理成章地开始考虑根据自己的利益打造国际政治经济新秩序。美国总统杜鲁门曾经在一次演讲中，趾高气扬地宣称："我们是经济世界的巨人，不管我们喜欢与否，未来的国际经济格局将取决于我们。"强大的经济实力使美国在世界上积极推行经济扩张而无一点阻力。

此时的国际政治形势也发生了巨大变化，社会主义国际阵营得以建立，并具备与以美国为首的资本主义阵营相抗衡的实力。为了应对这种形势，避免更多资本主义阵地丧失，美国不得不担负起帮助欧洲复兴的重任。

二战胜利后，美国提出了凭借其雄厚实力帮助欧洲盟国恢复因世界大战而濒临崩溃的经济体系，并同时抵制苏联和共产主义势力在欧洲进一步渗透和扩张的计划，官方名称为"欧洲复兴计划"。该计划因时任美国国务卿的乔治·马歇尔而又得名"马歇尔计划"。事实上，真正提出和策划该计划的是美国国务院的众多官员，特别是威廉·克莱顿和乔治·凯南。该计划于1948年正式启动，并整整持续了4个财政年度。在这一时期内，西欧各国总共接受了美国包括金融、技术、设备等各种形式在内的援助，合计约130亿美元。

当该计划临近结束时，西欧国家中的绝大多数参与国的国民经济都已经恢复到了战前水平。在之后的20余年时间里，整个西欧经历了前所未有的高速发展时期，社会经济呈现出一派繁荣景象。可以说，这与"马歇尔计划"不无关系。同时，"马歇尔计划"长期以来也被认为是促成欧洲一体化的重要因素之一，因为该计划消除或者削弱了历史上长期存在于西欧各国之间的关税及贸易壁垒，同时使西欧各国的经济联系日趋紧密并最终走向一体化。该计划同时也使西欧各国在经济管理上系统地学习和适应了美国的经验。

1944 年 7 月，44 个国家的代表在美国新罕布什尔州布雷顿森林镇召开了著名的布雷顿森林会议，会议宣布成立国际复兴开发银行（世界银行前身）和国际货币基金组织（IMF）两大机构，确立了美元对国际货币体系的主导权，构建了战后国际货币体系的新秩序。这次会议最终确定了由美元取代英镑成为国际货币体系的核心，美元和黄金挂钩，一盎司黄金等于 35 美元，其他的货币再与美元挂钩。这就是著名的"布雷顿森林体系"。

布雷顿森林会议地址

会议的目标是建立以外汇自由化、资本自由化和贸易自由化为主要内容的多边经济制度，使它们能够共同成为支撑世界经济的"货币—金融—贸易"的三大支柱。但是，第三根支柱"贸易自由化"却进展得并不顺利，涉及贸易领域的《哈瓦那宪章》被美国国会否决了，原因是许多国会议员担心如果美国此时开放国内市场，其他地区的廉价商品就会大量涌进美国，从而损害美国的经济利益。

为了绕开美国国会的阻挠，在 1947 年，各国政府根据《哈瓦那宪章》的精神制订了一份临时性文件，这是一种低等级的政府机关之间的行政协定，不需要国会审批，只要各国代表签字即可生效。这个临时性文件就是《关税与贸易总协定临时适用议定书》，同时成立了一个全球性的贸易组织，也就是世界贸易组织的前身——"关贸总协定"（GATT）。

关贸总协定明确规定，不管哪个国家，都不能再随意提高关税，或者采取一些非关税壁垒的协定，如果要强行实施，就有可能遭到其他国家的经济制裁。其宗旨就是达成互惠互利的协议，以求大幅度削减关税和其他贸易壁垒，消除国际贸易中的歧视待遇，推行贸易自由化。自此，关贸总协定建立了这样一项在国际上共同遵守的规则：你要想获得别人的东西，就必须让人家也得到来自你的东西。也就是说，你要获得别国的市场，你就必须让出本国的市场，这样就形成了一种双赢的局面。

这是人类历史上第一个多边贸易体制的条约文件，沿用了 48 年，直到 1995 年世界贸易组织建立。它创造性地建立了一套和平解决贸易争端的机制，使得因贸易摩擦而引发战争的可能性大大降低。在这 48 年里，全球关税大幅度降低，平均关税税率从 40% 下降至 4% 以下，吸纳了上百个缔约方，举行了 8 轮多边贸易谈判，处理了百余起贸易争端，发展了货物贸易规则并成功地将服务贸易和与贸易有关的知识产权纳入其制度框架内，全球贸易渠道的畅通导致贸易额呈十倍快速增长，极大地加深了各国经济的相互依赖并推动了全球经济一体化的到来。

1994 年 4 月 15 日，在摩洛哥的马拉喀什市举行的关贸总协定乌拉圭回合部长级会议上，与会方决定成立更具全球性的世界贸易组织

（简称世贸组织，WTO），以取代成立于 1947 年的关贸总协定。

美国在自由贸易与贸易保护之间来回摇摆

但是，美国推进自由贸易是出于利益至上的考虑。假如自由贸易的实践对美国有利，美国就大力推进自由贸易。假如自由贸易对美国不利，美国就会反过来加强贸易保护主义。这一点不但是从来如此，而且在二战之后美国的贸易政策中表现得更加明显。美国在大力推进自由贸易的同时，也不断出台各种贸易保护主义的措施。

二战后推动自由贸易对美国有利

第二次世界大战的胜利极大地膨胀了美国的经济实力。然而，美国也比历史上任何时期都更加依赖国际资源和市场。为了扩大对外贸易，维持美国战时的生产水平和保证充分就业，美国政府决定凭借自身强大的经济实力，在全球范围内建立自由贸易体系，实现贸易和资本不受行政干预而自由跨越国境。在当时，这也是对美国最有利的政策。

发展到 20 世纪 60 年代初，世界经济格局发生了深刻的变化。西欧、日本经济迅速恢复和发展，为美国产品提供了潜在市场。尤其是1958 年成立的欧洲经济共同体，一体化进程很快，对外实行统一关税，建立了共同市场。欧洲市场对美国产品有着重要意义。在美国1961 年 210 亿美元的出口中，64 亿美元是在欧洲实现的。因此，当时的肯尼迪政府迫切需要进一步的贸易自由化，以继续进入欧洲市场。

但是与此同时，西欧、日本的商品给美国带来的竞争压力也越来越大，美国的国际收支状况逐渐恶化。肯尼迪政府将扩大出口贸易视为一种减少支付逆差的手段，因此特别强调继续削减剩余的世界贸易壁垒，促进自由贸易。美国国会通过《1962年贸易扩展法》，授权政府在和其他国家谈判时，可以把现行税率降低一半，并且可以完全免除美国和欧共体两方面出口总额在资本主义世界贸易中占到80％以上的各类产品的关税。对由此受到严重伤害的企业和个人，肯尼迪政府则实行安抚性的"贸易调整援助"。

1964—1967年，美国和其他关贸总协定缔约国进行了"肯尼迪回合"的多边贸易谈判，致使列入各国税则的关税减让商品项目达60多万项；到1972年初，影响到400亿美元的商品贸易额。显然，相关各方从战后到20世纪60年代多次大规模削减关税，使20世纪70年代初的平均关税税率下降到8％。当时，非关税壁垒尚未盛行，美国的自由贸易也达到了一个空前的规模和程度。

20世纪70年代之后美国开始转向贸易保护主义

20世纪70年代，世界上爆发了严重的"石油危机"，此后资本主义各国的经济增长速度放慢，这使原本存在的一系列经济矛盾更加突出。美国在世界经济和国际贸易中的地位持续下降。由于其他国家的激烈竞争，美国外贸出现了逆差。外国产品竞争的加剧和外贸形势的恶化，在美国国内引发了新一轮贸易保护主义的浪潮。连一向支持自由贸易的劳工组织和农场主也加入了贸易保护阵营，一致要求对外国产品进行限额，保护国内就业。

受此影响，尼克松政府在1971年宣布对进口物品一律征收10％的附加税，表明了美国自由贸易时代的结束，美国外贸政策又逐渐回到贸易保护的轨道上。这个时期，贸易保护主义的要求主要体现在美国《1974年贸易改革法》（the Trade Reform Act of 1974）中。1974年，美国国会对1962年的贸易法做了大幅度修订。《1974年贸易改革法》规定：当美国国际收支出现困难时，总统有权通过征收进口附加税使其平衡。这项规定使尼克松总统 1971 年征收 10% 的附加税成为合法的行动。同时，《1974 年贸易改革法》提出了"公平而有害"与"不公平"的贸易概念，视符合公平竞争原则但不符合美国的卫生、安全标准的商品贸易为"公平而有害"，为阻止进口此类商品提供了法律依据；视用关税和非关税壁垒限制美国商品进口、向美国倾销、向美国实行出口补贴等为"不公平"的贸易行为。为维护贸易利益，美国强调通过反倾销税、抵消补贴关税等措施进行贸易报复。

20 世纪 80 年代之后美国开始主张公平贸易

进入 20 世纪 80 年代，美国贸易形势更加恶化。1980 年美国外贸逆差是 740 亿美元，1984 年则创下了 1 224 亿美元的纪录。造成高额外贸逆差的原因是多方面的，贸易保护主义情绪强烈的产业界和国会则强调这是外国不公平贸易行为造成的结果，认为美国战后降低关税，开放国内市场，而外国则对美国商品设置种种关税和非关税壁垒，并且以国家补贴和倾销为手段向美国出售商品，使美国处于不利的地位。

在这种思想指导下，里根政府以"自由和公平贸易"改变了美国的"自由贸易"政策。里根政府强调贸易的公平性，要求贸易必须遵循机会平等的原则，为贸易保护寻找借口。

保护主义的贸易立法也随之相继出台。1984 年推出《贸易及关税法》。1988 年又出台《综合贸易和竞争法》。《综合贸易和竞争法》的核心思想是关于如何对外国贸易中的"不公平行为"进行报复。修改过的"301 条款"扩大了"不合理"的贸易范围，要求对"没有道理"的外国贸易行为实施强制性报复。"超级 301 条款"则以贸易报复为手段迫使"重点国家"放弃"不公平贸易"的做法。"特别 301

条款"则以贸易报复为手段迫使"重点国家"放弃"不公平贸易"的做法。"特别301条款"强调以贸易报复保护美国知识产权。

里根政府以这些立法为工具，动辄指控其他国家贸易做法不公平，对其他国家的商品征收惩罚性关税或迫使其接受进口配额或自动限制。美国的贸易保护主义再一次达到高潮。

20世纪90年代之后美国政府寻求自由与保护之间的平衡

美国贸易保护主义引发了其他国家贸易保护主义的滋长，又因为世界经济在20世纪80年代的萎缩，使得从1986年开始的第八轮关贸总协定多边谈判"乌拉圭回合"长期陷入僵局。但是由于苏东集团的突然崩溃瓦解，到20世纪90年代，美国外贸政策的天平又向自由贸易倾斜。

克林顿政府提出的口号是"公平贸易"，即"我们将继续欢迎外国产品和劳务进入我们的市场，然而我们坚持认为，我们的产品和劳务也应该在同等条件下进入它们的市场"。这是一种有条件的自由贸易政策。一方面，它坚持了自由贸易的方向，争取扩大国际贸易，拓展国际市场，以实现"出口增加带动美国经济复苏"的战略目标。另一方面，克林顿政府强调贸易的对等原则，如果贸易伙伴不能满足美国关于"公平贸易"的要求，则利用"301条款"进行贸易报复。由于"公平贸易"没有一个世界统一的标准，只能由美国单方面决定，因而，克林顿政府的贸易政策不可避免地带有浓厚的贸易保护主义色彩。

在实践运用中，在当时特定的历史条件下，克林顿政府的贸易政策达到了既自由又保护的效果。20世纪90年代，美国在自由贸易的道路上取得了一些新的进展。1992年，美、加、墨三国签署了《北美自由贸易协定》(North American Free Trade Agreement)，取消了三国间所有的贸易和投资壁垒。克林顿政府支持建立一个开放、自由的国际贸易体系。1994 年，"乌拉圭回合"谈判结束，成果明显。同年，克林顿政府还督促国会批准了《世界贸易组织宪章》，使自由贸易主义的主张者长期以来关于建立一个协调各国贸易机构的设想成为现实。同时，克林顿政府也使用了一些直接的保护主义手段对贸易伙伴的"不公平贸易"采取行动。例如，大幅提高关税，与日本、欧共体展开"钢铁战"，以政府补贴的方式与欧共体展开"飞机战"，等等。

美国贸易政策的内在逻辑

美国贸易中保守主义和自由贸易政策的交替和循环，反映了美国不同时期经济发展的状况和需要。

美国贸易政策在保护和自由之间交替循环

20 世纪以来，美国贸易政策始终在贸易保护和自由贸易之间交替循环，主要原因在于：贸易政策随不同时期利益的需要而不断调整，例如，第一次世界大战以来，美国成为名副其实的资本主义第一强国，推进自由贸易符合美国的根本利益。美国可以充分发挥其经济优势，获得原料产地和国外市场，从而增加自身的就业和收入。

然而在短期内，其他国家的发展进步和竞争的加剧又会导致美国一些部门在竞争中失利，损害美国的眼前利益，因而又要求美国恢复贸易保护。尤其在 20 世纪 60 年代以后，随着欧洲、日本经济的崛起，美国的支配地位受到威胁，其竞争力相对削弱，许多行业生产萎缩，促使贸易保护思潮抬头。当贸易保护主义在世界范围内的蔓延已经危及战后重建的多边国际贸易体系时，美国政府断然采取行动，依据《1974 年贸易改革法》，和其他国家进行了"东京回合"的多边会谈，促使工业发达国家的关税降低了近 50％。显然，美国统治阶级在制定美国贸易政策时，考虑了美国在不同时期的不同利益，才会有贸易保护和自由贸易的交替和循环。

贸易保护和自由贸易并非截然对立，在一定时期内可以两者兼施。例如，杜鲁门时期，美国政府在延长《互惠贸易协定法》的期限的同时，附加了种种规定以保护国内的产业。诸如：危险点条款，要求关税委员会为拟定的关税让步，设定最低税率；负责条款，要求在国内产业受到进口损害的情况下，允许撤回已做出的关税让步；安全保护条款，要求在进口损害国家安全的情况下限制进口。又如，克林顿政府在采用自由贸易政策的同时，大幅度提高关税，与日本、欧共体展开"钢铁战""飞机战"。

有保护的自由贸易是美国贸易政策的主流

综观 20 世纪美国的贸易政策，尤其是 20 世纪 30 年代以来，有保护的自由贸易是美国贸易政策的主流。

首先，自由贸易是历史大势所趋，从自由贸易中获得的利益远远超过少数部门从保护主义中得到的好处。自由贸易强调的是自由竞争，反对政府干预，这和美国国内自由企业制度相吻合，易为普通美国人接受，而且美国学术界更是它的一贯支持者。美国利用自己的实力，以其巨大的国内市场为诱饵，迫使贸易伙伴开放市场，增加进口美国以技术优势为基础的高价值产品。美国强大的国际竞争力是美国推行有保护的自由贸易政策的基础，反过来，推行有保护的自由贸易政策又保证了美国在自由竞争中的优势。

其次，美国虽具有强大的国际竞争力，但贸易优势已在制造业的劳动密集型产业中丧失，在曾经占绝对优势的高技术领域产品中也遇到了激烈的竞争。为此，美国重点保护的是劳动密集型产业，而这正是亚洲新兴工业国家和地区的主要出口产业。

最后，自由贸易政策符合美国和世界经济一体化的要求。自由贸易的推行使世界经济逐步成为一个相互联系、相互作用、相互依赖的整体，自由贸易是美国经济顺利运行不可缺少的条件。美国是世界上最大的进口和出口国，巨额出口有利于美国经济繁荣和保持低失业率；巨额进口则有助于美国维持低物价和高生活水准，美国政府不可能无视这一点。由于美国仍具有世界最强的科学研究和技术开发能力以及由此导致的国际一流的竞争力，因此美国依然是世界第一经济大国。反映在外贸出口方面，美国商品和劳务出口占世界出口市场的比重由战后的约 1/3 跌至 20 世纪 70 年代的 12.1% 后，便一直稳中有升，保持了市场占有率世界第一的位置。

因此，在新的时期、新的国际环境中，实施有保护的自由贸易政策将给美国带来更大的利益。

历史的循环：特朗普的贸易战

20 世纪 20 年代末到 20 世纪 30 年代初，美国对全世界发动了贸易战，并招致强烈反对，结果把世界经济带入 19 世纪资本主义全球体系形成之后最为严重的危机当中。危机又导致二战爆发，给美国及世界人民带来了深重的灾难。

但是，吊诡的是，危机的始作俑者——美国，却因为远离亚欧大陆，一开始在二战中隔岸观火，然后渔翁得利，发了战争横财，并确立了世界领袖地位。

在这当中，存在这样一个链条：受迫于内部困难——→美国发动贸易战——→他国反击——→世界经济危机——→世界大战——→全球受到沉重打击——→美国单独受益。

在美国总统特朗普上台之后，一系列"美国优先"政策的出台无疑造成盟友关系网出现了前所未有的"裂痕"。在贸易冲突方面，虽然贸易伙伴方被分成三六九等，但美国实施了几乎"无差别"的攻击，欧盟、加拿大、日本、澳大利亚、韩国、英国等都在不同程度上成为美国特朗普政府贸易战的靶子。在自由贸易区协议方面，美国逼迫加拿大、墨西哥重谈《北美自由贸易协定》，逼迫韩国重签双边自由贸易协定。在外交领域，美国驻以色列大使馆迁往耶路撒冷以及退出伊朗核协议都与盟友主张相左。

特朗普的贸易战

在北约和安全防务上，美国总统特朗普要求北约成员国的军费开支达到 GDP 的 2%，并威胁说"如果北约盟国不分担军费开支，美国可能会放弃对北约盟国的自动保护权"。特朗普甚至一度要求日本、韩国等盟友 100% 承担美国在当地驻军的开支，否则便撤回驻军。特朗普开始全方位撕裂与盟友之间的关系，这种裂痕会对美元的国际地位产生冲击吗？换句话说，特朗普的经济民族主义、退出多边机制、弱化联盟关系会对美元产生溢出效应吗？虽然美国给予澳大利亚、韩国等钢铝进口关税永久豁免权，但设定了进口配额；欧盟、加拿大等仅获得短期"临时"豁免权，日本则没有获得任何豁免权。2018 年 5月 31 日，特朗普政府宣布正式对欧盟、加拿大和墨西哥实施进口关税措施，取消了对相关经济体的临时豁免权。

那么，这一次又会出现全球受损，而美国单独受益的结果吗？

答案是应该不会。因为当今的全球格局跟当年不一样，尤其是有中国的存在。

二战之前，美国的经济体量早就是全球第一，而且遥遥领先于其他国家，所以美国的经济波动能够对他国及世界经济造成巨大的影响。另外，就是美国的领土远离亚欧大陆，故能躲避战火的直接破坏。

今天则不然。首先，中国的实际经济体量已经大于美国，而且存在相对完整的产业体系，美国不论是自己的经济出现危机，还是直接对中国发动贸易战，中国都有能力予以应对。2018 年以来的贸易战已经证明了这一点。其次，这个世界已经通过很多经济协议捆绑在一起，如欧盟、东盟等，体量都足够大，抗风险的能力显著增强。而且当前美国经济与世界经济结合得更加紧密，万一世界经济出现危机，美国能逃脱的概率极低，几乎不存在。

最重要的是，当前的科技发展很快，交通便利，万一世界出现动荡不安的局面，美国要如一战、二战期间那样独善其身，势必不可能。"9·11"事件即为证明。

因此，如果今天的特朗普和美国希望再次复制二战前的成功，通过制造全球混乱来浑水摸鱼，恐怕只能复制开头，而不能复制结局。

美日贸易摩擦 60 年

从 20 世纪 50 年代开始，美国对日本就发起了旷日持久的贸易摩擦。其间经历了多个阶段，涉及纺织品、钢铁、彩电、汽车、半导体等多个行业，起起伏伏，各有得失，一直持续到 1995 年克林顿在任期间才有所缓和。而到了这个时候，日本实际上已经在贸易战中严重失利，几乎完全失去了发展的动力。但是实际上，直到今天，美国对日本发动的贸易战还没有结束。很幸运，美国没有完全打死日本。那不是因为美国的善良，而是因为一个垂而不死的日本比一个垂死挣扎的日本更加有利于美国的利益。

美日贸易战的背景

二战后东西方对抗的国际环境

二战之前，日本经济比中国要领先很多，但是跟欧美列强相比，则瞠乎其后。作为列强之一，日本其实不大够格。二战给日本经济带来了巨大的损失。二战结束之后，日本的经济实力非常弱小，主要依靠美国的扶持和援助来恢复和发展国民经济。朝鲜战争之后，美国大量的军事采购让日本经济迅速崛起。所以日本有人说，是朝鲜战争救了日本。

二战之后日本民生困苦。图为民众在垃圾桶里翻拣食物

美日两国 1951 年签订了和平条约与共同安全保障条约，名义上两国结成同盟关系，但实际上为主从关系，日本处于美国的保护之下。

在冷战期间，美国在远东构建了对抗苏联的政治军事经济体系。20 世纪 80 年代以前，出于政治上的考虑，同时由于日本当时的经济实力还未达到能与美国分庭抗礼的程度，美国对日本不断上升的顺差基本上采取了宽容的态度，给予日本很大的支持与发展空间。

这一时期，日本经济发展很快，成为仅次于美国的世界第二经济大国，与美国的差距也在渐渐缩小。1950 年日本国内生产总值仅为美国的 4%，而到 1994 年已是美国的 70% 左右。随着经济实力的巨大变化，美日关系由主从关系发展到半主从半伙伴关系，协调与合作同在，竞争与对立并存。

日本的贸易立国政策

日本的自然资源相当贫乏，要维持外贸收支平衡，就必须依赖出口；同时，因国内市场狭小，工业品也必须依靠出口。故日本政府将"贸易立国"作为战后经济发展的基本国策，并根据世界经济发展的需要，将培育、扶持、发展重化工业等产品出口作为"贸易立国"的长期方向。

在美国对日全面经济复兴政策支持下和日本"贸易立国"战略推动下，战后日本经济快速增长，1956—1965 年日本 GNP 年均增长率超过 8%。美国成为日本最主要的对外贸易市场，1951—1965 年日本对美出口总额由 1.9 亿美元扩大到 24.8 亿美元，占日本出口总额的比重由 13.6% 上升到 29.3%；1965 年日本对美贸易首次出现顺差，成为美日贸易的转折点，此后日本对美贸易顺差规模不断扩大。

日本对美国的全面依赖

二战之后，日本对美国处于一种全面依赖的状态，包括国防与技术、市场，甚至内政。

在美国的援助和保护、国内技术革新和设备投资高潮的推动下，日本不断发展科技含量高的技术密集型产业，迅速完成了这种产业结构的调整，实现了产业结构的高级化。这种产业结构使得日本出口的主要是面向美国等发达国家的附加值较高的工业制成品，进口的主要是来自亚洲国家的价格较低的初级产品，必然促成日本对美贸易的顺差。

日本在政治、军事上依附美国，将美日同盟作为国家政策的基础，在贸易谈判中也将不损害日美关系作为底线，这就导致日本在面对美国发起的贸易摩擦的时候表现得非常被动，多轮次的美日贸易战均以日本全面妥协而告终。

美国与日本的政策差异

二战之后，美国在贸易领域奉行自由贸易思想。在冷战时期，美国一度实行单边贸易自由化，对西方盟国开放国内市场，目的在于拉拢西方盟国以对抗苏联。当时不单边开放也不行，因为其他国家也没有市场。开放力度大一点在当时也不要紧，因为其他国家没有能力跟美国全面竞争。

20 世纪 70 年代后期，随着美国经济陷入滞胀，美国政府为了保护外贸利益，逐渐实行一系列带有保护主义倾向的贸易政策，将"公平贸易"的概念融入"自由贸易"中，组成贸易反击小组，查明和制止外国的不公平贸易行为。美国贸易政策发生变化，由最初的多边贸易、自由贸易转向强调对等互惠、公平贸易乃至后期的保护主义及"惩罚性"关税，在某种程度上加剧了美日贸易摩擦的激烈程度。

日本则在战后确立了战略性贸易政策，制定了 1961—1970 年度经济发展计划，即"国民收入倍增计划"，该计划实际上是一种国家垄断资本主义政策，它的目的在于为私人资本投资创造有利条件，扩大国内外市场。在对外贸易问题上，日本一直鼓励出口、限制进口，采用贸易保护政策。同时，日本政府把贸易立国、技术立国作为国家的基本国策，将技术进步作为实现现代化的关键动力。20 世纪 50—90 年代，日本宣布实行贸易自由化，却始终没有正式实行，直到 1967 年，日本仍然保留着非自由化商品项目，这一比例还一直保持在 7％的水平上。20 世纪 70 年代，美日贸易的扩大使美国要求日本开放国内市场，但日本从本国经济利益出发，仍对市场采取保护性政策。

文化、发展阶段与政策的差异也决定了日本对美国的贸易顺差。二战后，美国推行凯恩斯主义经济政策，政府大力推行抵押贷款、个人贷款、分期付款，以刺激消费来带动经济的发展。同时，健全的社会福利制度也消除了消费者的后顾之忧，美国成为世界上最大的消费国。高消费引起低储蓄、高债务，引发巨额财政赤字，贸易逆差随之出现。日本则历来崇尚勤俭节约的美德，社会福利水平低，储蓄率较高，国民储蓄水平高于投资，因而国际收支体现为贸易顺差。东方民族历史悠久，忍耐力更强，喜欢储蓄，在对外贸易及投资中具有天然的优势。此外，日本人崇尚国货，美国人则讲究实效，如此一来，价廉物美的日本商品就大量涌入美国市场。

此外，在经济体制、教育培训等方面也存在着许多加深美日贸易摩擦的因素，两国经济不平衡进一步加剧。

日本经济迅速增长

20 世纪 70 年代前后，日本经济发展势头更加强劲，国民生产总值年均增长率达到 9.5％，个别年份超过 11％。1968 年，日本国民生产总值超过英法德，成为全球第二大经济体，占世界生产总值的比重达 7.5％；到 1980 年，占比已提高至 10％。日本人均国民收入 1965 年仅为美国的 1/4，到 1986 年首次超过美国。

伴随高速的经济增长，日本产业结构完成了由劳动密集型轻工业向资本密集型重工业的转变，迅速在多种世界主要工业品市场中占据主导地位，对美出口产品结构发生了新变化。在第三次科技革命带来电子信息、新能源、新材料技术蓬勃发展的背景下，日本科技能力实现空前提升，日本成为全球科技生产力最强的国家之一。日本产业结构向高技术领域转型升级，从而引致美日贸易摩擦焦点转向高技术和高附加值行业，在计算机、电气设备、通信工程等诸多领域不断发生贸易冲突。其中规模较大的两次分别为电信业和半导体行业贸易摩擦。

美国对日本的贸易逆差最早在 1965 年出现，在这之后的 10 年间，逆差基本在 20 亿～30 亿美元区间波动，这一时期美国对外贸易多数年份整体上还处于顺差，因此美日贸易矛盾不甚明显。到 20 世纪 70 年代后期至 20 世纪 80 年代，美国对日贸易逆差急剧增长，1985 年达 462 亿美元，约为 1975 年的 27 倍。同期美国整体对外贸易连续 10 年出现逆差，且对日贸易逆差一直占整体贸易逆差的 30%～40%，从而引发了美日间尖锐的贸易摩擦。

美日贸易战的历程

20 世纪 50 年代中期至 70 年代美国对日本纺织品行业实施贸易保护

纺织业在战前已成为日本工业革命的核心产业。战后，随着合成纤维技术的进步，日本纺织业进一步发展。1957 年，日本超过英国，位列全球纺织品出口量第一位（二战之前，日本就曾经超过英国，这时候再次超过）。在此阶段，美国给予日本 30 种纺织品优惠关税政策，廉价的日本纺织品迅速占领美国市场，美国成为日本最大的纺织品出口国。1951—1956 年，日本纺织品在美市场份额由 17.4% 扩大到 60% 以上。日本纺织品在美市场占有率迅速攀升，给美纺织业造成了巨大冲击，美国轻工行业向国会提出限制要求。1955 年日本加入关贸总协定时，承诺对美国的棉纺织品出口实施自主限制。1956 年起，在美国反倾销威胁和强化限制要求下，美日先后四次签订纺织品贸易协定，包括日本自主出口限制、出口总额限额、出口增速限制等内容。此后，日本对美纺织品出口额下降并趋于平稳，贸易冲突缓和。纺织业贸易摩擦成为战后美日经济关系中首次出现的规模较大的贸易摩擦。

20 世纪 60 年代，日本的合成纤维产量和出口量急剧增长。战后初期，日本成为世界最大的纺织品出口国。因其劳动力成本极低，它出口到美国的纺织品遭到美国国内的反倾销诉讼。20 世纪 60 年代后，日本合成纤维工业迅速发展，对美出口随之增加，美同行提出强烈反对，要求政府限制日本毛、合成纤维的进口，这场"纤维摩擦"拉开了美日贸易战的序幕。

在 1968 年的总统大选中，为了赢得纺织品产业较为集中的各州选票，尼克松承诺将限制日本对美国的合成纤维织品出口。尼克松当选后，于 1971 年 8 月 15 日宣布了后来称为"尼克松冲击"的几项经济政策，其中就包括对进口产品征收 10％的额外关税。两个月后的 10 月 15 日，在国内的反对声下，日本政府答应将自主限制合成纤维产品的出口，次年 1 月 3 日，美日两国签署《美日纺织品贸易协定》。

协议达成后，日本的合成纤维产品出口确实受到了抑制。但 20 世纪 70 年代，日本实现了产业结构升级，也可以理解为外部压力在一定程度上助推了日本经济转型。

1969—1978 年美国对日本钢铁业实施贸易保护

二战之前及二战期间，日本常苦于钢铁产业不足，导致在对外扩张中相当被动。二战之后，日本痛定思痛。在大规模引进国外先进技术，并进行改革创新、积极建设大型联合钢铁企业等政策推动下，日本钢铁业的生产和经营效率大幅提升，并实现了钢铁工业现代化。日本钢铁业在 20 世纪 50 年代后期迅速崛起，60 年代已达世界一流水平，其产品的国际竞争力也处于领先地位。1963 年起，日本成为世界钢铁出口量最大的国家。1960—1978 年，日本钢铁业生产总值年均增长 9.7％，增速位居发达国家首位。

20 世纪 70 年代初期，日本钢铁业接替纺织业成为主要出口领域，且产量超越美国。与此同时，美国则成为钢铁净进口国。1969年，在美国的钢铁进口中，日本占 42％。20 世纪 70 年代初，日本在美钢铁市场份额已由 1950 年的 5％上升至 50％以上，引发美国保护主义浪潮。

从 1967 年到 1974 年，日本钢铁业被迫连续 3 次自动限制对美出口。经过举行多次特别协商会议，美日双方才于 1985 年达成协议。美日钢铁制品摩擦历时近 20 年，至此才控制住日本钢铁制品大量涌入美国市场。1976 年，美日签署《特殊钢进口配额限制协定》。1977年，美日就钢铁制定了"进口最低限价制度"，签订了《维持市场秩序协定》。这一系列事件和协定签署后，日本钢铁出口量明显下滑。

20 世纪 70—80 年代彩电业贸易摩擦

另外，美国也对日本彩电业实施贸易保护。1977 年，美日签订了针对彩电的有序销售协定，该协定于当年 7 月生效。

从 20 世纪 60 年代起，由于产业结构的调整，日本纺织品出口逐渐为家用电器所取代，彩色电视机的生产和出口迅速发展，尤其对美出口大量增加。日本对美国出口的彩电约占美国进口彩电总数的90％，占据美国 30％以上的市场。1977 年美日《维持市场秩序协定》签订后，日本才被迫自动限制对美出口彩电。

20 世纪 70 年代初，半导体化的日本彩电业技术全面超越美国，日本彩电以低价格策略在美国极具竞争力，市场占有率显著提高。1976 年，日本对美彩电出口达到峰值，占美国彩电进口比重超过90％，在美市场份额接近 20％。在美国征收反倾销税、提高关税、启动"201 调查"等压力下，美日签订贸易协定，日本多次主动限制出口，对美彩电出口量收缩明显。

20 世纪 70 年代末至 80 年代美国对日本汽车产业实施贸易保护

美国汽车产业发展很早，在世界上长期处于领先位置。在 20 世纪 50 年代初，美国汽车产量就已达 800 万辆，当时日本只有 3 万辆。

然而在两次石油冲击后，油价上升导致市场偏好从美国生产的大型汽车渐渐转向更加节油的日本汽车；同时，伴随着日本汽车产业自身的崛起，美国汽车产业受到冲击。到了 20 世纪 80 年代，日本汽车产量突破 700 万辆大关，跃居世界首位，出口美国高达 192 万辆，在美市场占有率高达 21%。

与此同时，美国汽车产业却开始衰落。1980 年三大汽车公司均出现亏损。到 1990 年，美对日 410 亿美元贸易赤字中，75% 是由汽车及其配件造成的。

双方就此问题从 1979 年开始谈判，但收获不大。直到 1994 年，美对日贸易赤字仍有 60% 是由汽车贸易造成的。

美国工人砸毁日本汽车

20世纪80年代初至90年代美国对日本电子产品行业实施贸易保护

双方在电子产品行业的冲突最早源于半导体产品。自1947年发明半导体晶体管以来，美国一直在世界半导体市场占据绝对主导地位。但日本在1979年先于美国掌握集成电路记忆芯片技术后，逐步在国际市场竞争中获得显著优势。1978年，美国要求日本电信业打破其国内垄断，开放日本市场，允许美国电信器材进入，拉开了美日电信业贸易战的序幕。

1980年，日本对美半导体贸易首次产生28亿日元顺差。1985年，日本成为世界最大的半导体集成电路生产国，全球市场占有率提升至40％，美国的市场占有率则下降至40％以下。全球半导体企业销售额前五名也由全为美国企业转变为日本占据四席。美国认为日本半导体技术对其产生的威胁远超苏联，由此引发两国大规模贸易摩擦。1985年6月，美国半导体产业协会提交了"301条款"申请，要求调查日本的不正当竞争手段。

经过多次谈判，美国在日本的半导体销售水平也并未改善。1987年3月27日，里根宣布将对3亿美元等值的日本电子产品征收100％的关税。此外，在对日半导体实施贸易保护期间，美国还与日、德、法、英共同签署了《广场协议》，随后日元大幅升值，直到1988年才趋于稳定。

进入20世纪90年代，美国将重心转向要求日本开放市场，1991年两国达成新的协议。1993年，日本政府同意开放国内电信设备的政府采购，增加公开投标数量，允许外国电信公司加入。至1995年，经过一系列双边谈判及美国实施多种贸易保护主义威胁手段，日本最终应美国要求，使电信业对美实行门户开放。

1996年，美国半导体产业生产总值超过日本，重新位居世界第一，日本的半导体产业则开始衰落。

汇率战和《广场协议》

20 世纪 60 年代末期以后，美国的贸易逆差不断增长。20 世纪 80 年代以来，尽管已经对外签订了一系列对自己有利的贸易协定，但美国贸易逆差仍然在高速扩张，美国将其原因归结为对美元汇率的高估。1985 年，美国、日本、联邦德国、法国以及英国（简称 G5）的财政部长和中央银行行长在纽约广场饭店举行会议，达成五国政府联合干预外汇市场，诱导美元对主要货币的汇率有秩序地贬值，以解决美国巨额贸易赤字问题的协议。因协议在广场饭店签署，故该协议又被称为《广场协议》。

协议签署之后，日元对美元的比价急剧上升。事实上，在《广场协议》之前，日元在美国的高压之下已经不断升值，而《广场协议》加剧了日元升值的步伐，日元对美元的比价从协议签订前的 242：1 跳升至 145：1。日元的升值并没有从根本上改变美日双边贸易长期失衡的局面，相反加速了日元国际化的发展趋势。

签署《广场协议》

20 世纪 80 年代后期至 90 年代围绕市场开放的综合谈判

从 20 世纪 80 年代中后期开始，美国对日本的贸易谈判方向几乎完全转向要求日本开放国内市场。1988 年，美国国会引入了专门针对外国损害性贸易行为的"超级 301 条款"，并在次年 5 月将日本列为重点打击对象，矛头指向日本政府在超级计算机和卫星采购方面的排外性，以及日本市场在森林产品上的贸易壁垒等一系列经济问题。在围绕"结构性贸易障碍倡议"展开谈判后，日本政府于 1990 年 4 月承诺将修订关税和建筑标准，并于同年 6 月承诺了透明、公正的政府采购程序。

1993 年 7 月的东京 G7 国家会谈上，新一届克林顿政府宣布启动新的"美日新经济伙伴框架"，每年启动两次经济对话，焦点是日本市场对保险、汽车及零部件、电信和平面玻璃等多个领域的开放问题，并致力于降低日本的经常项目顺差和美国的贸易逆差。

1994 年 2 月，美国总统克林顿与日本首相细川护熙举行首脑会谈，以期解决 1993 年 7 月缔结的美日贸易"框架协议"中悬而未决的分歧。美国要求日本以具体"数额指标"来衡量其市场的开放程度。日本则以"管制贸易"为由拒不接受。双方互不相让，最后不欢而散。紧接着的移动电话协议之争，美国又以对日进行制裁相威胁，才最终达成协议。

1994 年 3 月，克林顿宣布再次对日启动"超级 301 条款"，日方对此只得做出让步，最终在 1995 年 6 月达成了包括汽车及零部件购买等在内的一系列新的协定。尽管不断有协议达成，但仍未扭转美国对日本的逆差局面。

1995 年 5 月在加拿大举行的美日高层汽车贸易谈判终因双方各持己见而宣告破裂。日本拒绝接受美国延长"自愿采购"计划的要求；美国则指责日本紧闭市场，无权侈谈自由贸易。而富有戏剧性的是，在美国确定的实际贸易制裁最后期限的最后几个小时里，谈判以日本人的让步告终。美国宣布取消对日本进行贸易制裁的威胁，而日本也收回它向世贸组织递交的上诉信。这次达成的协议包括：日本将采取具体措施来增加经销进口汽车特许权的汽车商数量；日本还将开始取消它对汽车修理部件的严格控制，打破由日本汽车零配件公司控制的修车行对市场的垄断。这项协议的达成，避免了一场贸易战，使刚成立的世贸组织得以避免一场危机。

持续对日本农产品进口施压

日本农民在本国拥有很大的政治影响，对本国农产品市场的保护程度很高。美国是个农业大国，同时也是农产品出口大国，农产品贸易事关美国重大利益，当然也免不了跟日本发生贸易争端。

在 1955—1986 年间，日本的农业名义保护率由 18％提高到 210％，提高了 192 个百分点。在工业化的中后期，美国用了近 70 年的时间使工农收入达到平衡，日本仅仅在 20 多年的时间内便使农民收入超过城市居民收入，这都是政府行为选择的结果。据经济合作与发展组织的估算，在 20 世纪 80 年代，发达经济体的农产品生产者的补贴额占其收入的比重：日本为 74％，欧共体为 46％，美国为 34％。

2018 年 9 月，日美两国政府的共同声明确认，日本在农产品领域不会做出超过"跨太平洋伙伴关系协定"等过去经济合作协定的让步。由此看来，美日之间关于农产品领域的自贸谈判会相对艰难。

可以看出，美日贸易摩擦主要经历了以下几个发展阶段。第一阶段：摩擦涉及的商品从纤维、钢铁等低级产品发展到汽车、电信等高级产品。第二阶段：摩擦涉及的产业由技术层次较低的产业转向尖端技术领域。第三阶段：美国对日本的要求从增加进口发展到开放市场和调整经济结构。第四阶段：从单项商品和政策制度的摩擦延伸到全面冲突。

特朗普的贸易战

特朗普上任后，对全世界各主要经济体普遍发动了贸易战，日本当然也逃脱不了。

早在 20 世纪 80 年代，特朗普对日本就相当"不感冒"，向媒体公开发表过对日本的强硬讲话。这么多年来，特朗普相信日本在贸易中采取了不公平的策略，对美国不公平的观念一直没有转变。既然他当上了总统，当然就不可能轻易放过日本了。

特朗普当选总统后，安倍立刻飞到纽约，前往金碧辉煌的特朗普大厦：没有任何外交礼遇，就为了和特朗普见面恭喜一下。特朗普宣誓就职后，安倍又赶忙去美国朝见。安倍后来也特意解释，他这样做，只是遵循"君子豹变"的原则，他的原话是："并非为保身而豹变，而是为了国家和民众，可以舍弃面子，这是我们作为领导人应该有的姿态。"

安倍在特朗普大厦恭贺特朗普当选

特朗普正式就任总统之后，很快就针对日本展开了贸易谈判。美国不顾日本苦苦哀求，"义无反顾"地退出了"跨太平洋伙伴关系协定"。不管日本如何求情，美国在对日本钢铝加征关税上都绝不手软。在日本汽车问题上，美国更是大棒挥舞绝不松手。根据日本综合研究所的报告，如果美国对进口汽车加征 25% 的关税，日本直接出口损失将达到 72 亿美元；如果算上对汽车零部件、材料、运输等相关产业的影响，损失将达到 180 亿美元。美国还勒令日本断绝从伊朗进口石油，这严重威胁了日本的能源安全。日本是极度依赖石油进口的国家，油价持续上涨，对日本企业和消费者的影响是灾难性的。

在中美贸易摩擦持续、美国大豆等农产品遭到中国关税反制的情况下，美国农户及相关利益集团强烈要求特朗普政府尽早与日本达成贸易协定，以维持自身在日本的市场份额，扭转对外贸易所处的被动局面。2018 年 9 月，特朗普与安倍就启动日美双边贸易谈判达成一致，围绕农产品、汽车等货物贸易领域进行磋商。

根据美国 2018 年 12 月发布的对日贸易谈判方针，除货物贸易外，还包括汇率条款、投资以及金融、通信服务等 20 多项内容。其中，美国对汇率条款的关切度较高，美国财政部长姆努钦曾要求在贸易谈判中加入这一条款，以防止日本通过引导日元贬值来提升产业竞争力。日本反对将汇率问题与贸易问题挂钩，认为汇率条款不应列入贸易谈判框架，这会成为今后日美在经贸领域的一个摩擦点。在削减农产品和汽车贸易壁垒之外，如果再加上汇率条款，势必会增大日本政府的压力，也会影响支撑日本经济复苏的宽松货币政策的效果，不利于"安倍经济学"宏观政策的实施。

特朗普上任三年多，"美国优先"让美国"再次伟大"了吗？事实上，并没有。

英国《金融时报》曾说，特朗普标榜自己是里根经济学的继承人，他的"让美国再次伟大"的竞选口号，也是直接拷贝 1980 年里根的竞选口号。但他显然没有注意到，里根关于贸易保护主义的严厉警告。1988 年，在其所预见的一个"新技术及所有超越了想象力的新机会均在形成"的时代，里根警告说，没有什么比在全球掀起贸易壁垒更能削弱这个时代了。而富兰克林则在更早的时候说过：从不曾有任何国家被贸易摧毁。这句话对于特朗普这样的经济民族主义者来说当然是难以理解的。当然，在里根和富兰克林时代，美国也没有放弃过贸易保护主义。

美日贸易战的经验教训

一味退让没有出路

日本在贸易战当中，总体上对美国是一味退让的。最终的结果是在美国的步步紧逼当中疲于应对，犯了大错。

西方文化在本质上是崇拜强者，鄙视弱者和失败者的。屈膝投降可能得到赦免，但不会得到尊重。西方社会看重丛林法则，有威胁的邻居是一定要被打倒的。日本既然被美国看作值得重视的对手，美国就一定会压制其发展，无论日本多么软弱退让，也不可能被美国轻易放过。

当然，对于日本来说，作为一个战败的半附属国，同时又面对各方面的外部压力，实际上它也不具备跟美国对抗的条件。所有的暂时性强硬，都只是为了最后的投降挽回一点颜面而已。

贸易战利弊互见

无论是对于贸易战发动者，还是被动应战方来说，贸易战都未必有对错，结果是好是坏也不一定。应对得当，则能够促进发展；应对不得当，则会出现严重问题。

贸易战只是日本经济衰退的导火索，其真正的元凶其实还是日本央行自身。20 世纪 80 年代爆发的美日贸易战对日本经济增速的影响是短期的，从时间段来看并没有延续至 20 世纪 90 年代。事实上，日本经济衰退的根本原因在于日元升值压力下日本央行错误的货币政策。

《广场协议》签署之后的 1986 年 1 月到 1987 年 2 月，在大约一年时间内，日本央行先后 5 次下调利率以防止通缩风险。极度宽松的货币政策促使日本股市和房价大涨。随后，1989—1990 年，日本央行开始紧缩货币政策，将利率由 2% 一度加至 4.25%，膨胀的资产泡沫瞬间破灭。

而《广场协议》的另一受害国——德国在面对同样的汇率升值困扰时，德国央行以稳定物价为第一目标，使德国在经历了短期的经济衰退后快速恢复。

可见，面对美国单方面汇率干预的冲击，日本和德国不同的货币政策导致了两国经济走势的截然不同，而贸易战只是一个触发因素。

过分鼓励出口是不正确的

贸易顺差完全取决于国内经济的平衡。日本存在过度储蓄，美国存在储蓄赤字。美日两国进行国际贸易，假如其他条件一致，则日本必然顺差。

在这样的背景下，高储蓄国为了维持国内经济的平衡，采取鼓励出口的政策，不但是不必要的，反而必然授人口实，给人以制裁的机会。更进一步说，补贴出口会延缓本国的产业升级。

借鉴日本的教训，中国当前应该取消过多没有必要的出口补贴及出口退税，改善国内收支及国际贸易平衡，更好地改善国内人民的生活福利，也更快地推动产业升级。

以发展应对挑战

发展能够解决很多问题。发展会让很多争端变得没有必要。发展还会让贸易战转化为正面的压力。

例如，美国与日本之间围绕纺织品和彩电的贸易战都是没有必要的。随着日本的发展及产业的升级，这些产业迟早会面临新的后来国家的竞争而向外转移。美国自身也不能从贸易战中获得什么真实的利益。例如，通过贸易战，美国的确为本国半导体行业的发展争取到了空间和时间，但汽车行业毕竟还是衰退了。

最大的失败是自己的错误造成的

美国对日本发动的贸易战的确给日本造成了相当的压力，在一定程度上恶化了日本的发展环境。但是，这些压力虽然带来了不好的结果，日本半导体产业的确出现了问题，但是日本的汽车产业却一直在不断发展，证明压力也可能带来发展的动力。

至于纺织品和家用电器产业的转移，则是符合产业发展规律的，不管有没有美国发动的贸易战，都必然会逐渐消失。事实上，美国对日本发动贸易战之后，也没能保住自己的纺织业和家用电器业，最终整个产业都几乎消失了。

美日贸易战仅是日本经济长期萎靡的导火索，错误的货币政策才是主要原因。《广场协议》签署后，日元显著升值，日本政府在美国的威压下采取了宽松的货币政策和金融自由化改革，导致其原本高涨的股市和房地产泡沫破裂，日本经济全线崩溃。

美日贸易战的结局判断

关于美国与日本之间的贸易战，一般都认为是美国胜利、日本失败。但是我们认为，不能简单地说美胜日败。社会科学不是自然科学，并非只有一个标准化的结论。对于美国与日本之间贸易战的结果，基于不同的角度与层次，是可以有多种不同的判断的，而且这些判断均有其道理。

美国胜利，日本失败

第一种判断是：美国对日本发动的长达 60 年的贸易战，一般认为其结果是美国胜利、日本失败。

美国胜利的标志是：每一轮贸易谈判之后，美国对日本的贸易状况都会有所好转。在 1976—1978 年的钢铁、彩电贸易谈判之后，1979 年的美日贸易逆差缩小；在 1979—1981 年的汽车贸易谈判之后，1981 年的美日贸易逆差缩小；而在 1985 年签署《广场协议》和 20 世纪 80 年代后半期的半导体贸易谈判之后，1988—1990 年间美日贸易逆差缩小。美国通过打击日本，不但遏制了日本的发展势头、保护了国内的产业，而且在根本上防止了日本发展过快给美国带来的威胁。种种原因加总在一起，实现了美国经济及科技力量在 20 世纪 90 年代之后的重新崛起。

对于日本而言，则恰好相反。在美国的压力面前，日本节节退让，也节节败退，损失不断扩大。最终，日本在美国的压力面前举措失当，因为泡沫经济的崩溃，而导致了"失去的 10 年""失去的 20 年"，现在快是"失去的 30 年"了。

美日双败

第二种判断是：美国与日本之间的贸易战，其实是双方都失败了。

日本不能说全输，但总体上是失败了，丧失了发展的势头。然而美日贸易赤字问题却并没有太大的好转。

如果将美国对日本的货物贸易逆差变化作为贸易战效果的表征，从美日摩擦的 30 年历史表现来看，集中的贸易谈判对美日贸易逆差的缩小确实在短期内起到了一定的作用，但是作用时长仅为 1～3 年，并没有从根本上缩小贸易逆差。1985—1990 年美国年均贸易逆差额约为 1971—1975 年年均额的 2 倍，当然也不可能彻底缩小。总体上看，贸易战对缩小美日贸易逆差有短期影响，但贸易逆差规模长期由国内外产业优势和经济结构决定。

有一个例子：美日两国最终于 1981 年达成日本对美国汽车出口自主限制的协议。由于日本减少了对美国的出口，美国汽车市场出现供给不足的现象，汽车价格上涨。1981—1984 年，美国汽车价格年均上涨 4.4%，对美出口的日本汽车价格年均上涨 11%，大幅高于美国同期通胀率 7.9% 的均值水平。价格上涨为企业创造了超额收益，但同时消费者生活成本上升。根据测算，1984 年美日汽车贸易出口限制为美国企业带来 26 亿美元的额外收益，同时造成 58 亿美元的消费者损失，总体来看，消费者的损失大于生产者的收益。美国暂时渡过了危机，但也失去了自我改革的机会。总体上，贸易逆差没有减少，中下层人民的生活水平长期不能提高，甚至缓慢下降，国内危机日益严重。从 20 世纪 70 年代末到 21 世纪头十年，美国的劳动生产率提高了将近 2.5 倍，但是这一时期的实际小时薪酬几乎没有增长。

从贸易战中，美国没有得到好处，日本同样受到损失。在贸易战的压力下，日元持续升值，出口产品价格大幅上涨，大大削弱了日本产品在国际市场上的竞争力，对出口依存度高的日本经济产生了重大影响。1986 年日本出口总额减少超过 20％，此后三年出口总额年均减少 6.5％。日本的钢铁、造船、纤维等行业陷入结构性萧条，汽车、电子、电机、精密机械等支柱产业遭到严重打击。如1985—1990 年，纺织业出口额减少 4 500 亿日元，汽车业出口额减少近 2 万亿日元。1986 年，日本经济增速由升值前居发达国家之首的 6.3％下降到 2.8％，成为当年全世界经济增速下降幅度最大的国家。

另外，美国虽然在战术上打败了日本，但也给予了其他国家赶超的机会。对于美国来说，打败一个比较听话的日本，却让一些不那么听话的国家发展起来，对自己一定更加有利吗？

美日双赢

第三种判断是：通过贸易战，美国和日本两个国家都胜利了，因为美国与日本在斗争中各自发展。

正如很多人所说，美国打败了日本，压制了日本的发展，给了本国半导体产业以发展的机会，并借机在 20 世纪 90 年代重拾发展势头。

对日本而言，美国对日本的贸易制裁反而促进了日本的产业结构升级。20 世纪 60 年代到 80 年代中期，日本国内产业升级，主导产业从轻工业到重工业，逐渐转变为以技术为核心的资本密集型产业，主导出口产品也经历了由纺织品、钢铁、汽车向半导体、电子通信产品的转变。1993 年美国对日本贸易出口额为 479.5 亿美元，进口额为 1 072.67 亿美元，贸易逆差约为 593 亿美元，比 1992 年高出 100多亿美元。而 1994 年逆差更是创造了历史最高纪录，达 656 亿美元，美日贸易的不平衡再度扩大。正是由于日本自身的产业升级，令美日双边贸易结构在贸易争端中不断重塑，贸易差额得以扩大。

签署《广场协议》后，日元升值，日本出口下降，日本经济受到短期冲击。从日元汇率和日本出口来看，贸易战对日本的影响大约维持了 5 年；而从经济增速来看，贸易战对日本经济的负面冲击仅在 1986 年这 1 年内体现。因此，总体上看，贸易战导致日元升值、出口下降，对日本经济造成了短期冲击。

日美间发生汽车贸易摩擦后，日企选择美国主力企业不重视的中小型家用车为主打产品，韬光养晦，不断改善产品性能（安全、便利、节能、环保）和售后服务，逐步改变了廉价贩卖形象。同时，丰田、本田、日产等三大公司利用日元升值扩大了在美国和北美地区的直接投资，既提升了日系车在美国的市场份额（目前高达 40％左右），也增加了当地雇佣。结果是，日本企业后来居上，目前在全球汽车生产第一方阵（德日美）中也处于优势地位（环保节能技术领先、价格适中、成长可持续性强）。

更重要的是，美国和日本的关系没有完全破裂，还是保持了和平友好的发展关系。日本通过让步，也换得了政治及军事方面的一些利益。为了顾全美国总统尼克松在竞选期间对家乡选民的承诺，1972年日本对纺织品出口美国实施了自主减少。这一贸易让步被认为可能是同年美国把冲绳的施政权归还给日本的推动因素之一。有研究者将这一交易夸张为"以丝（纺织品）换绳（冲绳）"。

总之，美国与日本之间的贸易摩擦具有时间长（60 年）、领域多、影响深刻等特点，非常值得中国方面学习参考。对于这场长达 60 年，至今尚未停止的战争，历来研究很多。一般评价认为，美国借助贸易战打垮了日本，遏制了日本高速增长的势头，消除了日本带来的危险。但是，笔者认为，这种评价可能是不全面的。在并不完全否定美胜日败判断的基础上，笔者提出了美日双赢双败两种视角，这两种视角同样具有深刻的道理。基于认识论的视角，笔者认为，在社会科学领域，不存在单一的结果判断，好与坏总是不断转换的。

二战以来的美欧贸易战

——斗而不破

美欧作为当前世界上最大的两个经济体,其贸易关系是世界上最重大的、也是最复杂的经济关系。2000 年欧盟与美国的贸易额占欧盟全部贸易的 25%,为近年来一个高点。在 2009 年,美欧双向贸易达到 9 750 亿美元,为双方创造了 1 400 万个就业机会。欧盟的企业占美国贸易服务领域 40% 的份额,双方的投资更是占到对方外商直接投资的 50%。2018 年欧盟对美国货物贸易达到 6 740 亿欧元,占欧盟贸易额的 17.1%。

双方复杂重大的贸易关系增进了彼此间的联系,同时也加剧了双方之间的贸易摩擦。自 20 世纪 60 年代以来,美欧之间的贸易摩擦就接连不断,但同时美欧又相互需要,整体上处于一种斗而不破的状态。美欧之间的这种关系,在一定程度上可供中国借鉴。按照西方国际关系理论,两个国家之间无论当前关系多么友好,都谈不上情谊,无不是利益使然。

美欧贸易战的发生及大致历程

二战之后,作为大战主战场之一的欧洲在战争中生灵涂炭,一片废墟。尤其是西欧，两次大战消耗了其几百年来所累积的优势，包括物质的和精神的。而美国的实力则大大膨胀。1948 年，美国工业生产和对外贸易在世界工业生产和国际贸易中的比重分别达到了 45% 和 18%，其工业生产为英、法、联邦德国、日本四国之和的 2.7 倍；在资本输出方面，从 1945—1960 年，主要资本主义国家新增对外投资 120 亿美元，其中 70% 左右来自美国。但是，开始重建后，欧洲在国际经济中的地位就在不断恢复。恢复毕竟比发展要快得多。

到 20 世纪 60 年代，随着美国经济的相对衰落和西欧经济的逐渐恢复，为了抢占国际市场，美欧之间不断发生贸易摩擦。一开始是地毯、玻璃、人造纤维、冻鸡、卡车、小麦、酒等商品的争端，钢铁贸易争端开始得也很早。到 20 世纪 80 年代至 90 年代，钢铁贸易摩擦和农产品贸易摩擦成为美欧贸易摩擦的焦点。自 20 世纪 90 年代以来，美欧还就欧洲开放视听产品、航空业产品、钢铁及服务业市场等经过激烈而紧张的贸易摩擦及谈判，美欧贸易摩擦也已经从单个产品转向多产业领域和贸易政策的全面综合摩擦。

2001 年 11 月开启的新一轮多哈贸易谈判为各国扩大贸易范围，在全球范围内获得更大的经济和贸易利益提供了一个很好的机遇。谈判中最大的两大利益集团：美国和欧盟又将多哈回合谈判当成新一次为自身争取更多国际贸易利益的主战场，双方在谈判内外，围绕贸易摩擦不断。但由于各成员间经济实力及意愿差别很大，多哈回合谈判至今没有取得显著进展。

2008 年金融危机之后，美欧的贸易保护主义愈发严重。美国投入了大量的资源用于支持国内不景气工业的生产，尤其是汽车行业。2009 年 2 月美国国会通过了 7 870 亿美元的经济刺激计划。

2017 年，美国总统特朗普正式上任以来，高举"美国优先"的贸易保护大旗，对世界各经济体开展了近乎无差别的贸易战，并不因为美欧之间的战略盟友关系而有所保留，美欧之间的贸易战再趋激化。

美欧贸易争端的主要内容

美欧之间贸易战的内容是全方位的。20 世纪 60 年代以来，美欧贸易战主要有如下一些重要领域。

工业品贸易争端

工业生产是一国经济的骨架，必须要坚决保护好。美欧双方在工业品贸易方面的争端由来已久。根据争端的内容，大致又可以分为传统工业和高新技术两大方面。

传统工业方面

· 钢铁贸易是美欧贸易冲突的主要战场之一

钢铁工业曾经是一国经济实力的象征。对于"大炼钢铁"，今天的很多中国人可能仍然记忆犹新。二战期间，日本海军大将山本五十六关于美国的烟囱比日本的树还要多的警告也言犹在耳。到今天，钢铁对一国的地位虽然没有当年那么重要，但依然是构成一国综合国力的基本支撑之一。所以，美国总统特朗普在上任之后，以国家安全的名义，强烈要求保护美国的钢铁工业，对进口的钢铁加征关税。

20 世纪 50 年代，美国的钢铁产量超过 1 亿吨，独霸世界。钢铁、汽车、建筑是美国经济的三大支柱。二战结束后，西欧各国普遍重视并扩大钢铁的生产。为了缓解钢铁产能过剩，扩大钢铁出口，欧共体给予了出口补贴，引起了美欧之间的钢铁贸易摩擦。美国为了保护本国的钢铁工业，对从欧共体进口的钢铁征收了高额反补贴税。后经双方谈判，欧共体同意对出口美国的钢铁产品实行"自动"出口限额。矛盾暂时缓解，但并未得到根本解决。

进入 20 世纪 90 年代，世界钢铁生产能力进一步扩大，然而世界钢铁市场却持续萎缩，需求急剧减少，市场竞争越来越激烈，导致世界钢材价格下跌。欧盟市场积压了 500 多万吨的钢铁制品，有 7 万多钢铁工人失业。这一时期美国的钢铁工业在国民经济中的地位逐步下降。从 1990 年到 1999 年，美国钢铁工业的年增长率由 1992 年的 4.2%、1993 年的 7.1% 和 1994 年的 6.2% 下降为 1998 年的 -2.5% 和 1999 年的 0.4%。从业人数也由 1994 年的 24 万人减少到了 2003 年的 16 万人。1998 年以来就有 31 家钢铁公司申请破产保护或者倒闭，数万人失业。

眼看着自己的钢铁工业不断萎缩，美国又开始实施贸易保护主义，多次对欧盟、日本、中国等的进口钢铁实行反倾销诉讼，大幅征收反倾销税。1993 年 1 月，美国商务部宣布对欧盟七国（英国、法国、德国、西班牙、意大利、比利时、葡萄牙）进口钢材（主要是汽车制造业需要的钢材）征收 10% 的惩罚性关税。由于美国方面的制裁，直接影响到欧盟每年 200 万吨的钢材出口，欧盟损失 10 亿美元以上的出口收入。欧盟方面指责这一措施是"美国大规模骚扰"国际钢铁市场的"最新措施"，违背了关贸总协定的原则和精神，破坏了国际多边贸易体制。

到 1993 年 4 月，美方又宣布，如果欧盟不取消对美进口产品的歧视性措施，就将把制裁范围扩大到 12 国。美国的单方面行动引起了欧盟的强烈反应，它指责美国政府遭受国内钢铁工业的压力，试图把国内的危机转嫁到欧洲人身上。

2001 年布什总统入主白宫后，应钢铁企业的请求，指示美国国际贸易委员会就钢材进口对国内钢铁工业的损害进行调查。2001 年 2 月，美国宣布对欧盟国家输入美国的钢铁进行反倾销调查，引发西班牙等欧盟国家的不满，开启了新一轮的贸易争端。2001年10月，调查结果公布，认为美国钢铁工业受到了廉价进口钢材的严重损害，建议加征关税和实施进口配额制。2002年3月，美国通过了对钢坯、钢材等主要进口钢产品实施为期3年的关税配额限制和最高加征30％关税的"201条款"。2002年3月5日，布什总统宣布，自3月20日起，向外国进口钢材征收8％~30％的关税，为期3年，并对原钢板实施进口限额。

美国第43任（第54—55届）总统，乔治·沃克·布什，常被称为小布什

美国的钢铁保障措施以损害贸易伙伴的利益来谋求本国利益的最大化，因而立即引起了各产钢国的反对。2002年3月8日，欧盟对此做出了强烈反应，向世贸组织提出了申诉。考虑到世贸仲裁的过程漫长而复杂，缓不济急，欧盟便又采取了另外两项措施。

2002年4月8日，欧盟宣布采取"临时性保护措施"来限制钢铁进口。这项措施涉及15种钢铁产品，这些产品均与美国有关，规定将以欧盟2001年的这类产品的进口水平为依据，对超出部分加征14.9％至26％的关税，并且明确排除了发展中国家的钢产品，制裁的目标直指美国。美国贸易代表佐利克的发言人立即发表声明，质疑欧盟决定的合理性，表示要向世贸组织提出控告。但欧盟委员会贸易委员拉米说，一旦美国改变对钢铁进口的限制，欧盟也将立即取消保护措施。欧盟的另一项措施是宣布了两份报复性清单：一份涉及对价值3.78亿美元的果汁、服装等商品征收100％的惩罚性额外关税；另一份涉及柑橘、大米、保龄球场配件等，价值约5亿美元。

迫于欧盟和其他钢铁出口国的压力，美国先后将247种钢铁产品纳入免征高关税的范围。但这一举措并不能让欧盟满意，因为得到免征高关税待遇的欧盟钢铁产品仅有2.3亿美元，仍有23亿美元的欧盟钢铁产品受到美国高关税的影响。2002年6月10日，在卢森堡召开的欧盟外长会议仍旧通过了第一份价值3.78亿美元的报复性清单。这样，美国不得不再次将价值600万美元的14种钢铁产品纳入豁免范围。同时，欧盟方面也推迟对美国商品的制裁时间。在相互的利益制约中，双方的钢铁贸易争端暂时平息。2003年12月4日，美国政府宣布取消钢铁进口关税，但同时会采取进口许可证、反倾销等措施，以防止国外钢铁进口大量增长。

2008年金融危机之后，美欧将更多的精力放到钢铁需求量很大的汽车、建筑等传统产业上。这些劳动密集型产业能够最大限度地帮助政府解决就业问题，对这些基础设施产业所进行的投入、补贴等经济措施更加剧了美欧之间钢铁贸易的摩擦。在经济形势未完全好转的情况下，美欧之间的钢铁贸易摩擦将会一直持续下去。

· 航空制造业

美国的飞机制造业在世界上一直占据首位。1969年，美国在世界民航机市场上一度拥有高达91％的份额。以美国当时的实力，没有任何一个国家可以与之抗衡。

为了打破美国的垄断，1970年12月，欧洲四国（德国、英国、西班牙、法国）共同组建了欧洲的空中客车公司（简称"空客"）。空客发展很快，成立仅 4 年后，就于 1974 年进军美国的民航机市场；到 20 世纪 90 年代，抢占了世界民航机市场约 25％的市场份额。空客上升为世界三大民航机制造公司之一。

空客的发展离不开政府的支持。1987 年，美国就曾向当时的关贸总协定民航机贸易委员会提出诉讼，指责空客得到了政府 100 亿美元的补贴，从而得以低价销售。欧共体方面则反击美国公司同样得到了美国政府的扶持，其中包括防务承包、研究开发等形式的援助，价值 230 亿美元。

在关贸总协定民航机贸易委员会的协调下，美欧达成了暂时的妥协，但是在政府支持的期限与条件、直接支持与间接支持的透明度以及双方可接受的商业惯例等关键点上未达成一致，给以后的争端留下了隐患。

到了 20 世纪 90 年代，美国航空业一度处境艰难，几乎全行业亏损。为帮助美国的航空业走出低谷，克林顿政府一方面减免航空公司的税收，成立由政府官员两院议员组成的"促进航空运输业稳固竞争委员会"；另一方面，指责欧共体在 10 年间向空客提供了 260 亿美元的补贴，使美国航空业遭受严重打击，要求欧共体放弃政府补贴，开展公平竞争。双方在航空业的矛盾再次激化。

双方不仅在政府补贴和公平竞争方面存在矛盾，在公司合并问题上也有摩擦。1996 年 12 月，美国的波音公司和麦道公司提出合并，组成全球最大的飞机公司。两者都是大型商用喷气式运输机的竞争者，是世界范围内该市场硕果仅存的三大制造商中的两家。另一个便是欧洲的空客。合并议案在美国国内很快得以通过，却遭到了来自欧盟的阻力。双方又一次处在了贸易战的边缘。最终，美欧双方又一次达成了妥协。欧盟在波音公司同意不执行与美国三家航空公司的飞机独占销售协议后，同意合并。

波音公司和麦道公司合并

20 世纪末，欧盟频频向美国发出挑战。1999 年 2 月，欧洲议会决定，凡是在 1999 年 4 月 1 日后首次进入欧洲的飞机，在噪音达标的前提下还必须禁止装有隔音器和发动机消音器，否则将从 2002 年 4 月 1 日起，禁止其进入欧洲领空。这项禁令的背景是欧洲"空中客车"飞机已经达到了此项要求，而美国生产的大多数飞机仍未达到。

据美国商业部估计，属于美国公司的 1 000 多架飞机将会受到此禁令的影响。美国认为，这是对美国所生产飞机的"贸易壁垒"。于是，美国商务部副部长阿伦说，欧洲一旦实行此项政策，美国将进行报复。美国参议院也建议，美国将禁止协和式飞机在美国降落。

1999 年底，欧盟又向世贸组织起诉了美国的"外销公司法"。根据美国 1999 年推出的"外销公司法"，美国波音公司每年可获得近 30 亿美元的优惠，而空客则因无此种优惠处于不公平竞争中。欧盟认为，美国的做法违背了国际贸易准则。2002 年 8 月 30 日，世贸组织判定欧盟胜诉。

2000 年 12 月，空客启动新的项目，建造最大的商业运输客机 A380。A380 是超大型远程宽体客机，能够承载 500～800 名乘客，有"空中巨无霸"之称。2005 年底，空客公布其 A380 项目将耗费 130 亿美元，空客期待其子公司能够提供近

空中客车公司标志

60％的余额，而欧盟政府的国家补助是空客的经济来源。欧盟政府还为 A380 提供了 37 亿欧元的补贴，并且如果新机型不能出售，空客也不必退还这些资金。

为了应对空客 A380 的压力，波音公司致力于生产一种新的 250 座的飞机 787，以代替原有的 767 型号飞机。对于美国波音公司的这个项目，日本三菱、川崎及富士财团提供大约 35％的资金支持，而这些财团又从日本政府那里获得了低息贷款。华盛顿政府也提供了大约 32 亿美元的支持，这成为欧洲公司向 WTO 抱怨的非法补贴。另外，欧盟还指责美国的航空补贴政策是间接的，无法计算补贴的具体数额。美国则指责空客的会计制度一直是不透明的，所得的补贴也无法用确切数字说明。美欧各执一词，互不相让。

后来的实践表明，空客 A380 的决策是错误的。由于缺少必要的市场，空客在 2019 年宣布 A380 将停产。波音 787 曾经给波音公司带来了巨大的利润，但是因为迫于竞争及利润的压力，波音 787 匆匆上马，在生产过程中缺乏必要的监督管理，控制不严，接连出现事故，目前生产也处于停滞当中。

高新技术方面

高新技术是美国的强项。美国从 20 世纪 70 年代后期开始，就一直希望利用自己的高科技优势占领欧共体的市场，特别是德国的电信市场，以此来平衡贸易逆差。然而，这恰恰是欧共体认为对其将来具有重要意义的领域，所以双方的争夺十分激烈。1995 年欧盟通过《个人数据保护指令》，1998 年通过了《数据保护法案》。法案规定在使用个人信息资料前，需采取一系列耗时耗资的行动，从通知个人其信息是在何时被收集的，到给予个人权力去控告掌握这些资料的人。使美国最不满意的是，法案还规定"数据不能从欧盟转至那些没有类似欧盟保护法的国家，例如美国"。美国对个人数据不予管制，允许顾客信息被买卖。而若欧盟的数据不允许卖给美国，则将对美国的贸易产生很大的负面影响。美国认为，欧盟此举是更深层次意义上的贸易壁垒，因此坚决反对，双方从而开启了新一轮贸易争端。

在计算机和有线电视技术方面，欧洲也面临着美国的巨大压力。长期以来，欧洲的计算机公司忽视了走联合开发的道路，结果美国产品占据了相当一部分欧洲市场份额，特别是在计算机软件市场上，美国已经占销售额的 70% 以上（一项统计表明，被美国公司占领的欧洲信息市场份额价值已经达到 1 560 亿美元），而欧洲的计算机公司只占 20% 的份额。美国在信息、通信、生物工程、新材料、新能源等高科技领域，都有明显的优势，在世界上遥遥领先。一方面，美国的许多大公司借欧盟统一大市场的东风大举进入欧洲；另一方面，欧盟利用大市场结构极力撮合欧洲的生产厂家（如西门子、菲利普、奥里维蒂）研讨对美新战略，双方的争夺十分激烈。

美国对欧盟压力较大的方面还体现在通信和医疗设备方面，美国对欧洲电信器材的出口占欧洲市场的 40% 以上，医疗设备方面美国也占据了欧洲 40％的市场份额。

农产品贸易争端

农业贸易摩擦是跨大西洋关系中最主要的、持续时间最久的贸易摩擦。农业在美欧国内生产总值中的比例相当小。但是，农业关系到一国生存的根本，如果把农业交付给别人，也就等同于将喉咙交付于别人。小国当然无所谓，可以从国际市场上获得自己需要的农产品，但是大国绝对不敢冒这个险。正是因为所有主要国家都有这样的意识，才使农业谈判成为多哈回合中最难的焦点。

美国具有农业生产的天然优势，加上政府的支持，因此成为世界上最大的农产品出口国。2001 年，美国农产品出口额达到 535 亿美元，是 1970 年美国农产品出口额的 7 倍还多，占到美国农业销售额的 25％。美国小麦、大豆和玉米的世界市场占有率分别高达 45％、34％和 21％以上。

欧洲多年来都是美国农产品的重要市场。但是，在共同农业政策的刺激下，欧盟许多农产品不仅满足了欧盟的内部需要，而且大量出口。当然，由于欧盟内部的农产品价格高于世界市场价格，要出口就必须得到政府补贴。这样，在政府大量补贴的帮助下，欧盟的剩余产品涌入了世界市场，抢占了可观的市场份额，其中不少是美国的传统市场。

美国对此自然不会无动于衷，也采取了巨额补贴以鼓励农产品的出口。美国农业部每年的经费预算当中有大约 80％是用于各种补贴的。

在乌拉圭回合谈判期间，美国和欧盟国家围绕农产品的补贴争论就异常激烈。直到 1993 年 12 月 7 日，双方才就农产品补贴及市场准入问题达成新的协议，规定欧共体对农产品的出口补贴自 1994 年起的 6 年内削减 21％，总量削减 36％，各国扶植出口的补贴削减 20％。欧共体同意减少某些农产品的种植面积，美国同意以"和平条款"解决争执。至此，美欧之间的农产品争端暂时平息，但根本的矛盾并未消除，之后仍长期打打停停，例如，香蕉大战、牛肉大战、转基因大战等。

多哈回合中的农业谈判主要包括出口竞争、国内支持、市场准入三个方面。各个方面又包括多个产品类别，各个产品类别又涉及相关国家各种不同的准则和利益。这就注定农业谈判是多哈谈判中最艰难的历程，所以迟迟没有结果。

精神文化产品贸易争端

精神文化产品是一个特殊的领域。美国的电影、磁带、录像带早在 20 世纪 60—70 年代便开始大举进入欧洲市场，欧洲战后一代也深受美国文化的影响。当欧洲一体化深入发展时，保护欧洲民族文化的特性便有了更重要的意义，因其对增强欧洲的凝聚力有着无法替代的作用。许多人担心美国文化"正在把所有的其他类型的文化推向一边，从而实现由它来单独统治全球的野心"，"要不了多久，整个世界就会变成完全美国化的一个城镇"。

欧盟一直反对将文化产品纳入关贸总协定的谈判内容，认为文化产品不是普通产品。视听产品等文化领域的产品与一般商品不同，不应将其列入自由贸易竞争的范围，应以保护各民族的文化特殊性为原则，实行特殊的贸易政策。美国则认为视听产品也是工业品，应纳入关贸总协定的谈判议程，实行自由贸易。欧盟主张取消国际贸易中对视听产品的最惠国待遇，经决定对来自非欧盟的影视产品实行进口限制，并对欧盟产品实行补贴。由于美国文化产品已经在欧洲站稳了脚跟，它坚决主张将此类产品与其他工业品等同对待，开放各国市场。

美国还威胁欧盟：如果对美国精神文化产品实行歧视政策，它将不得不采取强硬的报复措施。

1993年10月，欧共体召开文化部长会议，发表了保护西欧视听业的《共同行动纲领》，要求在"乌拉圭回合"中把文化产品排除在"商品"和"服务"之外，享有"文化例外权"，即各成员国有权对文化产品采取限额和补贴等措施，以保护各成员国和本地区的文化特性。在与美国的文化产品的冲突中，法国的态度格外坚决，它认为：欧洲联盟作为一个超国家集团，不仅有能力而且有义务保护欧洲的文化传统，各国政府也应当抵制美国文化的入侵，维护本国利益。法国还在法语国家首脑会议上主张"将所有精神文化产品排除在关贸总协定之外"。当时的法国总统密特朗称"现在西欧各国文化的同一性受到了严重威胁，一个放弃向别人表达自己权利的社会是一种奴化的社会"。

美国方面则指责欧共体的"限额政策"和"补贴政策"，认为"有损于播放质量，不利于电视台提高效益，更不能使视听工业得到发展"。

但由于欧盟国家在文化传统方面存在较大差异，加之各国传统做法不一，很难达成一致。欧盟规定，各成员国在其广播和电视节目中播送本国节目内容不得少于50％，播放的美国节目不得超过50％。法国的规定更为严格，规定美国的节目不得超过40％，60％的欧洲节目当中法国自己的节目必须占40％。而英国对美国的节目从来不加以限制。由此可见，欧盟在建成统一大市场的初期还未能制定一项限制美国节目进入欧洲市场的统一标准。美国也正是利用了欧盟的这一弱点，采取各个击破的策略，集中力量打击法国。透过双方关于保护民族文化的争执，我们可以从以下数据看到文化后面的经济原因。美国影视产品多年来大量出口到欧洲市场，1991年欧洲市场上放映的影视片中72％为美国产品，美国仅此一项出口收入每年便达到40

亿美元。相比之下，欧洲每年输出到美国市场上的同类产品还不到 3
亿美元。如果欧盟在美国的压力下开放内部市场，它的 300 多家企业
将因此倒闭，7 万多人将失去工作机会。所以，欧盟不会轻易在这方
面让步。经济上的矛盾是文化产品摩擦不断的根本原因。双方都会为
了维护己方利益而据理力争。

特朗普上任以来的美欧贸易战

特朗普上任后，美国保护主义倾向不断加强。2018 年 3 月以来
的美欧贸易摩擦，可以明显划分为两个阶段。

在第一阶段，美国拟通过加征欧盟钢铝关税向其施压。欧盟的钢
铁产量在全球位居第二，仅次于中国。据估算，美国加征钢铝关税将
涉及欧盟钢铁产业 53 亿欧元和铝产业 11 亿欧元的出口产品，对欧洲经
济巩固复苏势头具有较大的负面影响。美国加征钢铝关税实际上是美
欧几十年来钢铁贸易争端的延续。然而，在这一阶段，欧洲对此警惕
性不高，市场普遍认为美国贸易摩擦的矛头实际上是指向中国，欧盟
只是被牵连进去，美国的目标是迫使其站队联手，成为遏制中国的联
合力量。甚至欧盟对于美国向中国发动的贸易战抱着隔岸观火、乐观
其成的态度。如果条件允许，欧盟不会介意再来一次《慕尼黑协定》。

在第二阶段，贸易战焦点开始"漂移"和"多样化"，欧盟开始
由"伙伴"转变为重点狙击对象之一。特朗普甚至公开声称，欧洲比
中国更坏。欧盟也慢慢反应过来，意识到自身也是美国的攻击目标，
难以在贸易战当中置身事外、全身而退，其态度也不得不由观望转向
强硬。美国不仅对欧盟进行整体攻击，还尝试分化欧盟，各个击破，
尤其是针对法德两国。两年多以来，法德两国领导人先后多次访美，
均未取得实质性收获。

但是，欧盟凭借自己较为强大的综合实力，也绝对不可能在美国的压力面前轻易低头。在美国总统特朗普威胁将对价值110亿美元的欧盟商品加征关税后，2019年4月欧盟拿出一份"报复清单"。该清单范围涵盖美国的飞机、拖拉机等工业品，以及葡萄干、咖啡等农产品，这些产品总价值达200亿美元。2019年底，美国与欧盟又在俄罗斯与德国之间的"北溪二号"项目上出现了争端。美国声称要制裁参与"北溪二号"项目的欧洲企业，德国则表示绝不会受美国的威胁。

美欧贸易战的特点

高高举起，轻轻放下

美欧之间的贸易争端，总体上呈现"高高举起，轻轻放下"的态势。几十年以来，美欧之间的争端日益频繁，双方互相指责，频频诉诸世贸组织，列出大量报复清单威胁对方。然而真正到了报复的实施阶段，二者却都不约而同地一拖再拖。

这主要是双方都对贸易战的双刃剑作用十分清楚。美欧双方体量相当，彼此间相互依存的商业利益巨大，关系密切。目前，美欧外贸约1/4互为对象，规模在4 000亿美元左右。几十年的贸易使双方"你中有我，我中有你"，都怕在报复对方的同时伤害到自己，最后多半以妥协而告终。对于美欧来说，只有面对打击后不能还手，或者还手力度不够的对手，才是其可能真正下重手的时候。

另外，还有一个重要问题是美欧双方在政治上具有共同的立场，面临共同的外部敌人，在国际事务中经常采取共同行动。政治与经济是分不开的。正如政治因素是决定历次贸易战更为重要的因素一样，美欧在政治上的共同立场及利益，也决定了美欧之间的贸易战通常会以一种相对和缓的方式结束。

因此，虽然美国与欧洲之间在贸易战上可能会"高高举起、轻轻放下"，但是如果中国在贸易战中对美国让步过多，示弱过度，是有可能被美国一把摁死的。

美欧争端长期持续但关系不会完全破裂

争端长期存在的主要因素

基于当前的国际贸易竞争日益激烈、双方经济状况均不佳、美欧对经济发展模式设想不同等原因，美欧之间的贸易争端不可能消失，在今后必然持续发生，甚至有法制化、规范化、合理化、长期化，偶尔出现激化的可能。

世界经济的多极化发展趋势使双方的竞争更加激烈。发展中国家兴起，它们的贸易额上升，抢占了美欧的部分传统市场。美欧与他国之间的竞争也会影响到二者之间的贸易状况。全球市场相对而言越来越小，加剧了美欧之间贸易的争夺，导致争端不断发生。

区域性经济集团的建立与发展也将加剧双方的贸易争端。区域性经济集团的对外封闭性和对内开放性是引起区域间贸易摩擦的主要原因。欧盟成功建立了统一的欧洲大市场，美国针对欧盟也组建了北美自由贸易区，两大区域性经济集团的争夺也是美欧贸易摩擦不断的因素之一。

双方的关系不会完全破裂

美欧双方经济联系的紧密性无他国可比，彼此之间的依赖性使双方都有所顾忌。虽然经济摩擦不断产生，但欧盟是美国的最大投资者，美国也是欧盟国家的主要投资者，双方之间的投资纽带把双方紧紧联系在一起，具有巨大的稳定作用，从而使双方都不愿意在发生经贸争端时走向极端。

在目前最具活力的高新技术方面，双方的合作也不断加深。美欧在彼此领域的合作远远超过美日、日欧的合作总和。美欧在贸易、投资、生产和高新技术领域内的合作与密切程度使得双方在贸易、资金、人员、科技甚至思想等方面的交流水平远远超过双方与其他国家的交流水平。另外，在维持和制定国际经济秩序方面，双方也是在矛盾与冲突中相互依存。在商品贸易、服务贸易领域，双方的联系也是十分紧密的。即使美国想挑起贸易战，北美自由贸易区的加拿大、墨西哥乃至亚太国家也都未必愿意跟随美国。哪个国家都愿意与美国进行贸易，可谁也不愿意只与美国一家往来，而失去欧洲的巨大市场。这个逻辑在中美贸易战爆发之后，在东亚及东南亚国家当中也是成立的。

美欧双方在冷战后仍然具有共同的战略利益与共同的威胁。虽然共同的敌人苏联已经不复存在，但是，在欧洲安全乃至世界的稳定、反恐等问题上，美欧双方都有共同的利益。反恐、核扩散、冷战后民族间冲突等问题也都需要美欧双方合作解决。在难民、毒品、环保等方面，美欧双方的观点也几乎一致，有共同的立场。

经济全球化也降低了二者独自进行经济甚至政治关系调节的能力。在经济全球化的作用下，美欧双方不仅在经济问题上，而且在政治问题上，只有相互合作，才能有效解决新形势下一系列新的矛盾。从美国方面讲，经济实力下降，要继续在世界事务中起主导作用，必须加强与欧洲的合作。

可以预见，在本轮特朗普贸易战中，美欧贸易战属于有限摩擦而非全面贸易战，双方争夺的焦点可能由贸易蔓延至金融、数据保护等领域。在这一过程中，欧盟将采取强硬表态、对等报复、温和谈判、增加与其他受惩罚国家合作等方式予以应对。显而易见，美欧在价值观、国际事务方面的分歧进一步加大，尽管全球秩序的稳定性正在丧失，但是妥协合作的可能仍然是主要的。

美欧贸易战与美日贸易战的比较

美欧贸易战与美日贸易战是可以比较的。美欧之间的贸易战，比美日贸易战次数更多、行业范围更广。自20世纪60年代初至21世纪的今天，美欧贸易战持续了近60年，涉及农产品、钢铁、飞机、数字、公共采购多个领域，双方争端不断。总体上，双方围绕争端、单边制裁、反制裁、诉诸多边解决机制、协商解决的一系列流程展开了长达数十年的博弈。从结果上看，美国强大的综合国力使欧盟在各次贸易战中均略处下风，不过欧盟没有像日本那样经济一败涂地。

美日与美欧之间都进行了长达数十年的贸易战。美欧贸易战的结果是美国并没有获得太大的实际利益，而美日贸易战中日本遭受了沉重的打击。欧日之所以会出现这样的差距，原因比较多，大致可以总结为如下几点。

一是日本对美国在经济上的依存度更高，出口更加集中于美国；而欧洲各国的出口市场相对分散一些。

二是日本在政治及军事上对美国的依赖程度更高。面对苏联及俄罗斯的压力，欧洲是有相当的抵抗及反击能力的，但是日本没有，不得不允许美国在日本实行全面控制。总之，日本就是缺乏反制的能力、手段及勇气。

三是日本在应对贸易战的过程中举措失当。压力是美国造成的，但错误是日本自己选择的。美日贸易战60年，前面30年日本不断发展，《广场协议》之后一度发展更快，但是操之过急、举措失当，最终导致经济崩溃。

黄金、美元、贸易与国际货币体系

货币与贸易、国家的关系

货币与贸易的关系

货币与贸易之间，大致存在这样三个阶段的发展关系。

第一阶段：货币就是商品，商品就是货币。所以，货币交易就等于商品交换，两者之间不存在本质的区别。在中国上古时期，贝壳本身是商品，但也可以充当货币。春秋战国时期各诸侯国中流行的"刀币""铲币"，本身也都是有实用价值的商品。在中国历史上的大部分

刀币

铲币

时间里，粮食和丝绸、布帛、盐块，甚至烟土，也在某些特定区域、特定场合充当过货币中介。

第二阶段：货币是水，商品是船。船行水上。商品要交换，必须要借助于货币的支撑作用。一开始，是将一些特殊的商品作为一般等价物，它们从商品中被挑选出来，成为货币，例如铜钱与金银。中国自周朝开始，就普遍用铜铸钱。早期罗马共和国时代，铜块是主要货币。金银的货币作用则更为突出，马克思就说过，金银天然不是货币，但货币天然是金银。再到后来，则是各种信用，如个人信用、商业信用、国家信用等，转化为货币的具体形式，支撑商品的交换。中国唐朝时期的飞钱，宋代的交子、会子，近当代很多国家的货币，都反映的是信用关系。货币支撑了商品交易与经济发展。

第三阶段：商品是水，货币是船。在这一阶段，不仅金银这种实物货币是财富，各种信用证券本身也是财富。货币不是商品的附属品，不再作为商品交换的中介而存在。相反，货币本身就成为财富和价值的代表，商品交换的目的是获得货币，而非相反。这样的性质转换，在当前的国际社会中，已经产生了越来越突出的作用，并且正在颠覆国际经济格局。

在当前的国际社会交换中，已经不仅仅是贸易带动金融，也不仅仅是金融服务于实体经济，而是越来越多地表现为金融带来贸易，实体经济服务于金融。早在20世纪90年代末，在国际金融市场上，单纯是金融交易的规模，就已经超过商品交易的几十倍甚至上百倍。不但私人部门进行全球跨境跨期融资，各国政府也越来越多地主动利用国家信用发展主权债务融资，以进口商品和服务，或解决国民经济失衡的问题。如果不是各国政府及民众对国际储备货币的追求，尤其是对美元等货币的追求，美国就不可能大量输出美元，规模巨大的国际贸易就会大打折扣，整个国际政治经济秩序也将与今天完全不同。因此，不是国际贸易促进了国际货币交易，而是国际货币交易促进了国际贸易。

当然，需要说明的是，上述三个阶段通常不是完全独立的，而是常常并存。只是时间越往后，经济发展越充分，社会结构越复杂，全球分工越紧密，后一阶段的表现就越强烈。

货币与国家的关系

国家从来都是依赖对货币发行权的掌握。货币是国家汲取社会剩余及调剂余缺的重要而有效的手段。国家不掌握货币的发行权，在现代社会是不可想象的。而且国家的发展程度越高，与货币之间的关系就越密切。对于一个世界大国而言，货币发行权的掌握及有效运用，不但可以帮助自身更好地汲取本国的剩余及资源，还有助于其汲取全世界的剩余及资源。因此，货币发行权成为控制全球经济的重要手段。

在古代社会，如果不掌握铸币权，秦、汉、波斯、罗马这样的帝国就无法维持。中世纪的欧洲各国，同样依赖于铸币权的垄断才得以存续。在近代社会，如果不是掌握了纸币的发行权，大英帝国就不可能在与法国的长期竞争中取得胜利，成为"日不落帝国"。当代，如果美国不掌握美元权力，同样无法维持当前这样的全球霸权。

曾经在相当长的一段时期，私人市场化的货币发行是高度不稳定的。国家介入货币发行，会促进货币市场的发展，但是长期来看必然会带来较为严重的通货膨胀。通货膨胀其实也是一种税收，反映的是国家对社会资源的汲取能力。因为通货膨胀影响了经济发展和社会财富的分配，所以包括哈耶克在内的诸多有识之士呼吁削弱国家在货币发行方面的权力。

但是，时代在变化。在当代的经济条件下，各国的货币政策更加灵活，也更加宽松，但是通货膨胀却在消失，提升物价水平成为各国货币当局头疼的问题。例如当前，欧洲、日本和美国都认为通货膨胀率不能达到2%的水平。相信在新的时候，货币与贸易及经济增长之间的关系将会变得更加有趣。

布雷顿森林体系的建立及作用

布雷顿森林体系主要是货币与贸易关系第二阶段的产物。通过布雷顿森林体系，美国掌握了全球金融贸易秩序的主导权，美元也成为全球货币体系的核心。美国拥有了向全球征收"铸币税"的权利，同时也承担了维持国际经济秩序稳定、促进国际贸易发展的义务。而且，布雷顿森林体系的建立，大大推动了货币与贸易关系向第三阶段发展。

布雷顿森林体系的建立

在二战之前，世界贸易已经得到了极大的发展，同时全球货币体系（主要是金本位体系）也早已建立，以服务全球贸易发展的需要。美元也已经成为全球的主要货币之一，以及世界货币体系的核心部分。例如，中国在国民政府时期发行的法币，就是以英镑和美元作为信用基础。问题在于，这时候美元还不是唯一的核心，当时英镑的地位还要高于美元。而且，这一时期美元和英镑还都是黄金的附属品。然而，30年内接连两次世界大战的爆发，不但摧毁了全球贸易体系，也摧毁了全球货币体系。

二战结束前夕的1944年7月，44个国家在美国的布雷顿森林镇开了一个会，这个会名气很大，叫"布雷顿森林会议"。布雷顿森林会议及所建立的布雷顿森林体系，与差不多同时建立的IMF、世界银行和GATT一起，促进了世界贸易体系的重建，也促进了全球经济的恢复与发展。截至此时，货币体系主要还是为贸易服务。

布雷顿森林会议上一共提交了两个方案：一个是英国人提出的，因为方案的拟议者是著名经济学家凯恩斯，所以叫"凯恩斯方案"；另一个是美国人提出的，叫"怀特方案"。这个怀特是当时美国财政部的一个官员。

美国的方案是：为了实现稳定的货币体系，各国货币要与美元确定比值关系，而美元承诺35美元兑换1盎司黄金，这样各国货币通过美元间接实现与黄金价值的锁定关系。也就是，各国货币钉住美元，美元钉住黄金。相当于美元"协天子以令诸侯"。黄金就是天子，美元就是曹操。

英国的方案是：建议搞一种国际货币单位"班克"（Bancor），各国借钱还钱都用这种世界货币，直接放弃黄金的货币作用。英国相信，因为当时大英帝国的殖民地仍然遍布全世界，所以自己可以依赖对全球贸易体系的掌控来取得对国际金融体系的主导权。

事后看来，英国的方案可能更加先进——后来国际货币基金组织提出的"特别提款权"就与"班克"性质接近。但是，美国更有实力，而且美国的方案更符合当时人们的理解水平，所以最后是美国的方案占了上风。

布雷顿森林体系的作用

众所周知，布雷顿森林体系建立起以黄金为基础、美元为核心的双挂钩体系，主要体现为美元直接与黄金挂钩，1盎司黄金等于35美元，国际货币基金组织成员承认美元的黄金官价，美元则需承担国际货币基金组织成员央行兑换黄金的义务。

除此之外，"双挂钩"体系还确立了可调整的固定汇率制度，即：

各成员货币对美元的波动幅度为平价的±1％；只有在发生"根本性国际收支不平衡"时，才可以升值或贬值；当平价波动超过10％时，需经 IMF 批准。

布雷顿森林体系具有重要的历史意义：

（1）它的形成有效结束了货币市场的混乱局面，为很长一段时期内的货币体系稳定奠定了基础。从此以后，世界经济在该体系的指导下平稳运转。该体系为世界经济贸易的发展做出了贡献。

（2）由于采用固定汇率，国际资本流动中引发汇率风险的概率大大降低，这非常有利于国际资本的输入与输出，有利于促进贸易与投资的发展。

（3）固定汇率也为国际融资创造了良好环境，有助于金融业和国际金融市场的发展，同时为跨国公司的全球发展创造了良好的条件。

（4）国际货币基金组织提供的贷款机会有利于解决国际收支问题，也在很大程度上解决了战后成员恢复和发展经济的资金需求。

（5）美元等同于黄金，增加了国际清偿手段。马克思说，金银天然不是货币，但货币天然是金银。这话很有道理，但是存在一个巨大的问题：金银不够用，满足不了世界经济发展的需要。如果继续坚持金本位，就会束缚经济的发展。美元等同于黄金，相当于摆脱了这个束缚。

综上所述，布雷顿森林体系对第二次世界大战以后世界经济的振兴起到了巨大的推进作用。这是一个美国顶层设计方案，符合美国的利益，同时也符合世界的利益。二战结束后，美国设计的全球方案大多如此，这是美国当时之所以能够号召世界各国的重要原因。与之相比，特朗普的"美国优先"在推进当中的难度就非常大了。

布雷顿森林体系的缺陷及瓦解

在布雷顿森林体系中，最不可靠的环节就是美元钉住黄金。随着经济的不断发展，这一弱点必然逐渐暴露。

有人评价说，因为怀特是苏联的间谍，他故意挖个坑让美国跳。这种说法言过其实，因为当时的人们还是认为黄金最可靠，不让美元钉住黄金，就不可能让他国的货币钉住美元。

"特里芬难题"的出现

1960年，美国耶鲁大学教授罗伯特·特里芬在《黄金与美元危机——自由兑换的未来》一书中提出了"特里芬难题"。特里芬教授认为，布雷顿森林体系存在内在的制度性缺陷。确立美元为国际货币的核心之后，在国际货币体系与世界贸易体系之间必然出现一个内在的矛盾，因而布雷顿森林体系是难以持久的：世界上的各个国家需要发展国际贸易，就必须获得美元以进行国际结算，这就要求美国在对外贸易中必须出现逆差，以保证美元的输出，否则他国就没有美元可用。但是，持续的贸易赤字必然导致美元日渐不稳定。假如美国在国际贸易中持续盈余，甚至贸易平衡，就会导致世界贸易中缺乏美元而难以发展。因此，一方面，美元需要保持内在价值的稳定以保障国际交易的需要；另一方面，由于美国长期贸易逆差的产生，美元就不可能保持稳定。

这个过程不断发展，矛盾渐趋激化，以此为基础的布雷顿森林体系便也难以维持下去。

加上布雷顿森林体系确立的国际汇率体系是固定汇率制度，而固定汇率制度不能灵活调整。同时，IMF调节国际收支不平衡的能力也非常有限。在 20 世纪 70 年代，IMF 为了维护世界市场的秩序，分配了 90 多亿美元的特别提款权（SDR），但仍然是杯水车薪、无济于事。因此，布雷顿森林体系开始逐步崩溃、瓦解。

布雷顿森林体系的最终瓦解

从 20 世纪 50 年代后半期起，美国的国际收支状况就开始不断恶化，黄金储备大量外流。1960 年 10 月，第一次美元危机爆发，布雷顿森林体系也开始陷入不稳定状态。为挽救布雷顿森林体系，1961 年，美国与英国、法国、意大利、荷兰、比利时、瑞士一起出资共同组建了"黄金总库"，以平抑黄金价格的波动，但是最终无补大局。随着 1965 年越南战争的升级，美国财政支出不断增加，黄金大量外流。各国察觉到美元处于危险境地，纷纷抛售美元，兑换黄金，挤兑行为使得美国银行难以支撑。1968 年 3 月，在伦敦、巴黎和苏黎世黄金市场上出现了抛售美元、抢购黄金的第二次美元危机。1971 年，美国对外贸易发生了自 1893 年以来的第一次巨额逆差，美国的国际收支逆差达到了 220 亿美元的创纪录数字。当时美国的黄金储备仅为 102 亿美元，而对外短期债务却高达 520 亿美元，美国陷入了债台高筑的困境。

为缓解这一困境，国际货币基金组织的"十国集团"通过签署《史密森协定》，宣布黄金官价从 35 美元/盎司调整为 38 美元/盎司，同时其他货币也相应地对美元升值。即便如此，美元危机的势头仍然无法被遏制。随后，数次美元危机接踵而至，致使美国政府难以维持美元的稳定性。最终，1973 年，运行了近 30 年的布雷顿森林体系事实上已经瓦解。后来，1976 年的《牙买加协定》又对这一事实加以确认。至此，布雷顿森林体系彻底瓦解。

总之，布雷顿森林体系对二战以后全球经济的恢复和增长起到了稳定锚的作用。然而，美元与黄金挂钩、其他货币与美元挂钩的双挂钩体系设计，没有顾及之后的经济增长。随着日本和西欧经济的快速增长，35美元兑换1盎司黄金的比率显得过于刚性。美元发行的私有属性与作为国际本位的公共属性难以兼容，这也是"特里芬难题"产生的根源。

客观地说，"特里芬难题"存在解决之道。那就是美国把注意力更多地放在维持基本的国内平衡上，不让国内经济失衡引发国际失衡。国内经济平衡了，国际平衡也就容易实现，反过来也进一步保障了国内经济的全面平衡。但是，历史实践表明，美国没能克制自己的欲望。有便宜不占，或者是傻瓜，或者是圣人。历代帝国都做不到这一点。美国既不是傻瓜，也不是圣人，当然同样做不到这一点。由于美国滥用美元的力量，赤字过大，最终导致了美元的大幅度贬值和布雷顿森林体系的崩溃。美国政治学者肯尼迪曾经写过一本书《大国的兴衰》，总结了历史上大国失败的教训，认为大国超出自己的实力过度使用力量是衰败最根本的原因。美国最终也走上了这条道路。

石油美元与美元霸权

但是，美国人非常聪明，拥有不一般的智慧。美国利用自己的全球优势，迅速建立了一个新的货币体系——"牙买加体系"。布雷顿森林体系确立的是金汇兑本位，已经在相当程度上突破了"黄金枷锁"。"牙买加体系"之下，美元与黄金彻底脱钩，则意味着美元发行完全摆脱了"黄金枷锁"。在后来的发展中，美国得以尽情享受外汇市场的价格发现机制，获得了更大的利益。客观地说，这也是帮全世界突破了"黄金枷锁"。美国占了便宜，全世界也获益，当然，美国的直接获益最大。从人类的发展来看，"牙买加体系"的建立相当于人类的一次自我解放。

"牙买加体系"的建立

1976 年，在经过重重博弈之后，《牙买加协定》正式通过。这一文件的通过标志着"牙买加体系"成为国际货币市场的现行体系。其主要内容包括：确定了汇率安排的多样化，即固定汇率与浮动汇率并存，成员对汇率制度的选择须经 IMF 同意并要受其监督。

与此同时，黄金的非货币化与储备货币的多样化也得到了认可。"牙买加体系"实质上并没有改善现行的世界货币体系，只是将现存现象合法化，也就是中国人常说的"顺势而为"。在"牙买加体系"之内，美元可以不断扩大发行，而不受黄金的约束。对于美国而言，其权益扩大了，但是责任却极大地缩小了。

当然，与此同时，也给了其他国家的货币成为国际储备货币的机会。例如英镑、日元、法国法郎、德国马克及后来的欧元，在国际货币体系中也变得相当重要，成为美元的重要补充。

石油美元回流与美元地位的保持

布雷顿森林体系崩溃以后，美元仍然一直保持关键货币的地位。美元之所以能做到这一点，有很多原因，就美国自身而言，是基于其强大的军事力量和经济实力。在国际关系当中，非常重要的一点则是美元在失去了"黄金之锚"后，找到了新的"石油之锚"。

石油是世界上最重要的商品。1971 年黄金窗口关闭后，美元的迅速贬值引发了两次石油危机。到 1973 年，美元跌掉了原来 1/3 的价值。在避免损失的压力下，欧佩克国家大幅提高石油价格。在第一次石油危机（1973—1974 年）中，石油价格上涨了 3～4 倍。在第二次石油危机（1979 年至 20 世纪 80 年代初）中，欧佩克国家将原油的价格又提高了 2 倍多。

石油危机漫画

从 1977 年 1 月至 1978 年 4 月，美元相对其他货币再度快速贬值，而此时欧佩克国家持有约 700 亿美元的流动储备和价值约 800 亿美元的外币，其中有一半是以美元存款和美元资产的形式存在的。

在两次石油危机之间，欧佩克国家正式讨论过用其他货币取代美元来给石油定价的可能性。早在 1975 年 6 月，欧佩克夏季部长级会议在加蓬举行，会上讨论了使用特别提款权（SDR）为石油标价的建议。

在这个决定世界命运的关口，美国与沙特阿拉伯谈判成功，欧佩克同意继续使用美元给石油定价，为美元继续作为关键货币提供了新的合法性。只要各国需要进口石油，持有美元作为外汇储备就会大大降低汇率变动导致的风险，从而能够保证能源安全。同时，美国承诺给石油美元优惠利率，让这些美元返回美国，最终变成美国国债，此举让美国获得了防止经济下滑所需的资金。

与黄金相比，石油同样为自然资源，但是价值更高，作用更大，而且储量巨大，也能够因此支撑更多的美元。

美元通过制造不安来巩固自己的地位

布雷顿森林体系结束之后，固定汇率退出历史舞台，浮动汇率成为常态，各国及地区的金融危机也就成为常态。随着冷战的结束，苏联解体，越来越多的国家进入了世界市场，这使整个世界市场更加动荡不安。

在此期间，美国通过利率的升降及货币的扩张，驱动美元在全球的进退，在货币的潮涨潮退之间，促进全球经济增长或者制造危机，并通过美元的进退带动贸易及经济增长，又通过危机来收割全球增长所带来的财富。

当然，我们也要承认，美国驱动美元在全球的进退，是介于有意和无意之间的事。美国在驱动美元进退的工作方面，具有二元一体的非官方制度设计。美国的官方机构，如美国财政部及美联储等，主要是基于美国国内的经济发展需要而制定财政政策及货币政策的。但是，寄生在美国经济及金融体系上的国际投机集团，则借势推动或者放大美元进退的力量及冲击，并从中谋利。两者之间若即若离、二元一体、对立统一、相互影响，共同促进美国经济的成长。

国际金融危机的频繁发生，激励世界各国为了避免危机带来的冲击而囤积更多的美元。越来越多的美元向全球倾销，一方面让美国通过铸币税积累了巨大的财富，另一方面又让美国通过美元越来越牢固地掌握了全球经济命脉，迫使越来越多的国家依附于美国经济。

也就是说，美国通过美元的流出流入在全球制造金融危机，而金融危机又迫使各国政府与企业更多地追逐美元。即美元越多，世界经济就越不稳定；而世界经济越不稳定，就需要追逐越多的美元。如此看来，美元的地位似乎是循环加强、没有止境的。

这一时期新兴市场国家的经济崛起，也对美元产生了强烈需求，美元的超量发行得到有效消耗。尽管类似于 1997 年亚洲金融危机等的局部危机也时有发生，但并不影响全球经济在低利率、低通胀的环境中平稳增长的大趋势。有些西方主流经济学家看到这一切，就自得地认为，国家宏观调控方式已趋于成熟，再次发生全球性经济危机的概率很小。以至于他们发明了"大稳健"一词，用于表达经济学家对全球经济增长的持续乐观态度，并认为经济学的重大理论框架已经成型，剩下的事情只是修修补补。这其实跟 19 世纪末物理学的盲目乐观类似，当时的物理学界同样乐观地认为物理学理论已经成型，剩下的事只是修修补补。

金融危机示意图

美元霸权的弱点及反噬

美元的国际主要储备货币地位不仅能够带来巨大利益，同时也需要付出巨大代价。一切不通过努力付出而通过结构性安排带来的财富，也都将因为结构的原因而丧失。即使是通过努力而实现的结构性利益，也将因为条件的变化而丧失其优势。

首先，由于美国在这样一种国际金融体系中花钱不受约束，同时既要维持巨额的国防开支以支撑其霸权，又要为在国内摆平各种反对势力、缓和内部矛盾而不得不减税和增加社会开支，而国防开支及财政赤字都是无底洞，看不到尽头，联邦债务因此不断增长。据美国国会预算办公室预测，美国国债利息花费到 2020 年将超过医疗补助，到 2023 年将超过国防开支，到 2025 年将超过所有非国防计划开支的总和。在新型冠状病毒肺炎疫情的影响下，美国国债迅速增长，这一时点将更快到来。

其次，20 世纪 50 年代以来，美元就不断涌向全球市场。规模巨大的美元为追逐巨大的经济利益，成为诱惑美国推动金融自由化的重要动力，而不断的金融自由化和放松管制导致的资产证券化，致使虚拟经济迅速发展，美国经济日益空心化。美国经济的日益空心化，又在相当程度上削弱了美国的国力，提升了美国的国防成本。

再次，从 20 世纪 50 年代起，为了对冲美元的流出、平衡国际收支，美国鼓励企业对外投资，加之美国的跨国公司为绕过国际贸易中的关税壁垒抢占外国市场，也开始在海外大笔投资。由于对外投资对出口的替代作用，美国企业的出口受到很大影响，20 世纪 80 年代外包和全球生产方式的崛起更是从根本上削弱了美国制造业提供工作机会的能力，降低了美国制造工人的社会地位。

最后，美元特权及新自由主义指导下的国际经济秩序及自由贸易体系，在给美国带来巨大利益的同时，也造成了美国社会悬殊的贫富分化，富者愈富，贫者愈贫。数据表明，自20世纪70年代末期以来，美国中下阶层民众的收入几乎没有增长，与此同时，美国的教育和医疗费用却提升了3倍。我们可以设想一下，假如中国自1978年以来，人民的收入水平没有提高，若干重要的消费价格却在上升，中国社会将会是一种什么样的处境？

总体上，美元的发行特权给美国带来了巨大的利益，但是同时也侵蚀了美国的经济与社会健康。

霍元甲是清末著名的武术家，据说其力量很大，出拳有千斤之力，所以所向披靡。但是，牛顿第三定律说作用力等于反作用力，霍元甲先天身体底子并不好，承受不住反作用的千斤之力，自己的损耗也很大。美国的金融霸权其实与此类似，它对外部用力越多，占的便宜越多，内部的失衡也就越严重。

特朗普的贸易战

2016年，美国历史上独树一帜的"反建制派"人物特朗普当选总统，试图对美国冷战之后到今天的各项国际政策进行彻底清算。在"美国优先"的原则下，他对全世界发动近乎无差别的贸易战，不论对方是传统的对手，还是多年的同盟，统统要求在贸易关系上对美国做出让步。特朗普一上台就立刻退出TPP，重新谈判《北美自由贸易协议》，因为他认为这些自由贸易协定和贸易关系仍然是在延续冷战时代的非对称合作，允许他国向美国大肆出口，同时却对美国出口设置各种贸易壁垒。

他还要求北约成员国把国防开支上升到GDP的2%。他认为，北约当年是为保护欧洲国家安全成立的组织，然而在冷战已经结束四分之一个世纪后，美国却仍然承担北约75％的费用，这实在不公平。基于同样的理由，他要求日韩支付美国驻军的费用。简言之，特朗普并不是要放弃美国在国际上的领导地位，而是不想重复过去的代价，甚至想重建冷战时代为吸收盟友而破坏掉的美国经济结构。

但是，美国当前最大的问题是产业基础不足，不足以完全支撑美元体系，只能依赖有意无意地制造国际金融危机来收割全球的财富。这个体系是建立在美国与全球经济的一体化基础之上的。唯其如此，才便于美国对全球经济的操纵及美国金融对全球经济的渗透。

特朗普的贸易战即使成功，也将推动各国经济与美国脱钩，美国经济对全球经济的影响将会减轻，美元对全球金融体系的渗透将会削弱。从根本上看，这对美国综合国力的提升是不利的。

评论与展望

美元是历史发展的产物，是货币与经济发展顺乎逻辑演化的结果。美元的这个特殊地位，给美国带来了巨大的利益。这样的利益，一部分是美国精心设计的结果，也有一些是纯粹偶然的，是在应对危机的过程中逐渐显现出来的。

布雷顿森林体系及牙买加体系的建立，美国的确直接受益最大，但是全世界也同时受益，因为这两个体系帮助人类突破了"黄金枷锁"。如果从间接综合利益来看，其他国家反而可能受益更大。就如世界近代史上，西班牙和葡萄牙直接掠夺到巨额的金银，的确获益很大，但是那些通过生产换回金银的国家，如英国、法国、荷兰等，才是受益最大的。美元利益也是这样，美国的确获得了直接利益，但是其他国家通过生产来交换美元，提升了本国的生产力水平，长远来看，获得的综合利益可能更大。

美元在给美国及全球带来巨大利益的同时，也给美国及全球带来了巨大的危机。美元作为当前世界上最重要的国际储备货币，将导致美元资产成为事实上的全球储备核心资产。世界经济越是发展，各国对美元资产的需求就越是饥渴；国际贸易越是扩大，对美元输出的压力也就越大。美元好比种子，在环流世界的过程中深入各国的经济体系，生根发芽，苗壮成长，把各国经济与美元资产紧紧捆绑在一起。

资产是与负债紧密相连的，是一枚硬币的两面。美元泛滥的同时，全球负债也在不断增长。直到有一天，人们突然发现一个巨大的主权债务堰塞湖，压在了每一个国家的心头。这个债务堰塞湖一旦溃决，全球经济将陷于灾难。

有人说：这个债务堰塞湖是注定会决堤的！事实上，真不一定。假如运作得好，这个堰塞湖不但不会决堤，反而会成为一个高峡水库，既能够灌溉，也能够用来发电，驱动主权国经济，甚至是全世界经济的发展。如果主权债务国拉拢其他国家帮助自己一起来保护这个堰塞湖，那么，这个湖不但可以成为主权债务国源源不断的利益所在，还能够成为威胁他国的重要工具。

有一个段子说，青年问禅师："大师，我很爱我的女朋友，她也有很多优点，但是总有几个缺点让我非常讨厌，有什么方法能让她改变？"禅师浅笑，答："方法很简单，不过若想我教你，你需先下山为我找一张只有正面没有背面的纸回来。"青年略一沉吟，掏出一个莫比乌斯环（莫比乌斯环就只有正面，没有背面）。

那么，有哪些价值或者资产是只有一面、没有两面的呢？答案是，循环相生。20世纪80年代初期，桥水公司的老总达里奥曾经相信美国经济即将崩溃。但是，美国通过债务重组，付出了必要的代价之后，不但解决了当时的危机，还获得了进一步发展的动力，实现了新的跃进。今天的世界，又将如何重组资产与债务的关系呢？

当前全球经济金融贸易体系的确存在巨大的危机，这个危机一旦爆发，所带来的损害可能会远远大于两次世界大战。但是，这个危机看似深重，却并非不可以解决。当然，传统的、不公平的国际经贸货币秩序不可能自动打破，新的、更加公平有利的国际经贸货币秩序也不会从天上掉下来，而必须要依赖全世界人民的智慧和共同努力。

第四部分

中国与世界贸易战争

清朝时期的中国真的"闭关锁国"了吗？
——"一口通商"与"闭关锁国"

有一种常见的说法是，（明朝）清朝时期的中国是"闭关锁国"的，而"闭关锁国"的标志之一就是"一口通商"。关于"一口通商"和"闭关锁国"之间的关系，历来传说很多，但是存在诸多不实之处。很多人认为：正是因为"闭关锁国"，才导致中国由先进转为落后，以至于在近代长期挨打。因为这个问题影响到对中国传统社会性质及中外关系的若干重要认识，所以还是相当有必要加以澄清，以正中外人心的。

人们往往乐于关注并相信那些夸大的和耸人听闻的说法，对真实的历史研究却不感兴趣，宁愿视而不见。另外，假如陈旧的说法深入人心，往往就难以纠正。这导致的结果是，虽然"闭关锁国"和"一口通商"这个问题在目前的学术研究中已经说得相当清楚，但是在大众的认识中，甚至在各类出版物和非本领域学者的权威研究中，依然存在不少对这个问题的误解。所以，这不仅是一个历史问题，而且是一个媒体传播和大众心理的问题。下文无非是对前人研究成果的一个整理及发声，希望能让更多的人增加一点对历史真相的了解。

关于"一口通商"与"闭关锁国"的典型看法

所谓"一口通商",就是指乾隆二十二年(1757 年)清政府发布新的政策,禁止来自欧洲的英国、荷兰、西班牙、葡萄牙等国的"番商"前往江、浙、闽三地海关,只能在广东的粤海关(主要就是在广州)进行商业贸易。这项政策一直执行到第一次鸦片战争结束,前后维持了 80 多年。

从康熙二十三年(1684 年)台湾平定后到乾隆二十二年之前,清政府实行的是四口通商的政策,即在粤海关、闽海关、浙海关和江海关这四个海关与西洋商人进行贸易。这个情况在乾隆二十二年发生了变化,这一年的 11 月 10 日,乾隆皇帝正式下命令,规定只能在广州与西洋商人单口通商。谕令指出"……将来只许在广东收泊交易……令行文该国番商,遍谕番商。嗣后口岸定于广东,不得再赴浙省"。

乾隆皇帝

这一行动,常被一些史家、政治家及评论人视为清政府"闭关锁国"的象征。比较著名的是马克思在《中国革命和欧洲革命》一文中将清朝当时实行的外贸制度称为"闭关政策"。"……天朝帝国万世长存的迷信受到了致命的打击,野蛮的、闭关自守的、与文明世界隔绝的状态被打破了,开始建立起联系……"①"这个新的王朝……外国人才被禁止同中国人有任何来往,要来往只有通过离北京和产茶区很远的一个城市广州。外国人要做生意,也只限和行商进行交易;政府特许这些商人有做洋货生意的特权,用这种方法阻止其余的臣民同它所仇视的外国人发生任何接触。"另外,著名的历史学家戴逸先生在1979年3月13日的《人民日报》上发表的《闭关政策的历史教训》一文也明确认定:"乾隆二十二年颁行广州一口通商政策是清朝实行闭关锁国政策的标志性事件。"马克思与戴逸的观点,分别代表了中外不同时期关于"一口通商"的具有代表性的肯定性看法。

但是,乾隆皇帝的这道谕令真的发挥了这么大的作用?"一口通商"真的有这么大的影响力吗?

清政府其实并没有下令关闭江、浙、闽三海关

后来一些历史学家仔细梳理史料,大多认为"一口通商"的作用和意义其实是被夸大的。实际上,清朝也没有"闭关锁国"。例如,著名的经济学家严中平就坚定地认为:总之,我们不承认在历史上中国封建政府,曾经实行过什么"闭关自守"政策,更不承认,中国曾经出于地理上、人种上的原因,对外实行过"野蛮的""与文明世界隔绝的"闭关自守政策。

这是因为,在对外贸易方面,按清廷的规定,原来的"四口通商"本来就有分工:江、浙、闽三关主要面向东洋各国,粤海关则面

向西洋、南洋各国。所以，在乾隆二十二年的这道谕令中提道："……此地向非洋船聚集之所"，就是说江、浙、闽三个海关向来洋船就来得很少。

为什么这样安排？是因为清廷认为：粤省地窄人稠，沿海居民大半借洋船谋生，不独洋行之二十六家而已。且虎门、黄埔设有官兵，较之宁波之可以扬帆直至者形势亦异，自以仍令赴粤贸易为正。也就是说，清政府认为，西洋商人在广东贸易，更有利于广东民生，而且有利于海防安全。因此，清政府出台这样的规定，是出于经济和国防方面的综合考虑，而非限制对外贸易。

更重要的是，这一上谕只是让"外洋红毛等国番船"和"番商"只在广东通商，不得再赴浙江等地，而不是关闭江、浙、闽三海关，更不是"广州一口通商"。因此，"一口通商"这个说法是有前提的。

另外，我们还要看到，此后在乾隆四十一年（1776 年）还有谕旨：朝鲜、安南、琉球、日本、南洋及东洋、西洋诸国，凡沿边沿海等省份夷商贸易之事皆所常有，各该将军督抚等并当体朕此意，实心筹办。遇有交涉词讼之事，断不可徇民人以抑外夷。也就是说，"番商"只许到广东交易只是原则上的规定，在实际工作中并没有那么严格。

甚至当时已经长期占据南洋的一些西方殖民者，因为与浙江、福建一带存在传统的贸易关系，所以他们仍被允许到闽、浙、江海关进行贸易。乾隆二十三年（1758 年）上谕：如系向来到厦番船，自可照例准其贸易。也就是说，如果是之前就来厦门做过生意的西洋船，那么就照旧来吧！不必改变了。——这也反映了中国人的一个特点：重视传统与惯例，不愿意轻易改变。

实际上，也仍有大量当时东南亚地区的商船不断到福建厦门等地贸易，也就是所谓的"南洋互市"。例如，据史料记载，在乾隆四十六年（1781年）、四十八年（1783年）、五十一年（1786年），嘉庆十二年（1807年）、十四年（1809年），都仍然有西班牙商人从吕宋（今菲律宾吕宋岛）到厦门从事贸易活动。

此后，江、浙、闽三个海关也一直正常执行征收关税等海关职能，而且清政府还曾多次修订这几个海关的税则和"关余"定额。乾隆四十六年，一艘名叫"郎吗叮"的吕宋商船，在驶往广州的途中，因为遭遇大风，不得不停泊于厦门，恳请就近贸易。闽海关查验之后，发现该船并无损伤，怀疑其是"有意趋避"，找借口来厦门贸易。清署理福建巡抚杨魁就上奏道："请嗣后该国商民来闽船只，并无损坏者，一概不准发卖货物。"意思是，代理福建巡抚杨魁报告说，以后要是西班牙的船只来到福建做生意，如果船只没有损坏，说明他们是投机蒙混，一律不许销售货物。

但是，乾隆却有不同的看法，他在上谕中说："杨魁此奏所见转小。吕宋商民遭遇风暴飘至厦门，幸未伤损，亦情理所有，若竟遣回，转非体恤远人之意。如因闽海关输税定例，与粤海关多寡不一，该国商民，意图就轻避重，何不咨查粤海关条例，令其按照输纳，该商民等趋避之弊，不杜自绝。嗣后该国商船，有来闽者，俱著照此办理。"乾隆不同意杨魁的意见，认为这事出于偶然，船只遭遇风暴没有损失，是幸运的事。如果赶走，就是违背了中国传统上"体恤远人"的政治观念。

因此，受"一口通商"影响比较大的国家其实主要是英国，其他国家受限制较小。但因为英国是具有很大的国际事务话语权的，而正是英国后来编造了中国"闭关锁国"的说法。英国把几乎是专门针对自己的"一口通商"政策夸大为整个中国的对外政策。

这个禁令没有限制中国商人的出洋贸易

我们还需要意识到，这个禁令只是针对西洋商人的入口贸易，特别是英国人与荷兰人，而中国商人的出国贸易则不在限制之列。因此，也算不上"闭关"，顶多是限制进入，而不是限制出去。

当时，中国商人由四个海关出海赴东洋日本、朝鲜、琉球以及前往南洋各国贸易，虽然受到一定的限制，但在原则上都是允许的。当时华商赴日贸易多在浙江，与琉球的贸易集中在福建，与南洋各国的贸易多在广东。

乾隆二十二年后，有关中国商船从沿海各省出海贸易的史料相当丰富。例如，乾隆二十九年（1764 年），准"浙、闽各商携带土丝及二蚕湖丝往柔佛诸国贸易"。这里的"柔佛诸国"在今天的马六甲海峡附近。也就是允许福建、浙江的商人到南洋地区经商。道光九年（1829 年），到新加坡贸易的中国商船共 9 艘，其中从广州去的 1 艘，从潮州去的 2 艘，从上海去的 2 艘，从厦门去的 4 艘。

而在道光十年（1830 年）这一年，从广东潮州、海康、惠州、徐闻、江门，海南，福建厦门、青城，浙江宁波，江苏，上海等地驶往日本、菲律宾群岛、苏禄群岛、西里伯群岛、马六甲群岛、婆罗洲、爪哇、苏门答腊、新加坡、马来亚半岛、暹罗、安南、柬埔寨等地贸易的中国船只达到 222 艘。这就不仅仅是"四口通商"，而是"多口通商"了。

"一口通商"的实际阻碍作用不大

"一口通商"在实际工作中发挥的阻碍作用其实是相当有限的，

哪怕是对受限制最大的英国,影响也不大。

在清政府规定"一口通商"之前,数据表明,虽然清政府允许四口通商,但当时西方与中国的贸易地点其实还是比较集中于粤海关。西洋商船虽然偶尔也有前往闽、浙贸易的,但是数量较少。就英国而言,自康熙二十三年至乾隆二十二年,英国东印度公司来华贸易船只共有232艘。其中前往广州的有194艘,前往福建厦门的有19艘,而前往浙江宁波贸易的有18艘,另有1艘前往澳门,即大约83.6%的船只更愿意在广州进行贸易。

即使到了乾隆前期,英国东印度公司的船只北上浙江贸易的情况也并不多见。除雍正十三年(1735年)1艘前往厦门,乾隆元年(1736年)1艘、乾隆二十年(1755年)2艘、乾隆二十一年(1756年)1艘、乾隆二十二年(1757年)1艘共5艘抵达浙江之外,其他英国船只都是抵达粤海关进行贸易。

所以,虽然乾隆二十二年(1757年)清政府禁止西洋人赴江、浙、闽三海关贸易,但是如果从数量上进行比较,该禁令的实际意义并不大。

此外,在实际执法中,即使是对西洋商人,所谓的"一口通商"也没有得到严格执行。1757年之后,厦门、宁波仍时常有少量西洋船只停泊,甚至乾隆本人也曾对此表示宽容。一个英国商人说:他们实际上是爱上哪里,就上哪里,爱待多久,就待多久,而且从来不带通事。鸦片战争前夕,一个英国人在福建、浙江一住就是半年,并说没有一个人敢撵走他们。夷人不许上岸,我们却是进城,四处都跑遍了,中国官老爷绝没有采取措施加以阻止。英国东印度公司大班更是长驻广州。道光十年,英国下议院对在广州从事贸易的商人进行调查后得出结论:几乎所有出席的证人都承认,在广州做生意比在世界上任何其他地方都更加方便和容易。上有政策,下有对策;规定得严，执行得松。更何况，当时清政府规定得也并不严格。

数据表明，在"一口通商"之后，粤海关在80多年间的贸易总值一直不断增长，较乾隆二十二年以前"四口通商"贸易总值增长了10倍以上。当时中国相对宽松的贸易环境，促进了粤海关海外贸易的发展。

日本学者是如何理解"一口通商"和"闭关锁国"的？

日本历史上与中国关系密切，贸易往来比较多。如果从日本人的角度来看待这个问题，可能会有别开生面的视角。

在日本《讲谈社·中国的历史》第9卷《海与帝国：明清时代》的第八章中讲述了这样一个历史背景，提供了这样一个视角，可以帮助我们更好地理解"一口通商"政策出台的背景。

在明清时期，中国的对外贸易主要是两大块：一块是东洋贸易，主要是对日本，也对琉球；另一块是西洋贸易。南洋贸易其实也是被西方列强所掌控的。中国沿海不同地域的商人，在对外贸易中是存在竞争关系的，并非完全一体。

当时，日本的德川幕府为了管理对外贸易，对进入日本进行贸易的船只数量进行限制，不但限定可以入港的中国船只数量为30艘，还发给贸易许可证"信牌"，没有"信牌"的船只不准进行贸易。

由于当时日本对中国最大宗的商品需求是生丝，所以幕府对中国船只在地域上进行了管理，来自生丝主要产地的江浙商人受到了优待，允许入港的船只比较多，其中南京船11艘，宁波船10艘，占比较大，而厦门、台湾和广东的船只都只是各允许两艘进港。这样一来，当时的江浙商人就在与日本的贸易中占据了优势地位，并且在贸易中进一步排斥来自闽粤一带的商人。江浙商人，尤其是宁波商人，由于以中国最富饶的江南作为腹地，所以在与广东商人的竞争中日渐取得优势。这样就损害了广东当地的商人及政府集团的利益。

《海与帝国：明清时代》一书中写道："围绕与外国的贸易，广州与闽海关管辖下的厦门、浙江海关管辖下的宁波存在激烈的竞争关系。18世纪中叶，宁波有中国特产的集散地江南作为腹地，所以在竞争中处于优势。当时，浙江海关在宁波行政区内舟山群岛的定海设立专供西方船只停泊的区域。英国商人们前往定海采购生丝和茶叶等，如此一来广州眼看着一天天衰落。"于是，"乾隆二十二年，皇帝下令限定广州一处作为与西方人交易的窗口"。

在江浙商人渐渐垄断东洋贸易的背景下，为了保证广东的地方利益，也可以说是为了保持全国经济的协调发展及保障底层人民的生计，清政府就于乾隆二十二年颁布了诏书，要求西洋商人集中到广东进行贸易。

清政府在明确规定"一口通商"的诏书中是这样说的："嗣后口岸定于广东，不得再赴浙省。此于粤民生计，并赣、韶等关均有裨益，而浙省海防，亦得肃清。"也就是说，此后西洋商人都在广东贸易，不能再去浙江了。这对广东人民的生计有利，并且对广东北部及江西等地的经济也有利，而浙江沿海的海防压力也能有所减轻。

"一口通商"的规定，可能的确在一定程度上提升了交易成本，降低了经济效率：因为西洋货物要从广州上岸，再从广州北上，经过江西和湖南到达长江中游，再抵达长江下游；长江下游的生丝和福建的茶叶，也要经过江西与湖南到达广州，再销售给西方商人，成本的确比直接在上海、宁波、福州和厦门卖给西洋商人要高不少。但是，这条贸易路线，在另一方面也的确带动了沿途经济的发展，为沿线贫民提供了就业机会。

一个很明显的证明是，鸦片战争之后，清政府与英国协议实行"五口通商"，上海取代广州成为中西交易的主要港口，传统贸易路线废弃，江西与湖南，甚至广西、广东沿途贫民纷纷失业。后来太平天国的东王杨

杨秀清铜像

秀清也是沿途的一个运输工人，因为失业，生计日益困难，不得不进入深山烧炭维生。类似失业的贫民数量极大，成为极大的不稳定因素。民变不断爆发，当太平天国军队路过的时候，这些失去生计的民众就大量加入太平军，太平军得以迅速扩大了规模。这实际上证明清政府当时的"一口通商"决策在促进区域经济协调发展和社会稳定方面是有道理的。

一个国家的政策不可能只追求经济效益，也要追求公平及均衡发展。就如当前美国总统特朗普的"逆全球化"政策，虽然会在一定程度上损害经济的整体效益，却可能有益于美国中下层民众的就业。事实上，在新型冠状病毒肺炎疫情的冲击之下，中国政府考虑的第一重要任务也是解决就业问题。按照同样的逻辑，如果学者及社会需要理解特朗普的政策，那么同样需要理解乾隆"一口通商"的政策。

关于洪仁辉与"一口通商"的传说

关于"一口通商"法令的颁布，在部分学者中及网络上还流传着一种说法：乾隆时期，英国翻译洪仁辉因为不满广州港官员们的腐败

行为，于是直抵天津向乾隆皇帝申诉，引起了乾隆皇帝的震怒，强化了清政府闭关锁国的倾向，导致乾隆皇帝颁布了"一口通商"的谕令。

这种说法流传甚广，传得有鼻子有眼，影响非常大，并常被视为中国社会保守落后、野蛮愚昧、执法不公的一个例证。在当代的学者中，这也常常被引为正史。

但是仔细考察，会发现这种说法根本靠不住。最有力的反驳意见是：洪仁辉北上天津向乾隆皇帝申诉的时间是 1759 年，而乾隆皇帝规定"一口通商"的时间是 1757 年。乾隆皇帝不是神仙，不会先知先觉，也没有时空穿梭机，不可能知道后面的事，没有可能为两年后发生的事情震怒。

还有另一个绘声绘色的故事，是说乾隆在第二次下江南的时候，到了宁波，看到当地的外国船太多，非常震惊，于是一回到北京，就下令闭

洪仁辉想象图

关，禁止外国贸易。这样的说法，虽然也有鼻子有眼，但是查无实据。考察时间系列，乾隆第二次下江南是在 1757 年，如前所述，根据海关史料，这一年只有一艘英国船到了宁波，根本谈不上"太多"，所以这种说法真的只是"据说"基础上的遐想而已。

中国在清朝"闭关锁国"了吗？

从上面的历史记录中，我们其实可以看出，中国在清朝"闭关锁国"的说法是靠不住的。事实上，清朝时的中国一直在大规模开展对

外贸易。的确,清政府通过"十三行"和"一口通商"等口岸分工的政策对外贸进行了一定程度上的限制与管理,但这并不意味着"闭关锁国"。

清代的广东"十三行"

开放并不等于毫无管理。在西方国家的大航海时代,西欧各国,特别是早期的西、葡、荷等国都在不同程度上,以不同的形式,制定了一些带有垄断性质的贸易制度,公司制度就是典型表现。当时的西欧各国,差不多都有自己的"东印度公司""西印度公司"等,这些公司不但是商业管理机构,而且具有行政权、军事权。在贸易管理上,公司不但对外具有贸易垄断性,对内也有严格的规定,抑制商人之间的自由竞争。例如,英国的东印度公司直到 1833 年才正式结束其垄断地位。在此之前,英国对华贸易基本上是被英国东印度公司所垄断的。如果学者普遍把这种垄断性更加强烈的"东印度公司""西印度公司"视为开放的力量,那么中国的"十三行"等,同样是有利于提升贸易效率的。而且历史记录的确表明:"一口通商"命令下达之后,英国东印度公司和中国"十三行"在促进贸易中都做了很多工作，中英贸易是发展很快的。英国商人就认为："这种方便，绝大部分都是因为每一只商船的生意通统都归个人，即行商的经理的缘故。"一位美国商人（鸦片贩子）也认为："这使商业手续便捷。不用多说，商业的规模是巨大的。这种交易的进行是很愉快的，所有各种手续都十分便利。"而在"十三行"解散之后，外国商人直接跟中国的中小商人打交道，就发现商品的质量难以得到保证，很多市场因此而崩溃。

此外还有一个重要的误解是：人们普遍认为，清代可以经商的港口非常少，只有那么几个。例如，认为江海关就是太仓、云台山或松江，浙海关就是宁波，闽海关就是泉州、漳州、厦门或福州，粤海关就是广州或澳门港。实际上，这些城市或港口不过是省级总关所在地而已。黄国盛《鸦片战争前的东南四省海关》一书记载：江海关一开始有 24 个港口，后来划分了 6 个港口给淮榷关，还剩下 18 个港口。浙海关原来有 15 个港口，鸦片战争前后，浙海关扩大管辖范围，合计全省海关有 7 大口，11 小口，15 旁口及 1 厅。闽海关的范围也很广，在雍正七年（1729 年），闽海关的正式征税关口就有 20 处，称为"钱粮口岸"或"红单口"，此外还设有"清单口岸"或"验放"口岸及稽查口岸。乾隆八年（1743 年），代理福州将军兼管闽海关事务策楞报告说：当时福建海关管理的各类港口有 60 多处。而据道光九年（1829 年）《福建通志》等方志总结说，闽海关口岸有 40 余处。粤海关的港口当然更多。在雍正十年（1732 年），粤海关监督祖秉圭报告，全省有"海关口岸四十八处"。《粤海关志》则记载，道光年间，包括"大关"在内有 70 余处，分为三类，正税之口 30 余处，挂号之口也称小口 20 余处，稽查之口近 20 处。

我们再看中国当时的外贸规模：由于认定明清时期是"闭关锁国"的，一些人想当然地认为，明清时期海上贸易有所缩减，不如宋元发达。这种判断是不准确的。有关文献显示，除了遭受到战争破坏的特殊时期，明清海上贸易总体上呈持续增长趋势。魏源在《海国图志·筹海篇》中给出道光十七年（1837 年）粤海关各种主要进出口商品的数量，并计算了该年粤海关的海上贸易规模：由粤海关进口的商品总值为 2 014.8 万元。年出口商品总值为 3 595 万元。以当时的经济规模及发展水平而言，这个贸易量相当大了。

综上所述，笔者主要想说明这样几个问题：

第一，所谓的"一口通商"问题在历史上是被大大夸张化的。严格地说，"一口通商"只是规定英国等少数几个国家必须到广东口岸经商，并不是针对所有的国家，也没有限制本国商人出洋做生意。因此，"一口通商"并非清政府完整的"外贸政策"，只是其中的一个组成部分，不能以偏概全。

第二，"一口通商"也证明不了清政府"闭关锁国"。当时清政府总体上还是比较对外开放的，开放、程度、外贸规模也都相当可观。事实上"闭关锁国"本身同样是夸大的。严中平先生就认为，中国"贸易不自由""闭关锁国"的说法，跟英国的重商主义政策有关，而且主要是鸦片贩子叫出来的。

第三，西方国家占据国际主流话语权，总是出于维护自己利益的目的，不断歪曲历史，包括他国的历史，当然也包括中国的历史。这一点，误导了很多中国人，很多国人对这些谎言深信不疑。对此，中国人需要有清醒的认识。

协定关税和关税主权丧失给中国带来的巨大伤害

什么是"协定关税"？协定关税就是在鸦片战争之后，西方列强凭借暴力和欺骗，将一系列不平等条约强加给中国的一种约束：规定中国如果想要调整关税，必须经过列强的一致同意。"协定关税"的确立导致中国丧失了关税自主权，在国际关系及经济发展中陷于极度被动。这相当于给中国的发展挖了一个大坑，而中国后来果然就掉入这个坑里长期爬不起来。

鸦片战争示意图

时隔一个多世纪之后，回首当年，我们可以这样断言："协定关税"给中国所带来的巨大伤害，并没有被大众深刻认识到。鸦片战争给中国带来的最大伤害，并不是所赔偿的那些金钱（第一次鸦片战争约 2 100 万银圆，第二次鸦片战争约 1 600 万两白银），甚至也不是鸦片的泛滥和国土的丧失，而是关税自主权的丧失。

近代中国为什么一直发展不起来？

流行的说法可能并不正确

近代以来，中国迟迟发展不起来，原因当然很多，但最重要的原因是什么呢？很多人找了诸多原因来解释为什么中国一直发展不起来。大多数人将其归结为专制、腐败、苛捐杂税、封闭保守等。现在看来，这些因素的确对中国的发展造成了一定的损害，但可能都不是真正的主要原因，甚至可能恰恰相反。

为什么？因为要说专制，当年的沙皇俄国和德意志帝国也很专制。要说腐败，当年的日本也很腐败，甚至英国、法国和美国同样腐败得一塌糊涂（按现代的标准，大英帝国也很腐败，因为英国的贵族们掌握着权力和官职，平民很难有上升空间）。要说税收负担重、苛捐杂税多，大英帝国、日本等的税收水平都比中国要高得多。经济史上的很多研究普遍认为：在当时世界上的各大国中，中国的税收水平肯定是最低的。

至于封闭保守，这要看从哪个角度来说。如果从接受外来投资这个方面说，日本一直是很保守的。如果以对外开放市场为标准，则美国是很保守的（美国在发展崛起的过程中，一直限制工业品的进口，用高关税来保护国内市场）。不仅美国如此，德国与法国在工业化早期也很重视保护国内市场。如果说思想禁锢，则拿破仑帝国、德意志帝国、沙皇俄国和日本都是思想禁锢很厉害的，向来管制比较严。但是，所有这些原因都没能够阻碍这些国家的发展。因此，这也说明这些并不是近代中国贫困落后的真正原因。而且，很多研究者，如严中平先生，就一直坚定地认为，中国从来没有"闭关锁国"，诸多人所认为的"一口通商"也并不能代表"闭关锁国"，中国对外一直是开放的。

丧失关税自主权是近代中国落后的根本原因

所以，近代以来，一直有学者，如严中平等人就坚定地认为，真正阻碍中国近代发展的根本原因，其实就是协定关税。因为协定关税的存在，导致中国丧失了关税自主权。而协定关税及关税自主权的丧失，就必然会导致中国市场的开放程度过高，外来冲击下的工业始终无法发展起来。工业不能发展，国家就无法自立，内部也无法安定。工业不能发展，农业受到损害，内部动乱，几个方面的原因合在一起，就导致中国长期陷于积贫积弱当中。

可供对照的是：在近代世界经济发展史上，英国、德国、法国、日本，包括美国，都是在经济发展还不充分的时候，用高关税及配额等手段对国内市场进行高度保护的。只有在确认国内产业已经发展到可以有效面对国际竞争的情况下，才可能逐步降低关税税率，削减对国内市场的保护。或者是与其他国家签订了相关的协议、保证了平等的竞争条件，才可能逐步降低关税税率，最后推进自由贸易。此外，因为这些国家拥有关税自主权，关税税率可以根据国内外经济发展状况随时调整，万一经济出现问题，调低的税率也可以重新调高。

而在近代的中国，因为遭受列强侵略，受制于单方面的协定关税，无法有效保护国内市场，中国的工业无法与他国进行公平竞争。因此，中国近代的不能发展，在某种意义上，可能不是因为不够开放，而恰恰是因为太开放了。开放是应该的，但并非越开放越好，开放的同时还是要顾及国家的经济安全。

其实，近代中国的民族资本家们对此也有深刻的体会，他们对中国在对外贸易中所面临的不公平处境创痛巨深，无法忍受。在中国人民政治协商会议第一届全体会议上，有人就要求对外贸加以管制，否则国内的资本就无法发展起来。

因此，近代中国人的努力方向是正确的：不打破不平等条约，中国就没有办法发展起来。在不公平的竞争体系中，可能有小部分中国人会受益，但是整个国家的绝大多数人必然是找不到出路的。

关税自主权的丧失

协定关税的确立与中国关税自主权的丧失

协定关税的确立

近代以来，西方强加于中国身上的污蔑极多。很多中国人不加研究，就盲目相信，这其实是对自己的一种玷辱，也是对历史的不尊重。事实上，西方列强在对外侵略的过程中从来都是两手准备：一手武力强迫，一手舆论造谣。

鸦片战争之后，西方列强要把协定关税强加于中国，必须有一些借口。恰好当时英国商人为了自己的利益，制造了对中国发动战争的借口，肆意攻击当时清政府所定进口税是一种"禁止性关税"。也就是说，中国当时的关税税率太高，阻碍了进口，所以对西方的贸易者是不公平的。但是，根据西方学者的考察，当时中国对英国棉毛织品所征进口税，最高只有30%～40%，而英国对中国茶叶所征进口税则高达100%～200%。相比之下，说中国实行"禁止性关税"，纯属诽谤。但是，西方列强就是以这样的借口，倚仗自己强大的武力，把协定关税强加于中国。

协定关税的确立与中国关税自主权的丧失经历了一个过程。第一次鸦片战争之后，1842年8月，英国强迫清政府签订了不平等的《南京条约》，从中获得了大量的侵华特权，包括对中国关税的约束。《南京条约》规定：英国进出口货物纳税，"均宜秉公议定则例"。在这里，条约使用的术语是"宜"而不是"必须"，可见，这时对进口货的税则规定并不是很强硬。

随后，美国也强迫中国签订了不平等条约。在1844年7月的中美《望厦条约》中，协定关税才正式确立下来。《望厦条约》第二条这样规定："倘中国日后欲将税则更变，须与合众国领事等官议允。"也就是说，中国若要变更税则，"须"（不是"宜"）与合众国领事等官商议并得到其同意才行。与中英《南京条约》相比，《望厦条约》当中协定关税的内涵更明确、更具体，也更严格了。很多人宣传美国对中国的友好。但是从这里看来，中国近代以来的悲剧，美国正是始作俑者之一。

"值百抽五"低关税原则的确立

西方列强真正实现把对自己单方面有利的关税税率强加给中国，

还要等到第二次鸦片战争爆发后。当时的中国内外交困，内部面临包括太平天国运动在内的一系列革命及叛乱，外有列强的侵略。迫于列强的压力，中国的关税自主权进一步丧失。1858年，中英双方修改税则会议在上海举行，具体的税则草案则出自英国驻沪领事馆职员、兼任江海关税务司的英国人李泰国之手。

李泰国所提出的税则草案不仅充分考虑了英国在华商人的意见，还征得了美、法两国公使的同意，充分考虑了美、法的利益。为了照顾美国的利益，美国棉布的进口税率低于"值百抽五"。为了照顾法国的利益，中国生丝的出口税率也低于"值百抽五"。1858年税则基本上是按李泰国草案制定的。进口的176种商品中，有77种商品的税率不足5%；出口的174种商品中，有97种商品的税率不足5%。

这个税率水平对西方列强是极其有利的，所以在税则签订后，西方列强方面表示非常满意。当时广州英商商会在致英方代表的函件中表示，1843年的税则已经"无可非议"，因为"他们不知道世界上还有任何别的国家会有比它更为公道的税则"。对于这个已经"无可非议"的税则，再加上税率削减以后的1858年税则，英国驻华公使阿礼国不禁问道："哪个国家有像中国这样低的对外贸易税则呢？"即便是标榜自由贸易的西方资本主义国家，它们的进口税率往往也比中国高得多。例如，1859年英法签订了互惠关税协定，英国以降低法国酒的进口税为条件，换取法国降低英国各种麻、棉、毛织品的进口税，但平均税率仍达15%，比当时中国对同类货物所征的进口税高出2倍。1864年对廉价棉布所征的进口税，美国约为中国的25倍。一般来说，当时中国进口税率水平只及美国的1/6。"值百抽五"是当时世界上最低的海关税。其实施结果是，极大地便利了帝国主义对中国的经济侵略，却使中国人民饱受掠夺之苦。

此后，中国的进口税则虽经过几次修改，但都以"值百抽五"为中心，而且修改的目的主要是保证偿还外债，其实质还是为了照顾列强的利益。

因此，我国近代低关税是半殖民地性质的关税，它首先具有完全的被动性，不仅税则、税率都由西方列强强加于我国，而且我国必须遵循协定关税的原则，没有自行修订的权力，因而近代中国无法根据经济需要，主动制定和调整关税政策。

列强想方设法削弱中国的关税壁垒

除了直接规定并压低中国的关税税率之外，西方列强还想尽一切办法削弱或者打破中国的关税壁垒，以保证对中国市场的掌控。

子口税的出现

太平天国运动爆发之后，清政府财政空前紧张。为了筹措镇压太平天国运动的经费，1853 年，清政府开始征收厘金，即规定每一种商品在经过内地的各地常关时，须交纳相当于货物价值 1% 的税。"厘"相当于 1%。

厘金制的推行增加了商品流通的成本，同时也增加了洋货进口内地的成本，阻碍了洋货在中国市场上的销售，对于洋商们来说是难以容忍的。于是，趁太平天国运动迅猛发展之机，西方列强对中国发动侵略战争，采用引诱和威吓的手段，通过 1858 年签订的《天津条约》从清政府手中攫取了又一项特权，即外国商品只要在进口地缴纳一次价值为 2.5% 的子口税，便可运销中国国内的任何地方，不再承担任何税收负担。这就使协定关税制度得到了进一步的发展。而中国商品直到 1931 年，还必须缴纳在陆路和水路上征收的为数众多的"厘金"，因而在与外国商品的竞争中处于不利地位。

不过，由于战乱和交通阻碍，子口税对中国社会的危害一开始并不是非常明显。但是，到了 19 世纪 60 年代后期，随着太平天国运动的失败，国内阶级矛盾渐趋缓和，国内贸易迅速复苏和发展起来。洋货在子口税的保护下，流入内地的数量不断增多，对中国市场的冲击就越来越大。例如在镇江，子口税所提供的便利条件使洋布在这里获得了惊人的销量；在九江，洋商们亦因纳子口税（而不再像从前那样纳繁重的地方税）而获得了"不可估量的利益"；在位于内地的安徽，洋布和洋糖两种商品作为内地贸易的前驱，几乎已深入这个省的每一个角落。

大量的不合理的免税行为

1843 年首任英国驻沪领事巴富尔所颁布的海关章程规定，诸凡个人行李和物品都可免税进口。但是，在实际的执行当中，所谓的"个人行李和物品"范围却漫无边际，可以任意扩大免税范围。英商任意扩大免税范围的行为，就连巴富尔本人也看不下去，所以他在 1845 年就提醒英商不要钻这一规定的空子。

但是，在第二次鸦片战争以后，英国人终于把这个空子正式写入了条约。在 1858 年签订的《中英通商章程善后条约》的第二条规定，"凡有金银、外国各等银钱、面粟、米粉、砂谷、米面饼、熟肉、熟菜、牛奶酥、牛油、蜜饯、外国衣服、金银首饰、搀银器、香水、碱、炭、柴、薪、外国蜡烛、外国烟丝烟叶、外国酒、家用杂物、船用杂物、行李、纸张、笔墨、毡毯、铁刀、利器、外国自用药料、玻璃器皿，以上各物进出通商各口，皆准免税"。

这里所列的烟、酒、香水，在世界各国都是作为征收重税对象的奢侈品，各国在经济起飞之初，都对其课以高额关税，以节约宝贵的外汇的使用；进口到中国，则定为免税品。另外，如铁刀、利器应列为违禁品，却也被规定为免税品。出口蜜饯和各种糖果，每百斤征税五钱，出口毡毯每百匹征税三两五钱，进口却一一免税。出口药材27种，每百斤征税自三分至九两不等；进口药材27种，每百斤征税自三分五厘至三十两不等；而所谓"自用药材"则全部免税，根本不列明究竟哪些药材是所谓的"自用药材"。

最奇怪的是条款当中所谓的"家用杂物"和"船用杂物"两类，根本不列明所指何物，一律免税。

国际银价下跌恶化中国的关税保护

世界银价的长期下跌，是从19世纪70年代开始的。在此之前的40年中，白银的定价变化甚微，伦敦市场上每盎司银条的价格总是在60便士上下波动。这是因为，白银的供给和需求大致以同样的比例增长，金银比价基本上保持稳定。

自19世纪70年代开始，白银的供求关系发生了巨大变化，在银产量迅速增长的情况下，西方国家相继采用金本位制，致使白银需求骤减，白银价格不断下降。1871年，伦敦市场上每盎司标准银条平均值60.5便士，到1894年平均仅值28又15/16便士，下降了52.8%。

白银是中国货币体系的基础，但中国不能控制世界市场上的银价变化，世界银价的变动则直接影响中国白银的对外汇价。从中国的海关报告可以看到，海关两的对外汇率随世界银价同步下跌，1871年一海关两平均合78便士，至1894年即下降为38又3/8便士，下降了51%。世界银价的下跌，也对中国的贸易平衡和收支平衡具有重大影响。

随着物价的上涨，19世纪末中国实际进口税率已经降低到大约平均值百抽三的水平，以致1902年修改税则时提出要"切实值百抽五"。当时的修正税是按1897、1898、1899三年平均市价的5%制定从量税率,这种从量税率一直沿用到 1918 年。但是,税则刚修正不久,由于 1899—1912 年物价大幅上升,所以 1902 年海关报告指出新税则下的实际税率其实又回到 1896 年旧税则下的大致水平。此后,进口物价长期上涨,1913 年前各年实收进口税率多在 3‰~4‰,都不是 5‰。即使在 1902 年依据《辛丑条约》对税则进行修订后的最初几年里,税率也从未超过 4‰。

协定关税与现代的经济条约存在本质上的不同

很多人对协定关税的负面作用不以为然。他们会认为,关税越低越好。例如,中国签订了大量的贸易协定,也是同样降低税率,众所周知的是中国加入 WTO 的协定,就承诺将中国的关税税率降到 10‰以下。另外,中国还签订了很多自贸协定,如中国-东盟自贸协定,就把 90‰以上的商品税率降到了 0 的水平。与协定关税不同,这些协定都大大促进了中国经济外贸的发展。

两者的差别在于:近代中国实行的低关税政策是非互惠性的。当时,列强强迫中国降低关税税率,而德、法、美等国自己却实行的是保护关税,对进口货物课以高额保护税。在 1859—1875 年间,英、法、德、美的进口税率为 15‰~42‰,相当于中国的 3~8 倍。日本对从中国输入的烟草和生丝所征收的关税税率分别为 350‰和 30‰,美国对从中国输入的熟丝所征收的关税税率为 35‰~60‰。就连实行自由贸易的英国,也对从中国进口的茶叶等商品课以 20‰以上的关税税率,如英国对从中国输入的茶叶所征收的关税税率为 25‰。而沦为半殖民地的中国对西方国家的税则修订,都是只强加于自身,并不推及对方。

西方国家一向把关税当作保护本国产业的主要手段，它们一般对有损本国产业发展的进口商品重征进口税，对本国制成品不征或轻征出口税。而当时中国出口税率的水平却比进口税率的水平高很多，起了反保护的作用。再拿几种进出口商品做比较，更可看出当时中国协定关税的畸形状态。根据协定税则，对每担茶叶，中国只征出口税2.5关两，英国则征进口税10关两，美国更高至21关两；美国对中国植物油征进口税25％，而中国对美国的煤油只征进口税5％；美国对从中国进口的药材、服装无不课税，而中国对自美国进口的药剂、服装却给予免税待遇。这种关税税率的对比，反映了西方列强在华协定关税特权对中国的危害，反映了当时中国关税税率的半殖民地性质。

另外，关税税率的高低应取决于一国经济及产业的发展状况。一般来说，一国经济发展水平较高，产业的国际竞争力较强的时候，应该采用低关税税率。但是，如果一国经济发展水平较低，产业的国际竞争力较弱，就应该采取较高的关税税率，以保护国内市场及幼稚产业。近代以来的西方列强，均按此模式实现发展。

例如，英国在中世纪的时候产业落后，工业产品在国际市场上缺乏竞争力。国际贸易的常态是出口羊毛，进口毛纺织品。为了保护本国工业的发展，英国从都铎王朝末年开始，对外贸加以干预，提高关税，打破了旧的国际贸易及国际产业循环，保障了本国羊毛纺织业的发展。

另一典型的例子是美国。美国在刚刚建国的时候，资源丰富，农业发达，人民富裕，但是工业极其落后。为了保护本国的工业发展，从建国起到20世纪大萧条之间的100多年里，美国的关税税率几乎一直是全世界最高的，从而把本国市场严密保护起来。直到高关税税率破坏了国际交换体系，导致了大萧条和二战之后，加上自身经济实力的遥遥领先，美国才开始真正降低关税税率。

而在鸦片战争之后，中国恰恰是一个比较落后的国家，工业发展较为落后，正是需要依靠较高的关税水平保护本国幼稚产业的时候，却被西方列强强加协定关税，海关税率一再被压低，使中国海关几乎丧失了保护本国经济的作用，在根本上阻碍了中国工业体系的建立与发展。

协定关税对中国工业及外贸发展的损害

关税自主权的丧失严重损害了中国的发展

协定关税与子口税的确立，对于中国社会经济发展而言，的确是一个复杂的问题。一方面，协定关税与子口税的存在，因为降低了税率，稳定了进出口预期，的确可以促进贸易的自由化及便利化，令中国社会更加便利地以低价格获得国外的产品。另一方面，也可以扩大对外出口，促进内地经济的发展，让国内外市场建立更加稳固的联结。

但是与此同时，国外产品，尤其是工业品的大量进口甚至倾销，必然打击国内的生产。列强对中国关税自主权的侵夺，导致中国关税制度形同虚设，失去自我保护的功能作用，使中外贸易条件严重失衡，为洋商的对华商品倾销和原料掠夺提供了便利条件。随着通商口岸的增加和列强对中国关税自主权侵夺范围的扩大，无论是在进口方面还是出口方面，都给中国的对外贸易带来了多方面的影响。

这种协定关税制度，及其强迫清政府接受的税率标准，不仅严重侵害了中国的关税自主权，也严重损害了中国的民族经济。列强所取得的减免税特权，使洋商的税负大大低于华商，在市场竞争中处于绝对优势地位。值得注意的是，这时，中国民族资本主义刚刚诞生，它的力量本来就很薄弱，随着外国商品潮水般地涌入，许多应属于它自己的市场又纷纷被夺去，发展就更艰难了。

协定关税与子口税的确可能在一定程度上让中国人民获得利益，但是从根本上说，损害是主要的。否则，为什么德国、美国、日本等国，在发展初期都要用高关税将本国市场充分保护起来？为什么世界各国都极其反对他国产品的低价倾销，要采取各种措施加以阻止呢？

因此，协定关税与中国关税自主权的丧失，实际上就导致中国近代社会工业的发展壮大变得不可能了。

中国商品在国际竞争中日益陷于被动

中国商品在国际竞争中日益处于不利地位

19 世纪 70 年代以后，中国商品在国际竞争中日益陷于被动，不但协定关税所带来的发展利益丧失殆尽，原有的市场地位也近乎完全丧失。

这种损害主要基于如下几个方面的重要原因：政府的支持、技术的进步与工业的发展。西方列强的产业获得这三个因素的大力支持，而对中国的产业而言，这三个方面的支持都是不存在的。

协定关税本身就是中国政府力量衰弱的产物，清政府及民国政府既然难以对抗列强的不合理要求，也就没有能力扶植中国的产业发展。协定关税的存在，导致中国的工业在与西方产品的竞争中毫无优势，差距只能越拉越大。

科技的发展，既依赖于市场，也依赖于政府的能力。当中国无法保护市场的时候，科技投入是没有意义的，因为投入不能获得足够的回报，又因为严重缺乏应有的回报，因而也就无力进行科技投入。缺乏科技投入，中国的工业也就没有足够的发展壮大的机会。国家力量与一国经济发展是互为因果的。没有强大的国家，就不可能有效地保障一国经济的顺利发展。

19世纪70年代以后，第二次工业革命开始启动，新的科技创新不断涌现，工业品生产成本降低，品种更加丰富多样，这也有助于西方国家扩大中国市场，中国进口贸易的增长速度较以前加快了，这一时期中国进口贸易的增长速度快于出口贸易。1873—1894年间，中国进口商品种类大大增加。仅从海关统计表所列进口商品来看，上海口岸19世纪70年代中期进口洋货有180多种，到1894年已达580多种；其他口岸在同一时期的进口商品品种也都有较大幅度的增加。这一时期，中国的传统出口商品，如生丝、茶叶等生产发展迟缓，技术水平较低，在国际市场竞争中越来越处于不利地位。

结果自然是，中国在外贸当中的赤字越来越大。至1894年时，中国进口净值已经从1873年的6 663.7万关两增至16 210.3万关两，增长了近1.5倍。

中国的几大传统优势商品逐渐失去优势

鸦片战争之后，中国的初级产品一度出口增长很快，这是符合比较优势原理的。据海关统计，中国茶叶出口量在1871年为167.8万担，价值3 601.4万关两。此后，茶叶出口持续增长，一直到19世纪80年代，茶叶仍然占中国出口商品首位；至1886年，出口量为221.7万担，再加上中俄陆路边境贸易约17万担，共238.7万担，达到了历史顶峰。

但是就在这时，由于英印政府的长期大力扶植，印度和锡兰（今斯里兰卡）的红茶种植业开始发展起来，并开始在英国市场上成为华茶的劲敌。印茶以英国殖民者的资本主义方式生产，规模大，成本低，品质划一。而华茶仍由小农分散种植和采制，质量难以保证。更重要的是，英国以国家之力来扶植印度和锡兰的茶叶生产。因此，19世纪90年代以后，英国市场上，华茶在竞争中已处于劣势，原为中国茶叶大宗的销英红茶出口量大幅度下降。在美国市场上，华茶也受到日本茶叶和印度、锡兰茶叶的排挤。由于印度、锡兰及日本茶叶的竞争，华茶出口量自1886年达到顶峰后即呈波浪式下降。

中国曾经是世界市场上最大的生丝供应国。随着19世纪后半叶欧美经济的发展，绸缎消费量日益增加，欧美丝织业迅速发展，这使欧美资本主义国家对中国生丝的需求增加。这一时期，中国生丝出口量基本上呈持续增长趋势。但是，就在这一时期，日本丝业已在图谋取代中国丝业的地位。日丝在19世纪70年代出口量还很小，不到华丝的1/5。在这以后，日本竭力扩大生丝产区，改良技术，渐渐成为中国丝业的有力竞争对手。日本把生丝作为出口创汇的王牌，把华丝作为主要敌手，不惜动用各方力量调查中国生丝的生产情况，搜集有关经济情报，分析华丝的优劣；同时又及时掌握国际市场对生丝品种、质量等方面的要求，积极改进缫丝工艺，使生丝产量和质量不断提高。与日本的情况相反，中国新式丝厂的力量十分弱小。直至甲午战争前，手工土丝仍占出口量的2/3以上，中国生丝的海外市场已一点一点地被日本生丝夺走。甲午战争以后，日本的竞争力更强，很快就取代了中国，成为世界上最大的生丝出口国。

这一时期，中国的棉纺织业也出现了严重的危机。一方面，19世纪70年代初与60年代初相比，英国棉纺织业的技术改革使棉纱的劳动生产率提高了60%，棉布的劳动生产率提高了90%。劳动生产率的提高，使生产成本降低，输入中国的西方工业品价格因而也出现了较大幅度的下降。另一方面，1869年苏伊士运河的开通，使欧洲到中国的航程大大缩短；1875年钢制轮船进入航运后，很快取代铁质船,使运输时间减少一半以上。这些都加快了贸易周转,降低了运输成本。19世纪70年代以后,由于电报的广泛使用和汇率的波动,上海洋行逐渐推行新的"订货制度",即由华商先与洋行签订合约,预先订购,再由洋行按照合同规定,打电报到国外订购,这使外国工业品在中国市场的销售活动更加对路,可以大幅度削减存货,加速了资金周转,节省了流通费用。所有这些,使西方工业品在中国市场上的价格连年下降。以输入中国的英国棉纺织品为例,1867年至1877年约10年间,本色市布由每匹2.47两降至1.26两(到岸价格,下同),标布由每匹2.17两降至0.96两,斜纹布由每匹3.49两降至0.96两。进口货价格的大幅下降,使中国手工业失去了价格主动权。

从海关公布的全国进口统计来看,1874年至1894年约20年间,洋布进口值增长88.4%,洋纱进口值则增长986.7%。中国棉纺织品市场上,洋纱进口增长速度超过洋布。洋纱由于条干均匀,不易断头,价格低廉,逐渐摧垮了中国农民家庭手工纺纱业。

19世纪70年代以后,中国商品的出口价格决定权也逐渐丧失。19世纪70年代以前,中国丝、茶等的出口价格基本上是由国内市场价格决定的,其升降主要看产区年成丰歉。但是自19世纪70年代以后,由于印度、锡兰等茶叶的竞争,中国茶叶在国际市场上的优势地位丧失;再加上海底电缆铺设之后电信便利等因素加强了外国资本操纵国际市场的地位,中国茶叶价格决定权转移到了伦敦。生丝的出口价格情况也与茶叶类似。因而从19世纪70年代起,中国传统出口商品茶叶、生丝的价格已经脱离国内市场(自然也脱离农民生产成本),而是受国际市场支配了。结果,中国"自有之货,不能定价,转听命于外人"。

中国近代日益陷入极度穷困

鸦片战争之前，中国的商品在全球是有竞争力的，中国的经济在世界上算是比较好的，而且也是能够自主的。但是在鸦片战争之后，这样的形势就发生了很大的变化，一个最为近代中国能人志士痛心疾首的变化就是中国人民变得日益穷困。

为什么中国人民会变得日益穷困，不是向前发展，而是不断倒退呢？主要原因如下：一是工业发展不起来。"无工不富"，工业得不到发展，人民是不可能富裕的；没有工业化，国家就不可能充分发展；工业得不到发展，传统商品的生产也将日益失去竞争力，实际上也就是中国的产业被锁定在产业链的低端。二是中国商品在国际上日益丧失定价权，日益处于一种附属地位。所谓的附属地位，突出的特征就是，当国际整体经济繁荣良好的时候，发达国家吃肉，附属国也能喝点汤，过上比较好的生活。但是，一旦国际经济出现波动，附属国就会成为转嫁损失的对象。协定关税的危害正在于此，协定关税的迷惑性也正在于此。

鸦片战争之后的中国，恰恰就处于这种极其不利的国际分工中。在这种情况下，盲目扩大开放并不是有利的。

中国争取关税自主权的努力

中国幼稚的进口替代产业需要保护，这是众所周知的道理，无论是理论还是实践，皆清晰地指出了这一点。清末民初的中国政府，为了改善中国的国际收支条件，多次试图提高关税税率，进而争取关税自主，但是因为受到列强的阻碍，难以成功。

近代时期，中国的商人及资产阶级，一方面受益于洋人，因为洋人迫使中国打开门户，为中国的商人和资产阶级的发展提供了机会；但是另一方面，列强的压迫，又使他们在与西方的竞争中处于不利地位。更重要的是，不公平的竞争条件使中国的商人及资产阶级无法发展现代工业体系，即使因缘聚合，偶尔出现了发展的机会，也无法实现稳定、成体系的发展。因此，时间越往后，中国的商人及资产阶级就越是深刻地意识到协定关税及关税自主权丧失所带来的巨大危害。洋人带来的利益，远不如其所造成的损害大。

早在清代，实业家及政论家郑观应就提倡通过"商战"来反对帝国主义经济侵略，曾一再呼吁清政府废除"困商之政"，实行"护商之法"。他比较了中外关税制度，提出保护关税主张："庶我国所有者，轻税以广去路；我国所无者，重税以遏来源。守我利权，富我商民。"[①] 其他一些实业家也都认识到这一点，希望能得到政府的保护和扶持。但是，以当时清政府的能力，即使意识到这一点，对此也是有心无力的。

中国对协定关税及关税自主权丧失所带来的危害的认识日益深刻，也越来越难以继续接受这一系列的不平等条约。第一次世界大战后，在巴黎和会上，中国第一次提出关税自主的要求。但和会初则有意拖延，后则认为此类要求不在和会的讨论范围之内，予以拒绝。中国的这一次努力没有成功。

在1921—1922年召开的华盛顿会议上，中国再次声明现行协定税则有碍中国主权，请各国允许中国自订税则。而这一次的努力，也因为日本的反对而遭到失败。

直到1931年，中国才终于部分收回了关税自主权，得以根据自己对内外形势的判断，按照对自己有利的原则，而不是对列强有利的

① 夏东元．郑观应集（上册）．上海：上海人民出版社，1982：195.

原则来调整关税税率。中国的工业也因此获得了一定的黄金发展期，取得了比较大的进展。但是，这一黄金发展期又很快被日本的侵华战争所打破。

华盛顿会议

学史明智，鉴古知今。中国历史上屈辱的协定关税及关税自主权的丧失，给中国社会经济的发展带来了巨大的伤害，是阻碍中国近代发展的最重要的因素之一。协定关税降低了中国的关税壁垒，符合贸易理论的比较优势原理，在一定程度上促进了中国外贸的发展。但是由于这一协定关税的不公平性及不自主性，导致中国在与西方列强竞争中处于绝对的劣势地位，阻碍了中国的工业发展及产业升级，将中国锁定在产业链的低端及国际产业体系的附属地位，成为西方列强的附庸，无法摆脱发展中国家的困境，深化了近代中国积贫积弱的地位。

当前，中国的确已经跨过了屈辱的近代，进入了复兴繁荣的当代，然而来自西方的挑战仍然存在。西方帝国主义侵略的本性并没有改变，一手暴力、一手欺骗的基本策略并没有改变。西方列强时刻担心中国发展壮大，时刻不忘在某个早上扑过来一把将中国扼死。至于借口，它们反正总是找得到的，"欲加之罪，何患无辞"。中国在时刻警惕着西方发动军事战的同时，实际上正在紧张地进行一场"无硝烟的战争"。对于中国的稳定与发展而言，当前正面临百年未有之大变局，挑战与时机并存，中国必须做出果敢、明智、正确的抉择。

太平天国运动背后的世界贸易战争

太平天国运动是 19 世纪中叶在中国爆发的一场内战，对中国近代以来的历史影响深远。不仅如此，太平天国运动受国际形势的影响以及对国际格局变化的影响都很大。悉尼大学的黄宇和教授就认为，太平天国运动不仅是中国的内战，同时也具有世界大战的性质，因为当时世界列强中的英、美、法、俄等国都牵涉其中。而激发太平天国运动并把各国都牵连进来的，正是巨大的国际贸易利益及国际贸易形势的转换。因此，太平天国运动不仅是一场中国的内战，也是国际贸易战争的重要组成部分，甚至可以称之为 19 世纪中叶世界历史转换的重要枢纽。

太平天国运动是国际贸易格局变化的产物

诸多研究表明，太平天国运动的爆发，与当时的国际贸易形势及第一次鸦片战争之间存在密切的联系。

第一次鸦片战争之前，中国实行"一口通商"。这个"一口通商"并不是像很多以讹传讹的那样，即中国只开放广州一个港口从事对外贸易。实际上，当时中国从事对外贸易的港口很多，不过对于当时主要的西方国家，如英国、法国、美国等，却只允许它们在广州从事贸易。其他的港口，如福州、宁波、上海等，则针对世界上的其他国家和地区开展贸易。只是因为英国、法国和美国这些国家发展较快、国力较强，而且善于制造舆论，所以给大众这样一个印象：中国"闭关锁国"，只有一个港口对外经商。而后世的中国人出于各种原因，或者受到蒙蔽，大多居然也相信这一点。

事实上，清政府规定不同的港口针对不同的贸易对象，具有多方面的考虑，诸如促进国内区域经济均衡协调发展、带动内地民众就业、维持平民生计的目的。西洋货物在广州卸货，然后运输到长江中下游销售；长江及闽江流域的生丝和茶叶运到广州港出口，这些是可以带动沿线地区的就业的。后来太平天国的东王杨秀清，曾经就是这条交通线上的运输民夫。杨秀清家世代烧炭，为广州这个外贸工业基地兼物流中心服务。十几岁的时候，杨秀清不甘心只当烧炭工，和朋友一起搭伴做生意，跑的就是两广—湖南一线（把中国手工业品从长江流域运输到广州，把从广州上来的洋货运输到长江流域，这条线是当时中国的经济中心）。

第一次鸦片战争结束后，清政府被迫五口通商，广州失去了贸易中心地位，沿途工人大量失业。上海兴起，珠江上游和湘江的物流业骤然消亡，连带着与之配合的第三产业也衰落了，造成大量人口失业。而相关区域正是太平天国起家和壮大的区域。杨秀清也失去其所从事的运输职业，也不得不向西进入大山深处，继续以烧炭为生。但是，广州已经失去贸易中心的地位，烧炭生意也越来越难做，他和类似境遇的人，如炭工萧朝贵、炭工领袖冯云山、矿工秦日纲、船工罗大纲就成了太平天国初期的骨干力量。后来，太平天国运动爆发，太平军沿珠江、湘江、长江北上，一路上失业的工人大量加入太平军，太平军声势骤然壮大，迅速发展到数十万之众。从起兵到打进南京，前后不过两年时间。这背后是有深层次的经济基础作为支撑的。

由此观察，太平天国运动的爆发，本身就不仅仅是中国自身发展逻辑的产物，同时也是中西方交流及国际贸易格局转换的一个产物。事实上，就在太平天国起兵的同时或者之前，天地会等势力也在两广到处起义，甚至当时还有一个和太平天国并列的"升平天国"，也想走广西—湖南—上海路线求生，只是在湖南遇上早期湘军，被拦下来而已。因此，太平天国运动在当时的世界发展格局之下，具有一定的必然性。

当然，太平天国运动的爆发，本身对当时的国内国际贸易格局也有深刻的影响。

太平天国其实非常重视对外贸易的发展

太平天国定都天京（今南京）之后，列强不断派员前来探询，并要求发展贸易关系。这样，太平天国就面临着怎样对待同外国贸易的问题。

1853 年 4—5 月，英国驻香港总督兼出使中国全权代表文翰等至天京访问，东王杨秀清明确告知他们说："天下为一家，四海之内皆兄弟也。彼此之间，既无差别之处，焉为主从之分？""准尔英酋带尔人民自由出入，随意进退，无论协助我天兵歼灭妖敌，或照常经营商业，悉听其便。"即允许与西方各国进行贸易往来。

1854 年 5—6 月，美国公使麦莲等也访问了天京。他们经过了解之后，同样认为太平天国"欲与外国通商"，但是"毫无疑问不会承认清朝政府与英、法、美等国签订的条约"。

6 年之后，即 1860 年 6—7 月，英国传教士艾约瑟等人自上海赴苏州谒见忠王李秀成，谈起对外贸易问题，说如果有办法使生丝贸易继续下去，中外人士都将受益。李秀成答道："天国愿意这样，如果贸易继续进行，天王将照章征收关税。"他们通过接触，也感到太平天国希望促进贸易关系。忠王李秀成当时是太平天国的实力派人物，与英王陈玉成是太平天国的两大台柱子。李秀成的承诺，在东南一带是有实际影响力的。

忠王李秀成

（李秀成部下——英国人吟唎回忆画）

太平天国不仅主张开展对外贸易，还建立了相应的制度。它规定，凡是到太平天国区域内从事贸易的外国商人，必须领取护照。当时，太平天国在商埠和水陆要冲设立关卡，对来往货物征税，税率较轻，而且只缴一次，得到凭证之后，即可沿途通行，不必再纳。这比当时清政府的厘金要低得多。例如在 1861 年 6 月，外国人玛士哆采办洋货，由江苏福山进口，当时太平天国地方长官求天义陈坤给他写了一封印凭，且要缴纳货税，方能允许通过。

太平天国既然主张开展对外贸易，那么，它同外国进行经济交往的进展情况究竟如何，有哪些主要进出口商品呢？在太平天国的对外贸易中，出口商品与过去一样，以茶、丝为大宗。由于方针正确且税制良好，太平天国的对外贸易是发展得比较好的，对外国商人是有吸引力的。据李秀成说，1860 年 6 月太平军攻克江苏苏州后，即有"法国人与别国商人来此交易"。同年 8 月，怡和公司上海支店负责人惠涛在报告中写道，太平军"是要抵抗外国人的，不过，同时也表示愿意和我们友好相处。自然，直到目前为止，他们对所有不断和他们接触的人的态度，以及运下生丝等，给人以各种各样的贸易方便，都说明他们是实行这种政策的"。"尽管存有各种困难，生丝仍然继续涌来，非常昌旺，现在已达一万九千包，……如此，比起去年，我们在各方面都大有进展。"可见在太平天国的扶持下，生丝这种中国近代主要出口商品的贸易以及其他方面的贸易，发展较好。

当时，晚清著名思想家王韬就有记载："自江浙以达上海，帆樯林立，来去自如。"就是在新占领区，对外贸易也很快恢复了。如太平军攻克唯一的通商口岸浙江宁波不久，1862年3月，怡和公司宁波支店负责人格林在信中写道："这儿的商务现在有点转机了……这儿已到了一些生丝，……茶叶也有来货。""只要我们当局不干涉太平军，我预料本口将有很好的生意可做。"

在茶叶贸易方面，太平天国占领的皖南是盛产茶叶的主要地区之一，中外商人经常设法从这里采购茶叶，装运出口。1853年10月底，法国军官卜拉自上海发出的函件写道："虽然是战时状态，出口贸易并没有受到很大影响。茶叶还是用大船装着，逐日源源而来。"中国第一个留美学者容闳也曾经说过，1861年，他受上海外国公司的委托，由上海经安徽芜湖直赴太平县，查得全县存有茶叶"不下百五十万箱，每箱装茶重可六十磅"。他不久回到芜湖，函告外国公司："曾亲见有无数之绿茶。但能携款至芜湖，并雇用数人护送以往，款至太平县，茶即不难运归。"函外并附茶样多种。旋得外国公司复信，谓茶种良佳，命他速往购办，"能得几许者，尽量收购，不厌多也"。收到汇款后，他便携现银四万两，率众雇船重往该县购买，分批运回芜湖，再转至上海。他从事这项工作"凡六阅月，前后共得绿茶六万五千箱"，不久因病重而停止。

珠海容闳博物馆（在甄贤学校旧址上修缮改建而成）

与茶叶相比，丝业贸易对当时国际贸易的影响更大。江苏、浙江是生丝的重要产地，尤其是浙江湖州、杭州和嘉兴地区，产量最多。在太平天国治理下，这些地区的蚕丝生产如常，输出国外有增无减。《北华捷报》在回顾1862年商业情况时同样谈到，"在整个生丝季节中，叛军对生丝的运输，很少加以干扰，而在某些地区，他们似乎还急于扶植这种贸易，因为他们可以从这种贸易中，得到一笔可观的税收"。1863年5月，惠涛的报告又道："关于丝产的消息仍旧非常之好。已有大量蚕籽孵化出来，桑叶亦盛，所以大量产丝的可能极大。叛党正在尽一切努力鼓励蚕户，这一点上也没有可虑之处。"5月还说："美甲君刚从蚕丝区域旅行回来，他对我说，蚕是很美的，各种现象表示将有一次大丰收。乡村垦种面积极高，叛党是最急于鼓励商务的。"事实表明，生丝的出口一样获得进展。

太平天国后期，由于部队战斗力下降，同时湘军、淮军得到西方的支持，使用现代武器越来越多，给太平军带来的威胁越来越大，所以太平军对进口军械的需求更大。李秀成经营苏浙之后，大力恢复当地的社会生产和发展对外贸易，其重要的目的就是用"茶、丝换军火"。当时，太平天国辖区对外贸易的盛况正如王韬所描述的："流民雨集，百货云屯，自江浙以达上海，帆樯林立，来去自如。"外国商人及其雇用的买办商人也大批大批地从上海出发，进入太平天国辖区进行贸易。

太平天国运动的爆发对中西方贸易格局影响很大

太平天国运动的爆发对当时中西方贸易格局影响很大。总体上，在太平天国时期，中国的对外出口是不断扩大的，从外贸出口当中没有发现整体性的经济衰败的迹象。

太平天国运动结束后，曾经加入太平军的英国人呤唎（太平天国灭亡后逃归英国）依据英国正式商务统计报告，对1845年至1865年中国茶丝出口总额做了统计，列表六份，较为可信，现转录于下（见表4-1至表4-6）：

表4-1　太平天国运动爆发前五年的出口总额

出口年份	茶叶（磅）	生丝（包）
1845—1846	57 580 000	18 600
1846—1847	53 360 000	19 000
1847—1848	47 690 000	21 377
1848—1849	47 240 000	17 228
1849—1850	53 960 000	16 134

表4-2 太平天国运动爆发并向长江流域进军时期的出口总额

出口年份	茶叶（磅）	生丝（包）
1850—1851	64 020 000	22 143
1951—1852	65 130 000	23 040
1852—1853	72 900 000	25 571

表4-3 太平军占领南京及其他许多茶丝产地后的出口总额

出口年份	茶叶（磅）	生丝（包）
1853—1854	77 210 000	61 984
1854—1855	86 500 000	51 486
1855—1856	91 930 000	50 489
1856—1857	61 460 000	74 215
1857—1858	76 740 000	60 736

表4-4 太平军占领一半产茶地区和全部产丝地区前两年的出口总额

出口年份	茶叶（磅）	生丝（包）
1858—1859	65 789 792	81 136
1859—1860	85 938 493	69 137

表4-5 太平军占领大部分产茶地区和全部产丝地区后的出口总额

出口年份	茶叶（磅）	生丝（包）
1860—1861	87 220 754	88 754
1861—1862	107 351 649	73 322
1862—1863	118 692 138	83 264

表4-6　太平军从产丝地区撤走后的出口总额

出口年份	茶叶（磅）	生丝（包）
1863—1864	119 689 238	46 863
1864—1865	121 236 870	41 128

从以上六份统计表来看，太平天国不但没有妨碍对外贸易，反而出口总额总体上是不断增加的。战时上海出口的生丝一年有八九万包，完全来自太平天国辖区。美国作家卡希尔就曾谈到，"这些数字，并没有证明太平军的统治使商业受到摧残。奇迹反而是太平军一面从事生死斗争，一面还能够如此扩展其商业"。

太平天国定都天京后，中国出口的茶、丝，一部分来自太平天国辖区，另一部分也要经过这个区域才能外运，而在这一时期，茶、丝的出口总额明显增长，其中生丝的输出尤为突出。当1860年太平军攻占苏州及附近地区后，茶、丝的出口更多。但在驱走了太平军以后不久，丝的出口就骤然降到太平天国时期的半数，且继续下降。这就很有说服力地说明太平天国的茶、丝出口贸易是很兴旺的。此外，从上海1861年至1863年棉花输出猛增的情况估计，太平天国的出口货物可能还有棉花，其数量也是逐年增加的。

战争期间，外轮沿江来回穿梭于内战双方的防区进行贸易以追逐超额利润，如在安庆保卫战和天京保卫战中，尽管清政府中央已经照会列强停止接济被围的太平军，但仍有外轮涉险前来贸易以牟取暴利。

太平天国运动对中国近代外贸格局产生了深远的影响。鸦片战争之后，西方国家的输华商品除鸦片外都没有呈上升态势，中国出口的大宗商品主要还是茶和丝，中方依然呈现出超态势。从太平天国运动爆发一直到其结束之后，中西贸易额大增，而且中方由出超转为入超。造成这种变化的原因当然是多方面的，但太平天国运动不能不说是重要的客观动力因素。

太平天国运动爆发对国际金融市场的影响

太平天国运动爆发时，中国的整体经济实力在当时的世界上还是首屈一指。太平天国运动的爆发不但影响到当时中国国内的政治经济贸易局势，而且影响到整个国际贸易，更进一步，甚至对整个国际市场银根紧缩都有影响。

美国人马士的名著《中华帝国对外关系史》第一卷是这样记录太平军进军长江流域后对国际贸易的影响的：在出口货方面，……在混乱期间，它们的数量和价值都大为增加。当内地的荒芜减少了中国人方面的需求时，茶，不再取道扬子江这一条危险的路途，却从安徽、江西、福建和浙江经山路而来，并在上海找到了一个市场。到 1852 年为止，上海的出口差不多增加到 60 000 000 磅，在 1853 年则是 69 000 000 磅，上述各年份都是以 6 月 30 日为截止期。造反的洪流逼近的第一个影响，就是把 1854 年的出口货缩减到 50 000 000 磅；但是在 1855 年从上海输出的却不下 80 000 000 磅。

在丝的出口方面，反乱产生了更大的影响。在 1851 年，上海的输出已经达到了整个中国出口从未达到过的 20 631 包的这一规模。……出口一跃而增加到 1852 年的 41 293 包和 1853 年的 58 319 包，在 1858 年则已上升到 85 970 包。1853 年上海所有各种出口，主要是茶和丝，价值为 24 200 000 元。1857 年，上海通货已经从"加罗拉"（西班牙的）洋钱改为上海两，差额 18 795 209 元，据知的现金银进口净值达到 14 443 089 元。这只是上海一港的情况，其他港口的情况也差不多。1859 年福州的全部进口价值为 2 244 000 元，出口则是 10 847 600 元。净出口也达到将近 800 万银圆。

在这几年中,十八世纪广州的情形又重演于上海;出口货在价值上年复一年地超过进口货,其间的差额只能用现金银的不断进口来调节。因此现金银有大量的流入;单单由半岛东方航运公司的轮船所输入的现金银,在 1853 年 11 月 26 日达 1 544 500 元,在 1854 年 1 月 21 日达 843 700 元,在 1854 年 2 月 11 日达 532 300 元,在 1854 年 8 月 26 日达 726 700 元,在 1856 年 5 月 10 日达 1 300 000 元,在 1856 年 10 月 11 日达 1 500 000 元,在 1857 年 6 月 27 日达 1 208 500 元,在 1857 年 7 月 25 日达 2 250 000 元,在 1857 年 8 月 15 日达 2 078 000 元,此外,其他按月开行的轮船也输入了相当的数量。1856 年历法年度,进口达 20 400 000元;1857 年,除去从华南输入价值 1 750 000 元的铜钱之外,还有 17 500 000 元的银子。……为求得到这种铸币的足够数量,欧洲各市场被搜光了。欧洲的银圆外流已不胜负担,而上海的情况则是难以容忍的;因为中国人,除去非这种铸币不收而外,并且钱一到手就储藏起来。

银根之紧变得更加显著。在 1856 年夏季,通行的利息是每千元每天 1.80~2.00 元(每年 65%~75%)(《北华捷报》,1856 年 6 月 7 日);在欧洲不论用什么价格再也找不到"加罗拉"银圆了(同上);……虽然在 4 年间已输入了五六千万元之多,但混乱已达极顶。进口货都是按英镑进口,按银圆出售,并按唯一可资利用的媒介物——纹银,支付价款;但是连纹银也很缺乏,因为它并未因业已作为正式流通的通货而被吸引到口岸上来,上海已"处于商业交往没有价值标准的困境之中——无论是买或卖,我们都不知道我会收受什么或必须支付什么"(《北华捷报》,1857 年 1 月 3 日)。

总而言之,太平天国运动的爆发极大地促进了当时中国商品的出口,这种出口的盈余达到每年 1 500 万银圆以上。仅从 1852 年到

1856 年的 4 年当中，中国的白银净进口就达到五六千万银圆之多，导致整个国际社会银根紧张、利率飞涨。

太平天国运动对世界格局的影响

悉尼大学的黄宇和教授认为，太平天国运动不仅是中国的内战，也具有世界大战的性质。他本人先后在 1976 年、1984 年和 1998 年出版的几本专著中主张第二次鸦片战争（时间上与太平天国几乎同时）其实是一场准世界大战，因为当时世界列强中的英、美、法、俄都牵涉其中。

黄教授认为：英国政府对中国的干预（第二次鸦片战争）主要是由于受到中国政局的影响而使得贸易减少，导致了英国政府财政收入的减少。当时，从中国进口茶叶的关税（税率为 100％）足够武装英国海军。也就是说，英国国际贸易所受的冲击，通过影响其财政收入这个渠道，导致了英国政府对中国的干预。

在美国内战及太平天国运动之前，当时国际贸易当中具有这样一种三角关系：美国从中国购买茶叶和丝绸、瓷器等商品，英国从美国购买棉花，中国则从英国购买鸦片。这个贸易循环不仅影响到商品和税收，也影响到国际货币体系，例如金银的国际流动。

太平天国运动爆发之后，中国的生丝出口首先增加了，鸦片的进口随后也增加了，但这两者的增加是不同步的，生丝出口增加在前，对国际银根造成了比较大的压力。英国担心太平天国运动会影响自己的重大利益，而这又影响到英国对美国内战的态度。

美国内战爆发之前，南部联盟认定北方不敢对南方发动大规模的进攻，因为这会影响到美国南方棉花的出口，从而影响到英国和法国的重大经济利益。的确，在当时的国际舆论及政治气氛下，英法两国政府都倾向于支持美国南方。

但是，当时美国采取了比较有针对性的贸易政策。例如，北方利用自己的海军力量，对南方进行封锁，但是并不阻拦棉花通过欧洲各国船只运输出口。为了避免法国对美国内战的干涉，美国也尽可能保障法国的利益，放任法国对墨西哥的侵略，以交换法国不支持美国南方。与此同时，埃及和印度的棉花出口增加了，在一定程度上缓和了世界市场对美国南方棉花的需求，从而打破了美国南方一直以来有关内战必然引起欧洲干涉的幻想。

当时，美国内战与中国内战都是影响英法重大经济利益的事件，英法两国必然要进行一定的干预。但是，英法两国政府在两者之间都是摇摆不定的。

因为太平天国运动（1851—1864 年）与美国内战（1861—1865年）在时间上具有一定的重合，而且都事关当时英法两国的重大经济利益，所以美国学者裴士锋《天国之秋》一书认为英国把介入太平天国运动当作其介入美国内战的替代。裴士锋认为："中国与美国是当时英国最大的两个经济市场，为了解英国在这两场战争中的角色，我们得记住，英国面临着同时失去这两大市场的风险。英国得想办法恢复其中一个市场的秩序……英国本可能介入美国以重启棉花贸易，但却选择投入中国的内战。事后英国首相会把介入中国一事，当作英国为何得以在不干预美国内战下仍能熬过经济崩溃的原因。或者换句话说，英国靠着对中国内战放弃中立，才得以对美国内战保持中立。"也就是说，在当时的英国看来，干涉中国内战的利益更大，而干涉美国内战可以暂时放一放。

结果是，中国的清政府以《天津条约》和《北京条约》换取了英法列强的支持，同时，美国联邦政府以对英法的让步及隐忍避免了英法的干涉，于是英法就选择了干预中国的太平天国运动，而非美国内战。当时，英国评估认为，美国内战南北任何一方获胜，都不影响其对英国销售棉花。

《中华帝国对外关系史》第二卷提到：现在有必要去注视太平天国叛变的发展过程了。……西方列强为了本身的利益，却越来越被迫着在镇压叛变的各种措施中进行干涉，并且逐步地被驱使着支持帝国政府而抵抗叛军，因为前者纵然有它的过失，却仍然是和它们有条约的约束，而后者却带来了劫掠和荒凉。贸易是西方国家的主要利益，也差不多是唯一的利益；为了这一点，和平与秩序的恢复是极重要的。要想达到这个目的，大家就看出善意的中立是不够的，所以终于采取了用以抑止遍于帝国各处的纷乱状况的各种措施。直率的历史家们必须承认，中国的拯救主要是由于外援，这在 1860 年是不愿意给的，但是在 1862 和 1863 年却毫不吝惜，这是符合西方国家的利益才给的援助，可是对中国政府与人民也不是没有帮助。

因此，当时看似两大半球毫不相干的两场战争——中国太平天国运动与美国内战——其实是通过国际贸易体系紧密结合在一起的，同时也与法国在欧陆的一系列扩张及其对墨西哥的侵略战争联系在一起。

可见，作为中国内战的太平天国运动其实是当时的一场准世界大战的组成部分，而这场世界大战牵涉到全球利益的分配及各大国力量的消长。因此，太平天国运动表面上是中国内部因为民族事务引起的一场内战，但其实是当时世界贸易战的一个重要组成部分。当历史进入 19 世纪之后，仅从一国内部来探讨国家的发展已经远远不够了，甚至单纯从一国与他国之间的关系来探讨仍然远远不足，而是必须要从全世界的整体政治经济格局及其他发展视角，才可能窥得全貌。

结论

中国从来不是一个封闭体系，鸦片战争之后不是，鸦片战争之前也不是。全球化也是一直在发展当中，只是有时候剧烈，有时候不那么明显。早在鸦片战争之前，大清帝国就早已通过国际贸易深深融入世界经济当中，鸦片战争与太平天国运动进一步加深了这种联系，只不过鸦片战争是从外部，太平天国运动则是从内部发生作用。

另外，这种联系也不是西方部分学者所强调的单纯的"冲击－应变"模式。中国内部的变化，同样强烈冲击着国际经贸格局，进而深刻地影响了世界历史的发展。协同演化理论，才能更好地说明近代以来中外关系及世界格局的演变。

太平天国运动就是如此。它通过重构国内政治格局，进而影响国际经贸发展，与整个世界的经济发展紧密结合在一起，使远隔重洋、不同大陆上的重大历史事件紧密联系起来，相互影响，协同发展。

国民政府在两次重要对外贸易行动中的得失

国民政府在对外贸易方面进行的两次努力

国民政府自 1925 年建立，就一直处于连续不断的内外战争当中，缺少足够的时间和空间来发展经济，在对外贸易方面的努力也很少。

虽然如此，当时国民政府中的能人志士很多。而且，内外形势的压力，也迫使国民政府在有条件的时候，尽量进行一些对外贸易方面的努力。

在这些努力当中，比较有影响力的是 20 世纪 30 年代与纳粹德国之间在外贸方面的合作，以及在抗日战争胜利之后与美国签订的《中美友好通商航海条约》。前者，因为当时的纳粹德国面临着巨大的内外压力，所以其与中国进行的贸易合作不但是公平的，而且也是彼此有利的。但是后者，由于当时中美之间在实力上极其悬殊，所以这个条约在表面上是非常公平的，在实质上则是完全不公平的，在结果上也是灾难性的。在很大程度上，《中美友好通商航海条约》让中国的民族资产阶级背弃了国民政府，最终导致了国民政府的迅速崩溃。

中国与纳粹德国的经济贸易合作

中国与德国发展经贸合作的外交基础

在近代列强对中国的侵略中，德国与中国发生的冲突较少，这并非因为德国对中国人民更加友善，而是因为德国发展较晚，力量有限，而且距离中国较远，被其他帝国主义国家所阻拦，涉及的利益冲突较少。西方政治学家认为：邻国天然就是敌人。中德不相邻，德国在中国的利益也相对较少，带来的结果之一就是中国人民对德国的印象较好，在关系上较为友善。孙中山曾说："在列强中德国是中国的次要敌人。"第一次世界大战结束后不久，中国就第一个与德国签订了平等的《中德协约》，因为这个时候德国势力已经被赶出中国了。

德国势力既然退出了中国，中国人民对德国也就没有什么仇恨了。在 1925 年的反帝运动中，德国驻中国使节向德国政府报告说："当前的这场震撼中国的巨大运动，并不具有排外性质"，"中国无论是官方还是普通群众，都不是不加区分地向所有的外国人或者所有的白人发泄仇恨"。这场运动是中国人"起来反对那些最明显地阻碍或者危害它的民族意识发展的东西，这些东西就是曾经强加给中国的那些不平等条约，以及在这些条约的保护下凌驾于这个国家人民之上的享有特权地位的外国人"。

因为当时德国损害中国较少，对中国态度较为友好，所以，德国在这场运动中是被排除在"帝国主义"之外的，仍然"受到友好的对待"。中国人从来都不是盲目排外，是分得清好坏和主次关系的。

1925 年省港大罢工

国民政府时期中德双方相互需要

蒋介石国民政府执政后，德国人成为中国政府的朋友和顾问。这一切都为德国在华开展经济贸易活动铺平了道路。1929 年 2 月《中德关税条约》生效以后，德国正式"重返"中国市场，由于战争而中断的各类贸易逐渐开始恢复。据记载，《中德关税条约》生效当年，德国工业界通过民间私人交易从中国获得了本国所需的 88％的锑和 53％的钨。

当时，德国正在重整军备，而德国缺乏自然资源，极大地限制了自己的发展。根据多方考察，纳粹政府认定，"中国是可能变成我们巨大出口市场的唯一国家"，"中国几乎拥有所有的工业生产原料，尤其是生产现代武器所必需的钨和锑"。

当时的中国还没有能力用自己丰富的矿藏原料生产自己所需的武器装备，因此，对纳粹德国来说，中国正是集进口原料、出口武器和军用设备于一体的最好贸易伙伴。当时蒋介石政府积极谋求与德国合作的行为也促成了中德贸易的高潮。蒋介石认为："中国应向一个稳健扎实而不是充满幻想的国家学习。德国是唯一可以从中学到一点东西的国家。"德国的历史经验、工业体系和军事理论及其实践斐然世界，向德国学习并依靠德国的援助不仅可以建立一支新式强大的军队，而且可以振兴中国事业。

纳粹党上台后，蒋介石一方面亲自派人前往德国联络国防部长勃洛姆堡、经济部长沙赫特、宣传部长戈培尔、空军部长戈林等政府要人，商定全面的合作项目；另一方面责令"国防设计委员会"（1935年改名为国家资源委员会）制订出一份直接在德国援助下的中国国防建设总计划。根据计划，中国将通过与德国的合作，创立重工业；引进德国的机器设备和技术力量；用高质量的农畜和手工产品以及矿产，尤其是钨、锑、锰、锡等工业原料来偿付借贷等。其最终目的是完成"十万众国防军，及相当空军力量，以及海军初步基础之建设"。这与德国的"新计划"贸易方针遥相呼应。

中德经贸关系持续发展

纳粹德国为了抓紧时间重建国家、重整军备，在外贸方面具有争分夺秒的精神，为了达到这一目的，不惜亏钱做外贸。根据德国"新计划"的节省外汇、签订双边贸易协定和政府资助出口的基本精神，1934年1月，以对华贸易为主的"工业产品商贸公司"代表德国政府与中国政府签订了易货贸易协定——《中国农产品与德国工业品互换实施合同》。根据这份合同，中国政府将供给德国所需的农矿原料；"工业产品商贸公司"供给中国所需的德国工业品及其他各种成品，同时供给中国国内不能置办的农矿原料开采所必需的机械及其他设备，所供机械和设备均按价格记账，作为借款，中国政府将以农矿原料进行清偿；中国政府供给德国的农矿原料按价格折算成的款项，作为其在德国的存款，中国政府可随时支配此款，采购德国工业品及其他成品。

1935年，中德政府又签订了一份附带合同，即《中德关于易货运输及价目协订办法协议草案》（又名《中德易货运输及价目协订办法协议》），商定由德国政府指派另一家德国公司负责协同中国政府办理运输事宜。后来，在得到蒋介石亲自做出的"中国原料之必须巨量供给贵国"的保证后，希特勒也积极表态对"中德合作大计，亦必予以赞助"，批准"供款额一万万马克"。

1936年，中德再次签订了《德华信用借款合同》，具体商定了这一亿马克贷款的使用办法：中国政府可依据货物互换合同，用以提取德国工业品，中国以农矿原料随时抵偿，并得全额继续。以上三份合同是在"中德两国，均愿以密切友好之合作，共谋两国经济复兴与商业促进"的基础上签订的，其目的"在于藉中国农矿原料，与德国工业品，及其他各种成品之交换，以促进两国工商业与政治之建设，并以增进两国人民之强盛"。

依据这一系列合同，纳粹政府所制定的"新计划"措施在中国得到实施，中德双方都获得了很大的利益。首先，德国政府将魏玛时期仅在民间进行交易的项目纳入国家外贸体系之中，从而使正在大规模开展的国内军备生产得到源源不断的原料供应。其次，该措施使德国在对外贸易中节省了外汇开支，无论是在进出口贸易中还是在支付贷款时，德国都可以用本国的出口货物进行替代（当时德国的外汇极其紧张）。依据上述协议，德国既节省了外汇，也扩大了出口。最后，为了保证易货贸易的进行，"补贴银行"补充的两项措施，"偿付用于货物装载的信贷利息"和"在易货交易过程中给予较大比例的佣金"，也使德国商人在这项贸易中获得好处。对中国来说，易货贷款合同不仅使国民政府的国防建设得到了德国切实的援助，达到了预期的目的，而且由于德国出口商可以在中国低价销售货物，因而也得到了实际的利益。

中德经贸规模不断增长

在一系列政策的支持下，1933年，中国对德金属矿的出口较1932年增长了约3倍，此后还继续成倍增长，最高时达2 110万马克。其中，钨矿的对德出口情况是：1935年2 510吨，占当年中国钨砂出口总数的53.34％；1935年4 784吨，占总数的64.80％；1936年5 091吨，占总数的66.55％；1937年抗日战争全面爆发，中国对德钨砂出口仍然增加到8 037吨，占德国当年进口钨砂总数的70.67％。从中国的进口，解决了德国军备生产原料的燃眉之急。

在德国对中国输出的商品中，制成品仍然占总出口商品的93％左右。但是，其中的种类变化很大，即成套的机器设备和铁路器材占有绝对优势，而化学和金属制品越来越少。与此同时，德国的武器装备也被整套地、成批地输入中国，国民政府的军队开始整师地用上德国的装备。按照德国顾问团方面的建议，国民政府需要整改60个师及10个重炮兵团。但是，由于当时中国的国力及时间均有限，到抗日战争全面爆发时，实际上只是勉强装备了8个德械师。

德械师

从1934年到1937年，中德间的贸易出现了前所未有的盛况。

1933 年德国进口的中国物资占其进口总额的 7.9％，1936 年上升到
15.9％，超过了英国和日本对中国产品的输入，仅次于美国，居第 2
位。与此同时，在中国的出口市场中，德国取代英国位居第三。到日
本全面侵华前，德国的对华投资额达 3 亿美元，在外国对华投资中的
地位从第 7 位上升到第 3 位，仅次于英日。从中国方面看，到 1937
年 7 月，中国对德贸易也达到了最高峰。纳粹德国的对华贸易前后持
续了 7 年。7 年间，双方都获得了很大的利益。

可以说，自 20 世纪 30 年代初起，中德双方就从各自的立场出
发，把中国的工业和国防建设与德国的原料需求和武器输出联系在一
起。中德贸易有着发展国防经济的互为补充的共同利益。总之，纳粹
德国的对外贸易政策及其对华贸易的实践达到了预期的目的。

通过对华贸易，纳粹政府一方面向中国市场倾销军工产品，以维
持和发展国内不断膨胀的军工生产；另一方面又要求以农矿原料进行
交换，弥补国内军工生产线上的原料不足。在这两者之间，进口是第
一位。除此之外，通过对华贸易，纳粹政府加强与中国国民政府的合
作，借以牵制苏联，并以此为前提联合苏联摆脱英法的挟制，从而充
分显示了其外贸政策与外交政策合二为一的实质。

后来，在日本全面侵华、中日矛盾不可调和时，德国决然放弃已
取得的在华利益，与日本共同走上了法西斯扩张的道路，从而进一步
证明了纳粹德国的对华贸易及外贸政策是其巩固和加强法西斯统治、
争霸世界的工具。

《中美友好通商航海条约》的签订及后果

二战之后，美国在全世界推行自由贸易政策。中国作为远东大
国，又饱受内忧外患的冲击，对美国在各方面的依赖很深，也不可避

免地受到这一政策的影响。但是，当时的中国饱受多年战争的破坏，国内经济凋零，根本承受不住自由贸易政策的冲击，尤其是这个自由贸易政策还是相当不公平的。

《中美友好通商航海条约》的签订

1946 年 11 月 4 日，由国民政府外交部长王世杰与美国驻华大使司徒雷登在南京签署《中美友好通商航海条约》。条约共 30 条，68 款。这是中国政府与美国政府签订的一个包括通商、航海、设领等内容的涉及全面关系的条约。

国民政府外交部长王世杰

条约在"概述"中强调：缔约此方之国民有在彼方"领土全境内"居住、旅行与从事商业、工业、文化教育、宗教等各种职业的权利，以及采勘和开发矿产资源、租赁和保有土地的权利，并且在经济上享受国民待遇。此方商品在彼方享有不低于任何第三国和彼方本国商品的待遇。此方对彼方任何物品的输入，以及由此方运往彼方的任何物品，"不得加以任何禁止或限制"。此方船舶可以在彼方开放的任何口岸、地方或领水内自由航行，其人员和物品有经由"最便捷之途径"通过彼方领土的自由；此方船舶包括军舰在内，可以在遇到"任何危难"时，开入彼方"对外国商务或航业不开放之任何口岸、地方或领水"。

其全部内容，用国民政府驻美大使顾维钧的话来说，就是"中国全部领土、全部事业一律对美国开放"（1947年，顾维钧在美国对外贸易会议上的演讲词）。美国人在中国的经济利益与中国人无异。美国人可以在中国居住，购买土地、房屋及一切财产，但美国限制中国人的"移民律"则仍旧有效。美国向中国输入商品征税与中国人相同。凡是中国开放的港口，美船皆可通行，并能沿途起卸货物，自由选择"捷径"。条文上写的是中美"双方"，实际上处处只对作为"此方"的美国适用。

当时出版的条约文本

后来，国民政府又与美国签订了《中美航空协定》，于1946年12月20日成立。规定：第一，除原定美机能在上海等地起卸外，又增加了一个"及以后随时同意之地点"装卸转运客货。美机可在中国到处飞行，不受限制。第二，增加美机在中国领土内可作"非交通之停靠"，即除平常交通外，美机还有军事性的降落权。中国领空主权，从此全部归由美国掌握。

《中美友好通商航海条约》严重损害中国的利益

从该条约的内容可以看到，除部分特殊说明外，几乎所有的文字都表达了"平等"与"互惠"的内容，体现了近代"国际程序"和"国际公法原则与惯例"。与以往历届中国政府同外国列强所签订的不平等条约相比，这个商约可算文明多了，尤其是条约中规定的国民待遇及最惠国待遇是双方互有的。也就是中国对待美国与美国对待中国的条件是一样的。不只是商品，人员、交通工具、军舰等也都完全一样。

但是，这是一个看似公平、实则一边倒的协议。这是因为，在当时，中国的发展水平与美国相比，实在是落后太多了。

当时中美两国的经济实力相差太大。早在一战之前，美国就已经是当时世界上最发达的资本主义国家之一。二战结束后，它更是占据资本主义世界工业生产份额的 60％和国际贸易额的 32.5％。其黄金储备就高达 200 多亿美元，占资本主义世界黄金储备的 3/4。

抗战结束之后，本来就很薄弱的中国经济，在遭受了严重的战火洗劫之后，几乎瘫痪！虽然战后一段时间内，工矿业生产有所恢复，但均未达到战前水平。例如，直到 1946 年秋，中国民族工商业也仅达到战前最高水平的 20％左右，而当时美国商品在中国市场上的倾销已经非常严重，战后的中国市场已到了"无货不'美'，有'美'皆备"的地步。据统计，当时上海、天津各大百货公司的美货已分别占到全部货物的 80％、50％以上。这些美货以其数量多、成本低，本身就比国产货具有竞争力，再加上国民政府给予的低汇率、低关税或无关税的优惠，使其一般售价更是要比国内同类产品低一半甚至更多，以至于哪种美国商品进口，中国生产的同类商品就会滞销。

按道理讲，在这种情况下，国民政府为保护本民族的工商业，应该对部分美货，尤其是消费品等采取高关税政策，以限制其进口。但是，《中美友好通商航海条约》却规定双方互不限制输入及输出品，且在内地税及关税征收上给予国民待遇或最惠国待遇。

最吊诡的是，《中美友好通商航海条约》签订之后，美国政府并没有马上批准，而是过了两年之后，直至 1948 年 11 月才批准了这项条约。在这两年当中，美国方面当然没有根据条约给予中国相应的优惠待遇。但是，这时候的国民政府急于获得美国资本的支持，已经按照条约给予美国企业相应的优惠条件，按约履行"义务"了。更有甚者，因为《中美友好通商航海条约》与当时国民政府正在修订中的新公司法的内容有冲突，国民政府还修改了新公司法。从美国在华公司来看，仅在新公司法公布后的短短 3 个月内，上海一地新设外国公司就达 100 多家。

因此，《中美友好通商航海条约》不但本质上是不公平的，而且在执行中也是不公正的。在中国给予相应优惠之后，美国过了两年才开始履行条约。但是这个时候，国民政府濒临崩溃，国内一片兵荒马乱，中国的企业已经不可能有条件来享受相应的优惠了。总之，对于这个貌似平等的《中美友好通商航海条约》，中国的民族工商业和普通老百姓所能得到的只有灾难，中国所能得到的只是丧权辱国！

因此，《中美友好通商航海条约》严重阻碍了中国民族工商业的发展。建筑在文字平等基础之上的《中美友好通商航海条约》，只能是一种"赋予三岁小孩与年强力壮的大力士作角力赛的平等"。而且，在本身就不公平的角力赛的过程中，大力士还对小孩采取了欺骗的手段。那么，这样的"平等""互惠"，又怎能不让中国人民感觉受到严重的伤害呢？

《中美友好通商航海条约》签订之后，美国扶持的"中华民国"，实际上已成为美国的殖民地。把这些条约合在一起，美国从蒋介石手中取得了中国领土权、领空权、领海权、内河航行权、铁路管理权、军权、财权、警察权、司法权、国家秘密权、农业权、工矿权、商业权、海关权、文化教育权、内政"最后决定权"、外交指挥等。真是从天上到地下，从海上到陆上，从政治到经济，从物质到文化，从现在到将来，无所不包，应有尽有，所有"中国"主权云云，实际上尽成美国主权了。

《中美友好通商航海条约》的签订背景及后果

国民政府内部的能人很多，大多数政府高官都是出国留洋的博士，精通历史上的各种贸易理论，对商约事实上的不平等当然并不是毫无认识的。早在讨论修改美方的草案时，国民政府经济部便指出，美国的目的就在于保障其投资者的在华利益，且由于"两国经济实力悬殊过甚，商约实施后，两方所获取之利益，势难均等"。到了正式谈判前，中方代表重申了这一点。

既然如此，那么为什么国民政府在谈判中还一再妥协让步，并最终签署了这项商约呢？一般认为，国民政府之所以签署商约，其根本原因还是希望能够以妥协为代价，换取美国对其发动内战的经济支持和军事援助，因为抗战胜利并不意味着蒋介石"一统天下"的到来，中国共产党领导下的民主革命力量的蓬勃发展已经构成对其统治的最大威胁。

到了1946年6月，天下未定，蒋介石便发动全面内战，并妄想在"五个月之内打垮中共军"。但这需要精良的武器装备和充足的物资供应，显然，国民政府当时力不从心，无法满足这些军事需要。内战爆发之后，国民党军队的损失及消耗越来越大，到1946年底，已经可以清楚地看到，要迅速打败中国共产党的军队是不可能的。出路只有一条，这便是更加依赖美国，寄希望于美国提供更多的援助。正是基于这种政治上的迫切需要，国民政府才在谈判中一再让步，并最终认可了这样一个对它远非"平等"和"互惠"的《中美友好通商航海条约》。

对蒋介石来说，他想通过《中美友好通商航海条约》及其他让步来换取美国经济和军事上的援助，进行不得人心的内战。对美国而言，它则想借助中国市场来消化其因为二战结束而产生的生产过剩，并借此机会使中国成为美国控制的世界经济体系的一部分，成为其未来全球反苏冷战阵营的一环。因此，双方一拍即合，签订这个内容广泛的《中美友好通商航海条约》，并将此吹嘘为"丰功伟绩"。

《中美友好通商航海条约》遭到国内的强烈反对

这个条约的后果，中国人民相当清楚。所以，对国民政府的这一"丰功伟绩"，中国人民的反应是舆论哗然！民众进行了声势浩大的声讨与谴责！

上海企业界的喉舌《大公报》高声呼吁："甚至连英国这样一个高度发达的工业和贸易国家，都不敢同美国进行自由贸易……我们不理解，我们政府为什么不为我们国内工业、我国的经济和我国人民的生活谋取某种保障。"

《纽约先驱论坛报》的一位记者报道说，上海"街头巷尾的议论，把这项条约赋予的权利比作赋予一辆汽车和一辆黄包车使用马路的同等权利"。

中国共产党的《解放日报》发表评论，认为该条约是近代中国历史上"最大、最残酷苛刻的一个卖国条约"。延安各界人士要求将11月4日定为新的"国耻日"，并称该条约为"新的二十一条"！

著名经济学家千家驹评价说："它是出卖国家主权最露骨最具体的体现，是不平等条约的新版，是新的二十一条约！即使'二十一条'也不如本约断送主权之甚。"郑森禹也认为该条约"前无先例"，超过了"二十一条"，说："这是一个历史性的条约。对过去说，其所及事物之广泛，权益之优厚，地域之深远，是打破任何条约的纪录的。"

自1842年以来，各个不平等条约如枷锁般拴住中国人民，受尽丧权辱国之苦的国民为此进行了不屈不挠的斗争。直到1945年抗日战争胜利，旧的不平等条约才基本废除，中国人民才重拾民族尊严。恰于此时，新的不平等条约《中美友好通商航海条约》出台了。抗日战争结束之后，美货通过各种合法和非法渠道大量涌入中国，在市场上泛滥成灾，沉重打击了尚处恢复时期的国内工商业，从而在中国引发了一场抵制美货的运动。《中美友好通商航海条约》这时出台，无异于火上浇油。

《中美友好通商航海条约》一旦实施，中国的民族工商业不仅振兴无望，而且将面临任人摆布的厄运。所以，此条约理所当然地遭到中国民族资产阶级、爱国志士以及广大普通民众的强烈反对。

总之，《中美友好通商航海条约》实际上一点都不友好。美国人希望借此条约给中国人挖个坑。从结果来看，这个坑的确让中国人一头栽了下去。但是，在中国人栽下去之后，美国人也跟着栽了下去。这实际上也是当前国际关系的一个误区：各大国都只考虑短期的经济利益，较少考虑长远。牺牲中国来保障自己，是美国各政治集团必然做出的选择。但是，中国人民一旦感觉自己被出卖和被牺牲，就必然走向其他的方向。美国要重新跟中国建立较为友好的关系，就要等到几十年之后了。

总结一下国民政府期间的内外经济政策。蒋介石政权本身拥有优秀的人才，但是缺少对中国社会内部关系的深刻认识。这些优秀人才从国外学来的先进经验，常常并不非常符合中国的现实。加上国民政府自身的局限性，其在面对外国力量的时候，在立场上是软弱的，在政策上是机会主义的，在战略上是短视的，是经常因短期利益而牺牲长远利益的。这就决定了，国民政府虽然在表面上貌似一个现代性的政权，但在内在的行动逻辑上完全是黑帮式的，连传统的封建政权的水平都达不到。这就决定了国民党当局在面临一些重要关口的时候，难以做出有利于中国长远利益、根本利益的选择。

大萧条、贸易竞争与中国经济的祸福转换

——"因祸得福"和"因福得祸"

20 世纪二三十年代的大萧条给世界经济带来了巨大的创伤，包括那些不可一世、控制全球经济的西方列强也都遭受到巨大的打击。

这种打击不仅体现在经济层面，也体现在政治及文化心理层面，所以就显得格外深刻。正是因为大萧条，让世人认识到自由放任的经济是靠不住的，凯恩斯主义提倡的政府干预因而大行其道。也正是因为大萧条，让世人意识到：自由贸易和经济全球化优于贸易保护和国际市场切割。大萧条及其前后的世界大战，让西方人产生了严重的自我怀疑及危机感。而且，西方实际上一直没有通过正常的经济措施走出大萧条，最后还是通过第二次世界大战、世界政治军事格局全面调整的方式才开辟了新的发展道路。这实际上证明了政治经济学比单纯的经济学更深刻。一旦出现比较深层次的经济问题，仅凭经济手段是不足以解决的，必须要依赖政治手段，动用血与火的力量。

与西方发达国家相比，中国在大萧条中的境遇是比较特殊的。因为中国当时特殊的政治、经济及金融条件，在大萧条的冲击之下，中国既有因祸得福的良好发展机遇，也有因福得祸的巨大损失。如果说

大萧条给西方世界带来了很多的启发及经验教训，那么对于中国来说，这样的启发及经验教训只会更多、更深刻，更能够启发中国人思考与反省。

大萧条给中国带来的冲击一波三折

1929 年 10 月 24 日，星期四，美国纽约股市崩盘，冲击迅速波及全球，由此引发了严重的全球性经济危机。紧随股市崩盘而来的是银行倒闭、生产下降、工厂破产、工人失业。当时的国际货币体系是"金本位制"，世界各主要国家的经济都是紧密联系在一起的。据说，当时的经济全球化程度在某些方面比今天还要高，因此，没有哪个国家在这场危机面前可以独善其身。影响所及，美国 1 600 多万人失业，生产下降了 40%；德国 800 多万人失业；日本 300 多万人失业。老牌帝国主义国家英国与法国，同样受创巨深。主要发达国家的生产退回到 20 世纪初或 19 世纪末的水平。这是迄今为止人类社会遭遇的规模最大、历时最长、影响最深刻的经济危机。整个资本主义世界处于极度恐慌之中。大萧条爆发之后，由于当时中国是一个开放的经济体，所以国际冲击同样迅速波及中国。

但是由于中国当时特定的政治经济状况，大萧条给中国带来的冲击却是复杂的，并非全部是坏事，而是一波三折、时好时坏、福兮祸兮不断相互转化。

事后观察起来，大萧条冲击下，中国的发展大致可以分为这样三个阶段：

第一阶段：1929—1933 年。这一时期，中国是得利的。大萧条爆发后，黄金涨价，白银跌价，对于以白银作为主要货币的中国来说，这相当于本币大幅度贬值，所以极大地促进了出口，反而是因祸

美国大萧条时期的照片

得福，给中国社会经济带来了巨大的利益。

第二阶段：1933—1935 年。这一时期，中国社会经济遭受到重大打击。各发达国家逐渐退出金本位，美国提出白银法案，大规模收购白银，白银价格大幅度上涨，导致白银外流，进口增加，出口下降，中国社会货币极度紧缺，商品价格及资产价格暴跌，社会经济趋于崩溃。

第三阶段：1935 年之后。这一时期，中国主要是获益的。在巨大的危机面前，中国的资产阶级与政府通力合作，推行法币改革，迅速补充了社会经济生活中必要的流动性，经济迅速恢复。不仅如此，法币的被接纳加强了国家集中社会资源的能力，拓展了财政空间，为两年后全面爆发的抗日战争奠定了重要的经济及财政金融基础。可以说，如果没有法币的建立，中国要扛过抗日战争几乎是不可能的。

但是，远期结果却是：国民政府尝到了货币无准备扩张和财政赤字的甜头，在抗日战争胜利之后，过分迷信货币超发的作用，不是积极及时恢复经济并促进财政的平衡，依然以巨大的财政赤字来发动并维持内战，最后导致的结果是世界货币史上有名的奔腾式通货膨胀，最终是经济崩溃，人民陷于苦难当中。这其中的种种复杂关系及经验教训，值得长期铭记和深入研究。

大萧条爆发前中国在国际经贸货币体系中的地位及金融状况

从 19 世纪中晚期直到大危机爆发前夕，由于列强的侵略及不平等条约，中国在当时的国际经贸格局中处于一种依附性的地位。

近代中国在国际经贸格局中的边缘性

主要表现在工业极不发达，在国际贸易中主要进口工业品，而出口一些传统的初级产品。这些初级产品的市场地位一度很高，但是也处于不断削弱的过程当中。即使是那些在历史上影响很大、发源于中国的传统初级产品，如生丝、茶叶等，尽管在中国拥有非常有利的自然禀赋条件，也因为缺乏国家的支持（国家也根本没有力量支持，更因为外国片面宣传自由贸易的思想而丧失了支持的意愿）、不平等的关税政策、工业不发达、丧失了国际定价权等原因，而在国际竞争中处于节节败退的状态。对于这个问题，晚清的商人及思想家们一直痛心疾首，认为中国在"商战"中遭到失败，应该高度重视"商战"的问题。

与国际贸易密切相关的是当时国际货币体系与中国货币体系之间的落差。与中国在商品市场中的边缘地位一致，中国在国际货币体系中的地位同样是边缘性的。从 19 世纪晚期到 1931 年，除了第一次世界大战期间和 20 世纪 20 年代早期，金本位均构成国际货币体系的基本框架。越来越多的国家加入金本位体系，黄金成为世界通用货币，所以国家的货币都以黄金为基础。大多数国家可以在要求支付时，将通货兑换成一定数量的黄金用于支付，并在固定汇率的基础上形成跨国贸易货币联系。这种货币体系有利于国际贸易的展开及稳定，极大地促进了当时世界经济的发展及国际经济协作的全面展开。

各种金币

金本位时代保持银本位的中国

但是，中国则不然。中国是当时唯一一个将白银作为一国货币体系基础的大国，这使它在国际货币体系中独树一帜，但它并未与金本位的货币体系隔绝不通。说实话，中国并非不想加入金本位体系，无奈关税不能自主，国内工业发展得不到保护，加上自古以来积累的一点黄金早已经在历次的对外赔款中折腾光了，手里没有足够的黄金储备，拿什么来建立金本位的货币体系？

一战时期，由于战争的影响，各国都退出了金本位体系，停止用

《白银帝国》书写中国百年金融史诗

黄金进行对外支付。但是，当时人们都认为这仅仅是战争带来的短暂冲击，一旦战争结束就会恢复。果然，在一战结束之后，主要西方国家纷纷恢复在一战时期放弃的金本位，英国于1925年、法国于1928年恢复金本位。到1929年，几乎所有的市场经济大国都重新加入了金本位集团，只有一些拉美和亚洲国家还实行银本位制。中国是当时世界上唯一实行银本位制的大国。

另外，中国自鸦片战争后就开始逐渐融入世界经济体系，到20世纪30年代时，中国的经济开放度已经非常高。中国产银量小，却实行银本位制。白银在中国用作货币，构成货币体系的基础。但是，在中国之外，白银仅仅是一宗重要的国际贸易商品，其价格受多方面因素的影响，不会波及中国经济，也一直处于自由进出口状态。中国的外汇交易——也就是银本位的中国货币和外国货币之间的贸易——并不受政府的控制，当时的中国政府也无力控制。中国的金融市场就这样同世界的白银市场紧密联系起来，中国的汇率也就不可避免地受到国际银价变化的影响。

由于中国在历次战争中欠下了大笔外债，中国赚的是白银，赔的却是黄金，所以银本位货币的贬值一直是中国沉重的负担。因此，在国际金本位的时代，中国依然保持银本位，事实上让中国在国际货币体系中处于一种受剥削的地位，绝对不是中国自己想采取这种制度。

近代中国内部的货币格局

在中国历史上，受传统经济压力及政治理念的影响，政府极少介入货币体系。传统上中国政府的确要负责铸造铜钱，这既是权利，也是义务。铸钱的确可以获得一定的经济利益，但是因为中国比较缺乏铜矿资源，所以自唐代以后，国家要满足铜钱的供应就已经相当困难。明朝之后，货币体系大变，铜钱虽然仍然是货币体系的重要组成部分，但已经不再构成货币体系的主要部分，国家不愿意过多参与货币的供应，铜钱的铸造越来越少，而代之以国外大量进口的白银作为货币本位。不仅如此，到清政府晚期，中央政府也不再铸造铜钱，而代之以各省当局铸造的铜圆。

晚清时代的这种多元、自由并且充分市场化的货币体系被中华民国继承，在辛亥革命后依旧运转。1935 年 11 月法币改革以前，中国没有起实际作用的中央银行。私人银行保证其发行的钞票能自由兑换成白银，而政府并不提供明确的存款保险，因而自由银行业的特点明显。中国银行业发行的纸币是建立在 100％储备基础上的，其中至少 60％是白银、黄金和外汇，其余不超过 40％是政府债券。

中国的银行体系包括政府银行、地方商业银行与外商银行。政府银行包括中央银行、中国银行和交通银行。在 1935 年之前，"中央银行"并不具备现代意义上中央银行的职能，既不能使用贴现政策，也不能进行公开市场购买。在业务上，它与其他商业银行是具有竞争关系的。中央银行与其他两个政府银行都享有独立发行纸币的权力。除了政府银行之外，不少地方商业银行与外商银行也具有发行纸币的权力。当时有人分析说，大别言之，今日有（纸币）发行权之银行约有三种，即内国银行、省市银行及外商银行。故实际上纸币仍甚形复杂……以各银行发行数量而言，实以内国银行为最，省市银行次之，外商银行复次之，其他不合法纸币则最少。

事实上，除了银行之外，地方政府、军阀、企业等也经常发行自己的地方性的货币，以解决自身临时性的财政困难或者流动性不足的问题。

这种制度有利有弊。好处在于：多种货币甚至多种货币体系充分竞争，传统的和现代的货币体系并存，在一定程度上可以化解部分金融风险，至少可以避免单一的金融风险带来过大的、集中的冲击。在20世纪初至30年代的混乱时期，多元化的银本位金融体系为资本市场抵御政治干涉提供了保障。每当军阀和地方政府想操控货币体系来填平财政赤字时，都因大众拒绝接受不是完全由白银支持的纸币而受阻。通过保留选择货币的权力，奉行市场规则的市场参与者约束了政府权力的武断行使。弊端在于：由于缺少统一的管理，事实上各种金融风险层出不穷，而且由于国家参与程度太低，所以无法充分调动社会剩余用于国家建设。

中国政府曾经有几次试图改革货币体系，但1935年11月前都未能实行。然而，当20世纪30年代世界经济衰退冲击中国经济时，中国发现它缺少一种能够阻止白银外流或者通货紧缩趋势的制度。显然，长久以来的货币和金融体系自治不能继续实行下去了。

大萧条爆发初期促进了中国经济的繁荣

20世纪20年代开始，一战带来的经济繁荣逐渐消失，美国不断提高关税税率以保障国内的经济利益，而其他发达国家也相应地进行

美国总统胡佛

报复。关税战打击了世界经济。1929年，大萧条率先在美国爆发，并通过金本位的传导，逐渐蔓延到其他主要西方国家，最终演变成一场世界性的经济危机。从1929年开始，以美、英、法、德为代表的金本位国家物价和产出都急剧并且持续下跌。

当时有这样的美国民谣："梅隆拉响汽笛，胡佛敲起钟。华尔街发出信号，美国往地狱里冲！"可见危机之深重，对人心打击之酷烈。

研究发现，大萧条之所以逐渐演变为一场世界性的经济危机，金本位制起到了重要作用，这种作用无论是在世界性的价格水平和产出下降上，还是在这些国家最后的经济恢复中，都得到了体现。

但是，中国在大萧条中的经历凸显了其在国际货币体系中的独特地位。从1929年到1933年，世界多数地方正遭受严重通货紧缩的时候，只有实行银本位制的中国没有经历大规模的物价下跌。

大萧条爆发之后，黄金价格上涨，白银相对大幅度贬值。从1926年到1931年，纽约和伦敦的银价分别下降了58.8％和49.7％，银价从1928年的每盎司58美分下降到1932年的27美分。1928年中国的一元银币在外汇市场上合46美分，到1932年只值21美分。相当于中国货币进行了一次大贬值。

大萧条开始后的前几年（1929—1931 年），世界经济衰退，美国和其他主要资本主义国家处于严重的通货紧缩中，然而中国却在经历温和的通货膨胀。1931 年，美国的价格水平相较于大萧条前的 1929 年下降了 1/4，中国的价格水平却上涨了 20％。自 1929 年至 1931 年，中国上海、天津和广州三个代表性城市的批发价格都呈上升趋势，总体来看，中国的平均物价上升了 25 ％左右，显示出这几年出现了轻微的通货膨胀。工业产出在大萧条期间也保持了持续的增长，并且在 1929 年至 1931 年危机最严重的 3 年，中国的工业产值增长率甚至有所提升，表现出与西方国家完全不同的经济走势。

根据现有的数据，中国 1932 年到 1936 年的经济增长率分别为 3.68％、−0.72％、−8.64％、8.30％、5.87％，年均经济增长率为 1.7％。这些数字高于法国和美国在整个大萧条时期的增长率（0.6％和 0.5％），与德国和英国大致相当（1.7％和 1.8％），只是低于日本（3.7％）。如果考虑 1929 年到 1932 年的情况，那么中国的经济增长率还要高得多。因此，在整个大萧条期间，说中国经济比世界上绝大多数国家表现要好，并不为过。

1929—1931 年间，中国的白银存量大大增加，特别是后两年进口约 5.2 亿元，三年之内仅上海一地的存银就增加了一半以上，5.2 亿元的净进口中约有 4/5 分散到其他通商口岸和内地（杨格，1981）。货币供应的充足促进了工业发展，全国工业生产总值从 1929 年的 7 700 多亿元增加到 1932 年的 9 200 多亿元。

银价下跌导致了白银的进口，增加了银行的储备和货币供应数量，也使一般物价水平升高，白银流入还增加了信贷的供应。货币供应量的增加促使商业活跃，而且各种外币成本价格升高，使那些喜欢向国外投资的人转向在国内寻求投资出路，银根充足，信贷宽裕，地产和建筑业也在上海等大城市开始繁荣起来。

　　回顾大萧条时期的中国宏观经济，我们发现，主要基于银本位（中国是当时世界上唯一的银本位大国）和竞争性银行体系而实现的扩张性货币政策使中国在大萧条期间的货币供给始终没有减少，银行危机也没有普遍发生，最终使中国经济在整个大萧条时期表现良好。而在这个过程中，当时统治中国的国民政府的财政政策和货币政策基本无所作为。

　　而这一切，又给后来的发展埋下了地雷。中国的企业家与普通民众看不到国际危机的可怕前景，而是被眼前的利益所诱惑，拼命扩大生产，经济过热引起了中国包括土地在内的资产价格上升及资产泡沫的整体扩大，也给日后金融体系的健康发展埋下了隐患。因为生产严重过剩和负债率过高，很多企业及整个中国经济社会在随后的危机中一头栽进坑里。

金本位的退出及白银法案的影响

西方主要国家退出金本位

　　1929—1931年，中国的经济总体上是相当繁荣的，受益于经济大危机良多。但是，这一繁荣并不牢固。从1931年开始，西方主要发达国家意识到金本位制造成的损害，纷纷放弃金本位制，推动货币贬值。英国在1931年、日本和印度在1932年相继放弃金本位制，尤其是日元贬值40％以上，对中国产业冲击极大，因为当时日本与中国的贸易竞争比较激烈。中国的货币尽管相较于美元仍然在贬值，但相较于英镑、日元和卢比却在升值，世界经济的衰退开始从负面影响中国经济，中国的国际收支急剧恶化，1932年被迫净出口白银735万两以弥补贸易赤字，国内的物价指数也开始下降。

　　美国在1933年也被迫放弃金本位之后，中国的外贸逆差及资本外流更加严重。1933 年之后，美国物价转而温和上涨，而中国的物价水平却迅速下降，例如 1935 年币制改革前上海物价水平相较于 1931 年下降了 28％，其他地区的物价也经历了相似的变化。中国部分沿海城市（例如上海、天津）物价水平的下降始于 1932 年，而内地城市（例如广州、汉口、长沙）则始于 1933 年。

美国通过了《白银收购法案》：国际银价暴涨

1934 年 6 月，美国通过了《白银收购法案》，授权美国财政部在国内外市场收购白银，直到白银价格达到每盎司 1.29 美元或者财政部储备的白银价值达到黄金储备的 1/3。

《白银收购法案》本身不针对中国，而主要是为了平衡美国国内不同社会集团之间的利益，但是在讨论白银法案的时候，有人提出提升白银价格的理由之一，正是针对中国的白银本位。美国的提案人认为：中国是以白银作为本位币的，如果美国收购白银，就能够提高白银的价格，从而提升中国人民的购买力，使之可以更多地购买美国的商品，从而既能够促进美国经济复苏，也能够惠及中国人民。

因此，我们可以看到，美国的《白银收购法案》的确存在美好的言辞背后的贸易战的内涵。因为当时美国的经济实力比中国强很多倍，而且白银正是中国的本位币，所以白银涨价的确能够抑制中国的出口，扩大中国的进口，对中国的经济造成的破坏性冲击最大。美国《白银收购法案》的通过，进一步加剧了银价的上涨，造成大量白银流出中国。中国陷入了严重的通货紧缩之中，而此时世界其他地方的经济却在复苏。

《白银收购法案》通过后，白银价格暴涨，中国货币对美元的汇价骤然上升。银价从 1932—1933 年的低水平涨到 1935 年中期的最高峰，上升了 2.5 倍左右。1934 年 6 月之后的一年时间内，伦敦和纽约的大条银块价格分别上涨 70% 和 66%。1935 年的平均银价已超过大萧条开始之前 1928 年的水平。

这时候，世界其他各地的居民突然感受到中国商品的昂贵，中国出口商品节节下滑。相反，中国民众则发现外国的商品变得物美价廉，大家都去采购进口商品，进口大幅上升。中国的出口却急剧下降，1933 年相较于 1930 年下降了 30%，1934 年相较于 1933 年下降了 80%，1935 年相较于 1934 年下降了 76%，很多企业破产。

中国的白银开始大量流失

不仅如此，在中国的大部分商品不再具有出口竞争力的情况下，当时唯一能出口的商品就只剩下白银。白银从内地各处注入上海，再从上海流失到海外，资金由于买卖政府公债可获巨大利润而被吸引到上海，银价高涨也使内地商人收罗白银运往海外出售成为有利可图的生意，内地的债权人和银钱兑换商纷纷收回借款，并把白银送往通商口岸，大量白银走私出国。

为了获得暴利，在华北地区，日本人与地方军阀相互勾结将白银输送到国外，甚至武装走私。1934 年最后几个星期内就有 2 000 万元以上的白银走私出口。1935 年，银圆走私额高达 1.5 亿～2.3 亿元。当时，中国政府为了制止白银外流，曾采用严刑峻法以杜绝白银走私，但是都无济于事。

国内银根开始紧缩

白银外流对中国经济产生了严重威胁，经济恐慌频繁出现，国内银根紧缩，市场上人心不稳，银行挤兑时有发生，许多银行和中小钱庄因此倒闭。1935 年 6 月，全国 92 家纱厂中，停工 24 家，开工不足的 14 家，减少纱锭 40% 以上。1934 年，上海倒闭的工商企业 510

家；1935 年 1—10 月，倒闭的企业数量达到 1 065 家，是上年全年倒闭企业总数的 2.1 倍。

大量的资金从实业经济中退出，涌进银行和上海楼市，造成房地产和金融业表面的繁荣。随着资产价格大跌，由表面繁荣支撑起的银行信贷陷入资产泡沫的黑洞。上海房地产的崩盘急剧震荡了脆弱的金融市场。另外，银价的升高减少了侨汇，这进一步恶化了中国的国际收支。

与此同时，中国的利率却猛烈上升。1934 年中期（白银开始大规模出口）以后，利率迅速上升。1934 年底至 1935 年初，年利率超过 30%，此后虽然回落，但仍旧远高于《白银收购法案》之前的水平。1935 年，利率在 10%～24% 之间变动，考虑到当时的物价下跌，实际利率更高。

据当时国民党复兴委员会的调查，当时内地农村的利率水平高到令人发指的地步：实物借贷利率高达 70% 以上，货币借贷利率也超过 35%。不仅利率高企，而且负债群体不断扩大，广大农民日益陷入债务的泥潭之中。

"去年（1934），逐日市场利率通常为 6% 左右者，此时（1935 年）已涨至 26%。竟有以最吃亏之汇率，出卖长期汇票，要求获得现金者，亦有以短期借贷付 30% 以上之利息者。"[1] "1934 年上半年以来，利率由一般钱庄向顾客所索取相当于年息 6 厘，上升到（1935 年）1 月 1 日的 2 分 6 厘……不管用什么抵押品，按任何利率，借款几乎是不可能的。"

---

① 财政部币制研究委员会 . 中国白银问题 . 财政部币制研究委员会，1935：14.

农业及农村开始出现严重的危机

更大的危机在于：资金的枯竭是累加的，对内地和农村的冲击尤其大。在中国整体资金出逃的同时，内地的资金在向沿海转移，农村的资金在向城市转移。如果说沿海大城市如上海受到的冲击已经相当大，那么内地农村受到的冲击就更大了。

这里需要说明的是：在清朝末年，中国还是银铜双本位币制度，农民可以使用白银支付，也可以使用铜钱支付。而发展到民国时期，中国广大的内地农村也转向了银本位制，可以小范围小金额使用铜币支付，但是较大金额只能用银圆支付，而且在债务当中只能使用银币进行偿付。银价上涨及白银流失，给广大内地农村几乎造成了灭顶之灾。

上海和广州批发价格的低点出现在 1935 年夏天，天津的批发价格指数于 1934 年降到最低点，农业地区的物价更为糟糕。注入上海的白银造成农村地区的经济衰退，农民出售的产品价格持续下跌，他们买进货物时所付出的价格却在步步上升。农产品的价格一般都降低了，在某些地区下降了 1/3 以上；在价格下降的同时，产出也持续下降。中国农产品出口价格指数在 1930 年达到顶峰，然后开始下降，且降幅明显：相比 1930 年，1931 年下降 7.6％，1932 年下降 10.5％，1933 年下降 10.3％，1934 年下降 14.1％，1935 年创纪录地下降 35.7％。中国 1931—1936 年农业价格指数和农业产值见表 4-7。

表 4-7　中国 1931—1936 年农业价格指数和农业产值

年份	农业价格指数（1931 年＝100）	农业产值（10 亿中国银圆）
1931	100	24.4
1932	72	19.2

年份	农业价格指数（1931年＝100）	农业产值（10亿中国银圆）
1933	61	15.4
1934	56	13.1
1935	57	14.7
1936	60	15.6

资料来源：杨格．一九二七至一九三七年中国财政经济情况．北京：中国社会科学出版社，1981.

本来，在20世纪20—30年代，中国东南沿海地区的农民，因为受惠于出口和工业的发展，曾经过了几年相当不错的日子。但是，在大萧条的冲击之下，他们普遍陷于生产生活的危机当中。

毛泽东在《兴国调查》中调查了赣南8户农民，都是红军的连营级干部，这些人原本是有一定的经济地位的，都读过几年书，但是当时普遍面临负债问题，8户农民有7户欠债，而且看不到偿还债务的希望，其中承受的最高利率水平是87.5％。这就导致了农村的普遍崩溃，也正是在这样的背景下，广大农村普遍出现了买不起衣服，一家几口人只有一件衣服，出门轮流穿的现象。对于很多农民来说，前途一片黑暗，参加革命、重新洗牌是唯一的出路。

在1933—1935年世界经济已经有所复苏时，中国却正处于经济恐慌严重的年代。20世纪30年代初，欧洲著名社会经济史学家托尼（R. H. Tawney）受太平洋关系研究所的邀请来中国调研经济问题，目睹经济危机给中国农村带来的巨大冲击之后，讲了一段名言："……农民的处境就像一个人一直站在齐颈深的水里，甚至一个小小的涟漪都足以将其淹没。"

祸兮福兮：法币改革与中国经济的突围及起落

重压之下的法币改革

大萧条对中国的影响不仅深重，而且前所未有、难以预料。在沉重并且似乎是难以承受的危机面前，中国社会开始了积极的自救行动。自救行动又给中国带来了历史性的转折，这一转折又为中国后来的发展带来了很大的突破和利益。

大萧条之前，中国不存在统一的货币体系。中国的资产阶级对国家与政府都充满了戒心，极不信任。与很多看法不一致的是：蒋介石集团其实并不能代表资产阶级的利益。资产阶级其实是非常短视的，很难看到较为长远的利益，因此对蒋的支持其实相当有限。包括"四·一二"政变，蒋与江浙财阀之间，只能说是暂时的同路人的关系，既相互利用，同时也相互极其不满。

但是，在巨大的危机面前，中国的资产阶级集团对政府妥协，要求政府出面统一货币及发行纸币。这在过去是不可想象的。在迫切需要摆脱的经济困境面前，资产阶级与政府终于走到了一起，寻求更加紧密的合作。

于是，国民政府找来英国人和美国人进行谈判，最后达成协议，国民政府储备英镑和美元作为本金，将其作为发行法币的准备，这相当于中国的货币成为英美货币的跟班，从而得到了英美的支持。1935年11月4日，国民政府规定以中央银行、中国银行、交通银行三家银行（后增加中国农民银行）发行的钞票为法币，法币不由白银支撑，而是可以按照比较固定的汇率兑换成英镑或美元，禁止白银流通；发行国家信用法定货币，取代银本位的银圆。这样，几个世纪以来作为中国主要通货的白银退出了历史舞台，多元货币体系也自此结束。随着法币不再与白银捆绑在一起，并避免相对国际主要外币贬值，中国的贸易开始复苏，物价下跌导致的通货紧缩趋于缓和并扭转。1929—1936 年中、美、英、法货币比较见表 4 - 8。

表 4 - 8　1929—1936 年中、美、英、法货币比较（以本国单位计算）

单位：100 万元

年份	中国		法国		英国		美国	
	M1	增长率	M1	增长率	M1	增长率	MI	增长率
1929			101 562		1 328		26 434	
1930	6 836.1		111 720	0.100	1 361	0.025	24 922	−0.057
1931	7 040.8	0.030	122 748	0.099	1 229	−0.097	21 894	−0.121
1932	7 369.3	0.047	121 519	−0.010	1 362	0.108	20 341	−0.071
1933	7 813.2	0.060	114 386	−0.059	1 408	0.034	19 759	−0.029
1934	7 986.5	0.022	113 451	−0.008	1 449	0.029	22 774	0.153
1935	8 832.8	0.106	108 009	−0.048	1 565	0.080	27 032	0.187
1936	10 473.7	0.186	117 297	0.086	1 755	0.121	30 852	0.141

资料来源：管汉晖.20 世纪 30 年代大萧条中的中国宏观经济.经济研究，2007（12）：16－26。

法币改革之后中国经济迅速复兴

1935 年币制改革之后的 20 个月间，钞票的流通总额增加了一倍以上，由 7.65 亿元增加到 19.12 亿元。促成钞票增加的主要因素是用钞票代理已经收归国有的银币。金陵大学 1935 年所做的一次抽样测验表明：1930 年银币占通货总额的 68%，而纸币只占 32%；到 1935 年，比例变为纸币占 55%，银币减至 45%。币制改革之后，信贷也被有意识地扩大了，这一政策带有通货膨胀性质，它使价格大致恢复到 1931 年的水平。造成扩大的另一个重要因素是各银行能够以

向中央银行缴存六成白银和四成证券的办法（实际上没有那么严格）
领取钞票，通货数量也由于有资金回流而增加，原先为了投机或者转
移资本买进的大量外汇也纷纷脱售以换取本国纸币。

法币 1 000 元

　　货币统一及法币的发行作用明显，意义重大。改革的成果是显著
的，货币供应量的加大，适应币制改革之后出现的经济复苏和对货币
需求增加的局面，也刺激了物价的上涨。

　　农业和农村的危机缓和了。1936 年主要谷物收成的价值达法币
56 亿元，比 1933 年至 1935 年的平均产值高出 17 亿元，几乎增加了
45％。1935 年后汇率又开始下降，扭转了 1933 年后持续升值的趋
势。外汇价格水平有利的体现是大大促进了出口，改革之后的头几个
月内中国出现了几十年来从未有过的贸易顺差，出口超过了进口，国
外对中国出口货物的需求增加，特别是增强了农业生产者的购买力。
而且，进口贸易虽然受到汇率水平低的影响，但是不久随即重见起
色，1937 年上半年进口比上年同期增加了 40％（杨格，1981）。批发
价格指数比较见表 4 - 9。

表4-9 批发价格指数比较

年份	上海	天津	广州	美国	英国	法国
1929	104.5	111.1	96.7	137	135.3	627
1930	114.8	115.9	101.4	124	114.2	554
1931	126.7	122.6	112.6	105	97.6	502
1932	112.4	112.9	113.8	93	94.1	427
1933	103.8	101.0	104.5	95	93.7	398
1934	97.1	92.3	94.3	107	96.4	376
1935	96.4	95.5	84.6	114	99.5	338
1936	108.5	110.6	105.4	115	106	410
1937	123.8	130.0	118.6			

资料来源：中国的批发价格数据来自杨格（1981），基年为1926年；美、英、法的批发价格数据来自刘佛丁等（1996），基年为1913年。

法币发行帮助中国扛过了抗日战争

更重要的是，在抗日战争期间，中国凭借法币的发行权度过了抗日的危难时期。

辛亥革命之后，军阀混战，国家动员能力极弱。当然，中国传统政治体制的动员能力本来就弱，只是民国时期军阀混战，所以动员能力更弱而已。

1937年日本全面侵华之后，抗日战争全面爆发，国家财政极为紧张，民族危在旦夕。幸运的是，恰好在日本全面侵华的前两年，南京国民政府抓住大萧条的机会推行了法币改革，基本上统一了国内的货币，抓住了货币供给的主导权。抗战爆发后，军事财政危急的时候，可以通过超发货币维持财政开支，渡过难关。在最危急的时候，中国政府70%以上的财政支出来源于货币发行。如果没有法币改革及货币的统一，中国取得抗日战争的胜利是不可想象的。

抗战时期的日本人本村增太郎就总结说：中国如无一九三五年之币制改革，绝不能有一九三七年之抗战。法币制度实施以后，中国现银集中，国民政府经济力量大增，军费不虞缺乏，乃有此次坚强持久之抗战发生。如果没有 1935 年货币国家化的改革和国家对货币的控制，中国取得抗日战争的胜利是根本不可能的。

"中国的抗战差不多是一个奇迹……令人惊奇的倒不是出现失败和种种丑事，而是国民政府竟然能够渡过战争。"美国人查尔斯·金德尔伯格的《西欧金融史》证明，国家对货币的主导与否决定了国家的安危。从金融史的角度来说，在决定近代英国的发展及强大的诸多因素当中，政府对铸币权的有效控制比民主革命更为重要。如果没有大危机，中国政府本来是难以掌握铸币权的，但是大危机的到来，迫使资产阶级与政府合作，拱手让出了金融的主导权，并因此而渡过了国家危难。

从这个意义上说，大危机对中国又是好事，是推动国家重大制度变革与升级的契机，促进中国迈出了走向现代化的重要一步。与之相对照，明朝政府放弃铸币权就太可惜了！明朝是一个典型的因为过于成功而走向反面的例子。

纸币的发行导致了奔腾式通货膨胀

抗战时期，政府大量发行纸币以弥补财政亏空，是能得到全社会的理解的。不仅中国如此，当时的西方各发达国家也都是这样干的。因此，人们虽然因为货币大量发行而承受巨大的损失及痛苦，但是没有怨言。然而，在抗战胜利之后，在国内本来可以太平的情况下，还要滥发纸币以发动内战，就不可能被社会各界接受。但是，国民政府就是这样干的。

抗战结束后，天下初定，恰如小鸟不可拔羽、新树不可摇根。国民政府在国家疮痍未复的情况下，悍然发动内战。而国民政府所能够依赖的，无非货币发行权在手，以为可以如抗战时期一样，用纸币来弥补亏空。

结果，我们看到了，到 1948 年，法币发行额竟达到 660 万亿元以上，等于抗日战争前的 47 万倍，物价上涨 3 492 万倍，法币彻底崩溃，完全成为废纸，然后又发行金圆券。国民政府 1948 年 8 月 19日以总统命令发布《财政经济紧急处分令》，规定自即日起以金圆券为本位币，发行总限额为二十亿元，限 11 月 20 日前以法币三百万元折合金圆券一元、东北流通券三十万元折合金圆券一元的比率，收兑已发行之法币及东北流通券；限期收兑人民所有黄金、白银、银币及外国币券；限期登记管理本国人民存放国外之外汇资产。

1948 年上海居民排队抢购商品

然而，这些措施无济于事。到 1949 年 6 月，金圆券发行总额竟达一百三十余万亿元，超过原定发行总限额的六万五千倍。票面额也越来越大，从初期发行的最高面额一百元，到最后竟出现五十万元、一百万元一张的巨额大票。金圆券流通不到一年，形同废纸。到了1948年，民众清明祭拜竟然还烧起了真钱。国民政府财政金融陷于全面崩溃，百姓们回到了最原始的时代，只能用物品交换物品。后来，这个政府也退出了历史的舞台。

国民党政权的崩溃并不足惜，可怜的是国家经济崩溃，数百万人死于内战，生灵涂炭，国家发展遇到严重的危机。

回顾与总结

大萧条给中国社会经济带来的冲击是复杂的，影响是深远的。大萧条是全球资本主义经济体系自身无法维持的产物，同时也是贸易保护主义及贸易战的直接结果。大萧条给世界经济带来了重大的创伤，也深刻地改变了世界格局。

对中国而言，大萧条带来的情况有所不同。由于列强的压迫，中国早已在贸易战中惨败。在世界主要国家都进入金本位时代之后，中国还处于银本位的时代。但是，这种特殊的货币体系却让中国在大萧条爆发初期的冲击中因祸得福，白银的跌价相当于中国货币的贬值，促进了出口，带动了经济发展。

但是，从根本上说，当时的中国毕竟在全球经济与金融体系中处于一种边缘地位，而且也缺乏国家的坚定组织。别的国家退出金本位体系，尤其是美国实施了《白银收购法案》之后，白银大幅涨价，中国经济就一败涂地了。这是一个落后的边缘性国家在国际政治经济格局中的命运——可能会因为某种特殊的际遇获得一些利益，但最终是要被收割的。

在社会经济崩溃的结局面前，中国的资产阶级迫不得已与政府走到一起，与政府合作，通过法币的改革，稳定了国内金融形势，控制了物价，同时也稳定并改善了外贸形势，从而让中国以出人意料的速度摆脱了危机。

更加令人想不到的后续发展是，因为国民政府掌握了货币发行权，从而得以在抗日战争中依赖货币超发，度过了财政最为紧张的时期。但是，这样的成功又让国民政府产生了一种错觉：货币的超发是可以无止境的。在抗日战争胜利之后，当其再次企图依靠货币超发来维持国内战争的需要时，却最终满盘皆输。

新中国是如何突破贸易封锁的？

新中国成立前后，中共中央和国家领导人在建设国家的指导思想上并不是要关起门来搞建设，那种认为中国领导人主张"闭关锁国"的流行认知是非常不正确的。"自力更生，艰苦奋斗"有其正确性和必要性，同时也有受到以美国为首的西方国家空前经济封锁之后不得已的成分。

其实，我们也可以想到：新中国的党和国家领导人都是在中国解放前的开放时代成长起来的，加之在领导革命期间深受经济封锁之痛，很多重要领导人都有过海外留学经历，怎么可能不知道开放及贸易的重要性？只不过，在这些领导人成长的年代，中国的对外开放是被动的，是损失惨重的，所以他们同样深刻地意识到被迫开放可能带来的危害，对开放并没有那么多不切实际的美好幻想。

新中国党和国家领导人一贯重视对外开放

早在革命年代，中国共产党的领导人就充分意识到外部经济联系的重要性，并有意识地加以利用。1931 年，江西苏区的苏维埃政府宣布允许外资企业在遵守苏维埃一切法令，实行八小时工作制及其他各种条例的前提下，另定租借条约，继续生产。抗战时期，毛泽东指出，"我们中华民族有同自己的敌人血战到底的气概，有在自力更生的基础上光复旧物的决心"，"但是这不是说我们可以不需要国际援助"。抗战时期的《陕甘宁边区施政纲领》中也规定：欢迎海外人士及敌占区同胞向根据地投资，发展生产事业。在 1945 年召开的中国共产党第七次全国代表大会上，毛泽东提出：在建立真正独立的新中国之后，要积极发展对外贸易和利用外国投资，以促进中国的工业化。新中国解放前夕，毛泽东还认为："关于同外国人做生意，那是没有问题的，……我们必须尽可能地首先同社会主义国家和人民民主国家做生意，同时也要同资本主义国家做生意。"① 毛泽东认为，每个民族都有它的长处。

在中国共产党其他主要领导人当中，刘少奇于 1949 年 4 月指出：对外贸易对于国计民生影响很大，甚至会起决定的影响。它的任务是"发展生产，周转经济"，搞不好就会不利于生产，经济也不得周转。② 因此，"必须切实地组织好对外贸易，这是至关重要的工作，是人民的最大利益之一"。

1956 年，周恩来在工作报告中也明确指出：关起门来建设的想法也是错误的。不用说，我国要建立起一个完整的工业体系，在长时期内还需要苏联和各人民民主国家的援助，同时也需要同其他国家发展和扩大经济、技术、文化的交流。而且即使我们在将来建成了社会主义工业国之后，也不可能设想，我们就可以关起门来万事不求人了。③

---

① 中共中央文献研究室．毛泽东著作专题摘编（上）．北京：中央文献出版社，2003：493.

② 申志诚，黄峰，王双梅．刘少奇大辞典．北京：中央文献出版社，2009：289.

③ 周恩来．周恩来选集（下卷）．北京：人民出版社，1984：226.

中共中央于 1949 年 2 月 16 日做出《关于对外贸易的决定》，明确指出，为了迅速恢复和发展新中国的国民经济，"应该立即开始进行新中国的对外贸易"。当时，中华人民共和国尚未成立，对外贸易只是一种临时性质的贸易关系。中共中央就此指出，"这种临时性质的贸易关系，在对我有利及严格保持我国家主权独立并由政府严格管制等原则的条件下，是可以而且应该允许的"①，肯定了对外贸易往来的必要性和可行性。

1949 年 9 月 29 日——中华人民共和国开国大典前夕，中国人民政治协商会议第一届全体会议通过了《中国人民政治协商会议共同纲领》。这部在中华人民共和国成立初期起着临时宪法作用的文件规定，"中华人民共和国可在平等和互利的基础上，与各外国政府和人民恢复并发展通商贸易关系"，"保护一切合法的公私贸易。实行对外贸易的管制，并采用保护贸易政策"，进一步明确地将发展对外贸易作为一项基本国策规定了下来。

美国政府对我国进行严密的"封锁"和"禁运"

中华人民共和国成立之初，百业凋敝，民生困苦，经济濒于崩溃，迫切需要资金、物资和技术以恢复经济，当然也需要国外的资金、先进设备和技术。因此，中国对引进外资和开展外贸是有着热烈期盼的。

---

① 中共中央文献研究室，中央档案馆．建党以来重要文献选编（第二十六册）．北京：中央文献出版社，2011：133．

美国试图通过"封锁"和"禁运"遏制中国的发展

但正是在这种关键时刻，美国对新民主主义国家和社会主义国家实行"封锁"和"禁运"，极力阻挠这些国家恢复和发展经济，并且把参与"禁运"作为"美援"的条件，迫使一些国家与之采取联合行动，停止对新民主主义国家和社会主义国家的正常贸易。这是第二次世界大战以后，美国推行经济扩张和战争政策的冷战措施的一个组成部分。在这当中，美国对中国的贸易封锁尤其严厉。

对于新生的中华人民共和国，美国政府表示，"绝不要承认北京，也不和它做生意"，"必须要创造种种条件，促使这个政权垮台"。美国国家安全委员会明确其立场为尽力防止中共从苏联集团以外的地方得到直接用于军事方面的原料和装备，美国不应给中国以官方的经济援助，也不应鼓励私人在中国投资。根据这个立场，美国采取了一系列措施对中国实施"禁运"和"封锁"。1949 年 11 月，美国组织 14 个资本主义国家在巴黎成立对社会主义国家实行"封锁"和"禁运"的组织——"巴黎统筹委员会"。

美国对中国的"封锁"和"禁运"不断升级

从 1950 年 1 月开始，美国的"封锁""禁运"措施开始逐月升级。2 月，美国要求英国禁运战略物资至新中国。3 月，美国宣布所谓的"战略物资管制办法"，按照这个办法，被管制的物资共计 600 余种，包括机器、交通工具、金属制品、化学原料等，这些物资的出口必须经过严格审查并具备出口许可证。

美国还要求所有接受"马歇尔计划"援助的国家禁运战略物资至中国，并威胁这些国家如果不执行，就削减对其的贷款。1950 年 5 月，美国颁布了《1946 年禁止输出法令》的修改法令。6 月 25 日朝鲜战争爆发之后，美国进一步加紧对物资输出的管制。6月29日又颁布了《1950年输出统制法令》，将煤油、橡胶、椰油、铜、钻石、铅、银等11种商品规定为除非领得特别输出许可证，否则不得输往内地和澳门。7月20日，美国商务部宣布撤废美国输往中国货物的出口许可证，持有人须一律交还重新审查。8月中旬又颁布了《1950年特种货物禁止输出法令》，其中包括金属母机、非铁金属、化学药品、化学用器材、运输器材、电讯器材、航海设备等十大类，同时规定所有输往苏联、中国及东欧国家的货物，不论价值如何微小，均需具备出口许可证。9月还公布了对棉花输出的管制，宣布禁止钢铁、铁道用品等20余种物资输出，对香港、澳门输出的物资凡具有战略性质的，也一律需领许可证。10月，对铜及铜制品，锌及锌制品，以及铅的出口也采取限额办法。美国海关人员于10月28日又奉令检查停泊费城的美国商船，如有禁止出口物资驶往中国，即予扣留。11月，美国商务部又将管制的战略物资由600余种增加到2 100余种。这种封锁的力度可谓前所未有。

1950年12月，美国又对中国发动全面的封锁禁运和冻结外汇。12月2日，美国公布了"有关管制战略物资输出"的加强命令，规定所有输往中国内地、中国香港和中国澳门的一切物资，无论是战略性的还是非战略性的，都要受到管制。12月8日又公布"港口管制法令"，不但美籍船只被禁止开往中国港口，而且凡经过美国辖区口岸转口的他国商船，也必须将载运的物资申请港口管制机构批准，否则予以扣留。12月16日，美国财政部颁布了《管制外人资产法令》，将所有中国在美国辖区内的公私财产一律冻结，寄往内地和港澳的邮包也必须领取"特种许可证"。1951年3月，美国又实行了限制中国土产输入的办法；8月又宣布，禁止中国及朝鲜生产的所有货物和这两国货物在其他国家加工的制品进口到美国。由于美国统治集团这种步步升级的封锁措施，中美两国之间的正常贸易等于完全断绝了。

不仅如此，1951 年 5 月，美国还操纵联合国大会通过对中国实行"禁运"的提案，致使参加"禁运"的国家达 36 个之多。同时，巴黎统筹委员会内还专门设立了"中国委员会"，进一步加强对中国禁运物资的管制。综上所述，可以看出这次对我国封锁禁运的参与者之多、措施之全面、管制之严厉，这在国际关系史上也是罕见的。

据不完全统计，仅 1950—1953 年，由于美国实行"封锁"和"禁运"，我国所遭受的直接损失即达 5 691 万美元。其中，被冻结的资金为 4 182 万美元，被扣物资价值约 335 万美元，船只到我国港口前被劫的损失约 1 174 万美元。这项统计尚未包括全部私商被扣物资和未被人民保险公司保险的物资及船舶。

而当时国家初建，财力、物力菲薄，内外支出浩大，上述损失给我国经济发展及社会稳定带来了巨大的困难。我国外贸工作面临严峻的形势，为了扭转局面，任务十分艰巨。

中国积极采取措施反对"封锁"和"禁运"的斗争

面对美国组织起来的似乎是风雨不透的"封锁"和"禁运"包围网，中国人民当然不可能坐以待毙，而是奋起抗争。当时，针对美国的封锁政策，我国对外贸组织机构、贸易方式、贸易方向、外贸体制等方面进行了认真细致的研究和周密的部署。总的指导思想是在积极发展同苏联等社会主义国家经济合作和贸易关系的同时，要重视对西方国家和亚非国家的贸易，从中寻找突破口，争取从这些国家进口更多的急需物资，打破"封锁"和"禁运"等限制，并通过广泛开展同这些国家的交往，促进贸易关系的正常化。

及时采取各种应急措施，力求减少和避免经济损失

抢购并抢运物资

在争分夺秒的封锁和反封锁斗争中，贸易部主动抓紧时机开展工作。自 1950 年 7 月起，因预见到美国可能冻结我国资金，贸易部即大力组织抢购物资，从 7 月 1 日到 12 月初共订购了价值 2 亿美元的物资，年底已有半数到货。

1950 年 12 月，美国颁布"有关管制战略物资输出"的命令。1950 年 12 月 12 日，中央财政经济委员会（中财委）提出针对美国封锁我国经济的 7 条对策，其中前 6 条是：（1）即令各地停开一切面向美、日的购买证和许可证；（2）即令中央人民政府贸易部限期退购一切已开出的美、日两国的购买证，将撤回之外汇，经转存别国手续后，立即抢购物资运回；（3）装运在途之美货，着手与原代理行接洽，由银行担保，转装远东其他口岸或委托其转售，退回外汇；（4）争取时间尽速抢运从联邦德国及其他欧洲国家所订的货物及从英镑区域所订的货物，否则撤汇或改买其他现货立即装回；（5）在中立国的存款，亦应购货运回；（6）命令各地除易货外，一律暂停签发出口许可证，以免出口外汇遭受冻结。

在美国"封锁"和"禁运"措施逐月升级的形势下，由于各方通力协作、抢运物资，并且及时地开展了对苏联和东欧的贸易，1950 年下半年我国进出口额却显著增加了。

当时，由于资本主义各国之间存在着深刻的矛盾，即使是在美国内部也有垄断资本与中小企业间的相互冲突，因此我国就存在冲破严厉的管制，输入我国所需物资的空间。例如汽油，早在 1950 年 3 月即被宣布列入"战略物资管制办法"之内，但是我国一年内未间断汽

油的进口，12月进口量竟然超过全年平均数一成以上，柴油、白铁也是如此。

大力开展易货贸易

1950年12月12日，中财委提出对美国封锁我国经济的7条对策，其中第7条是：改变今后国际贸易的方式，一般采取易货办法，凡须现汇购买者，须货到付款或付货，否则宁愿不订，尽量减少对资本主义国家贸易的结算差额。

1951年初，美国、日本已禁止对我国出口并冻结资产，欧洲继续出口的可能性尚不清楚，我国向资本主义国家定购的大量货物尚未运回。

根据当时动荡不定的进口情况，权衡利弊得失，中财委正副主任陈云、薄一波决定："至少6个月内，我们的出口办法应该是易货，而不是结汇。如果两三个月内证明英国或欧洲继续对我运出重要物资，则可以放宽结汇尺度，但即令如此，结汇的方式，在货物进口的时间和数量上，也须大体相当于易货。"易货方法以先进后出或分批同时进出为原则。其方式可以是直接易货、记账、连锁、有限度地对开信用状等，力求交换中不落空，即令拖欠，亦是尾数。

为了贯彻上述方针和措施，1951年1月15日，贸易部召开全国对外贸易管理会议，会议起草并修订了《易货贸易管理暂行办法》及其实施细则，指出易货贸易以"先进后出"为原则，以直接易货、记账易货、连锁易货、对开信用状易货四种方式进行。3月27日，中国银行相应发出《中国银行办理易货贸易清算规则》。此后，在我国对外贸易中，易货贸易所占的比重逐月上升。

其他应对措施及补救措施

1950 年 12 月 16 日，美国财政部颁布了《管制外人资产法令》，冻结了我国在美辖区内的公私财产。我国政府针对美国政府的冻结也先后发出命令，管制美国在华财产，冻结其在华存款，并且征用英国在我国境内各地的亚细亚火油厂公司财产和征购其存油。

为了鼓励私营进出口商开展有利于国计民生的经营活动，1950 年 7 月 13 至 25 日，贸易部召开了全国进出口会议，决定采用各种形式把私商组织起来，在国营经济统筹兼顾领导下分工合作，发展进出口贸易业务。会议划分了公私营业范围——国营除办理统购统销的出入口物品外，在出口上，只经营几种主要出口物品的一部分；在进口上，除经营国家所需的工业器材及军用器材之外，对民用器材的经营，只以能够调剂供求、稳定物价为限度。其余出入口商品，均归私人经营。国家经营的部分，亦可采用合同方式，委托私商代购或代销。1950 年上半年私商的出口，几乎占全部出口额的半数，而在国营出入口额中委托私商代办的又占一半左右。其目的在于让利于私商，激发其积极性。

进出口贸易从结汇改为易货之后，一开始出口会减少，与出口有关的工人在经济上会遭受困难，农民出口的土产品价格可能会下跌。针对这些可能出现的问题，中财委一方面召开出口商人会议，要求出口商与进口商联合起来发展易货贸易，并决定国家对进出口商人给予帮助和指导。另一方面，中财委决定在国内政策上，对原出口的农产品按将来可能出口的程度及国家的财力，一部分照常收购，一部分略减收购。

为了弥补出口减少可能带来的损失，中财委还决定加强城乡交流。在全国各地召开土产会议，促进了全国土产城乡交流，抵补了一部分出口下降造成的损失。对于以往出口的手工艺品和出口加工产品，国家大部分照常收购和加工。这样既维持了工人的生活，也减少了救济。

同苏联、东欧等社会主义和新民主主义国家建立和发展经贸关系

1949 年 7 月，刘少奇受中共中央派遣，到莫斯科会见斯大林，商谈新中国的建设问题，并寻求援助。8 月，斯大林派科瓦廖夫为团长，率领由 200 多名副部长级以上干部和高级工程师组成的顾问团，参加新中国的建设工作。

1949 年 12 月，毛泽东访问苏联，与斯大林等进行了最高会谈，希望订一个"又好看又好吃"的协议。好看就是要做给世界看，冠冕堂皇；好吃就是要有内容、有味道，实实在在。谈判的结果当然是没有充分达到目的，但是经过长达近 3 个月的、在国际外交史上不常见的艰苦博弈之后，中国方面还是有所收获，迫使苏联做出两项重大让步：一是用新签订的《中苏友好同盟互助条约》替换了 1945 年苏联与国民政府签订的《中苏友好同盟条约》；二是迫使苏联同意按中国的要求归还中长铁路和旅顺港。与《中苏友好同盟互助条约》同时签订的还有《关于中国长春铁路、旅顺口及大连的协定》《关于苏联贷款给中华人民共和国的协定》《关于中苏友好同盟互助条约的补充协定》等协议。其中，《关于苏联贷款给中华人民共和国的协定》规定，苏联以年利 1％的优惠条件贷款给中国 3 亿美元，用以偿付为恢复和发展中华人民共和国经济而由苏联交付的机器设备与器材，中华人民共和国政府以原料、茶、现金、美元等分 10 年偿还贷款及利息。

此后，从 1950 年至 1955 年，中国总共从苏联获得 11 笔贷款，总价值为 12.74 亿新卢布，折合人民币 53.68 亿元。利用苏联的贷

款，中国购买了大量经济建设所急需的物资与设备，最后落实引进了150多个工业建设项目，在相当程度上改变了中国解放前工业残缺不全的状况，奠定了新中国工业化的初步基础。到1954年，与苏联签订的援建项目共计达到156项，通称"156项工程"。"156项工程"建设是新中国首次通过利用国外资金、技术和设备开展的大规模的工业建设，构成了中国现代化大工业的骨干，为中国社会主义工业化奠定了初步基础。这样的开放，虽然其作用是不完整的，但比单纯的"亚当·斯密式"的对外贸易还是要好得多。

苏联、东欧等社会主义和新民主主义国家历年供应我国的大量物资，像各种工作母机、各种机械、各种钢材、有色金属、电工电讯器材、精密仪器、石油、化工原料等，都是美国对我国"禁运"的物资。中苏贸易的建立和发展，对我国国民经济的恢复和发展，对我国胜利地进行抗美援朝战争、加强国防建设，都具有重要意义和积极作用。

在美国实行"禁运"以后，我国许多历来向西方国家出口的物资都转向出口至苏联、东欧等社会主义和新民主主义国家。为了满足苏联等国的需要，我国在出口方面也做了很大努力。新中国成立初期，我国对苏出口商品以华北和东北所产的粮油和大豆为主；到1952年逐渐增加了钨、锑等有色金属，以及茶叶、生丝、肉类等的出口。这些物资补充了苏联当时比较缺乏的食品供应，提供了苏联发展工业所必需的原料，是我国在当时经济还有许多困难的情况下，对苏联的巨大支持。

自1950年与波兰、捷克两国签订易货议定书开始，进出口贸易总额为3 700万美元；至1951年和民主德国、匈、波、捷、罗5国签订协定，进出口贸易总额为39 114万美元，较上年增长了约10倍。1950年对东欧贸易的进口额仅占全国进口总额的1.3%，出口仅占 3.8%；1951 年对东欧贸易的进出口总额占全国进出口总额的 13.7%。这种发展同时表现为贸易范围的扩大、商品项目的增加、航运和技术合作等多方面。按国别来说，1951 年我国与东欧各国贸易协定总额中，民主德国占 51.13%，捷克占 22.63%，匈牙利占 12.91%，波兰占 12.11%，罗马尼亚占 1.21%。

我国从这些国家进口的主要商品为：民主德国的光学仪器、精密机械、工作母机、电气设备；捷克的大型机器、交通设备、中型电力设备、工作母机延压器材等；波兰的大型五金器材、钢材、锌和锌制品；匈牙利的通信器材、农业机械、柴油火车、汽车及药品等；罗马尼亚则为钻探器材等。这些商品大部分是我国工业化建设所需要的。

为了保证对苏联等国的出口，回击美国的"封锁"，我国制定的出口原则规定：战略物资如钨、锑、锡、锰、煤炭、焦炭不准输往资本主义国家，次要战略物资如铁砂、牛皮、山羊皮等可以往资本主义国家少输出或不输出，必要时用以换回我国所缺乏的战略物资；战略性较弱的物资，如桐油、猪鬃、生丝、粮食等尽先输出苏联、东欧和其他新民主主义国家。

为了保证进出口贸易的需要，在国内市场供应偏紧的情况下，1955 年初国家计划委员会一度做出内销服从外销的决定，特别将对外贸易部经营的丝绸、茶叶、畜产等商品做了内外销平衡，其他商品也排了队。如猪肉出口量 14 万吨，加上 4 万吨猪肉罐头，共 18 万吨，相当于全国猪屠宰量的 6%；鸡蛋出口约等于全年产量的 10%。

由于我国迅速同苏联等社会主义和新民主主义国家建立贸易关系，我国外贸不仅总额逐年增长，而且商品结构也发生了变化，进口商品中生产资料的比重有所增长。随着我国经济的恢复和工业的发展，出口商品中工业品的比重逐年增长。

大力发展同亚非国家、地区的贸易关系

美国发动起来的"封锁""禁运"破坏了国际贸易的正常秩序，缩小了世界市场，损害了世界上许多国家正当的经济利益，使这些国家对"封锁""禁运"日益感到不满。这就为我国打破"封锁""禁运"缺口提供了有利条件。

东南亚地区主要出产农业初级产品，其在世界市场上所占的比重很大。在 20 世纪 50 年代，其橡胶产量占世界的 95% 左右，锡占 63.42%，茶叶占 31.2%，蔗糖占 10% 左右，其他如椰子、金鸡纳、黄麻、云母、锰矿砂、胡椒、柚木等均占很大比重。因此，这一地区的对外贸易在其国民收入中占的比重很大。例如，当时马来亚的出口贸易收入一般占国民收入的 50%～60%，锡兰（今斯里兰卡）占 36% 以上，缅甸占 25%～30%，泰国占 16%，印度尼西亚和巴基斯坦都占 10%。

美国的"禁运"政策打击了东南亚各国的输出，又便于美国用压价收购和推销剩余产品等手段与东南亚各国进行不等价交换。1952 年，印度、巴基斯坦、菲律宾、印度尼西亚四国因不等价交换所受损失达 45 156 万美元，1953 年达 55 947 万美元。

香港是转口贸易港，香港经济的繁荣是以自由贸易为基础的。正如香港当时的总督葛量洪所说："贸易是香港的血液。"而香港对内地的贸易则是它的命根子。香港政府执行"禁运"后，进出口额急剧跌落，逐年下降。1951 年，香港输出总值是 44.6 亿港元，其中对内地输出额是 16.38 亿港元，约占输出总值的 36.73%；1952 年，以上两项分别下降为 29.13 亿港元和 5.2 亿港元；1953 年分别为 27.4 亿港元和 5.4 亿港元；1954 年分别为 24.2 亿港元和 3.9 亿港元；到了 1955 年对内地的输出额下降到不足 1951 年的十分之一（7.5%）。香

港对美、英的出口也下降了许多，航运业受到很大影响。由于对外贸易的恶化，以至于代表香港英商利益的《德臣西报》指出："当你把一柄刀给一个人，告诉他说为了社会广泛的利益，他应当割断自己的喉管，这个人的感想正和香港商人对禁运的感觉一样。"

在东南亚地区首先突破"禁运"的是英联邦国家中最小的一个国家——锡兰（今斯里兰卡）。锡兰每年需输入 40 万吨大米，依靠输出橡胶等产品来偿付米价。美国的"禁运"政策使橡胶价格由 1950 年 12 月的每磅 0.735 美元降至 1951 年 9 月的 0.245 美元。这使锡兰的橡胶业濒于破产，失业人数增加。美国压迫锡兰政府，要求其以低于市场的价格出售橡胶给美国，同时却要锡兰以市场竞争价格向美国购买大米。锡兰政府不甘于受"禁运"政策的束缚，表示愿意向中国供应橡胶，换取急需的大米。我国即邀请锡兰政府贸易代表团于 1952 年 1 月来华商谈。1952 年 9 月 17 日，锡兰商务贸易部部长沈纳努亚克率团来华谈判。在谈判中，我国认真贯彻平等互利的原则，并经政府批准，在价格上给予适当优惠。10 月 4 日，两国签订了中国售给锡兰 8 万吨大米的合同。12 月，中锡两国政府签订了关于橡胶和大米的五年贸易协定。这个长期贸易协定的签订，是我国反"封锁""禁运"斗争的一大胜利，在国际上特别是在亚非国家间产生了巨大的影响。此后不久，1953 年 3 月 14 日，我国又同巴基斯坦签订了关于互相供应棉花、煤炭的贸易协定。由于英美在"禁运"问题上的矛盾，美国总统艾森豪威尔对锡兰这个小国没有施用巴特尔法，反而继续给予"美援"。

1955 年 4 月在印度尼西亚万隆召开的亚非会议，是战后第一次完全由亚非国家自己举行的国际会议，参加会议的有 29 个亚非国家。我国政府派周恩来总理率团出席了会议。这次会议对打破"封锁""禁运"在亚非地区设置的障碍起到了重要的作用。会议把经济合作列为第一项议程，通过了经济合作的决议，强调促进亚非区域经济合作与发展的迫切性，并提出了一系列办法。我国代表团在会议期间利用各种机会，通过各种渠道，广泛进行接触交流，开展友好活动，增进了彼此的了解。

会议结束后，我国同亚非许多国家的贸易额都有了显著增长，特别是对中东、近东和非洲国家的贸易有了新的进展。到1956年，我国已同印度、缅甸、锡兰、巴基斯坦、印度尼西亚、埃及、叙利亚、黎巴嫩、柬埔寨这9个亚非国家签订了政府间的贸易协定。从1951年起，在我国对外贸易总额中，亚非国家所占的比重就已经超过西方国家。

积极开展同西方资本主义国家的民间贸易

二战结束之后，西欧国家和日本经济恢复与发展较快。随着经济实力的增长，它们同美国之间的矛盾和摩擦也日益增多。在执行"禁运"政策方面，美国与英、法、联邦德国等国的分歧不断发展。西欧许多国家在不同程度上认为，在朝鲜停战后继续对中国实施"禁运"，其结果既无损于中国又有害于西方。

在这种形势下，从1952年至1954年，我国通过莫斯科国际经济会议和日内瓦外长会议两次重大的国际活动，使我国对西方国家的贸易关系取得了突破性的进展。1952年4月在莫斯科举行的国际经济会议旨在谋求世界各国经济贸易关系的发展。我国派出由中国人民银行行长南汉宸为团长的大型代表团参加会议。周恩来总理和陈云副总理要求代表团认真做好准备工作，充分利用这次重要会议，打开对西方国家的贸易关系，打破"封锁""禁运"。会议期间，中国代表团反复说明了"我国对于各国政府和人民，不管其信仰、政治制度、社会经济组织的不同，只要在平等和互利的基础上，均愿与之恢复与发展贸易"的愿望和政策,介绍了中国输出的可能性和进口的巨大潜力。至1952年底,与我国签订贸易协定、协议合同的有英国、荷兰、法国、瑞士、比利时、芬兰、意大利、日本、联邦德国、智利等国家,总值达2亿美元以上。尽管这些协议未能全部履行,但是政治、经济影响很大。会议期间,我国代表团还同日本国会议员高良富等共同探讨开辟中日民间贸易的问题,会后双方在北京签订了第一个中日民间贸易协议。在这个协议的影响下,从1953年10月到1958年3月,中日陆续签订了第二、第三、第四个民间贸易协议。1956年,中日贸易额增长到1.26亿美元,创20世纪50年代最高纪录。

1952年5月,我国成立了促进东西方贸易的民间组织——中国国际贸易促进委员会。1953年7月,我国在东柏林设立了中国进出口公司代表处,负责办理对西欧各国的贸易业务。随着1953年7月《朝鲜停战协定》的签订,我国同西方的贸易关系逐步扩大。1954年4—7月在瑞士举行的日内瓦外长会议上,我国政府代表团在周恩来总理的率领下广泛开展活动,主动找英国有关人士交谈,表明中国愿意同英国发展贸易关系。会议期间,英国工党成员威尔逊牵头向我方发出邀请,我国当即组织了贸易代表团访英17天。这是新中国成立后我国派往西欧的第一个官方代表团。

比利时、意大利、荷兰的工商界和银行界也先后派代表团到日内瓦同我国商谈贸易。法国、瑞士、联邦德国、挪威等国工商界都表示要组团访华。要求放宽"禁运"货单和扩大东西方贸易的呼声更加高涨。1955年,我国对西欧国家的贸易额较1952年增长了3倍,其中对英国、法国、联邦德国、瑞士的贸易额增长幅度尤为显著。1957年5月,英国决定单独放宽"禁运",我国贸促会组织中国经济技术访问团,重点进行了六周的访问;10月,英国贸易部政务次官来华访问。1958年,我国对英贸易总额有了明显增加。由于我国的努力和"封锁""禁运"不得人心，20世纪50年代我国对西方国家的贸易总额呈不断增长的趋势。

我国反对"封锁""禁运"的斗争取得了伟大胜利

20世纪50—60年代中国反"封锁""禁运"取得成效

首先，我国突破了美国及其追随国的"封锁""禁运"，对外贸易额逐年迅速增长。其次，我国进口了大批生产资料，出口商品中工矿产品和农业加工品比重增加，进出口商品构成的变化体现出对外贸易适应了我国建立独立自主重工业化体系的需要，促进了国内工业水平的提高，挫败了帝国主义国家扼制我国经济发展的企图。再次，我国第一个五年计划胜利完成，社会主义工业化基础初步建立，这是反对"封锁""禁运"斗争胜利的一个标志。最后，"封锁""禁运"政策受到世界各国的抵制，以失败告终。随着国际局势趋于缓和及世界市场竞争日益激烈，美国同其他西方资本主义国家之间控制和反控制的斗争日益尖锐。

我国成功的反"封锁"和反"禁运"的斗争，使新中国成立初至整个20世纪50年代我国对外贸易总额一直呈增长趋势。我国1951年及1952年的对外贸易总额，已超过其解放前的最高进出口总额，并逐渐将其解放前长期入超的局面转变为进出口大体平衡的局面。1950年至1952年，我国进出口总额每年递增30.8%，这个增长速度在新中国历史上也是相当高的。

自1953年以来，美国与英国、法国、联邦德国等国对执行"禁运"政策的分歧不断发展。法国舆论认为，"禁运"的规定侵犯了法国的主权和尊严。联邦德国工业界主张取消"禁运"。1954年中期，英国有20万以上的工会会员要求扩大贸易，朝野各方要求寻找货物出路、改善经济情况的强烈愿望，迫使丘吉尔首相于 1954 年 2 月 25 日在下议院演说中表示，"要大大放宽那些使制成品、原料和航运都遭受到影响的限制"。这个演说引起美国强烈的"不安和关切"，美国被迫同意缩减了对苏禁单。1956 年 1 月 30 日，英国首相艾登表示："朝鲜停战三年后，将可以输往苏联和东欧各国的货物，禁止对中国输出是不现实的。"英国外交大臣公开宣布：今后在适当的情况下，将更多地利用"例外程序"，以便对中国进行合理的出口。此后，英国殖民地如马来亚（今马来西亚）、新加坡即宣布利用许可证的办法对华输出橡胶；印度尼西亚政府声明解除橡胶"禁运"。日本政府同意来华日展商品可以展出"禁运"物资，后来又同意将这部分物资卖给我国。联邦德国对中国市场尤为积极，1956 年西欧各国对华贸易数额中联邦德国已升至首位。这些情况使"禁运"的缺口愈来愈大。由于多方面条件的限制，美国对违反巴特尔法的锡兰、英国、法国、挪威、意大利、丹麦等国都未能采取停止援助的措施。

1957 年 5 月 30 日，英国决定放宽对外贸易管制。参加巴黎统筹委员会的大部分工业国家在一个月内陆续表态，放宽对我国的贸易限制。其中联邦德国政府宣布在禁运单上的 400 项中去掉 20 项，其中包括汽车、轮胎和一些类型的机器。西欧各国逐渐无视"禁运"，运用"例外条款"向中国输出所谓的战略物资。这不能不影响到美国垄断资本和中小工商业者进一步注意中国市场，反对"禁运"和"封锁"的呼声也越来越高。据统计，中国对西方资本主义国家的贸易额，1957 年底较 1952 年增长了 6 倍多。进入 20 世纪 60 年代以后，我国同西方资本主义国家的经济合作与贸易关系有了更加广泛的发展。

20世纪70年代以后美国对中国的"封锁""禁运"基本失败

1971年，中华人民共和国恢复了在联合国的合法席位，许多国家纷纷同我国建交，相互之间的经济贸易关系进一步正常化。1972年，美国总统尼克松访华，中美两国政府发表了《上海公报》，打破了20多年来中美两国政治、经济、贸易关系的僵持局面，中美直接贸易逐步得到恢复和正常发展。

随着对外经济交流的国际环境日益好转，1972年至1977年底，我国与西方国家共签订引进技术设备合同220多项。其中尤其需要提及的是1973年开始的"四三方案"和1978年的"78计划"，都实现了比较成体系的引进计划。并且，我国于1976年首次引进了软件技术。至此，新中国成立以来美国对我国开展的"封锁""禁运"活动基本上以失败告终。这给以后我国实行现代意义上的对外开放奠定了基础，正如邓小平指出的：有了今天这样的、比过去好得多的国际条件，使我们能够吸收国际先进技术和经营管理经验，吸收他们的资金。

新中国成立以来的"封锁"和反"封锁"的斗争经历表明，美国为了确保自己对全球经济的控制及本国在世界上的领先地位，是不能接受他国的发展超越自己的，一定会采取各种措施加以限制。在这些措施中，经济上的"封锁"和"禁运"因为操作方便，凭借美国遥遥领先的经济实力，在打击他国发展方面特别有效，所以就成为美国经常使用的手段。新中国成立后，美国对中国进行了长达数十年的"封锁"与"禁运"。哪怕是在改革开放之后，在中美关系解冻的大背景下，美国对中国的"封锁"与"禁运"范围虽然有所缩小，但是一直没有放弃，而且在某些特定的时段还会不断加强。因此，中国对美国必须保持高度的警惕。

新中国对外贸易 70 年
——在连续性与阶段性的对立统一中发展

新中国对外开放政策的连续性与阶段性

人类社会的历史发展是在连续性与不连续性的对立统一中前进的，连续性常占主要方面，新中国 70 年的对外开放与外贸发展的历程同样遵循这一规律。

新中国成立以来，我国坚持的独立自主的和平外交政策，以及坚定不移实行的对外开放的基本国策，一直被奉行至今，从未动摇。1981 年 6 月发表的重要文献《中国共产党中央委员会关于建国以来党的若干历史问题的决议》，把"城乡商业和对外贸易都有很大增长"和"国家进出口贸易的总额，一九八〇年比一九五二年增长七点七倍"① 作为新中国成立 32 年来我国取得的第七项主要成就，把我国"同全世界一百二十四个国家建立了外交关系，同更多的国家和地区

---

① 中共中央文献研究室．十一届三中全会以来重要文献选读（上册）．北京：人民出版社，1987：302.

发展了经济、贸易和文化往来。我国在联合国和安理会的席位得到恢复"① 等作为 32 年来我国取得的第十项主要成就。

　　总体上，新中国成立 70 年来的对外政策都是倾向于开放的，但是基于不同时期的内外形势不同，采取的因应政策不断变化，所以显示出明显的阶段性。结合新中国成立以来的内外政局变化，可以把新中国对外开放史大致分为四个阶段：20 世纪 50 年代"积极一边倒型"开放、中苏交恶后的"独立自主和自力更生型"开放、十一届三中全会以后的"逐步扩大和不断深入型"对外开放和 2012 年以来的"深刻变革和创新开放"阶段。各个阶段的外贸发展特点不同，但是整体上都取得了较好的发展。

20 世纪 50 年代"积极一边倒型"开放下的外贸发展

中共领导人一直高度重视外部经济联系

　　中国共产党的领导人一开始就意识到外部经济联系的重要性，并有意识地加以利用。早在第二次国内革命战争时期，国民党反动派对苏区进行了多次"围剿"。除了军事进攻之外，国民政府还对各苏区进行了严密的经济封锁。为了打破敌人的封锁，发展苏区对外贸易，更好地建设根据地，1931 年，江西苏区的苏维埃政府宣布允许外资企业在遵守苏维埃一切法令，实行八小时工作制及其他各种条例的前提下，另定租借条约，继续生产。

　　抗战时期，中国共产党继续坚持有效利用外部资源的思想和政策。毛泽东指出，"我们中华民族有同自己的敌人血战到底的气概，

---

　　① 中共中央文献研究室. 三中全会以来重要文献选编（下）. 北京：人民出版社，1982：131.

有在自力更生的基础上光复旧物的决心"，"但是这不是说我们可以不需要国际援助"，强调国际援助对现代一切国家和民族的革命和建设都是必要的，因此，必须以更加开放的心态从多方面利用外资。抗战时期的《陕甘宁边区施政纲领》中也规定：欢迎海外人士及敌占区同胞向根据地投资，发展生产事业。在 1945 年召开的中国共产党第七次全国代表大会上，毛泽东提出：在建立真正独立的新中国之后，要积极发展对外贸易和利用外国投资，以促进中国的工业化。上述思想为全党所接受。

新中国成立后中国政府高度发展对外贸易

在新中国成立前后，周恩来和朱德也分别谈到开展内外交流的必要性。周恩来认为，"任何一个国家在建设中，任何一个国家在这个世界上，不能完全闭关自给，总是要互相需求，首先是贸易的往来，技术的合作，这对我们中美两国也不例外"[①]。朱德曾说：我们不仅"要同苏联及一切（人民）民主国家做生意"，"还要同日本，美国做生意"，因为现在一切生产都是世界化的，我们需要它们的，它们也需要我们的。要把我国由农业国变成工业国，最重要的问题就是"内外交流"。

1949 年 4 月，刘少奇论述"内外交流"思想时指出：对外贸易对于国计民生影响很大，甚至会起决定的影响。它的任务是"发展生产，周转经济"，搞不好就会不利于生产，经济也不得周转。因此，"必须切实地组织好对外贸易，这是至关重要的工作，是人民的最大利益之一"。"要争取出口。应出口的尽可能出口，不应出口的要限制出口。为了发展生产必须进口的，应尽可能进口，凡不必需的东西，

---

① 陈锦华．开放与国家盛衰．北京：人民出版社，2010：326．

尽量不进口。"①

新中国成立后，人民政府努力开展对外交往，新中国成立第一年就同 17 个国家建立正式的外交关系，这些大多数都是社会主义国家。而且，新中国也希望跟西方资本主义国家广泛地开展贸易关系。1950 年初，毛泽东在访苏时从王稼祥那里得悉德、波、捷等国"都想和我们做生意"后，就高兴地连忙电告周总理："似此，除了苏联外又有这三个国家即将发生通商贸易关系。此外，英国、日本、美国、印度等国或已有生意或即将做生意。"② 毛泽东在 20 世纪 40 年代时曾经对中美两国经济合作抱有较大希望，他认为中国可以为美国提供投资场所，从美国引进重工业产品和技术，并将农矿产品出口美国。

"积极一边倒型"开放政策的选择并扩大对外经贸联系

早在新中国成立前夕，很多美国人就向美国政府表示中共政府是可以跟美国友好的。例如，当时美军观察组成员谢伟思就向其政府表示：中共和美国建立友好关系的愿望是真诚的。但是，以美国为首的主要资本主义国家仍然决定对新中国实行封锁、包围和孤立政策。1949 年 11 月，美国提议与英、法、德、意、日、挪、荷、比、葡、西、加拿大等国共同成立巴黎统筹委员会，对中国贸易的特别禁单所包括的项目比苏联和东欧国家所适用的国际禁单项目甚至还要多 500 余种。美国政府又直接介入朝鲜战争和对中国全面的贸易管制。这势必使新中国完全倒向社会主义阵营一边，实行"一边倒型"开放政策。

"一边倒"的开放仍然是开放，同样促进了中国的发展。1950 年

---

① 中共中央文献研究室，中央档案馆. 建党以来重要文献选编（第二十六册）. 北京：中央文献出版社，2011：312.

② 毛泽东. 毛泽东文集：第六卷. 北京：中央文献出版社，1999：35.

初，毛泽东访问苏联，与斯大林等进行了最高会谈，签订了苏联向中国提供贷款的协定，苏联政府表示愿意分期分批帮助中国设计建设项目和提供成套设备、物资。至 1954 年，与苏联签订的援建项目共计 156 项，通称"156 项工程"。双方后于 1955 年商定再增加 16 项，后来又口头商定增加 2 项，前后共确定 174 个项目。经反复核查调整后，有的项目合并，有的项目推迟建设，有的项目取消，有的项目一分为几，确定为 154 项，最后实际建设 150 项。但由于"156 项工程"已写进了第一个五年计划并已先行公布，后来还是习惯地称苏联援建的重点建设项目为"156 项工程"。"156 项工程"建设是新中国首次利用国外资金、技术和设备开展的大规模的工业建设，构成了中国现代化大工业的骨干，为中国社会主义工业化奠定了初步基础。

20 世纪 50 年代，中国除了实行对苏东集团的"一边倒"开放外，还大力开展与广大亚非国家的经贸活动，例如在 1952 年与锡兰（现斯里兰卡）开展大米换橡胶的贸易，与巴基斯坦签订煤炭换棉花的贸易合同，1956 年与印度尼西亚签订 1 200 万英镑的易货贸易协议，1957 年还与阿富汗签订了两国间第一个贸易协定，等等。1957 年，中国首次举办中国进出口商品交易会（广交会），广泛邀请不同国家外商来开展贸易洽谈活动，可以说是努力打破西方国家对华封锁的重要举措。

这一时期，中国一直在努力打破西方国家的封锁，积极寻求与西方国家的民间贸易和政府贸易。到 1957 年 5 月，随着英国宣布放宽对华贸易管制，参加巴黎统筹委员会的大部分西方国家在一个月内陆续表态，放宽对中国的贸易限制。在这种压力下，美国政府不得不于 1958 年 9 月宣布在战略物资的国际货单方面做一些放宽。

"积极一边倒型"对外开放及其意义

这一时期中国对外开放政策的选择，首先当然是被动的，在以美国为首的西方国家的封锁下被迫选择"一边倒"的对外开放。但是，该政策在被动的同时也包含着主动的内涵。这一时期，中国政府对发展外贸的意义和目标具有清晰的认识。1950 年，周恩来主持政务院第四十四次会议，在会上阐述了自己的外贸主张。他指出："对外贸易要逐渐减少盲目性，加强计划性，不能盲目地出口和进口……"[①]他还进一步阐明，国家"对外贸易的目的是为了发展生产"。

这一时期中国的对外开放当然是不全面的，所以作用也是有限的，但其目标的指向性是清晰的，即努力提高生产力和保障人民基本生活。因此，它的作用比单纯的亚当·斯密和大卫·李嘉图式的"自由贸易"的效果要更好。亚当·斯密和大卫·李嘉图所理解的贸易利益其实是一种静态的利益，限于提升消费效用，不包含发展的内涵，忽略了生产力水平的提高。而对于中国这样一个大国的长远利益来说，提升当前的消费效用水平当然重要，但是着眼于生产力的长远发展则利益更大。1949—1957 年间中国的对外贸易因为受到封锁而发展并不充分，但是所引进的苏联 150 个项目给中国工业体系的建设带来的推动作用却是非常突出的。因此，可以把这一时期的对外开放总结为"积极一边倒型"。

"独立自主和自力更生型"开放下的外贸发展（1958—1978 年）

随着新中国政权的不断巩固及经济的恢复发展，国内外形势也在悄然发生变化。在西方国家对中国的贸易封锁逐渐放宽的同时，中苏关系却开始恶化。

---

① 中共中央文献研究室. 周恩来年谱（上卷）. 北京：中央文献出版社，1997：62.

1958 年夏天，中苏之间因"长波电台"和"联合（潜艇）舰队"事件发生争执。到 1960 年春夏之际，中苏双方在一系列重大政治问题上出现严重分歧，赫鲁晓夫突然撤回在华全部专家，中国与苏联分道扬镳。

中苏关系恶化后，中国与社会主义阵营的经贸关系出现大面积萎缩。1959 年中苏贸易总额约合 20.97 亿美元，占中国进出口总额的比重达 47.9％（20 世纪 50 年代有些年份占一半以上）；至 1965 年，中苏贸易总额只有 4.07 亿美元，占中国进出口总额的比重达 9.6％；至 1970 年，中苏贸易总额进一步下降到 0.47 亿美元，仅占中国进出口总额的 1％。

这一时期，在对外经济关系上，中国开始从面向苏东国家转为面向西方国家，同时扩大与第三世界国家的经贸交往。1960 年 8 月，中共中央发出《关于全党大搞对外贸易收购和出口运动的紧急指示》，要求扩大出口贸易，多换取外汇；同时，为了解决粮食严重短缺问题，中央决定进口粮食 250 万吨（原来计划 1960 年出口粮食 100 万吨），1961 年 3 月中央又决定增加进口粮食到 500 万吨。从 1961 年至 1965 年，中国每年进口小麦 500 万～600 万吨，利用国际市场缓解中国粮食危机。

为拓展外交活动空间，促进睦邻友好关系的发展，1963 年至 1966 年，中国国家主席刘少奇、总理周恩来一再率代表团出访印度尼西亚、缅甸、巴基斯坦、阿尔及利亚、摩洛哥、突尼斯、加纳等亚非国家。1964 年 1 月，经中法两国领导人共同努力，法国成为西方大国中第一个同中国建立正式外交关系的国家。1972 年 2 月，美国总统尼克松访问中国，中美双方在上海签订了《上海公报》，标志着中美两国关系正常化的开始；同年 9 月，日本首相田中角荣访华，中日签署《中日联合声明》，实现中日邦交正常化。这以后出现了很多国家同中国建交的热潮。20多年以来，以美国为首的西方国家封锁中国所形成的"坚冰"被打破。

利用这一时期外部政治环境的改善，中国趁势扩大对外经济关系。1973年1月，国家计划委员会提交《关于增加设备进口、扩大经济交流的请示报告》，对前一阶段和今后的对外引进项目做出总结和统一规划，建议3～5年内引进43亿美元的成套设备。这被通称为"四三方案"。在这以后，中国又推进了从美国引进彩色显像管成套生产技术、利用外汇贷款购买新旧船舶组建远洋船队、购买英国三叉戟飞机等项目。

宝山钢铁厂一期工程

1976年10月，"四人帮"被抓，华国锋主政，继续扩大对外开放。1978年2月，中央政治局讨论"10年规划"，初步确定了对外引进的180亿美元规模。1978年，我国以现汇方式引进了22个大型项目，其中包括宝山钢铁厂一期工程、大庆炼油厂等，合同金额为78

亿美元,简称"78 计划"。在"78 计划"的执行中,还产生了设立特区的构想,当时设想将与日本关系密切的大连建设成北方经济对外窗口。至 1978 年,中国进出口贸易总额由 1950 年的 11.3 亿美元增加到 206.4 亿美元,位居全球第 27 位,其中出口额为 97.5 亿美元,占世界份额的 0.75%,居全球第 28 位,出口商品仍以农副产品为主;进口 108.9 亿美元,占世界份额的 0.81%,居全球第 27 位,进口商品以成套设备和其他生产资料为主。

"逐步扩大和不断深入型"对外开放下的外贸发展 (1979—2012 年)

1978 年 12 月,中国共产党十一届三中全会在总结国际、国内的历史经验的基础上,做出了"在自力更生的基础上积极发展同世界各国的经济合作,努力采用世界先进技术和先进装备"的重大决策,把对外开放作为与改革并列的一项基本国策。到 1982 年 12 月,对外开放政策被正式写入我国宪法。新时期我国对外开放大致可分为"经济特区—沿海开放城市—沿海经济开放区—沿江、内陆和沿边开放城市"等步骤,逐步推进,不断深入。到 1993 年,经过多年的对外开放的实践,不断总结经验和完善政策,我国的对外开放由南到北、由东到西层层推进,基本上形成一个宽领域、多层次、有重点、点线面结合的全方面对外开放新格局。至此,我国的对外开放城市已遍布全国所有省区。当然,这一时期也走过不少弯路。如 1992 年之后到 20 世纪末这几年的对外开放步伐较大,外汇储备状况也有较大改善,但是内部经济效果不佳。

2001 年 11 月,世界贸易组织(WTO)第四届部长级会议通过了中国加入世贸组织的文件,中国正式成为世贸组织新成员。此后,中国成功应对了加入世贸组织的各种挑战，抓住经济全球化和国际产业加快转移的历史性机遇，使对外开放迈上了新的台阶。

中国加入世贸组织之后，自贸区成为中国对外开放的新形式、新起点，以及与其他国家实现互利共赢的新平台。截至2019年11月，中国已与25个国家和地区达成17个自贸协定，自贸伙伴遍及欧洲、亚洲、大洋洲、南美洲和非洲，涵盖38%的对外贸易额。同时，中国已与120多个国家签订了双边投资保护协定，对加强双边经贸合作发挥了重要作用。

在外贸管理体制方面，新时期从以往的以计划调节为主转变为基本上以市场调节为主，取消了出口收汇、进出口用汇等多项外贸指令性计划；在外贸经营体制上，打破了国营外贸企业垄断经营的局面，发展民营外贸企业和工贸公司，建立中外合资外贸企业，实行外贸主体多元化；在经营业务上，打破了企业单一经营传统，建立起以国际市场为导向，贸工农相结合、内外贸一体化、产供销一条龙的新体制；在企业经营机制方面，打破了外贸"大锅饭"，实行政企分开，建立了企业自主经营、自负盈亏的经营机制。

随着对外开放的不断扩大和技术进步，广交会不再是出口企业接触国际市场的唯一桥梁。今天的企业，除了广交会，还有许多出口途径，尤其是网络技术和现代通信的高速发展，使企业能够方便地获取大量的相关信息，快捷地与客户建立联系、进行沟通，极大地改变了贸易的方式和效率，也给广交会等传统的贸易促进方式带来了冲击。

新时期外贸总量不断增长，结构不断优化。至20世纪90年代，出口导向已占主流。国家以出口为导向发展生产，建立了一系列长期稳定的出口创汇基地，大力发展横向经济联合，发展外向型工业和创汇农业；实施科技兴贸战略，加快高新技术产品出口基地的建设，努力推进高新技术产品的出口，扩大名牌机电产品的市场份额，努力使我国出口商品结构从以低技术含量、低附加值产品为主向以高新技术产品、高附加值产品为主转变；同时还优化进口结构，着重引进先进技术和关键设备；推动关系国家生存发展的重要战略物资进口的多元化。我国运用出口导向政策，把富余、廉价的劳动力搭在产品上售卖出去，在这一段时期获得成功。2006 年，我国的进出口贸易总额是 1978 年的 85.3 倍，GDP 总量是 1978 年的 57.5 倍，财政收入是 1978 年的 34.2 倍，对外贸易对经济增长的拉动效应十分明显。2007 年，中国进出口总额已达 21 738 亿美元，世界排名已跃升到第三位，其中出口跃居世界第二位。截至 2002 年末，我国外汇储备还只有 2 864 亿美元，与日本的 4 697 亿美元相去甚远；2007 年，我国外汇储备余额为 1.53 万亿美元，居世界第一位，远高于排在第二的日本的 9 456 亿美元。

从出口商品结构看，1978 年以后初级产品，特别是农副产品的出口在出口总额中所占比重大幅下降；同期，机械及运输设备出口快速增长。工业品出口占工业总产值的比重从 1980 年的 4.39％大幅提高到 1990 年的 11.17％乃至 2002 年的 23.23％。特别是重化工业产品出口规模的迅速扩大，不仅缓解了改革开放前期重化工业生产能力过剩、国内市场需求相对不足的问题，也对 1990 年以后我国经济的产业结构升级和再次进入工业化以及 1996 年以后的重化工业化起到了重要促进作用。从进口商品结构看，生产资料和机械及运输设备进口在进口总额中所占比重再次出现大幅度上升。我国大体上通过"出口创汇——→投资品进口——→投资——→工业化与产业结构升级——→经济增长"这一过程，实现外贸促进工业化和经济增长的作用。出口成为弥补国内需求不足、促进工业增长的重要需求因素。分析表明，工业制成品出口每增长 1％，会引致工业总产值增长 0.667 个百分点；重化工业产品出口每增长 1%，会引致重化工业总产值增长 0.506 个百分点。

深刻变革和创新开放阶段（2012 年以来）

量变引起质变。"逐步扩大和不断深入型"对外开放下，外贸发展阶段持续的时间比较长（32 年），在此时期前后，内外很多关系都发生了质的变化。

党的十八大以来，我国所处的内外部环境发生了深刻变化。这一时期主要的外部特征是：经历了 2008 年金融危机后的深度调整期，整个国际经贸格局发生重大变化，世界经济贸易增速放缓，世界经济不平衡加剧，国际力量对比发生新的变化，危机加重，存量竞争格局日趋明显，单边主义和贸易保护主义抬头；局部冲突和动荡频发，全球性问题加剧，不同国家集团之间的斗争日益尖锐。

全球贸易一度增速放缓，然而中国由在世界贸易中排名 30 多位，近乎微不足道，一跃而居世界第一位。美国也由拉拢中国、联合中国共同对抗苏东集团转向围堵中国，遏制中国发展。2009 年 7 月，美国国务卿希拉里·克林顿在东盟地区论坛上首次提出"重返亚太"。随后，美国加入《东南亚友好合作条约》。2009 年 11 月，奥巴马宣布美国将参与 TPP 谈判。奥巴马 2011 年 11 月在夏威夷亚太经合组织（APEC）峰会上提出"转向亚洲"战略。2012 年 6 月，美国国防部长帕内塔提出美国"亚太再平衡战略"，实际上就是准备围堵中国。2017 年 3 月，美国助理国务卿在谈到特朗普政府的亚太政策时，表示奥巴马时期的"亚太再平衡战略"已结束。

此外，中国所追求的很多对外开放目标也发生了根本性的变化。这一时期中国传统外贸的三大红利——劳动力、全球化和良好的外部环境都在逐渐减弱甚至消失，中国经济由高速增长阶段转向高质量发展阶段，中国外贸发展方式发生了战略性转变，步入新常态，进入了增速变化和结构调整的转折期。例如，在 21 世纪之前，中国在整体上一直处于外贸逆差居多、外汇储备不足的状况。但是，自 20 世纪 90 年代中期外贸外汇体制变化以后，中国已经转为整体外贸顺差，外汇储备大大增长。现在中国追求的目标已经不再是外汇盈余，而是人民币国际化，外贸政策也在逐渐由出口导向转向鼓励进口。

这一时期，我国外贸进出口进入增速换挡期，从高速增长转至中低速增长阶段。2012 年开始，中国进出口增速出现明显转折，由较快速增长变成个位数中低速增长；2015 年，进出口增速由正变负，同比下降 8%；2016 年，延续这一下降态势，进出口增速下降 6.8%；2017 年之后，随着世界经济温和复苏，进出口呈现稳中向好趋势，增速明显回升。同时，伴随着综合国力的显著提升，我国进入了名副其实的大国开放阶段；面向国内，全面深化改革，主动打造开放新高地；面向国际，参与和引领全球经济治理，在国际经济协调和规则制定中的话语权显著增长；在外贸政策上，积极培育贸易新业态、新模式，开始启动从贸易大国向贸易强国的转变。

党的十八大报告指出，要坚持出口和进口并重，推动对外贸易平衡发展。十九大报告指出，要拓展对外贸易，培育贸易新业态、新模式，推进贸易强国建设。要坚持新发展理念，落实高质量发展要求，深化外贸领域供给侧结构性改革，扎实推进"五个优化"和"三项建设"，积极培育贸易新业态、新模式，加快推进贸易强国建设。2013—2017 年世界进出口平均年增速对比见表 4-10。

表 4 - 10　2013—2017 年世界进出口平均年增速对比

	出口（%）	进口（%）
中国	2.2	0.8
世界	−0.5	−0.5
发展中经济体	−0.5	−0.2
转型经济体	−6.0	−4.6
发达经济体	−0.1	−0.4

资料来源：根据 UNCTAD 数据计算。

评析与展望

回顾新中国四阶段对外开放史，可以说，认为前 30 年的中国"高度封闭"或"闭关自守"的说法是不符合史实的。应该说，70 年的四个阶段中的每个阶段，中国都是开放的，而且都成效显著。在这四个阶段中，中国的对外政策各不相同，虽然也走过不少弯路，但有些做法是完全有必要的，事后看起来总体上也是正确的。包括当前，中国的对外政策在整体上保持开放的同时，在具体问题上也多有调整。在一个平面中是两点之间直线最短，但是在真实世界中，尤其是在社会发展中，一个国家从来都是迂回曲折前进的。

前两个阶段的主要成绩在于打破外部封锁，利用外贸以农副产品换取先进技术来发展本国工业化，实行进口替代战略。第一阶段主要是面向社会主义阵营。第二阶段则不得不面向更大的世界。第三阶段正值经济全球化逐渐深入发展的时期，我国不失时机地扩大对外开放，发展对外经贸关系，积极参与国际分工，不仅弥补了自身发展资本的不足，利用出口导向，依靠外部市场缓解国内就业压力，有效地促进了经济增长，而且按国际通行的市场规则办事，不断冲击着传统体制的陈规陋习，有力地推动了经济改革的深化，使我国较好地发挥了国际和国内两个市场配置资源的基础性作用，促进了社会经济快速发展。第四阶段则是全球经济出现危机，经济全球化出现逆转，中国面临的内外局势发生了变化，中国在对外开放中也不得不与时俱进，由搭车转为造船，由跟随转为引领，由更多地追求效率转为效率与安全并重。

总体上，在二战以来的国际社会，依然是经济全球化占主导，对外开放更加有利于一国经济发展及综合国力的提升，所以是中国应该坚持的基本国策。但是，开放并非越大越好，也并非越快越好。开放必须建立在产业自立自主的基础之上，必须要做到风险基本可控。否则，开放带来的就不是成绩，而是灾难。

艰苦卓绝的中国"入世"与世界经济格局的转换

2018 年以来，美国对中国发动贸易战。在发动贸易战的同时，美国还对中国发动了舆论战。美国到处造谣说：中国当年之所以能够加入 WTO，完全是因为美国的恩惠，但是没有想到中国加入 WTO之后，完全不遵守规则，占了美国很多便宜。这次美国对中国发动贸易战，就是为了"讨回公道"。

在"入世"的问题上美国撒了弥天大谎

美国完全是在撒谎。美国所谓帮助（恩惠）中国"入世"的说法，是一个彻头彻尾的谎言。美国从来没有真心诚意地帮助中国"入世"，而是一直都在利用自己的优势地位，阻止中国"入世"。美国只是从中国身上榨取到了足够的利益，迫使中国做出足够大的让步，并且在确定中国"入世"之后不会对美国造成威胁，才允许中国加入世贸组织。而且在中国"入世"之后，美国也从来没有忘记给中国制造麻烦，以阻碍中国的发展。

丘吉尔说："没有永远的朋友，也没有永远的敌人，只有永远的利益。"这就是美国等西方国家处理国际关系的一贯态度。友谊和恩惠是从来不可能会有的，如果有时候表现出了一点，那也是因为利益。抗日战争时期，"珍珠港事件"爆发之后，美国的确给了中国一些物资，但那是因为友谊吗？不是，是因为美国希望中国帮其拖住日本的百万大军。而且，"珍珠港事件"爆发之前美国又在做什么呢？答案是在帮助日本侵略中国。中国全面抗战的8年中，美国基本上是头4年援助日本，后4年因为跟日本矛盾激化了才与中国携手。同样的道理，美国允许中国"入世"根本不是什么恩惠，也不是因为友谊，而是一场赤裸裸的交易和拦路打劫，只不过美国后来发现自己失算了而已。

正是因为美国的刁难，中国的"入世"才成为一个"艰难困苦，玉汝于成"的过程。经过15年不懈的努力，在排除了种种干扰和阻力之后，中国才终于成功"入世"。而且，因为美国的刁难，中国为了"入世"是做出了巨大的让步的。不仅如此，出于宣传的目的，中国做了让步、吃了亏，还不能到处讲，只能"好汉打脱牙齿和血吞"。同时，也并非"入世"之后，中国就歌舞升平，可以举国欢庆、遍地捡黄金了。要知道，"入世"是存在巨大风险的。"入世"固然可以打开国际市场，但同时也将面临更大的竞争。所以，即使是"入世"之后，中国依然是"战战兢兢，如临深渊，如履薄冰"。"入世"之后，中国的确取得了很大的进步，但这些进步的一点一滴都是中国人民用自己的血汗拼出来的。所以，在中国"入世"之后，西方很多人就预测"入世"会让中国经济因为直面西方的竞争而崩溃。结果，直到"入世"10年之后，当时的对外贸易经济合作部部长石广生才敢说，"入世"可以算是成功的。总之，在"入世"问题上，中国是付出了巨大代价、承受了极大风险的，但总算是取得了一个比较完满的结果。

美国从中国的"入世"当中同样获得了巨大的利益，而且这种利益至少不比中国获得的少，只是因为美国内部分配不均，加剧了其国内的矛盾。而这本身应该是美国内部的问题，但是他们不肯承认，而是把责任推给中国，并希望通过对中国发动贸易战并迫使中国让步，进一步加强对中国的榨取，在阻遏中国发展的同时，解除自己的危机。因此，在中国"入世"问题上，美国不但是极不诚实的，而且是极其卑鄙的，当然更是蛮横无耻的。

中国加入世贸组织的艰难历程

中国是关贸总协定的创始缔约方

中国是世贸组织（WTO）的前身"关贸总协定"的创始缔约方，可以算是世贸组织的创始国之一。早在 1947 年，南京国民政府就派代表出席了在日内瓦举行的联合国贸易和就业会议，参与了《国际贸易组织宪章》的起草，还与 18 个国家进行了关税谈判。1947 年 10 月 30 日，中国政府签署了联合国贸易和就业会议的最后文件，该大会创立了《关税及贸易总协定》。1948 年 4 月 21 日，中国政府签署关贸总协定《临时适用议定书》，并从 1948 年 5 月 21 日起正式成为关贸总协定缔约方。1949 年，南京国民政府还派人参加了在法国安纳西举行的关贸总协定第二轮关税减让谈判，使相关方面对中国 66 个税号的商品降低了关税。

1949 年 10 月 1 日，新中国成立。当时的国民党政权风雨飘摇，极其依赖美国政府。在美国的指示下，台湾当局于 1950 年 3 月以"中华民国"的名义退出关贸总协定。当年曾和中国举行关税谈判的10 多个缔约方也相继撤回它们对中国的关税减让承诺。

到 1965 年 1 月 21 日，台湾当局提出观察总协定缔约国大会的申请。同年 3 月，第 22 届缔约国大会接受台湾当局派观察员列席缔约国大会。

中国"复关"的历史经过

1971 年，联合国恢复中华人民共和国的合法权利。根据惯例，中国在关贸总协定的席位应该紧跟联合国决议恢复。

当时，中国还是一个完全的计划经济国家，对外贸易有很多特殊做法，例如大量采用易货贸易、记账贸易等贸易方式，与当时关贸总协定的通用贸易方式不大匹配。当然，易货贸易、记账贸易等贸易方式，在相当大的程度上又是因为新中国成立之后被美国发动的贸易封锁逼出来的。也就是说，在当时的条件下，以中国的经贸体制，加入关贸总协定并没有什么实际意义。

改革开放之后，中国的外贸体制发生了很大的变化。到 1982 年，中国政府实行机构改革，合并了四个部委，成立了新的对外经济贸易部。当时有很多重要的任务，其中一项就是研究"复关"。

"复关"牵涉到方方面面的问题，真正踏出这一步并不容易。"复关"谈判伊始，中国就成立了部际协调机制，统筹协调、研究解决谈判中的重大问题。谈判后期还成立了"WTO 工作领导小组"，协调谈判中的重大问题，并负责指导整个国内的应对工作。在谈判的关键时期，中共中央、国务院也经常直接领导和指挥谈判工作。

中国于 1983 年 1 月做出申请"复关"的决定，又在经过 3 年多的具体准备之后，才正式提出"复关"申请。可以看得出来，在"复关"这个问题上，中国是相当慎重的。1986 年 7 月 10 日，中国驻日内瓦代表团大使钱嘉东代表中国政府正式提出申请，要求恢复中国在关贸总协定中的缔约方地位。

1986 年中国正式提出"复关"申请后，国务院即成立关贸总协定部际协调领导小组，组长由负责对外贸易的国务委员或副总理担任，张劲夫、田纪云、李岚清和吴仪先后担任组长，各相关部门负责人参加。"复关"/"入世"的具体谈判由对外经济贸易部牵头组织，相关部门派人员参与谈判。因为"复关"/"入世"谈判影响很大，所以各个部委都非常重视。

1987年10月22日，关贸总协定中国工作组第一次会议在日内瓦举行，确定工作日程。1989年4月18日至19日，关贸总协定中国工作组第七次会议在日内瓦举行，完成了对中国外贸制度的评估。1989年5月24日至28日，中美第五轮"复关"问题双边磋商在北京举行，磋商取得实质性进展。

1989年12月12日至14日，关贸总协定中国工作组第八次会议在日内瓦举行，事实上重新开始审议中国的外贸制度。这时候，国际国内局势发生了很大的变化，中国的"复关"遭遇到很大的阻碍。

1990年1月1日，台湾当局以"台、澎、金、马单独关税地区"名义申请加入关贸总协定。

1991年1月11日，中国驻日内瓦代表团大使范国祥向关贸总协定总干事邓克尔递交中国政府关于澳门在关贸总协定缔约方地位的声明。澳门成为关贸总协定缔约方。

1991年10月，中国总理李鹏致函关贸总协定各缔约方首脑和关贸总协定总干事，阐明中国"复关"问题的立场，强调当务之急是立即举行工作会议，开始议定实质性谈判，在与中国政府协商并取得一致前不得成立台湾工作组。

1992年9月29日，关贸总协定理事会主席根据中国与主要缔约方谈判达成的谅解，就处理台湾加入关贸总协定的问题发表声明。声明基本上反映了中国政府关于处理台湾入关问题的三项原则。

1992年10月10日，中美达成《市场准入备忘录》，美国承诺"坚定地支持中国取得关贸总协定缔约方地位"。但是从后来的发展过程来看，美国不但没有"坚定地支持"，反而是在"坚定地阻挠"。

1994 年 4 月 12 日至 15 日，关贸总协定部长级会议在北非摩洛哥的马拉喀什举行，乌拉圭回合谈判结束，与会各方签署《乌拉圭回合多边贸易谈判结果最后文件》和《建立世界贸易组织协定》。中国代表团参会并签署《乌拉圭回合多边贸易谈判结果最后文件》。

乌拉圭回合谈判，中国全面加入

中国代表签署《乌拉圭回合多边贸易谈判结果最后文件》

1994年8月底，中国提出将改进后的农产品、非农产品和服务贸易减让表作为解决"复关"问题的一揽子方案，并从9月至10月派出以海关总署关税司司长吴家煌为团长的市场准入代表团，在日内瓦与缔约方进行了50多天的谈判。1994年11月28日，对外贸易经济合作部部长助理龙永图会见关贸总协定总干事萨瑟兰。与此同时，中国驻美国、欧共体和日本大使分别约见驻在国（地区）高级官员，通报了中国政府关于复关谈判最后时限的决定。

1994年10月20日，关贸总协定中国工作组第19次会议在日内瓦举行。在已经明确了中国无法加入关贸总协定之后，中国政府代表团团长、对外贸易经济合作部副部长谷永江在会上严厉谴责了少数缔约方漫天要价，无理阻挠，致使"复关"谈判未能达成协议。此后，关贸总协定成为历史，世贸组织成立，"复关"的可能性不再存在，中国要进行的是"入世"谈判。

1994年11月28日至12月19日，龙永图率中国代表团在日内瓦就市场准入和议定书与缔约方进行谈判，但是谈判未能达成协议。

1995年3月11日至13日，美国贸易代表坎特访华，与对外贸易经济合作部部长吴仪就"复关"问题达成8点协议，同意在灵活务实的基础上进行中国"入世"谈判，并同意在乌拉圭回合协议基础上实事求是地解决中国发展中国家地位的问题。

1995年5月7日至19日，应关贸中国工作组主席吉拉德邀请，对外贸易经济合作部部长助理龙永图率中国代表团赴日内瓦与缔约方就中国"入世"问题进行非正式双边磋商。

1995年6月3日，中国成为世界贸易组织观察员。

1995年11月，中国政府照会世界贸易组织总干事鲁杰罗，把中国"复关"工作组更名为中国"入世"工作组；与此同时，台湾当局也照会世界贸易组织，把关贸总协定中国台北问题工作组更名为世界贸易组织中国台北工作组。

1996年3月22日，龙永图率团赴日内瓦出席世界贸易组织中国工作组第一次正式会议，并在会前和会后与世界贸易组织成员进行双边磋商。

1997年8月6日，中国与新西兰在北京就中国"入世"问题达成双边协议。

1997年8月26日，中国与韩国在首尔就中国"入世"问题达成双边协议。

1997年10月13日至24日，对外贸易经济合作部首席谈判代表龙永图率团在日内瓦同欧盟、澳大利亚、挪威、巴西、印度、墨西哥、智利等30个世界贸易组织成员进行了双边磋商；与匈牙利、捷克、斯洛伐克、巴基斯坦签署了结束中国"入世"双边市场准入谈判协议，并与智利、哥伦比亚、阿根廷、印度等基本结束了中国"入世"双边市场准入谈判。1997年11月1日至16日，随同李鹏总理访日的对外贸易经济合作部首席谈判代表龙永图与日本外务省副外相原口就中国"入世"问题发表联合声明，重申中日双方已在服务业市场准入谈判方面取得重大进展，从而表明中日两国关于中国"入世"双边市场准入谈判已基本结束。

1998年3月28日至4月9日，世界贸易组织中国工作组第七次会议召开，中国代表团向世界贸易组织秘书处递交了一份近6 000个税号的关税减让表，得到了主要成员的积极评价。

此时，中美谈判成为最大的障碍。1999年5月8日，以美国为首的北约袭击中国驻南斯拉夫大使馆，中国政府被迫中断了"入世"谈判。但是，不久之后的1999年9月6日，中美又恢复谈判。1999年11月15日，中美双方就中国加入世界贸易组织（WTO）问题达成协议。这意味着中国与美国正式结束双边谈判。最大的障碍被排除，中国"入世"的进展就只是个程序问题。

2000年4月12日，中国和马来西亚就中国加入世界贸易组织问题达成双边协议。

2000年5月16日，中国与拉脱维亚就中国加入世界贸易组织问题达成双边协议。

2000年5月19日，中国与欧盟就中国加入世界贸易组织问题达成双边协议。

2000年5月26日，经过友好和建设性磋商，中国与瑞士结束了关于中国加入世界贸易组织的双边谈判，签署了中瑞关于中国加入世界贸易组织问题的双边协议。

2001年9月13日，中国与墨西哥结束了关于中国加入世界贸易组织的双边谈判。

至此，中国全部完成了与世界贸易组织成员的双边市场准入谈判。

2001年11月11日，中国对外贸易经济合作部部长石广生在多哈签署了《中华人民共和国加入世界贸易组织议定书》。议定书规定了中国作为世界贸易组织成员的权利和义务。2001年11月20日，世界贸易组织总干事迈克尔·穆尔致函世界贸易组织成员，宣布中国政府已于2001年11月11日接受《中华人民共和国加入世界贸易组织议定书》，这个议定书将于12月11日生效，中国将于2001年12月11日正式成为世界贸易组织成员。2001年12月11日，中国成为世界贸易组织的第143个正式成员。

部长们还批准了中国台北入世文件，这些文件在12月12日签字。2002年1月1日，中国台湾亦成为世界贸易组织成员。

由于特殊的历史原因，目前中国在世界贸易组织中具有一国四席地位，即中国大陆、中国香港、中国澳门、中国台湾分别拥有世界贸易组织成员的资格。

中国加入世贸组织的谈判历经 15 年，时间之长，过程之艰难，出乎之前的想象。其中，中国政府分别与美国进行了 25 轮谈判，与欧盟进行了 15 轮谈判，黑发人谈成白发人，最终通过长期艰苦卓绝的努力，如愿加入世贸组织大家庭，为中国赢得了更好的国际环境，为中国在更大范围、更广领域和更高层次上参与国际经济技术合作和竞争奠定了良好基础。

中国"入世"：四任团长的接力赛

在长达 15 年的中国"入世"谈判征程中，中国前后经历了四任首席谈判。从 1987 年开始，第一任代表是沈觉人（1986—1991 年），第二任谈判代表是佟志广（1991—1993 年），第三任谈判代表是谷永江（1993—1995 年），第四任谈判代表是龙永图（1996—1999 年）。有人形容中国"入世"就像一个 4×100 米接力赛，这个比喻很形象。在漫长的"入世"谈判征程中，四位首席谈判代表都展现了他们的忠诚和勇气，付出了他们生命中最光辉的岁月和智慧。这四个人接连不断地工作 15 年，才使中国于 2001 年 11 月 11 日在多哈会议上加入 WTO。

中国"复关"谈判第一人：沈觉人的那五年

1986 年至 1991 年，中国对外经济贸易部副部长沈觉人就任中国"复关"谈判代表团团长。

1986 年 9 月，沈觉人率团参加乌拉圭会议。当时有两大任务。第一是要求成为乌拉圭回合谈判的全面参与者。就是说，所有谈判的议题我们都要参加。第二大任务是争取中国"复关"。众所周知，美国在关贸总协定中的影响最大，中国要"复关"成功，美国的态度最为重要。

1987年初，中国递交了《贸易制度备忘录》，成立了中国工作组。当时的国际形势是中国与西方相互需要——不但经济上相互需要，在政治上、国际关系上也相互需要。所以，这一期间的进展相对比较顺利，一切按部就班地推进。主要阻力与其说来自外部，不如说更多地来自内部的担心和疑虑。

1989年春夏之后，西方国家对中国"复关"的态度发生了变化，中国的"复关"进程基本停滞了。

1992年之后出现转机。1992年党的十四大提出建设"社会主义市场经济"，中国的改革方向明确了，"复关"谈判的答疑阶段也结束了。接下来开始具体谈各个行业的关税及非关税措施等。

佟志广的两年过渡：争取到美国的"坚定支持"

1991年初，就在中国"复关"工作陷入最低谷时，佟志广从香港华润集团总经理的位子上被召回，出任对外经济贸易部副部长，主持"复关"谈判和中美贸易谈判。当时"复关"的阻力在国际上是对中国的经济体制不认可，在国内则有很多人担心中国"复关"后口子开得太大，对国内产业保护不利。

佟志广主持"复关"谈判期间，最大的成绩是争取到美方明确承诺支持中国"复关"。1992年秋，佟志广再次带队赴美谈判。到美国的第一天，白宫就给佟志广打电话说，总统安全顾问和国务院副国务卿都要会见他。他们都明确表示，希望这次能谈出结果。佟志广看到美国人这么急迫，就要求美方在达成的"谅解备忘录"上加一句话："美国坚定支持中国早日恢复关贸总协定缔约国地位，早日成为WTO成员。"美国方面答应"坚定支持中国"，这在外交及舆论上是一项很大的成果。但是，事实证明，这样的承诺对美国人并没有丝毫的约束力。此后，中美之间进行前后长达 18 个月的九轮艰苦谈判，但是美国人没有做出什么让步，并没有让中国"复关"。

中国"复关"进程中的悲情人物：谷永江

1993 年春天，中国"复关"谈判再次更换主将，中国对外贸易经济合作部副部长谷永江接替佟志广，率领中国代表团进入中国"复关"的正面攻坚阶段，并领导了从第 14 次到第 19 次的谈判，其中第 19 次谈判的时间是 1994 年的年底。

1994 年底，谷永江抱病赴日内瓦。当时，关贸总协定就要被世贸组织取代，时间已经很紧急了。当时的高层希望在"复关"进程方面再冲一冲，这样就自动进入世贸组织了，不用再申请。

但是经过事前的分析，谷永江认为可能性不大，因为当时美国的态度是不愿让中国"复关"。基于这种判断，谷永江在日内瓦会议上就表示：中国"复关"的基本原则是权利和义务的平衡，中国是一个发展中国家，只能承担乌拉圭回合协议中规定的相应义务，中国决不会为"复关"不惜一切代价，决不接受超出其经济承受能力、损害其根本利益的任何条件。

最终，因少数缔约方漫天要价，"复关"大门关闭，中国"复关"遭遇挫折，引起了很大的国际国内反响。

执着的成功者：龙永图

从 1992 年开始，龙永图就已经介入中国"复关"谈判。在谷永江担任中国"复关"第三任代表团团长的时期，龙永图担任副团长，已成为实际上的中国"复关"谈判的主谈代表。从 1996 年到 1999 年，龙永图担任中国入世第四任代表团团长，1997 年 2 月被任命为对外贸易经济合作部首席谈判代表，负责贸易谈判及多边经济与法律事务，是中国"复关"及"入世"谈判的首席谈判代表。

2001年11月，中国终于成功地加入了世贸组织。龙永图这位中国"入世"的功臣，以他的自信、果敢、从容与睿智，赢得了世界的尊敬。

对于龙永图的为人，在"复关"谈判中与龙永图共事三年的谷永江评价说："龙永图是个很执着的人，他是哪怕只有1％的希望，也要付出100％的努力。""从1993年4月开始，我们一直合作。他当时是外经贸部国际司司长，国际司就是专门负责多边关系的。后来，他当了部长助理，很多担子就落到他身上了。"

朱镕基总理的"入世"临门一脚

1999年，朱镕基总理曾经感慨中国"复关"与"入世"谈判的不易，说："中国进行复关和入世谈判已经13年，黑头发都谈成了白头发，该结束这个谈判了！"

从1999年11月10日至11月13日，中美双方代表团虽然不分日夜地进行谈判，但是双方都不愿意在一些关键性的问题上让步。中国为了保护国内的产业，坚持以发展中国家的身份"入世"，不做过高的、难以接受的承诺。美国则坚持中国必须比一般的发展中国家让步更多。当时，谈判陷入僵局，前景并不乐观。就连对谈判持积极态度的美国总统克林顿也在"空军一号"专机上说，谈判结果难以预料。

1999年11月14号，谈判进入第五天，中国对外贸易经济合作部的大楼里依然悬念重重，前途不明。当天晚上7点钟，整个美国代表团居然全部消失，声称第二天就要走！美国谈判代表巴尔舍夫斯基回忆说："最具戏剧性的是，最后时刻，我和一些美方成员已经把其余人送到了机场。"很明显，这实际上是谈判当中的一种施压手段。

反过来，这也透露出一个信息：美国人希望谈判成功，当然，需要中国做出更大的让步。而中国方面也敏锐地捕捉到了这个信息。

这时候，朱镕基总理决心亲自出面，把最棘手的 7 个问题找了出来，要亲自与美方谈。当时，对外贸易经济合作部部长石广生担心总理出面谈，一旦谈不好则没有回旋余地，不同意总理出面。总理说："你们谈了这么些年，都没有谈下来，还不同意我出面谈吗？"最后，中方决定，由朱镕基总理、钱其琛副总理、吴仪国务委员、石广生部长和龙永图共 5 位，与美方 3 位代表谈判。

谈判刚开始，朱总理就对 7 个问题的第一个问题做了让步。当时，龙永图有些担心，悄悄地给总理写纸条。朱总理没有看纸条，又把 7 个问题中的第 2 个问题拿出来，又做出了让步。龙永图又担心了，又给朱总理写了纸条。朱总理一拍桌子说："龙永图，你不要再递条子了！"然后，总理对美方谈判代表说："涉及的 7 个问题我已经有两个做了让步了，这是我们最大的让步！后面的该你们让步了！"美国代表对中国的总理亲自出面参与谈判感到愕然。在中国让步之后，美国代表团经过商量，终于同意与中方达成入世谈判协议。①

在经历了 10 多年筋疲力尽的马拉松式谈判之后，协议终于达成。这一刻，连巴尔舍夫斯基自己都感觉解脱了。巴尔舍夫斯基回忆说："这是谈判室里戏剧性的一刻，也因为经过这么多年的谈判，我们终于达成了协议，令人激动。"

1999 年 11 月 15 日，对外贸易经济合作部部长石广生同美国贸易代表巴尔舍夫斯基在北京签署了中美关于中国加入 WTO 双边协议。

---

① 具体的让步内容有不同说法。

当时，正在土耳其访问的美国总统克林顿在听到这个消息之后，发表讲话说：这一协议是美中关系发展进程中意义深远的一步，签署协议为中国加入世界贸易组织扫清了道路，是中国进入该组织的重要一步，对美、中以及世界经济均有益处。他说，在该协议的基础上，他将尽全力推动美国国会批准给予中国永久正常贸易关系。当时正在北京访问的联合国秘书长安南也对协议的达成表示衷心祝贺。安南说，对世界贸易组织来说，这也是更具代表性的重要成果。

2001 年 11 月，在世界贸易组织多哈会议上，各成员一致接受中国为世界贸易组织加入国。其后 1 个月内，《中华人民共和国加入世界贸易组织议定书》经中国全国人大常委会正式批准生效。至此，自 1986 年 7 月中国政府正式提出"复关"申请算起，历时 15 年，中国加入 WTO 的历程历尽艰辛，终于有了一个圆满的结局。2001 年 12 月 11 日，中国正式加入世界贸易组织，成为它的第 143 个成员。

中国加入世贸组织签字仪式

中国"入世"的履约情况及其所带来的变化

"入世"后中国的履约情况

美国一直指责中国"入世"后没有遵守协议，那么，中国究竟有没有遵守协议？答案是，中国不但遵守了协议，而且遵守得很好。中国有没有遵守协议，那不是美国说了算的，而是由世贸组织说了算。

中国自加入世贸组织以来，坚持按照要求定期向世贸组织通报国内相关法律、法规和具体措施的修订调整和实施情况。截至 2018 年 1 月，中国提交的通报已达上千份，涉及中央和地方补贴政策、农业、技术法规、标准、合格评定程序、国营贸易、服务贸易、知识产权法律法规等诸多领域。

WTO 有两套机制来保证成员的合规。每隔一段时间，WTO 成员都要接受贸易政策审议。中国、美国、欧盟、日本这四个贸易量最大的成员是每两年接受一次审议，其他成员是每四年、六年甚至更长时间接受一次审议。中国高度重视贸易政策审议，截至 2018 年已接受世贸组织七次审议。中国始终以开放坦诚的姿态，介绍宏观经济和贸易投资政策的发展情况，听取其他成员对中国改革开放的意见和建议。从 2019 年开始，四大成员的审议周期改为三年。在 2016 年的审议中，中国收到了 1 800 多个质询问题，中国代表都要一一回答。中国政府和 WTO 秘书处分别出具报告并且公布，审议机构也要公布审议会议记录，这些在 WTO 网站上都可以公开查询，审议机构主席最后会发布总结陈词。在审议机构主席的总结中，我们会看到直言不讳的评价，有肯定，但也会有提出不足的，总体上比较客观。

2018 年 7 月 13 日，WTO 对中国进行第七次贸易政策审议

2011 年，中国正值"入世"十周年，WTO 时任总干事拉米前往中国参加纪念活动。在成都，他公开表示中国"入世"后的表现是"A＋"（A plus），他同时表示中国履行了规则，虽然并没有做到100％（因为毕竟对规则的理解有时存在争议，没有哪个世贸组织成员的履行是尽善尽美的）。在北京人民大会堂，他也发表了一通演讲，高度赞扬中国"入世"后的表现与成就。他的这些评价无疑都是建立在世贸组织对中国政策的审议基础上的。也就是说，作为世贸组织最高权威，他的评价是中国已经遵守了"入世"协议。

2018 年 2 月 19 日，在联合国贸易和发展会议举办的日内瓦对话会上，早已卸任的拉米严厉指责了美国对世贸组织规则的破坏，同时指出世贸组织成员需要做好一个没有美国的世贸组织的思想准备。谈到中国时，他说了这样一句话："中国没有欺骗，美国在这一点上错了，中国遵守了当年签下的 WTO 承诺。"

中国加入世贸组织之后，美国成立美中经济与安全审查委员会；另外，美国贸易谈判代表办公室等机构也投入大量资源时刻监控中国的履约情况。可以说，中国如果被其他成员认为有违规现象，往往会被起诉。

在现阶段这次中美争端中，中国是遵守 WTO 规则的，但美方认为自己主导建设起来的多边贸易体系没能约束中国，情急之下，不惜威胁自己将突破 WTO 底线，背弃规则对中国进行制裁。为了给自己违规的行动寻求合法性，美国一再撒谎，声称中国没有遵守规则。面临国家竞争地位受到威胁时，美国不惜动用各种手段甚至耍赖。事实上，在西方人看来，为了利益而牺牲公正，甚至打压对手，这本身就是一种爱国的方式。而从中国人的立场看，尽管我们对美国面临的政策选择困境要有所理解，但对这种威胁要打破规则，还要对别国泼脏水，诬陷中国没有履行"入世"承诺的做法是必须坚决反对的。

"入世"促进了中国的发展

按国际标准，中国加入世贸组织的条件是比较严苛的。虽然比不上发达国家，但中国也是按发展中国家中比较高的要求加入的。但是，在加入世贸组织后，中国通过自己的努力，克服了重重困难，改革开放和经济发展进入加速期，中国的发展有力地促进了世界经济发展。

自 2002 年以来，中国对世界经济增长的平均贡献率接近 30%，是拉动世界经济复苏和增长的重要引擎。中国新型工业化、信息化、城镇化、农业现代化快速推进，形成巨大的消费和投资空间，为全球创造了更多就业机会。根据国际劳工组织发布的首份《中国与拉美和加勒比地区经贸关系报告》，1990—2016 年，中国为拉美和加勒比地区创造了 180 万个就业岗位。2016 年，按照汇率法计算，中国国内生产总值占世界的比重达到 14.8%，较 2001 年提高10.7 个百分点。

面对国际金融危机等前所未有的困难和挑战，中国采取有效措施积极应对，努力促进对外贸易回稳向好。2001—2017 年，中国货物贸易进口额年均增长 13.5%，高出全球平均水平 6.9 个百分点，已成为全球第二大进口国。自 2009 年以来，中国一直是最不发达国家第一大出口市场，吸收了最不发达国家五分之一的出口。2001—2017年，中国服务贸易进口从 393 亿美元增至 4 676 亿美元，年均增长16.7%，占全球服务贸易进口总额的比重接近 10%。自 2013 年起，中国成为全球第二大服务贸易进口国，为带动出口国当地消费、增加就业、促进经济增长做出了重要贡献。以旅游服务为例，中国连续多年保持世界第一大出境旅游客源国地位。2017 年，中国公民出境旅游突破 1.3 亿人次，境外旅游消费达 1 152.9 亿美元。

根据世贸组织的统计，2015 年中国的贸易加权平均关税已降至4.4%，与美国、欧盟等发达经济体相差 1.5～2 个百分点。截至2017 年底，中国已调减 900 多个税目产品的税率。在博鳌亚洲论坛2018 年年会上，中国宣布将进一步扩大降税范围，努力增加人民群众需求比较集中的特色优势产品进口。

世贸组织数据显示，2017 年，中国在全球货物贸易进口和出口总额中所占比重分别达到 10.2% 和 12.8%，是 120 多个国家和地区的主要贸易伙伴。中国货物贸易出口为全球企业和民众提供了物美价优的商品。

中国的快速发展为全球减贫事业做出了巨大贡献。改革开放 40多年来，中国人民的生活从短缺走向充裕、从贫困走向小康，现行联合国标准下的 7 亿多贫困人口成功脱贫，占同期全球减贫人口总数的70% 以上，减贫贡献率为世界第一。

对美国指责的反驳

近年来，美国频频指责中国没有充分遵守"入世"协议，但这些指责是站不住脚的。

在中国"入世"的过程中，美国对中国百般刁难

中国"入世"不是美国给予的恩惠，是中国做出巨大让步的结果。在这个过程中，美国凭借自己的地位，对中国进行最大的刁难。在这方面，中国四任"复关/入世"代表团成员都有深刻的体会。中国"复关"及"入世"之所以要经历15年之久，大半是拜美国所赐。

中美谈判最后得以通过，很大的原因是中国最后决定接受美国的条件，做出了比较大的让步。签署"入世"协议之后，美国代表团团长巴尔舍夫斯基高兴得与自己人拥抱在一起——这个当下的举动已经充分地表明了这个协议至少在当时被美国人看作自己对中国谈判的胜利。

中美协议签订之后，中国第三任"复关/入世"代表团团长谷永江当时正任香港华润集团董事长，他当时就做了这样一个评价："我一看那些条款有点吃惊，如果当年就按这个尺度谈，可能早就'复关'了。好在后来的'入世'冲击，并没有很多人想象中的大。"这实际上说明，中国"入世"所做的让步之大，超出局内人事先的想象，因而是存在极大的风险的，所以才会遭到内部很多人的反对。

当然，谷永江事后也承认："'入世'倒逼了改革。很多东西不是我们想改的，是被'入世'条款逼的。从总体上说，对我们国家的发展有利。"因此，中国"入世"后的成功其实并不是在谈判的协议上有多么成功，而是在"入世"之后，中国拼命干加巧妙干，实现了超

出协议条件的结果。

另外，中国是作为发展中国家中条件较为严苛的国家加入世贸组织的。虽然我国遵守的义务大于一般发展中国家，但除一般世界贸易组织成员所能享受的权利外，我国作为发展中国家还能够享受世界贸易组织各项协议、协定规定的发展中成员的特殊和差别待遇。其中包括：在涉及补贴与反补贴措施、保障措施等问题时，享有协定规定的发展中成员待遇，包括在保障措施方面享受 10 年保障措施使用期、在补贴方面享受发展中成员的微量允许标准（即在该标准下其他成员不得对我国采取反补贴措施）；在争端解决中，有权要求世界贸易组织秘书处提供法律援助；在技术性贸易壁垒采用国际标准方面，可以根据经济发展水平拥有一定的灵活性等。

因此，拿中国的国内政策跟美国对比，指责中国没有遵守承诺是不合适的。

中国"入世"给美国带来了巨大的利益

中国商务部的报告指出：中美经贸合作给两国和两国人民带来了实实在在的利益。当前，中美互为最大贸易伙伴国和重要投资来源地。根据中国海关的统计，中美货物贸易额从 1979 年建交时的不足 25 亿美元，增至 2018 年的 6 335 亿美元，增长了 252 倍。2018 年，双边货物和服务贸易额超过 7 500 亿美元，双向直接投资累计近 1 600 亿美元。2018 年，美国是中国第一大贸易伙伴国、第一大出口市场、第六大进口来源地。根据美国商务部的统计，2018 年，中国是美国第一大贸易伙伴、第三大出口市场、第一大进口来源地。中国是美国飞机、大豆、汽车、集成电路、棉花的主要出口市场。2009年至 2018 年的 10 年间，中国是美国货物出口增长最快的市场之一，年均增速为 6.3%，累计增长 73.2%，高于美国对世界其他地区

56.9%的平均增幅。中国在货物贸易方面对美国的确存在巨额的顺差，但是我们也要看到，中国对美国的出口，大多数是由美国自己的企业主导的。顺差记录在中国方面，但是真实的经贸合作利益大部分还是被美国获得。

中美服务贸易蓬勃发展、互补性强，两国在旅游、文化、知识产权等领域开展了广泛、深入、有益的合作。中国成为美国在亚太地区第一大旅游目的地，美国成为中国学生出境留学第一大目的国。根据中方统计，中美服务贸易额从统计开始的 2006 年的 274 亿美元增至 2018 年的 1 253 亿美元，增长了近 3.6 倍。2018 年，中国对美服务贸易逆差达 485 亿美元。根据中国商务部的统计，截至 2018 年底，中国企业在美国直接投资金额达 731.7 亿美元，为促进当地经济发展，增加就业和税收做出了积极贡献。2017 年，美资企业在华年销售收入 7 000 亿美元，利润超过 500 亿美元。

因此，如果对中美双方在货物贸易、服务贸易、双向投资等方面进行综合考虑，双方经贸往来是惠泽彼此的关系，而非所谓美国单方向"吃亏"的结果。

美国的"贼喊捉贼"

美国多次指责中国违背了"入世"的承诺，是"小偷"。但是从数据上看，是美国违背了"入世"承诺。美国指责中国不守承诺，更类似于一种"贼喊捉贼"的行为。

根据世贸组织的数据，从 2001 年 12 月 11 日到 2018 年 12 月 11 日中国加入世贸组织的 17 年中，中国一共在世贸组织中被诉 43 次，而与此同时，美国被诉 95 次，欧盟被诉 52 次。中国被诉次数在前三大贸易体中是最少的，美国被诉次数是中国的两倍以上。

此外，中国在败诉之后的表现更好。按规则，一旦被世贸组织裁决相关政策与世贸组织规则不符，世贸组织往往会要求败诉方修改相关法律法规或做法。可以说，是否履行世贸组织的裁决，是履行世贸组织承诺的重要标志之一。美国不但在世贸组织中因为不遵守协议而被起诉的次数数倍于中国，而且在败诉之后的执行及修改方面也非常糟糕，极不尊重世贸组织的裁决。中国在败诉之后，不管是否理解，坚决执行；而美国在败诉之后，经常不执行，美国不但不执行，还打算把世贸组织本身给"解决掉"。显然，真正的"小偷"恰恰是美国自己。

中国加入世贸组织后承诺三年内放开外贸经营权，2004 年 7 月新外贸法实施，提前半年兑现。中国承诺在"入世"三年内让外资可以占到证券公司股份的三分之一，一年就兑现了，提前两年。到 2012 年，中国觉得条件成熟了，又超出承诺，允许外资股份涨到 49%。

中国承诺约束关税水平平均为 9.8%，这些年连续自主降税，已经降到了 4% 的水平，这些其实都是超出了承诺的。再说中国作为被告的案子，也就是声称中国违规的 43 个案子，也都是有可探讨之处的。例如，有一个中国作为被告的案子：中国规定，轿车整车进口关税 25%，零部件进口关税 10%。于是，有企业把汽车拆成零部件运进来，少交关税。中国政府则修改规定，零部件价值占到整车 60%、差不多能拼成一辆车的，按 25% 收。结果，中国立刻在世贸组织成为被告。翻开当年"入世"的承诺书一看，没写车辆进口不许拆开。这样，中国在诉讼当中就输了，中国也坚持执行裁决。还有一个著名的案子是稀土案。中国的稀土储量比较大，在世界市场占比较大。但是，中国出口稀土的问题也比较大：一是带来的污染和环境问题比较严重；二是中国的经济发展起来后，自己需求大，想多留一些；三是中国稀土的出口内部竞争比较严重，获益很少。但是，中国限制稀土出口的要求被美、欧、日反对。按道理，根据 WTO 的规定，中国是可以保护资源的。但是，根据中国"入世"的承诺，发现别的国家都可以进行自然资源的出口限制，但是中国不行，因为"入世"时我们承诺了只对 84 种原材料征出口税，其他出口限制措施在原则上不允许。这样，中国在世贸组织的诉讼中遭到失败，也只好咬着牙认栽，执行裁决！好在中方据理力争，夺回一些争议点，为我们后面的管理措施赢得了一些空间。稀土等原材料出口的这一类案子占了 7 个。从这些案子中也能够看出，当年中国加入 WTO 时所签的协议，有些条款对中国是相当不公平的，但是中国也咬牙认了。

当然，我们也要承认，这些年中国成长太快，而全球发展相对停滞。中国当年的承诺在当时看起来标准过高，令人感觉难以承受。但是因为中国发展太快，现在看起来，这些条件反而显得有些低了。

在这样的反差面前，如果美国认为中国的开放程度还不够，认为中国应该开放得更多一些，或者认为中国搞了一些产业政策、中国有国有企业，可能会影响国际市场秩序，应该进行相应的规范或者调整等，都是可以理解的，可以谈判，修改规则。中国自己也认为可以更进一步扩大开放。但是到处诬蔑中国没有遵守"入世"承诺，这是不对的，是美国人耍无赖、泼脏水的行为，是极不道德的。

参考文献

第一部分

1. COPPOLARO L，MCKENZIE F. A global history of trade and conflict since 1500. Palgrave Macmillan Company，2013.

2. MCCUSKER J J. History of world trade since 1450. Thomson Gale Publisher，2006.

3. SMITH R L. Premodern trade in world history. Routledge，2009.

4. LUZZATO G. An economic history of Italy，from the fall of the Roman Empire to the beginning of the 16th century. Routledge，1961.

5. WEIR W. 50 Battles that changed the world. The Career Press，Inc. ，2001.

6. ALDRETE G S. The decisive battles of world history. The Teaching Company，2014.

7. NICOLLE D. Forces of the hanseatic league，13—15 century. Osprey Publishing，2014.

8. HARRELD D J. A companion to the Hanseatic League. Brill Publisher，2015.

9. NORTHRUP C C. Encyclopedia of world trade，from ancient times to the present. M. E. Sharpe Publisher，2005.

10. GRANT N G. Battle at sea，3000 years of naval warfare. DK Publishing，2011.

11. DOLLINGER P. The German Hansa. Stanford University Press，1970.

12. MADDEN T F. Venice，a new history. Penguin Publishing Group，2012.

13. CROWLEY R. City of fortune，how Venice ruled the sea. Random House Publishing Group，2011.

14. LANE F C. Venice，a maritime republic. The Johns Hopkins University Press，1973.

15. BENES C E. A companion to medieval genoa. Koninklijke Brill NV，2018 .

16. DIFFIE B W，WINIUS G D. Foundations of the Portuguese Empire，1415—1580. University of Minnesota Press，1977.

17. BOXER C R. The Portuguese Seaborne Empire 1415—1825. Hutchinson &. Co (Publishers) Ltd. ，1977.

18. SUBRAHMAN YAM S. The Portuguese Empire in Asia，1500—1700. A Political and Economic History. Second Edition. John Wiley &. Sons Ltd. ，2011.

19. PISNEY A R. A History of Portugal and the Portuguese Empire from beginnings

to 1807, Volume 1：Portugal；Volume 2：The Portuguese Empire. Cambridge University Press，2009.

20. KONSTAM A. Warships of the Anglo-Dutch Wars 1652－74. Osprey Publishing，2011.

21. WILSON C. Profit and power，a study of england and the Dutch Wars. Lonmans，Green and Co. ，1978.

第二部分

1. 杨宗遂. 再谈"波士顿茶会". 历史研究，1982（5）：126－140.

2. 李博. "波士顿倾茶事件"新解. 农业考古，2012（5）：311－313.

3. 史杰. 基于"波士顿倾茶"事件下解读美国独立的必然性研究. 福建茶叶，2017，39（3）：311－312.

4. 李剑鸣. 英国的殖民地政策与北美独立运动的兴起. 历史研究，2002（1）：163－174，192－193.

5. 陈斌. 1949 年以来中国史学界所认识的"波士顿倾茶事件"——兼论该事件引发英国强硬反应的原因. 传承. 2009（12）：96－98.

6. 恩格尔曼，高尔曼. 剑桥美国经济史. 高德步，王珏，总译校. 北京：中国人民大学出版社，2008.

7. 冯维伟. "七年战争"与美国独立战争的关系研究. 商丘师范学院学报，2007（2）：58－61.

8. 福克讷. 美国经济史. 王锟，译，许乃炯，校. 北京：商务印书馆，1989.

9. 汉密尔顿，杰伊，麦迪逊，等. 联邦党人文集. 程逢如，在汉，舒逊，译. 北京：商务印书馆，2015.

10. 张少华. 美国早期现代化的两条道路之争. 北京：北京大学出版社，1996.

11. 麦格劳. 现代资本主义：三次工业革命中的成功者. 赵文书，肖锁章，译. 南京：江苏人民出版社，2000.

12. 李斯特. 政治经济学的国民体系. 陈万煦，译. 北京：商务印书馆，1961.

13. 梅俊杰. 自由贸易的神话：英美工业化考辨. 上海：上海三联书店，2008.

14. 雷瑞虹. 论贸易保护主义对美国工业化的推动作用. 金融经济，2018（12）：142－143.

15. 亨廷顿. 我们是谁？美国国家特性面临的挑战. 程克雄，译. 新华出版社，2005.

16. 蒋湘译. 世界通史资料选辑：上册. 北京：商务印书馆，1964.

17. 王绳祖. 国际关系史资料选编：上册. 武汉：武汉大学出版社，1983.

18. 罗伯兹. 英国史. 广州：中山大学出版社，1990.

19. 勒费弗尔. 拿破仑时代：下卷. 北京：商务印书馆，1978.

20. 塔尔列. 塔尔列全集：第 3 卷（俄文本）. 莫斯科，1958.

21. 李元明. 近代国际关系史：上册. 北京：中共中央党校出版社，1988.

22. 苏联科学院历史研究所. 近代史教程：第一分册.

23. 米盖尔. 法国史. 北京：商务印书馆，1985.

24. 罗斯. 拿破仑一世传：下卷. 北京：商务印书馆，1977.

25. 恩格斯. 俄国沙皇政府的对外政策//马克思恩格斯全集：第二十二卷. 北京：人民出版社，1965：13 - 57.

26. 管佩韦. 论拿破仑的大陆封锁制度. 杭州大学学报，1991（4）：124 - 129.

27. 曹选玉. 拿破仑大陆封锁政策及其失败. 重庆教育学院学报，2000（1）：72 - 75，78.

28. 黄增强. 拿破仑的"大陆封锁政策"及其影响. 云南社会科学，1998（1）：3 - 5.

29. 周明圣. 试析 1806—1812 年法英双方的封锁与反封锁的斗争. 赣南师范学院学报，1999（4）：3 - 5.

30. 翟东升. 关键在波动而非压力——从拿破仑大陆封锁体系的失败看经济战规律. 江海学刊，2019（1）：176 - 181，255.

31. 曹英，赵士国. 论德意志关税同盟在德国工业化中的作用. 湖南师范大学社会科学学报，2001（2）：121 - 125.

32. 曹英，刘耀华. 关税同盟与德国统一的"小德意志道路". 株洲师范高等专科学校学报，2002（1）：66 - 68.

33. 博恩. 德意志史. 北京：商务印书馆，1991.

34. 洛赫. 德国史. 北京：三联书店，1959.

35. 丁涛，贾根良. 流行的经济学思潮与经济政策制定者的辨别力——基于 18 世纪英法《伊甸条约》的案例研究与当代启示. 经济纵横，2018（4）：21 - 30.

36. ROSTOW W W. The world economy. Austin，1978.

37. 张彦刚. 理查德·柯布登与 1860 年英法商约. 苏州：苏州科技学院，2011.

38. 钱乘旦，陈晓律. 在传统与变革之间——英国文化模式溯源. 杭州：浙江人民出版社，1991.

39. 高德步，王珏. 世界经济史. 北京：中国人民大学出版社，2001.

40. 高伟凯. 自由贸易与国家利益. 北京：中国社会科学出版社，2010.

41. 郭华榕. 法兰西第二帝国史. 北京：北京大学出版社，1991.

42. 王鹤. 欧洲自由贸易联盟. 北京：经济日报出版社，1994.

43. 钱乘旦，许洁明. 英国通史. 上海：上海社会科学院出版社，2002.

44. 王觉非. 英国政治经济与社会现代化. 南京：南京大学出版社，1989.

45. 王珏. 世界经济通史：中卷. 北京：高等教育出版社，2005.

46. 福格尔，恩格尔曼. 苦难的时代：美国奴隶制经济学. 北京：机械工业出版社，2016.

47. 福格尔. 第四次大觉醒及平等主义的未来. 北京：首都经济贸易大学出版社，2003.

48. 刘祚昌. 美国内战史. 北京：人民出版社，1978.

49. JENNINGS W. History of economic progress in the United States. N. Y.，1926.

50. 杨玉圣. 论美国内战前关税诸问题. 世界历史，1989（6）：127 - 133.

51. 关勋夏. 美国内战的原因——读《马克思恩格斯论美国内战》笔记之一. 军事历史研究, 1997 (4): 9-18.

52. 张淑华. 美国内战时期南部同盟"棉花外交"的破产. 泰安师专学报, 1994 (2): 161-166.

53. 周钢. 美国内战时期的美英关系. 东北师大学报（哲学社会科学版）, 1989 (4): 60-66.

54. 章永乐. 从"英德之争"到"美中之争". 中央社会主义学院学报, 2018 (5): 48-55.

55. 司德坤. 德意志帝国统一对欧洲国际秩序的冲击. 燕山大学学报（哲学社会科学版）, 2018, 19 (2): 19-24.

56. 陈欣怡. 第一次世界大战爆发的主要原因——英德矛盾. 社科纵横, 2006 (3): 122-124.

57. 泰勒. 争夺欧洲霸权的斗争. 沈苏儒, 译. 北京: 商务印书馆, 1987.

58. 施京吾. 帝国之殇: 从霸权到覆灭. 文史天地, 2019 (7): 82-87.

59. 赵辉杰. 略论第一次世界大战前的俄德矛盾——"英德矛盾主要说"质疑. 兰州大学学报（社会科学版）, 1987 (3): 22-29.

60. 邢来顺. 德国威廉二世时期的世界政策及实施后果. 经济社会史评论, 2019 (1): 16-30, 127.

61. 斯大林. 斯大林选集: 下卷. 北京: 人民出版社, 1979.

62. 纤欣. 二十年代苏联在对外贸易方针上的两条路线斗争——读书札记. 国际贸易问题, 1977 (4): 40-42, 66.

63. 中央编译局. 苏联共产党代表大会、代表会议和中央全会决议汇编. 北京: 人民出版社, 1964.

64. 姚曾荫. 马恩列斯论国际贸易. 北京: 北京对外贸易学院出版社, 1959.

65. 弗拉耶夫. 1917—1939年的苏美关系. 莫斯科, 1964.

66. 中国社会科学院世界经济与政治研究所综合统计研究室. 苏联和主要资本主义国家经济历史统计集（1800—1982年）. 北京: 人民出版社, 1989.

67. 金挥, 陆南泉, 张康琴. 苏联经济概论. 北京: 中国财政经济出版社, 1985.

68. 沈志华. 新经济政策与苏联农业社会化道路. 北京: 中国社会科学出版社, 1994.

69. 金雁. 苏俄现代化与改革研究. 广州: 广东教育出版社, 1999.

70. 王肇伟, 刘新利. 纳粹德国的外贸政策及对华贸易. 山东师大学报（社会科学版）, 1997 (4): 41-44.

71. 肖汉森. 纳粹德国的经济发展与希特勒的经济政策剖析. 海南大学学报（社会科学版）, 1993 (2): 50-58, 71.

72. 胡杰. 苏德战争爆发前的纳粹德国外贸政策. 学术月刊, 2010 (14): 12-13.

73. 夏伊勒. 第三帝国的兴亡: 纳粹德国史. 北京: 三联书店, 1974.

74. 欧文, 等. 经济魔杖: 50位大经济学家如何影响和改变历史. 北京: 中国社会出版牡，1997.

75. 贝特兰．纳粹德国经济史．北京：商务印书馆，1990.

76. 费里斯．美国历史文献集．纽约：麦克米兰出版公司，1972.

77. 康培伦．美国的贸易政策，1923—1995.康涅狄克，1996.

78. 张毅．301条款、超级301、特别301.美国研究参考资料，1990（6）.

79. 张健．九十年代美国贸易政策趋向．美国研究，1993（3）：3 - 4，32 - 52.

80. 周天芸．德国何以较少贸易摩擦．国际经贸探索，1993（6）：68 - 70.

81. 施魏因贝格尔，孙彦红．欧债危机：一个德国视角的评估．欧洲研究，2012，30
（3）：116 - 152，162.

82. 丁平，徐松．德国对外贸易发展及其对我国的启示．经济前沿，2007（6）：27 - 32.

83. 郭树勇．20世纪日本与德国崛起成败比较：一种国际政治社会学分析．上海交
通大学学报（哲学社会科学版），2006（2）：19 - 25.

84. 梅兆荣．德国重新崛起之道及其在欧盟及中欧关系中的地位．德国研究，2013，
28（1）：4 - 11，124.

85. 张月．第四帝国的崛起——贸易和平论与联邦德国外交政策．现代商业，2008
（15）：196 - 197.

86. 师自国．广场协议之后日本和德国汇率升值的比较分析——日元升值并不是导
致日本经济长期低迷的原因．金融理论与实践，2014（7）：97 - 102.

87. 刘玮．国内政治与货币国际化——美元、日元和德国马克国际化的微观基础．
世界经济与政治，2014（9）：129 - 155，160.

88. 于永达．美日贸易摩擦及各自的对策．当代亚太，1999（10）：3 - 5.

89. 冷滔．一场旷日持久的贸易战——试评美日贸易摩擦．国际贸易问题，1997
（3）：22 - 25.

90. 陈倩．美日贸易摩擦的演进过程、经验教训及对我国的启示．金融与经济，
2019（3）：12 - 22.

91. 李红亮，李海燕，徐启元，等．日美贸易战 日本真的输了吗？．财经界，2018
（9）：65 - 68.

92. 薛彦平．欧盟一体化与美欧贸易摩擦．欧洲，1995（6）：50 - 55.

93. 唐任伍，聂元贞．美国201钢铁贸易保护争端对我国的影响与对策．中央财经
大学学报，2003（6）：52 - 57.

94. 张永安，杨逢珉．欧美贸易摩擦．欧洲，1994（1）：49，50 - 53.

95. 池正杰．欧盟与美国的贸易争端分析．德国研究，2001（2）：14 - 18，79.

96. 辛本健．美国霸权的"软肋"及其霸权护持战略．世界经济与政治，2002
（11）：54 - 59.

97. 李长久．美国增加农业补贴：太自私．经济参考报，2002 - 05 - 29.

98. 王星桥．农业补贴与欧美争执．经济参考报，2002 - 05 - 27.

99. 田帆．欧盟解禁转基因食品之路仍很漫长．经济参考报，2003 - 12 - 10.

100. 张文娟．美国不再是投资天堂 欧亚可能取而代之．中国经济导报，2003 - 10 - 30.

101. 王海茹．欧盟国家和美国贸易争端及其解决机制．石家庄：河北师范大学，2004.

102. 高柏．美元：大国兴衰的原点．上海对外经贸大学学报，2019，26（1）：18-36.

103. 黄琪轩．国际货币制度竞争的权力基础——二战后改革国际货币制度努力的成败．上海交通大学学报（哲学社会科学版），2017，25（4）：5-13.

104. 克雷格尔．全球失衡、贸易战与新国际调整机制．探索与争鸣，2019（4）：26-32，157.

105. 沃尔克，行天丰雄．时运变迁．于杰，译．北京：中信出版社，2016.

106. 张广斌，黄海洲，张绍宗．全球性经济危机与全球货币体系调整：经验证据与理论框架．国际经济评论，2018（6）：6，72-84.

107. 达利欧．原则．刘波，綦相，译．北京：中信出版社，2018.

第三部分

1. 刘军．明清时期"闭关锁国"问题赘述．财经问题研究，2012（11）：21-30.

2. 段玉芳．1757年"一口通商令"形成原因的研究综述．前沿，2013（20）：159-161.

3. 王华锋．乾隆朝"一口通商"政策出台原委析论．华南师范大学学报（社会科学版），2018（4）：169-177，192.

4. 上田信．海与帝国：明清时代．桂林：广西师范大学出版社，2014.

5. 李强．一口通商对早期中英贸易的影响．浙江海洋学院学报（人文科学版），2008（1）：50-55，81.

6. 胡思庸．清朝的闭关政策和蒙昧主义．吉林师大学报，1979（2）：55-69.

7. 陈尚胜．论清朝前期国际贸易政策中内外商待遇的不公平问题——对清朝对外政策具有排外性观点的质疑．文史哲，2009（2）：101-111.

8. 严中平．科学研究方法十讲——中国近代经济史专业硕士研究生参考讲义．北京：人民出版社，1986.

9. 严中平．中国近代经济史 1840—1894．北京：人民出版社，2001.

10. 汪敬虞．中国近代经济史 1894—1927．北京：人民出版社，2000.

11. 戴一峰，厦门大学中国海关史研究中心．中国海关与中国近代社会：陈诗启教授九秩华诞祝寿文集．厦门：厦门大学出版社，2005.

12. 马士．中华帝国对外关系史．上海：上海书店出版社，2006.

13. 莱特．中国关税沿革史．姚曾廙，译．北京：三联书店，1958.

14. 费正清．中国沿海的贸易与外交．哈佛大学出版社，1953.

15. 姚贤镐．中国近代对外贸易史资料．北京：中华书局，1962.

16. 严中平．中国棉纺织史稿．北京：科学出版社，1963.

17. 陈炽．续富国策．北京：朝华出版社，2018.

18. 裴士锋．天国之秋．黄中宪，译，谭伯牛，校．北京：社会科学文献出版社，2014.

19. 张克兰．关于太平天国时期中国的丝茶出口贸易．四川师范大学学报，1987

（5）：60，79－80．

20. 贾熟村．太平天国时期蚕丝的生产和贸易．浙江学刊，1985（5）：4，92－97，113．

21. 郭豫明．略谈太平天国的对外贸易．学术月刊，1985（8）：69－74，79．

22. 蓝振露．太平天国对外贸易的保护措施．文史杂志，1991（2）：2－3．

23. 庞广仪．论太平天国运动对近代中西贸易格局变迁的关系．玉林师范学院学报（哲学社会科学），2017，38（1）：18－23．

24. 曹亚瑟．太平天国战争背后的贸易链．中国企业家，2015（6）：112．

25. 钱继伟．1860 年代英国为何干预中国内战？经济资料译丛，2014（2）：68－70．

26. 陈谦平．抗战初期的中德钨砂贸易．抗日战争研究，1998（3）：3－5．

27. 周建明．民国时期的中德贸易（1919—1941）．中国经济史研究，2007（1）：131－141．

28. 杨捷．论 20 世纪 30 年代中期的中德"易货贸易"．南昌大学学报（人文社会科学版），2007（4）：79－83．

29. 王肇伟，刘新利．纳粹德国的外贸政策及对华贸易．山东师大学报（社会科学版），1997（4）：41－44．

30. 柯伟林．蒋介石政府与纳粹德国．北京：中国青年出版社，1994．

31. 任东来．试论一九四六年《中美友好通商航海条约》．中共党史研究，1989（4）：16－22．

32. 杨恒源．试析《中美商约》及其历史背景．安徽大学学报（哲学社会科学版），1989（2）：71，77－82．

33. 陶文钊．1946 年《中美商约》：战后美国对华政策中经济因素个案研究．近代史研究，1993（2）：236－258．

34. 王建科，刘宋仁．重评《中美商约》．学海，1995（6）：73－77．

35. 李芬．1946 年《中美友好通商航海条约》新论．安徽史学，1996（3）：78－80．

36. 杨格．一九二七至一九三七年中国财政经济情况．北京：中国社会科学出版社，1981．

37. 管汉晖．20 世纪 30 年代大萧条中的中国宏观经济．经济研究，2007（2）：16－26．

38. 城山智子．大萧条时期的中国：市场、国家与世界经济（1929—1937）．南京：江苏人民出版社，2009．

39. 刘佛丁，王利华，王玉茹．二十世纪三十年代前期的中国经济——评美国学者近年来关于美国白银政策对中国经济影响的讨论．南开经济研究，1995（2）：73－80．

40. 杜恂诚．货币、货币化与萧条时期的货币供给——20 世纪 30 年代中国经济走出困局回顾．财经研究，2009，35（3）：46－56．

41. 赵留彦，隋福民．美国白银政策与大萧条时期的中国经济．中国经济史研究，2011（4）：31－43．

42. 唐永庆．近几年来吾国之纸币．经济学季刊，1937（4）．

43. 中国人民银行总行参事室．中华民国货币史资料：第一辑．上海：上海人民出版社，1986．

44. 董志凯. 五十年代我国反"封锁、禁运"的斗争及其启示. 中国经济史研究, 1991 (1): 1-19.

45. 董志凯. 新中国应对封锁禁运中的外贸方式调整. 中共党史研究, 2015 (8): 56-64.

46. 李志强. 毛泽东同志主张闭关锁国吗?. 创造, 1995 (2): 19.

47. 上海市国际关系学会. 战后国际关系史料. 上海市国际关系学会编印. 1983.

48. 叶明勇. 陈云与新中国50—70年代的对外贸易. 徐州工程学院学报 (社会科学版), 2015, 30 (2): 45-50.

49. 杨永良. 中国共产党重要会议决策历程 (下卷). 武汉: 湖北辞书出版社, 2003.

50. 顾龙生. 毛泽东经济年谱. 北京: 中共中央党校出版社, 1993.

51. 毛泽东. 毛泽东选集: 第一卷. 北京: 人民出版社, 1991.

52. 中央档案馆. 中共中央文件选集: 第一册. 北京: 中共中央党校出版社, 1989.

53. 王博. 中华人民共和国经济发展全史. 北京: 中国经济文献出版社, 2006.

54. 周恩来. 周恩来外交文选. 北京: 中央文献出版社, 1990.

55. 史全伟. 刘少奇思想研究资料. 北京: 中央文献出版社, 2013.

56. 埃谢里克. 在中国失掉的机会. 北京: 国际文化出版公司, 1989.

57. 中共中央文献研究室. 周恩来年谱 (1949—1976). 北京: 中央文献出版社, 1997.

58. 李晏墅, 等. 关贸总协定与中国. 南京: 译林出版社, 1992.

59. 高渊. 入世15年高端访问: 中国复关谈判第一人, 沈觉人的那五年. 上观新闻, 2016-11-28. https://www.shobserver.com/news/detail? id=37484.

60. 崔凡. 中国是否充分履行了入世承诺?. 世界贸易组织法研究会, 2018-04-10. http://www.wtolaw.org.cn/newsitem/278187129.

61. 崔凡. 再论中国加入世贸组织承诺的履约问题. 国际经贸在线, 2019-06-24. http://blogec.blogchina.com/536835224.html.

62. 洪俊杰, 屠新泉, 崔凡. 解读《中国关于世贸组织改革的建议文件》: 中国积极推进世贸组织改革展现大国担当. 央广网, 2019-05-25. https://baijiahao.baidu.com/s? id=16344067976241279496.

63. 石广生. 中国对外经济贸易改革和发展史. 北京: 人民出版社, 2013.

64. 商务部. 关于美国在中美经贸合作中获益情况的研究报告. 商务部新闻办公室, 2019-06-06. http://www.mofcom.gov.cn/article/i/jyjl/l/201906/20190602872608.shtml.

图书在版编目（CIP）数据

千年贸易战争史：贸易冲突与大国兴衰／彭波，施
诚著．—北京：中国人民大学出版社，2021.1
ISBN 978-7-300-28765-2

Ⅰ.①千… Ⅱ.①彭… ②施… Ⅲ.①贸易战—关系
—战争史—研究—世界 Ⅳ.①F742②E19

中国版本图书馆 CIP 数据核字（2020）第 223924 号

千年贸易战争史

贸易冲突与大国兴衰

彭波 施诚 著

Qiannian Maoyi Zhanzhengshi

出版发行	中国人民大学出版社	
社　　址	北京中关村大街 31 号	**邮政编码** 100080
电　　话	010 - 62511242（总编室）	010 - 62511770（质管部）
	010 - 82501766（邮购部）	010 - 62514148（门市部）
	010 - 62515195（发行公司）	010 - 62515275（盗版举报）
网　　址	http://www.crup.com.cn	
经　　销	新华书店	
印　　刷	北京联兴盛业印刷股份有限公司	
规　　格	148 mm×210 mm　32 开本	**版　次** 2021 年 1 月第 1 版
印　　张	14.25　插页 2	**印　次** 2021 年 6 月第 2 次印刷
字　　数	340 000	**定　价** 79.00 元

中国货币史（上、下册）

彭信威 著

货币史研究里程碑，赞誉不断，畅销不衰
看懂货币的历史，才真正懂得经济和金融的历史

本书是彭信威教授研究中国货币史的经典之作，分八章讲述了从殷商时代到清末中国货币的沿革发展，对每一个历史时期的货币制度、货币购买力、货币理论、信用等都做了深入研究，内容涉及经济、社会、政治、文化和心理多方面，从货币角度展现了中国历史发展脉络，是一部包罗万象的货币通史巨著。对于中国经济、金融及历史领域的研究者、学习者、爱好者，本书不仅提供了重要参考，而且是十分值得珍藏的经典。

钱的千年兴衰史

稀释和保卫财富之战

金菁 著

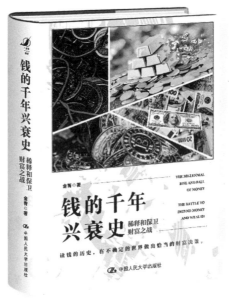

读钱的历史，在不确定的世界做出恰当的财富决策。

高　坚　国家开发银行原副行长

戎志平　中国金融期货交易所原总经理

重磅推荐

入选"中国好书"、光明书榜、中国新闻出版广电报优秀畅销书榜、百道好书榜、长安街读书会干部学习书单。

　　本书是一部关于钱的简史，从"用什么衡量财富"和"什么才有资格被称为钱"谈起，呈现了利息、杠杆、银行、纸币、债券等我们今天习以为常的金融要素产生的来龙去脉，其间充满了压力、创新、无奈甚至血腥的斗争。本书不仅让我们更了解钱，也通过阅读千年以来财富的稀释和保卫之战，启发读者思考在如今这个充满不确定性的世界，如何做出恰当的财富决策，实现财富的保值增值。